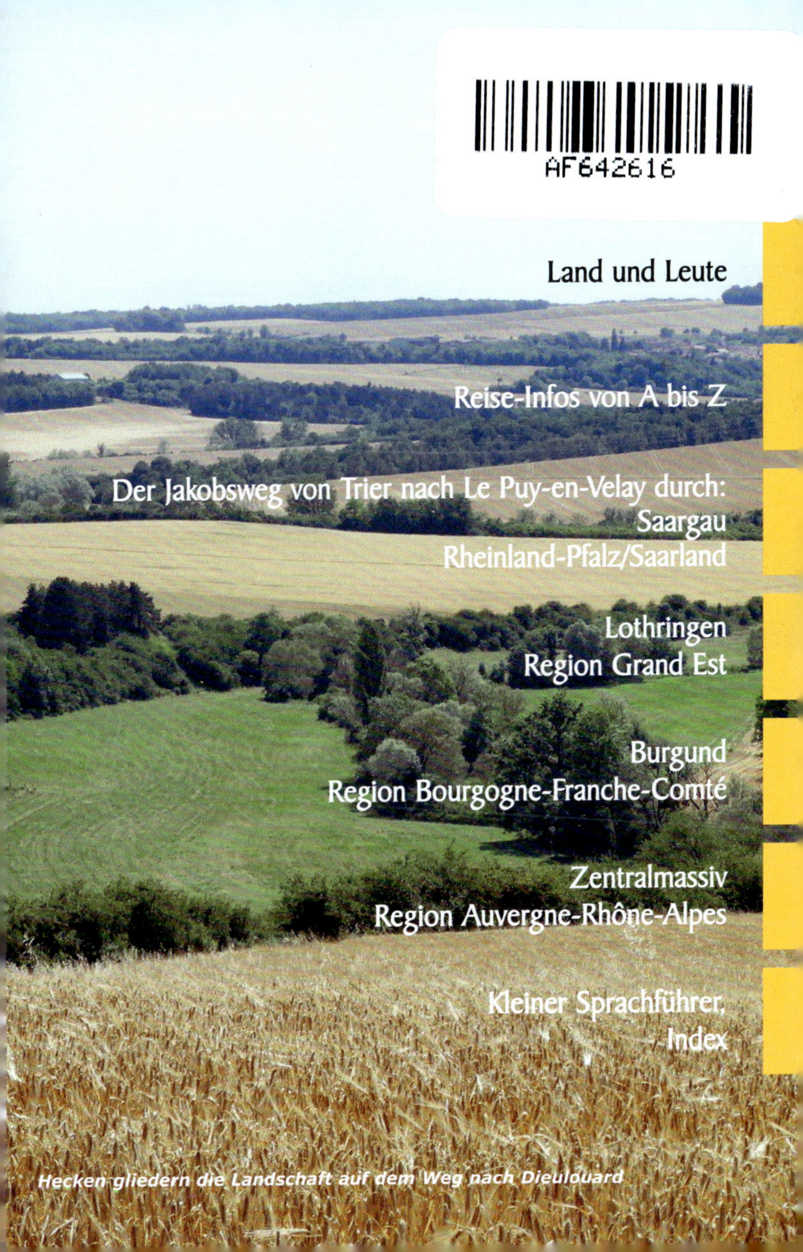

Hecken gliedern die Landschaft auf dem Weg nach Dieulouard

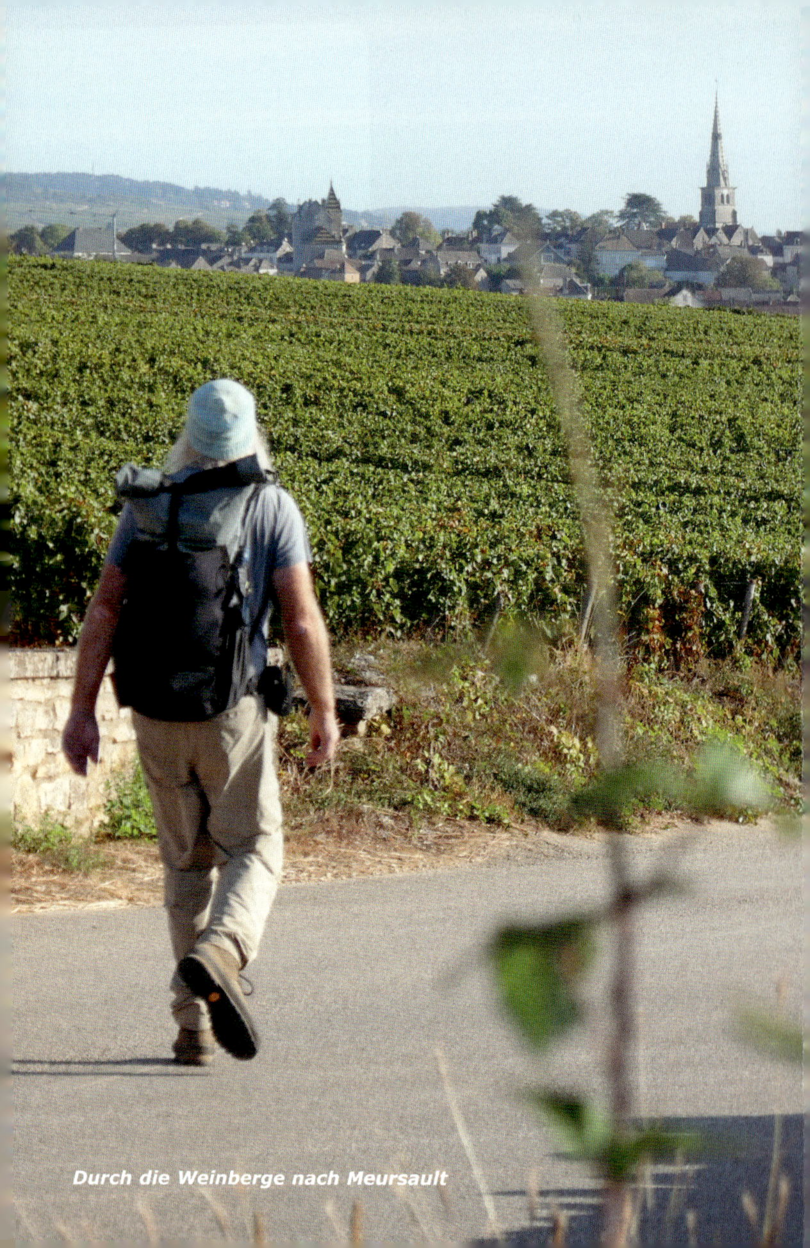

Durch die Weinberge nach Meursault

Band 211

OutdoorHandbuch

Martin Simon

Jakobsweg
Trier – Le Puy-en-Velay

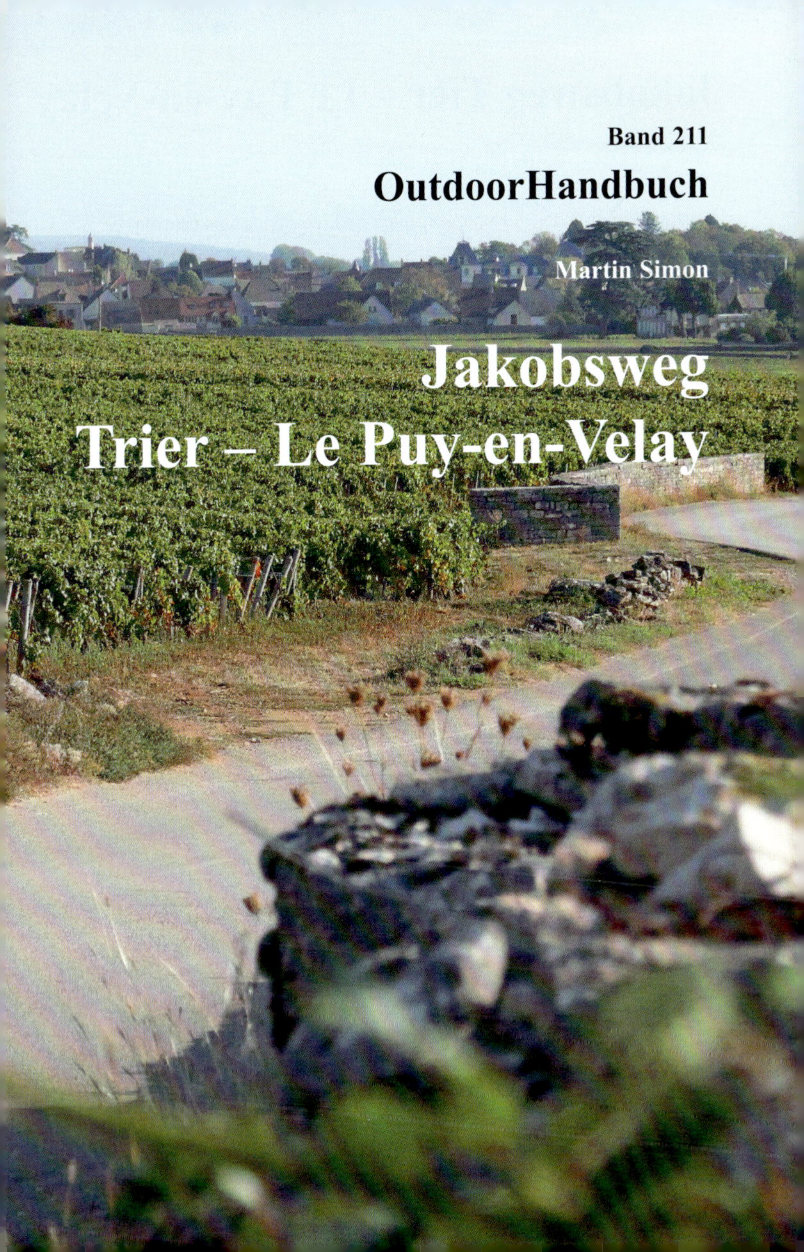

Jakobsweg Tier – Le Puy-en-Velay

Dieses OutdoorHandbuch wurde konzipiert und redaktionell erstellt vom:

Conrad Stein Verlag GmbH
Kiefernstr. 6, 59514 Welver
☏ 023 84/96 39 12
info@conrad-stein-verlag.de
www.conrad-stein-verlag.de
www.facebook.com/outdoorverlag
www.instagram.com/outdoorverlag

Druckprodukt mit finanziellem Klimabeitrag
ClimatePartner.com/53106-2407-1014

Als Outdoor-Verlag sind uns der Schutz und die Erhaltung der Natur seit jeher ein besonderes Anliegen. Auch in Sachen Klimaschutz haben wir eine Vorreiterrolle inne: Wir sind der einzige Buchverlag in Deutschland, der bereits seit 2008 seine Bücher konsequent klimaneutral in Deutschland produzieren und transportieren lässt. Dabei wird nicht nur klimaneutral, sondern auch nachhaltig, d. h. so umweltschonend wie möglich produziert, z. B. durch die Auswahl von umweltfreundlichen Materialien. Die bei der Produktion der Bücher entstandenen CO_2-Emissionen werden durch die Unterstützung von zertifizierten Klimaschutzprojekten ausgeglichen. Jedes Buch wird daher mit dem Logo „klimaneutral" und einer ClimatePartner-Zertifikatsnummer versehen. Mithilfe dieser Nummer können Sie unter www.climatepartner.com Informationen zu der eingesparten CO_2-Menge und dem Projekt finden, das mit der Abgabe gefördert wird.

Das Engagement des Conrad Stein Verlags wurde im Rahmen des Projekts „Klimaneutraler Buchverlag" mit dem Westenergie Klimaschutzpreis 2022 ausgezeichnet.

OutdoorHandbuch Band 211

ISBN 978-3-86686-816-8 4., überarbeitete Auflage 2024

Text und Fotos: Martin Simon
Karten: Heide Schwinn und Manuela Dastig
Lektorat: Anna-Lena Ebner
Layout: Manuela Dastig

Gesamtherstellung: AZ Druck und Datentechnik GmbH, Kempten

Dieses OutdoorHandbuch hat 256 Seiten mit 43 farbigen Abbildungen sowie 33 farbigen Karten im Maßstab 1:220.000, 33 farbigen Höhenprofilen, 5 farbigen Stadtplänen, und einer farbigen, ausklappbaren Übersichtskarte.

Autor und Verlag freuen sich über Ihr Feedback. Schreiben Sie Ihre Tipps und Verbesserungen an info@conrad-stein-verlag.de oder nutzen Sie unsere Social-Media-Kanäle. Bitte nennen Sie dabei Titel, Auflage und Seitennummer.

Dieses Buch ist im Buchhandel und in Ausrüstungsläden erhältlich und kann im Internet oder direkt beim Verlag bestellt werden.

Titelfoto: Blick vom Château des Ducs de Lorraine in Sierk-le-Bains

Inhalt

☺ Eine **Übersichtskarte** des Weges, **Autorenprofil** sowie eine Liste aller verwendeten **Symbole** in diesem Buch finden Sie auf den vorderen und hinteren Umschlagseiten bzw. -klappen.

Einleitung

Viele Wege führen nach Rom, sagt ein altes Sprichwort. Synonym könnte man sagen: Viele Wege führen nach Santiago de Compostela zum Grab des Apostels Jakobus. In der Tat überzieht heute ein schon fast unübersichtliches Netz von Jakobswegen den europäischen Kontinent. Manche gehen sogar so weit, Bezug nehmend auf die zunehmende Zahl der modernen Pilgerinnen und Pilger, die vor der eigenen Haustür starten, zu sagen: Jeder Weg ist ein Jakobsweg, sofern er nur das ferne Galizien zum Ziel hat.

Licht ins Dunkel der unscharfen Begrifflichkeit brachte bereits 1985 eine internationale, vom Europarat eingesetzte und heute in der autonomen Region Galicien angesiedelte Expertenkommission. Diese bestimmte: Es gibt nur einen Jakobsweg, den Camino de Santiago, den spanischen Hauptweg und einzige mittelalterliche Route im Norden Spaniens von Puente la Reina bis Santiago, auch als Camino Francés bekannt.

Der Grund ist ein einsehbarer. Alle europäischen Wege mündeten (und tun es weitgehend noch) in diesen einen Hauptweg, dem alle Pilgerinnen und Pilger folgten und dessen Hauptzweck dem Pilgern diente. Alle anderen heranführenden Routen waren sogenannte Altstraßen wie z. B. Handels- oder Heerwege, denen die Pilgernden folgten. Sie werden heute korrekt als Wege der Jakobspilger bezeichnet, es waren Wege die auch Pilgerinnen und Pilger nutzten, aber nicht überwiegend. Da mir persönlich der Begriff allerdings etwas zu sperrig ist, spreche ich in dieser Beschreibung vereinfachend vom Pilger- oder Jakobspilgerweg.

Bereits aus dem 12. Jh., der Hochzeit der mittelalterlichen Pilgerbewegung, bekannt und heute mit dem Welterbestatus ausgezeichnet sind die vier großen Pilgerwege Frankreichs. Sie werden in einem Pilgerführer aus dieser Zeit, dem Liber Sankti Jakobi, das auch Codex Calixtinus heißt und in den Archiven der Kathedrale von Santiago de Compostela lagert, beschrieben. „Vier Wege führen nach Santiago, die sich in einem einzigen in Puente la Reina in Spanien vereinen; einer geht über St-Gilles, Montpellier, Toulouse und den Somportpass, ein anderer über Notre-Dame in Le Puy, (...) ein weiterer über Sainte-Marie-Madeleine in Vézelay, (...) ein letzter über St-Martin in Tour (...)", heißt es in einer Übersetzung (Reclam 18580, S. 50).

Die hier vorliegende Beschreibung befasst sich mit einem heranführenden Weg, dem **Weg der Deutschen** nach Le Puy-en-Velay.

Trier stand bereits im hohen Mittelalter im Fokus vieler Jakobspilger, die über das Pilgerdrehkreuz Köln Trier erreichten. Das Grab des Apostels Matthias in der Abteikirche war Anlass, den Weg nach Santiago de Compostela über Trier zu wählen.

Aus einer Information der Sankt Matthias-Bruderschaft Anrath geht hervor, dass Papst Eugen III. anlässlich seines Aufenthaltes in der Abtei St. Matthias am 11. Januar 1148 einen in der Mitte der Kirche stehenden Altar zu Ehren des hl. Kreuzes und der hl. Apostel Matthias und Jakobus weihte. Jakobus als Nebenpatron einzusetzen war damals die übliche Form, den Bedürfnissen der Jakobspilgerinnen und -pilger zu entsprechen und die Pilgerströme zu lenken.

Von Trier aus zogen die Pilgernden entlang der alten Römerstraßen durch den Saargau, Lothringen und das Zentralmassiv nach Le Puy-en-Velay, aber auch über Clairvaux, Chablis und Auxerre nach Vézelay. Sowohl der Wallfahrtsort Vézelay als auch das, mit dem Attribut „europäische Hauptstadt der Jakobspilger" (frz. *Capitale européenne du Saint-Jacques-de-Compostelle*) versehene Le Puy-en-Velay sind – früher wie heute – Sammelpunkte der Jakobspilgerinnen und -pilger und Startpunkt zweier der bereits oben zitierten großen französischen Wege.

Bis heute sind Teilstücke der römerzeitlichen Straßen im Landschaftsbild auszumachen und da, wo es eben möglich ist, nutzt der moderne Pilgerweg diese Trassen. Ingrid Retterath hat sie in der zweiten Auflage dieses Pilgerführers treffend als „herrlich geradlinig" beschrieben. Ganz häufig sind sie aber auch besonders aussichtsreich, denn sie wurden bevorzugt über die Höhenrücken gelegt. Die Flusstäler, durch die heute gerne die großen Straßen und Bahnlinien geführt werden, waren vor 2.000 Jahren von Überschwemmungen bedroht und durch Sümpfe geprägt.

In Trier erinnert eine Steinbrücke aus dem 2. Jh. noch an diese Straße. Bereits am ersten Tag treffen Sie mit dem Örtchen Tawern auf eine ehemalige Ausspannstation und auf dem Metzenberg auf eine rekonstruierte Tempelanlage an der Via Agrippa, wie das Netz von Fernstraßen genannt wurde. Der römische Feldherr Marcus Vipsanius Agrippa war zur Zeit des Augustus, des ersten römischen Kaisers, Statthalter in Gallien und sorgte für den Bau der Straßen. Das Teilstück, welches diesem Weg von Trier nach Le Puy zur Orientierung dient, führte von Lyon, dem römischen Lugdunum, über Mâcon, Chalon-sur-Saône, Dijon, Langres, Neufchâteau, Toul, Metz und Augusta Trevorum, dem heutigen Trier, weiter nach Köln. Am Ende des Weges werden Sie die vielleicht hier noch unvertraut klingenden Namen der an Ihrem Weg liegenden Städte wie selbstverständlich benennen. Metz, Toul, Langres und Dijon berührt der Weg direkt, die anderen Orte liegen bis auf Lyon weniger als 20 km vom Weg entfernt. Nicht immer kann ein moderner Fußweg den alten Straßen folgen. Sie sind mit Autobahnen überbaut oder entsprechen aus anderen Gründen nicht den Ansprüchen der heutigen Fußpilgerinnen und -pilger.

Die Wegführung in der nunmehr vierten Auflage hat sich gegenüber der vorherigen nur in kleinen, unwesentlichen Details verändert. Das Pandemiegeschehen in den ersten 2020er-Jahren hat aber seinen Einfluss auf die Unterkunftssituation hinterlassen. Ältere Menschen haben die Vermietung drangegeben, Preise sind in Teilen stark gestiegen. Es gibt aber auch erfreulicherweise oft ganz neue Angebote. Manche haben die Zeit genutzt, aus-, um- oder ganz neu zu bauen. Ich wünsche Ihnen einen unbeschwerten Weg, viel Freude und tolle Erlebnisse mit der Natur und den Menschen unterwegs. Kommen Sie gesund und gestärkt an Ihr Ziel, wo oder wie das auch immer definiert ist.

Land und Leute

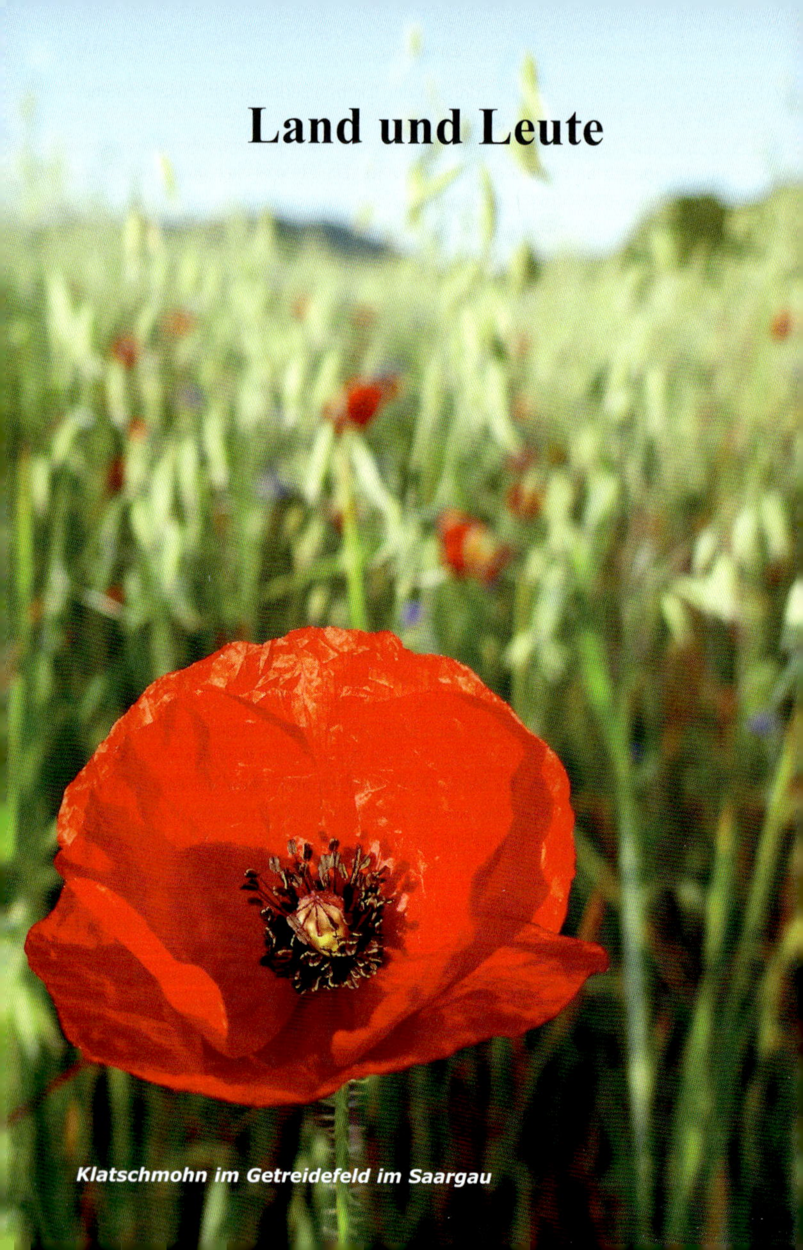

Klatschmohn im Getreidefeld im Saargau

Auf der beschriebenen Strecke bewegen Sie sich überwiegend in Mittelgebirgen, das bedeutet gemäßigtes Klima, abwechslungsreiche Landschaften und dünne Besiedlung. Neben einsamen, von Wiesen und Wald geprägten Landschaftsräumen wie z. B. dem Karstplateau von Langres und den weiten Höhen des Zentralmassivs treffen Sie aber auch auf die bereits in der Einleitung erwähnten römerzeitlichen Gründungen einiger bis heute bedeutender Städte sowie das zum Welterbe erhobene, im Fokus touristischen Interesses stehende Weinbaugebiet des Burgund.

Südlich von Trier laufen Sie durch den **Saargau**. Die heutige Landschaftsbezeichnung für die Höhen zwischen Saar und Mosel und dem Dreiländereck mit Frankreich und Luxemburg ist einer alten fränkischen Grafschaft entlehnt. Hier ist man an Reisende gewöhnt. Pilgerinnen und Pilger genießen die letzten Übernachtungen ohne Sprachbarrieren und mit üppigem deutschem Frühstück.

Bei einem Abstecher ins **luxemburgische Schengen** wird Ihnen alles so französisch vorkommen, dass Sie Apach vielleicht schon als zweiten Ort in Frankreich *empfinden*. Sie haben nun **Lothringen** (frz. *Lorraine*) erreicht, dessen Küche weit mehr als die Quiche Lorraine zu bieten hat. Das Gebiet des historischen Lothringens, das der alten Verwaltungsregion mit Metz als Hauptstadt entsprach, ist heute gemeinsam mit den ehemaligen Regionen Elsass und Champagne-Ardenne in der Region Grand Est (dt. „Großer Osten") aufgegangen. Die gemeinsame Verwaltung sitzt nun in Straßburg. Die sympathischen Menschen, die hier an der Mosel und am Oberlauf der Maas wohnen, sind die gleichen geblieben. Sie zeigen sich an Fremden interessiert und äußern ihr Interesse oft dadurch, dass sie aus der eigenen Biografie oder der Familienhistorie eine Verbindung nach Deutschland hervorkramen. Einige der älteren Menschen sprechen wie im Saargau noch den Obermoseldialekt.

Ein Blick in die Geschichte zeigt die besondere Lage zwischen den Gebieten der Deutschen und der Franken auf und gibt auch einen Hinweis, warum manche geografischen Bezeichnungen oder Straßennamen noch deutsch sind.

Wenn Sie 1.200 Jahre in der Geschichte zurückgehen, dann stehen Sie hier im Zentrum des Frankenreiches unter Karl dem Großen (747-814) und gerade diese zentrale Lage hat bis in die Neuzeit immer wieder dazu geführt, dass dieses Gebiet umkämpft war.

Karl der Große hatte sein ausgedehntes Reich seinem Sohn Ludwig dem Frommen (778-840) vermacht und nach Ludwigs Tod teilten dessen Söhne das Reich im Vertrag von Verdun unter sich auf: Karl der Kahle (823-877) bekam den Westen, den Vorläufer des heutigen Frankreichs, Ludwig der Deutsche (806-876) bekam den östlichen Teil, Vorläufer des Heiligen Römischen Reiches, des Deutschen Reiches und Deutschlands, und Lothar I. (795-855) bekam die Mitte, die sich von den Niederlanden und Belgien über Burgund bis nach Italien erstreckte.

855 wurde dieses Gebiet erneut geteilt und Lothar II. (835-869), ein Sohn Lothars I., erhielt den Teil zwischen Maas und Rhein, der Nordseeküste und Besançon. Nach ihm erhielt Lothringen seinen Namen (lat. *Lotharii regnum* = Reich des Lothar)

und über Jahrhunderte schielten die westlichen und östlichen Nachbarn begehrlich auf diese Region. Bis 1733 gehörte Lothringen zur Einflusssphäre des Heiligen Römischen Reiches, danach meist zu Frankreich, zwischen 1871 und 1918 aber auch zum Deutschen Reich (Elsass-Lothringen).

Südlich an die Region Grand Est schließt sich das **Burgund** (frz. *Bourgogne*) auch in einem Verwaltungszusammenschluss in der Region Bourgogne-Franche-Comté mit der Hauptstadt Dijon an. Da alle 18 Regionen Frankreichs weiter in Départements unterteilt sind, werden Ihnen auch diese Namen begegnen. Im Burgund laufen Sie als erstes durch das Département **Côte d'Or** (dt. „Goldküste"). Hier ist es erst einmal mit der Abgeschiedenheit vorbei. Hier im Nordteil der Region **Burgund** mit den Städten Dijon und Beaune tobt das pralle Leben in der ebenso prallen Sonne. Der Pilgerweg führt durch die Weinberge der berühmtesten Rotweinlagen Côte de Nuits und Côte de Beaune, mitunter durchlaufen Sie die kleinen Winzerorte im 2-km-Takt. Unterkünfte sind zahlreich vorhanden. Den Menschen sagt man neben einer wohl allen Landwirten ähnlichen Bodenständigkeit und Naturverbundenheit eine große Gelassenheit und Ruhe nach. Müssen sie vielleicht bei dem mitunter hohen Touristenaufkommen auch haben. Aber keine Sorge, selbst während der Weinlese wird es höchsten an Wochenenden ein wenig voller auf den Wanderwegen, aufgrund der vielen Radfahrerinnen und Radfahrer. Die Lesezeit belebt die Weinberge vor allem durch die Pflücker aller Hautfarben. In Transportern werden sie herangekarrt und von Lage zu Lage weiterbefördert. Die meisten Felder sind in weniger als zwei Stunden beerntet und die Trauben verladen. Dann ziehen alle weiter, in Transportern. Es geht zu wie in einem Bienenstock zu Hochzeiten. Das Surren übernehmen die Unterhaltungen und Zurufe der Arbeiter. Mir hat das gut gefallen. Man lacht sich an, man grüßt und winkt und ab und an bekommt man vielleicht ein paar Trauben geschenkt.

Im Süden des Burgunds dünnt der Weinbau aus. Wälder und Wiesen bestimmen immer mehr das Bild, wenn Sie entlang der Côte Chalonnaise und Côte Mâconnais, in den Weinbaugebieten um Chalon-sur-Saône und Mâcon, weiterwandern. Mit Cluny, das um ein im 10. Jh. gegründetes Benediktinerkloster entstand, von dem über tausend Klosterneugründungen ausgingen, haben Sie die ersten Ausläufer des Zentralmassivs erreicht. Die Region **Auvergne-Rhône-Alpes** ist auf Ihrer Pilgerstrecke durch das Département Loire vertreten, in dem Sie aus dem Haut-Beaujolais beim Col de Crie nach langen bergigen Etappen durch Waldgebiete tatsächlich hinab zum Tal der Loire kommen und im weiten Bogen die Stadt Roanne umrunden. Montbrison, der spannende ehemalige Hauptort der Grafen von Forez, steht stellvertretend für die gemütliche französische Lebensart. Es wurde ausgezeichnet für den schönsten Wochenmarkt Frankreichs. Höhepunkt bildet jedes Jahr die Fète de la Fourme Anfang Oktober – ein Fest für Käseliebhaber und Feinschmecker. Montbrison hat einem Landkäse seinen Namen verliehen. Weiter geht es nun hoch hinauf ins Zentralmassiv auf über 1.000 m und wieder entlang zweier Römerstraßen bis Le Puy-en-Velay, der Hauptstadt des Département Haute-Loire. In dieser Region weiß man vielerorts, was eine Jakobspilgerin bzw. ein Jakobspilger ist. Das drückt sich unter anderem dadurch aus, dass Straßen nach ihnen benannt sind. Immer wieder wandern Sie auf einem Chemin de Pélerin oder einem Chemin Saint-Jacques. Auch wird das Netz der Pilgerherbergen dichter.

Scheue und bissige Bewohner des Zentralmassivs

Leser und Wirte berichten, dass es im Zentralmassiv neben zahlreichen ungefährlichen Tieren auch Kreuzottern und Aspisvipern gibt. Sicherheitshalber sollten Sie bei Pausen in der freien Natur – vor allem zwischen Cluny und Le Puy – erst die Stelle abklopfen, auf die Sie sich setzen wollen, oder mehrfach fest aufstampfen. So fühlt sich keine Schlange bedroht und kann rechtzeitig vor Ihnen fliehen. Aber auch wenn es zu einem Biss kommt: keine Panik! Nach Auskunft eines Arztes vor Ort braucht es den Biss von 4-5 Kreuzottern bzw. 8-9 Aspisvipern oder ganz unglückliche Umstände, bei denen eine Schlange immer wieder zubeißt, um einen gesunden Erwachsenen zu töten.

☺ Wer sich im Hinblick auf französische Wangenküsse vielleicht unsicher ist, braucht sich nur zu verdeutlichen, dass Franzosen uns eigentlich sehr ähnlich sind. Sie geben Fremden und Bekannten die Hand, wenn wir es auch tun würden. Der Kuss rechts/links ist Menschen vorbehalten, die ein Deutscher umarmen würde, also Verwandten, engen Freunden und Lebensrettern. Sollten Sie in den Genuss eines solchen Kusses kommen, achten Sie darauf, nicht wirklich (schon gar nicht feucht, laut und schmatzend!) zu küssen, sondern die Küsse nur anzudeuten.

Reise-Infos von A bis Z

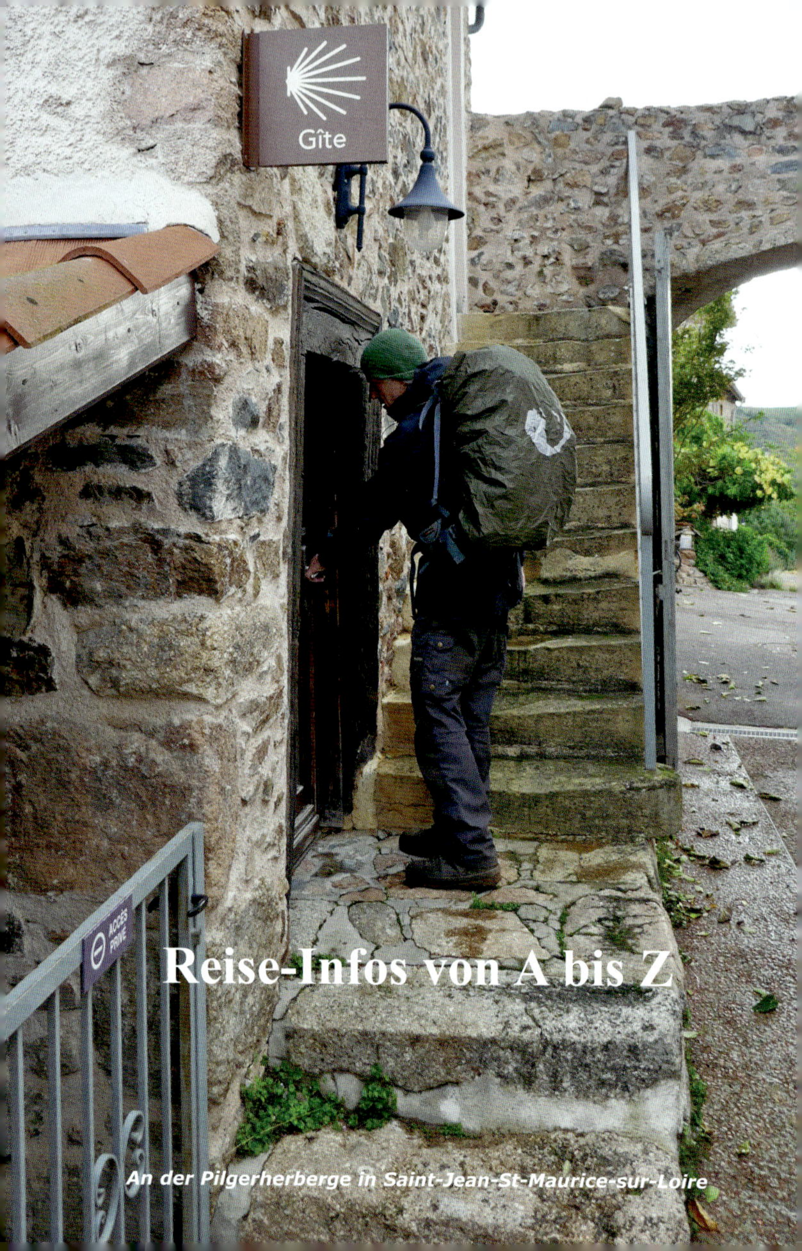

An der Pilgerherberge in Saint-Jean-St-Maurice-sur-Loire

An- und Abreise

Zu Fuß

Wer vor der eigenen Haustür gestartet ist, erreicht Trier vermutlich auf einem der Pilger- oder Fernwanderwege. Von Aachen sind dies der Matthiaspilgerweg und der Eifelsteig, von Koblenz ist es der Mosel-Camino, von Andernach der Eifel-Camino, aus dem Hunsrück der Ausoniusweg und von Köln/Bonn die Via Coloniensis.

- **Eifelsteig** – *von Aachen nach Trier* von Ingrid Retterath, Conrad Stein Verlag, ISBN 978-3-86686-698-0, € 16,90
- **Mosel-Camino** – *von Koblenz nach Trier* von Karl-Heinz Jung, Conrad Stein Verlag, ISBN 978-3-86686-826-7, € 10,90
- **Jakobsweg Via Coloniensis** – *von Köln nach Trier* von Ingrid Retterath, Conrad Stein Verlag, ISBN 978-3-86686-815-1, € 15,90

Mit dem Auto

Aus dem Norden erreicht die A1 über Köln das Moseltal östlich von Trier. Von dort fahren Sie weiter über die A602 (B49) nach Trier. Gleiches gilt für die Anfahrt aus dem Süden. Auch von Saarbrücken gelangen Sie auf der A1 zur Mosel und weiter über die A602 nach Trier. Aus dem Westen (Frankfurt) führt die B50 zur A1, auf der es weiter nach Süden geht. Von Luxemburg aus ist Trier über die luxemburgische A1 zu erreichen, die ab der deutschen Grenze zur A64 wird.

Viel wichtiger als das, was man heute über jeden Routenplaner erfährt, ist die Frage nach den Parkmöglichkeiten in Trier. Denn wer eine längere Pilgerreise mit dem Auto startet, muss es irgendwo sicher abstellen. Eines der Trierer Innenstadt-Parkhäuser zu nutzen, ist sicher keine so gute Idee. Die Kosten betragen rund € 15 für jeden Werktag. Eine Alternative bieten die Park&Ride-Plätze Messepark und Verteilerkreis Trier-Nord. Dort ist (außer bei besonderen Veranstaltungen) das Parken kostenlos und ein Bustransfer von Mo-Fr in die Innenstadt gewährleistet. Weitere und vor allem aktuelle Informationen erhalten Sie auf folgenden Webseiten:

- www.trier-info.de/parken
- www.trier.de ➔ umwelt-verkehr ➔ parken ➔ park-ride
- www.parken-in-trier.de

Mitfahrgelegenheiten auch in Frankreich organisiert www.blablacar.de, www.blablacar.fr.

Mit der Bahn

Ihre individuellen Anreisemöglichkeiten nach Trier können Sie auf den Seiten der Deutschen Bahn AG heraussuchen und in der Regel auch buchen. Alternativ suchen Sie eines der in vielen Bahnhöfen befindlichen Reisezentren auf. Dort hilft man Ihnen in aller Regel kompetent weiter. Auch wenn Sie nicht im Internet buchen, empfiehlt es sich aber, schon im Vorfeld die möglichen Verbindungen und Preise zu eruieren, damit

Sie auch genau den Fahrschein bekommen, den Sie haben wollen. Ob Spar-, Superspar- oder Flexpreis, ob Sie einen durchgehenden Zug favorisieren oder auch evtl. günstigere oder schnellere Umsteigeverbindungen akzeptieren, können nämlich nur Sie selbst beantworten. Gut informiert ein Reisebüro zu betreten, ist jedenfalls immer zu empfehlen.

www.bahn.de

Grenzüberschreitende Fahrkarten nach Frankreich bzw. für die Rückfahrt aus Frankreich nach Deutschland lassen sich online über die DB-App nicht buchen. Falls Sie also von Le Puy-en-Velay nach Deutschland, Österreich oder in die Schweiz zurückfahren wollen, könnten Sie sich eine Fahrkarte im Voraus in einer der Reisezentren besorgen. Die Schwierigkeit besteht darin, den genauen Termin zu bestimmen. Planen Sie in dem Fall also besser ein bis zwei Tage „Luft" ein. Auch das französische Bahnunternehmen SNFC ist bezüglich des internationalen Fahrkartenverkaufs schlecht aufgestellt. Fahrten lassen sich (außer zu Fantasiepreisen) nur bis zu den Grenzbahnhöfen oder einem TGV-Haltepunkt in Deutschland, wie z. B. Frankfurt, buchen. Durch den Kauf von zwei Tickets können sich die anfallenden Fahrtkosten erheblich verteuern, da z. B. der Sparpreis Frankreich nicht genutzt werden kann.

☺ Wer ein günstiges Rückfahrticket will und trotzdem flexibel buchen möchte, kauft beim englischen Unternehmen **Trainline**. Am besten laden Sie sich die App auf Ihr Handy und eröffnen ein Konto. Trainline ist spezialisiert auf internationale Fahrkarten, verkauft aber auch jede Einzelfahrkarte im Bereich der DB (Deutschland), Trenitalia (Italien), SNFC (Frankreich), ÖBB (Österreich), Renfe (Spanien) und der CFF (Schweiz). Auch werden Thalys-, Flixbus- und Eurostar-Tickets mit angeboten. Beachten müssen Sie aber auch die ländereigenen Sparpreisregeln, die vor allem bei Frühbuchungen rabattieren. Das bedeutet vor allem, mindestens einen Tag vor der anstehenden Fahrt ein Ticket zu buchen. Das Besondere bei Trainline ist: Sie bekommen den jeweils günstigsten Preis für eine länderübergreifende Fahrt und alle notwendigen Tickets online auf Ihr Handy übersandt.

www.thetrainline.com

Bus

Fernbusse der DB AG verbinden Trier mit den Flughäfen Luxemburg, Hahn und Frankfurt/Main. Flixbusse erreichen Trier aus vielen Städten Deutschlands.

www.flixbus.de

Die Fernbuslinien in Frankreich (und Europa) werden von Blablabus bedient.

www.blablabus.com

Der Le Puy am nächsten gelegene Abfahrtsbahnhof von Blablabus ist Saint-Étienne.

Flug

Das Flugzeug gehört mit großem Abstand zu den klimaschädlichsten Verkehrsmitteln und sollte deshalb nicht allzu leichtfertig und selbstverständlich das Transportmittel der 1. Wahl für Reisen innerhalb Europas sein. Ganz häufig sind vermeintliche Zeiteinsparungen bei ehrlicher Rechnung auch unbedeutend oder gar nicht vorhanden.

Wer sich für eine Anreise mit dem Flugzeug entscheidet, wählt als praktikablen Zielflughafen Luxembourg, Ziel vieler Direktflüge aus europäischen Metropolen.

- www.lux-airport.lu

Vom Regionalflughafen Puy-en-Velay-Loudes können Sie mit einer Inlandfluglinie nach Paris-Orly fliegen und von Paris weiter nach Deutschland reisen. Der nächste internationale Flughafen, von dem auch andere europäische Ziele angeflogen werden, ist Lyon-Saint Exupéry, den Sie mit Nahverkehrszügen erreichen.

- www.lyonaeroports.com

Buchungsportale für Flugreisen sind:

- www.momondo.de
- www.skyscanner.de

Ausrüstung

Ich verzichte hier auf eine detaillierte Auflistung der erforderlichen Gegenstände, möchte aber auf ein paar grundlegende Erfordernisse für die Hauptreisezeit von April bis Mitte November hinweisen.

Der Schuh kann eher leicht sein (Kategorie A/B oder B). Nehmen Sie den Schuh, mit dem Sie die besten Erfahrungen bei Wegen in Mittelgebirgen haben.

Im Übrigen braucht es leichte und weite Kleidung, die den Körper möglichst vollständig bedeckt. Sonnenschutz ist das A und O. Trotzdem sollten Sie den Schutz gegen kalte Winde, die auf den Höhen sowie in der Übergangszeit immer mal auftreten können, nicht vernachlässigen. Eine leichte Windjacke, ein dünner Schal und die Kopfbedeckung (im Sommer unbedingt ein breitkrempiger Hut) gehören immer ins Gepäck. Selbstverständlich ist auch auf guten Regenschutz zu achten.

Auch den Mückenschutz sollten Sie nicht vergessen. Insbesondere in den Wäldern und in den Flusstälern können Mücken in den Monaten April/Mai zeitweilig zu einem Problem werden, wenn auch nicht gerade zu einem übermäßigen. Wer unter Allergien leidet, muss mit erhöhtem Pollenaufkommen (Birke, Buche u. a.) im April und Mai und in späteren Monaten mit Gräserpollen rechnen und entsprechend vorsorgen. Wanderstöcke sind eigentlich nur denjenigen zu empfehlen, die es gewohnt sind, damit auch normale Wege zu gehen. Als Steig- oder Abstiegshilfe oder zum Balancehalten auf schwierigen Wegstücken werden sie aller Voraussicht nach nicht benötigt. Allenfalls nach starken Regenfällen könnten einige Wegabschnitte schon mal rutschig werden. Ich habe allerdings eher sandige als lehmig-glitschige Wege in Erinnerung.

Obwohl ich auch in der besonders heißen Zeit unterwegs war, bin ich mit meiner 1-l-Wasservorratsflasche gut zurechtgekommen. Es gibt unterwegs eigentlich immer genug Möglichkeiten, den Vorrat wieder aufzufüllen.

Das Trinkbedürfnis kann aber von Mensch zu Mensch auch sehr unterschiedlich empfunden werden. So richten Sie sich bei extremen Wetterverhältnissen auf einen etwas größeren Wasservorrat ein. Im Text finden Sie die Wasserstellen unterwegs mit dem Symbol 💧 gekennzeichnet. In den Dörfern habe ich das nur gemacht, wenn mir eine leicht zugängliche Wasserstelle besonders aufgefallen ist. Gerade in den touristisch stärker frequentierten Gegenden, insbesondere im warmen Burgund, hat jedes kleine Dorf ein Toilettenhäuschen und eine Wasserzapfstelle im Zentrum. Im Notfall, z. B. im eher einsamen und quellenarmen Hochland Lothringens, könnten Sie ansonsten einfach an jedem Haus fragen.

☺ Gewöhnen Sie sich bei heißem Wetter an, Ihren Vorrat an Wasser, wann immer möglich, wieder ganz aufzufüllen. Machen Sie an Wasserstellen Trinkpausen, bei denen Sie in Ruhe vorzugsweise das temperierte Wasser aus dem Vorrat zu sich nehmen, ☞ Essen und Trinken.

☺ Vielleicht ist es nicht für jeden umzusetzen, es braucht sicher auch ein wenig Training, ich praktiziere es schon seit vielen Jahren mit sehr guten Erfahrungen: Trinken Sie morgens zum Frühstück so viel wie eben möglich in Form von Tee, Saft und Wasser, ohne dabei Industriezucker zu sich zu nehmen. Das spült den Körper kräftig durch und schafft ein Depot. Für die Abfuhr von Schlacken brauchen Sie dann unterwegs nicht mehr noch zusätzlich zu sorgen. Verhalten Sie sich wie ein Kamel, Dromedar oder Trampeltier, das sich auf den Wüstenritt vorbereitet, und das auch an normal warmen Tagen.

Vor allem Frauen empfinden eine solche Anweisung oft als „unbequem" und argumentieren dagegen, da sie dann gleich zu Beginn der Wanderung ständig hinter einem Busch verschwinden müssen. Das ist allerdings erwünscht und hilfreich und auf dem Hintergrund heraus zu verstehen, dass die Leber in den späten Nacht- und frühen Morgenstunden den Großteil der aufgenommenen Nahrung verstoffwechselt und dabei auch Unerwünschtes (Giftstoffe) in den Nieren deponiert. Diese Stoffe sollten so bald als möglich ausgeschieden werden. Wenn dies nicht morgens geschieht, hat der Körper tagsüber einen erhöhten Wasserbedarf.

Wer viel schwitzt, verliert viele Mineralien. Immer wieder wird diskutiert, diese in Form von Nahrungsergänzungsmittel einzunehmen. Insbesondere Magnesium wird sehr häufig empfohlen. Ich habe es nie ausprobiert, kenne aber durchaus Zustände der Erschöpfung, die auf Elektrolytverluste zurückgehen. Meine Strategie besteht darin, besonders viel frisches Obst zu mir zu nehmen. Insbesondere Apfelsinen und Trauben, aber auch Äpfel haben eine gute Wirkung. Gemüse für unterwegs, z. B. Möhren, sind den beliebten Müsliriegeln vorzuziehen. Trockenfrüchte sind besser als Nüsse. Die Energie liefert das Abendessen und nach einer Einlaufzeit von zwei bis drei Tagen das Depot des eigenen Körpers.

Zu ungewöhnlich hohem Salzverlust kommt es in der Regel aber nur, wenn Sie wirklich einmal eine Reihe besonders heißer Tage erwischen sollten. Der Weg selbst ist im Durchschnitt nicht so fordernd, dass besondere Verhaltensmaßnahmen erforderlich werden. Und übrigens – das tägliche Glas Wein trägt auch zum Elektrolytausgleich bei.

Hinweisen möchte ich auch darauf, dass es Sinn macht, einen leichten, aber weiten Leinen- oder Seidenschlafsack mitzuführen. Er sollte möglichst groß bemessen sein, damit er bequem ist und den Körper von Kopf bis Fuß ganz umhüllt. In manchen Herbergen können Sie durch den Verzicht auf Bettwäsche eine Menge Geld sparen. In Pilgerherbergen, die, je näher Sie Le Puy kommen, häufig zu finden sind, ist ein solch leichter Schlafsack Voraussetzung für eine Übernachtung. Dazu gehören auch immer ein Handtuch und – falls es mal keine Dusche geben sollte – ein Waschlappen.

Aufgefallen ist mir, dass es auf der gesamten Wegstrecke relativ selten ⩩ Pausenbänke oder Picknickplätze gibt. Da habe ich diverse Male eine Sitzunterlage vermisst, die mir auch bei nassem Wetter die wohlverdiente Pause erleichtert.

Meine Beobachtungen und Kontakte zu Pilgerinnen und Pilgern haben mir gezeigt, dass keine andere Wandergruppe das Gebot zur Reduzierung des Gepäcks auf das Allernötigste so gut beherrscht wie die der erfahrenen Pilgerinnen und Pilger. Vermutlich liegt das an einer Regel, die Teil und Zweck des modernen Pilgerns geworden ist, nämlich den Ballast des Alltags abzuwerfen. Was als mentale Übung, im Gehen und Voranschreiten Unbearbeitetes zu lösen, gedacht ist, manifestiert sich im Äußeren. Viele kommen ohne modisches Outdoor-Outfit und Ultralight-Hightech zurecht. Sie gehen so leicht wie möglich und nutzen das, was praktisch ist.

Sollten Sie nicht zur Gruppe der erfahrenen Pilgerinnen und Pilger gehören, empfehle ich Ihnen folgende Buchauswahl.

📖 **Pilgern auf den Jakobswegen** – *Packliste • Anfängertipps • Wegeauswahl* von Raimund Joos, Conrad Stein Verlag, Basiswissen für draußen, ISBN 978-3-86686-394-1, € 12,90

♦ **Ausrüstung I** – *von Kopf bis Fuß* von Markus Gründel und Johann Schinabeck, Conrad Stein Verlag, Basiswissen für draußen, ISBN 978-3-86686-417-7, € 10,90

♦ **Trekking ultraleicht** von Stefan Dapprich und Stefan Kuhn, Conrad Stein Verlag, Basiswissen für draußen, ISBN 978-3-86686-770-3, € 12,90

Einkaufen

Der Pilgerweg führt zwischen Trier und Le Puy durch einige große Städte mit perfekter Infrastruktur, meist aber durch herrlich ländliche Natur. Das kann schnell dazu führen, dass Sie hungrig pilgern, wenn Sie nicht vorausschauend einkaufen. Auf einem Großteil der Tagesetappen kommen Sie zumindest an einem kleinen Laden vorbei, wo Sie Ihre Vorräte auffüllen können. Orte mit Einkaufsmöglichkeit habe ich mit den Symbolen 🛒 für Supermarkt oder ⚖ für kleinere Läden gekennzeichnet. Im zweiten Fall kann das mitunter nur eine Bäckerei oder ein Kiosk sein.

Gewöhnlich können Sie etwa zwischen 8:00 und 18:00 einkaufen, im ländlichen Bereich sind die Läden zur Mittagszeit geschlossen (12:30-15:00 oder auch 16:00). Manche Läden haben auch nur vormittags und dann Di-So geöffnet. Dies gilt vor allem für Bäckereien, die oft auch ein erweitertes Lebensmittelsortiment führen können und auch bereits ab 6:00 geöffnet haben können. Die großen Supermärkte sind von 8:00 bis 20:00 geöffnet. Samstags schließen die Läden zum Teil schon mittags.

Bäckereien und viele der kleineren Läden auf dem Land sind montags häufig geschlossen. In manchen kleinen Orten gibt es Baguetteautomaten.

In vielen Unterkünften können Sie Lunchpakete bestellen, die einen Einkauf unterwegs entbehrlich machen. Wasser erhalten Sie bei jedem Anwohner, den Sie freundlich darum bitten.

Essen und Trinken

Die französische Küche entlang des Weges ist herrlich abwechslungsreich. Von der edelsten Haute Cuisine bis zur Imbissbude ist alles vertreten. Sehr verbreitet sind Mittagsrestaurants anzutreffen (die allerdings auch zusätzlich abends geöffnet haben können). Bei entsprechender Planung können Sie in manchen Bereichen sogar täglich in den Genuss einer preisgünstigen warmen Mittagsmahlzeit (frz. *déjeuner*) kommen. Zu beachten ist: Franzosen essen zeitig und pünktlich zu Mittag. Wer zu spät kommt, bekommt schon mal nichts mehr ab. Im Idealfall sind Sie um 12:00 am Restaurant und erleben dann für € 12-15 ein Vier-Gänge-Menü, das deshalb so preiswert sein kann, da es für alle gleich ist (frz. *plat de jour*).

Fontainebleau – Spezialität aus Quark und Sahne

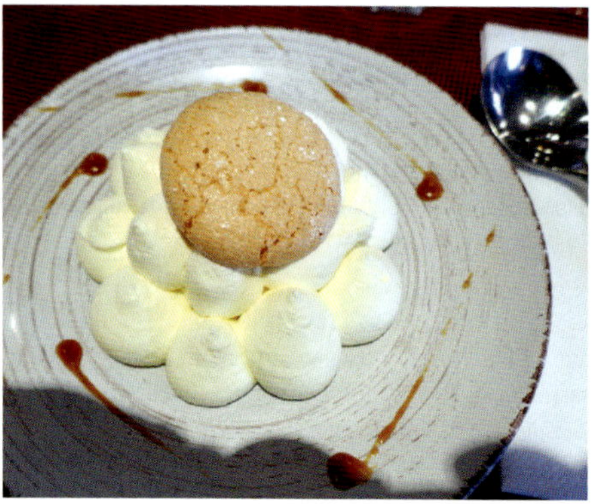

Der Wirt kocht für jedermann. Das sind die Handwerker, die auswärts essen, ältere Menschen, aber auch jüngere. Manchmal meint man, das ganze Dorf hat sich versammelt, gleich an welchem Wochentag. Auf die Terrine, unterschiedliche, oft kalte Vorspeisen mit Salat, folgt ein Hauptgericht. Danach wird Käse gereicht und zum Schluss der Nachtisch. Kaffee und ein Glas Wein sind wie selbstverständlich in vielen Restaurants im Preis inbegriffen. Entsprechendes gilt für das Abendessen (frz. *dîner*) ab 19:30. Da können Sie aber auch häufig und noch am späteren Abend à la carte essen.

Der Grund für die frühe Mittagsmahlzeit ist das Frühstück, das in Frankreich *petit déjeuner* genannt wird. Die Betonung liegt auf *petit* (dt. „klein"). Es besteht in der Regel zumindest aus Kaffee/Tee, Baguette, Butter und Konfitüre, wird in einigen Hotels aber auch ergänzt durch Käse, Wurst, Ei und Süßspeisen. Man hat sich also auf die unterschiedlichen Gewohnheiten in einigen Nachbarländern eingestellt. Erlebt man das Morgenmahl aber einmal in einer Familie, sei es in einem B&B oder einer Pilgerunterkunft, sieht man dem Appetit des Deutschen eher unverständlich und gelangweilt zu. Das frühe Essen gilt dem Franzosen nichts.

Kaffee aber schon, in Frankreich trinkt man Espresso, den man *café noir* oder einfach *café* nennt. Braucht man ein bisschen mehr Flüssigkeit, greift man zum *grand café noir*, das ist ein mit heißem Wasser verlängerter Espresso. Und der *café au lait*, ein Espresso mit viel Milch, ist ja auch aus den europäischen Cafés nicht mehr wegzudenken.

Mitunter gibt es in französischen Cafés wirklich nur Kaffee und andere Heißgetränke. Hier hat der Inhaber nichts dagegen, wenn Sie eine Tüte Croissants aus der Bäckerei nebenan mitbringen und dort zusammen mit Ihrem Kaffee verzehren. Ist die Bar aber einziges Lokal im Ort, gibt es zu den lokalen Bieren und Weinen, Tees und Kaffees auch schon mal Kleinigkeiten zum Essen.

Hier einige Vokabeln, um unterwegs satt zu werden:

baguette	Stangenweißbrot
beurre	Butter
chardon	Disteln (in Lothringen werden damit süße Leckerbissen mit delikater Füllung bezeichnet, meist mit Likör gefüllte Schokoladenpralinen.)
cassecroute	belegtes Brötchen
cidre	Apfelwein
crêpe	süß gefüllter, dünner Pfannkuchen
croissant	Blätterteighörnchen
escargots	Schnecken in Weißwein
flûte	ganz dünnes Stangenweißbrot
galette	herzhaft gefüllter, dünner Pfannkuchen
madeleine (de Commercy)	typisch lothringisches Sandplätzchen
macaron	feines Gebäck aus Eiweiß, Zucker und Mandeln
merguez	scharfe Rindsbratwurst (von den Einwanderern aus Tunesien, Algerien und Marokko übernommen)
quiche lorraine	Lothringer Speckkuchen mit Speck, Crème fraîche und Ei
pain	Brot
Schmier	Butterbrot im Trierer Raum (Kässchmier = Käsebrot, ...)
tourte	gefüllte Blätterteigpastete
viande	Fleisch
Viez	Apfelwein im Saargau

Trinkwasser

Wasser an Privathäusern hat Trinkwasserqualität, bei öffentlichen Brunnen steht es immer dran (*eau potable* = Trinkwasser, *eau non potable* = kein Trinkwasser, *eau non controlée* = Wasser wird nicht kontrolliert). Bei nicht kontrolliertem Wasser handelt es sich in aller Regel nicht um Leitungs-, sondern Quellwasser. Ob Sie es trinken wollen oder nicht, ist eine Entscheidung, die nur Sie selbst für sich treffen können. In ganz vielen Fällen ist eine regelmäßige amtliche Beurteilung der Wasserqualität den Gemeinden einfach nur zu aufwendig und zu teuer. Die Einheimischen wissen aber in der Regel gut Bescheid, ob Verunreinigungen zu erwarten sind oder ob das Wasser vielleicht sogar besser ist als das Leitungswasser.

Das Trinkwasser in Frankreich ist oft relativ stark gechlort. Mehrere Leser beklagten den unangenehmen Geschmack, der sich in der Trinkflasche und im Trinksystem der Rucksäcke festsetzte. Lassen Sie das Wasser über Nacht, falls möglich, in einem offenen Behältnis stehen und füllen Sie es am Morgen erst ab. Ein Teil des Chlors ist dann verflogen. Benutzen Sie nach Möglichkeit keine Kunststoffflaschen oder -behältnisse für das Leitungswasser, sondern die modernen Behälter aus Edelstahl.

Die Toten und das Wasser

Ein Pilger erzählte, er sei auf seinem Weg nach Le Puy durstig zu einem Bauern gegangen und habe ihn um Wasser gebeten. Dieser habe ihm mit einem Schwall Französisch geantwortet, bei dem der Pilger nur durch Gestik und Mimik erkannte, dass der Bauer kein Wasser für ihn hatte. Als der Bauer merkte, wie schlecht der Pilger Französisch sprach, sagte er in sehr gebrochenem Deutsch: „Geh zu den Toten!" und zeigte zum Friedhof am Ortsausgang. Der Pilger war sehr gekränkt, weil er dies als eine andere Formulierung für „Fahr zur Hölle!" oder „Dann verreck eben!" auffasste. Erst durch ein Gespräch mit der nächsten (englischsprachigen) Pensionswirtin erfuhr er, dass der Bauer ihm einen lebensrettenden Tipp geben wollte: Aus allen Wasserhähnen auf französischen Friedhöfen fließt – wenn nicht anders gekennzeichnet – Trinkwasser! Ich habe auch keinen Friedhof gesehen, der keinen Wasseranschluss hatte, allerdings auch nicht jeden einzelnen überprüft.

Etappen

Die bevorzugte Etappenlänge ist insbesondere bei Pilgerwegen erfahrungsgemäß sehr unterschiedlich, da sowohl Menschen mit weniger Wandererfahrung als auch sportlich sehr trainierte unterwegs sind. Der insgesamt 900 km lange Weg von Trier nach Le Puy ist deshalb in Kurzetappen unterteilt. Sie enden immer in Orten mit Hotels, Pensionen, Herbergen oder Privatzimmern. Je nach Tagesform und generellem Leistungsvermögen können Sie sich daraus Ihre individuelle Etappenlänge zusammenstellen. Nachfolgend finden Sie aber auch einen Vorschlag zur Etappeneinteilung, der sich an durchschnittlich leistungsbereiten Pilgern orientiert. Von der Mehrheit der Menschen wird eine Tagesleistung von rund 20 km bevorzugt. Vor allem Weitwanderneulinge fangen mit kürzeren Etappen an und versuchen, nach und nach die Streckenlänge zu steigern. Das gilt auch für den Einstieg in eine längere Pilgerwanderung. Der Körper muss sich erst einlaufen und so an die tägliche Leistungsanforderung gewöhnen. Sie werden aber auch bald merken, dass in den relativ flachen, wenig bergigen Gegenden von Lothringen und Burgund auch schon mal 30 km Tagesbilanz nicht zur Überforderung wird, und wenn das doch einmal passieren sollte, ruhen Sie sich auf einer kurzen Folgeetappe aus.

☺ Brechen Sie am Morgen möglichst früh auf, sodass Sie am Mittag schon mehr als die Hälfte des Weges geschafft haben. Dann können Sie, ohne in Zeitnot zu geraten, eine längere Mittagspause einrichten.

Mein Etappenvorschlag:

Nr.	Start und Ziel	Länge in km	Aufstieg in m	Abstieg in m	Höhe min.-max. in m
	Saargau, Rheinland-Pfalz/Saarland				
1	Trier, Sankt Matthias – Abzweig Mannebach	16,9	221	21	124-336
2	Abzweig Mannebach– Perl	27,5	266	390	217-406
	Lothringen (frz. *Lorraine*), Region Grand Est				
3	Perl – Saint-Marguerite	18,2	270	213	145-308
4	Saint-Marguerite – Saint-Hubert	21,2	131	187	182-337
5	Saint-Hubert – Metz	24,6	325	368	164-314
6	Metz – Vandières	26,9	53	57	164-209
7	Vandières – Liverdun	29,7	519	457	179-351
8	Liverdun – Toul	21,0	142	166	192-278
9	Toul – Chalaines	20,6	276	224	206-400
10	Chalaines – Domrémy-la-Pucelle	22,4	258	242	247-385
11	Domrémy-la-Pucelle – Rollainville	14,5	129	59	272-324
12	Rollainville – Contrexéville	29,8	192	178	314-432
13	Contrexéville – Bourbonne-les-Bains	37,9	221	300	259-496
14	Bourbonne-les-Bains – Varennes-sur-Amance	19,5	341	235	241-427
15	Varennes-sur-Amance – Langres	32,3	523	408	260-471
16	Langres – Auberive	33,7	440	572	339-519
17	Auberive – Ferme de Borgirault	16,6	419	328	339-487
	Burgund (frz. *Bourgogne*), Region Bourgogne-Franche-Comté				
18	Ferme de Borgirault – Is-sur-Tille	22,9	221	380	274-436
19	Is-sur-Tille – Messigny-et-Vantoux	18,0	105	69	277-376
20	Messigny-et-Vantoux – Chenôve (Dijon)	17,6	274	293	238-394
21	Chenôve – Nuits-Saint-Georges	22,2	269	304	240-392
22	Nuits-Saint-Georges – Beaune	18,0	110	127	219-279
23	Beaune – Chagny	21,2	153	164	208-293
24	Chagny – Moroges, Kirche	22,7	657	547	215-435
25	Moroges Saint-Gengoux-le-National	18,5	239	336	233-423
26	Saint-Gengoux-le-National – Cluny	23,0	365	354	200-370

Nr.	Start und Ziel	Länge in km	Aufstieg in m	Abstieg in m	Höhe min.-max. in m
	Zentralmassiv, Region Auvergne-Rhône-Alpes				
27	Cluny – Tramayes	19,4	384	162	243-592
28	Tramayes – Ouroux	16,6	451	450	404-706
29	Ouroux – Propières	19,4	680	473	446-964
30	Propières – Le Cergne	18,8	472	473	569-868
31	Le Cergne – Charlieu	16,5	232	614	271-657
32	Charlieu – Noailly	14,8	132	95	250-332
33	Noailly – Saint-Haon-le- Châtel	17,4	181	59	284-435
34	Saint-Haon-le-Châtel – Saint-Jean-Saint-Maurice-sur-Loire	19,8	272	343	354-532
35	Saint-Jean-Saint-Maurice-sur-Loire – Pommiers	20,3	310	327	319-567
36	Pommiers – Montverdun	21,2	201	142	335-445
37	Montverdun – Montbrison	17,9	220	233	366-497
38	Montbrison – La Chapelle-en-Lafaye	27,2	956	274	388-1.169
39	La Chapelle-en-Lafaye – Pontempeyrat	18,8	237	540	768-1.141
40	Pontempeyrat – Le Cros	26,4	400	301	769-1.003
41	Le Cros – Le Puy-en-Velay	18,1	270	451	620-929
	Summe	**890,0**	**12.450**	**11.868**	**124-1.169**

Feiertage, (Schul-)Ferien

Auf der Gesamtstrecke werden einheitlich gefeiert: Neujahr (1. Jan), Ostermontag, Maifeiertag (1. Mai), Christi Himmelfahrt (Do 10 Tage vor Pfingsten), Pfingstmontag (7 Wochen nach Ostern), Allerheiligen (1. Nov) und 1. Weihnachtstag. In Rheinland-Pfalz werden auch Karfreitag, Fronleichnam (Do 10 Tage nach Pfingsten), Tag der Deutschen Einheit (3. Okt) und 2. Weihnachtstag gefeiert. Zu Heiligabend, Silvester und Karneval (11.11. und Weiberfastnacht bis Aschermittwoch) sind viele Geschäfte und öffentliche Institutionen geschlossen oder im „Notbetrieb".

Luxemburg feiert außerdem den 23. Juni (Nationalfeiertag) und Maria Himmelfahrt (15. Aug). Bis zu zwei Feiertage, die auf einen Sonntag fallen, können auf den darauffolgenden Montag gelegt werden.

Frankreich feiert zusätzlich den 8. Mai (Tag des Sieges), den 14. Juli (Nationalfeiertag) und Maria Himmelfahrt (15. Aug, Tag der Pilgerinnen und Pilger). Der Karfreitag und der 2. Weihnachtstag werden nur in Lothringen im Département Moselle gefeiert. Im Saarland ist wie in Luxemburg und Frankreich Maria Himmelfahrt (15. Aug) ein arbeitsfreier Tag.

In den Schulferien ticken die Uhren anders. Die Auswirkungen betreffen Busfahrpläne, Öffnungszeiten der Museen und die Auslastung und Preise der Unterkünfte. In Frankreich verteilen sich die Ferien insbesondere in den Sommermonaten nicht wie in Deutschland. Im Juli und August ist für die ganze Nation schulfreie Zeit. Da Franzosen gerne im eigenen Land urlauben, kommt es zwar in manchen Regionen zum Gedränge, den Weg betrifft das aber nur marginal in der Region um Le Puy, attraktiven Städten wie Metz, Toul, Dijon oder Beaune. In Busfahrplänen sind die Gültigkeiten der zu den Ferien abweichenden Fahrzeiten farblich gekennzeichnet. Beachten müssen Sie dafür neben den Sommerferien auch die Winter-, Frühlings-, Herbst- und Weihnachtsferien, die im Einzelnen auf folgender Webseite beschrieben werden.

www.schulferien.org/frankreich/ferien

Frauen

Die meisten Pilgerinnen und Pilger laufen den Jakobsweg allein, darunter sind ebenso viele Männer wie Frauen. Wenn man sie fragt, ob der Jakobsweg auch für Frauen ohne männliche Begleitung geeignet sei, werden diese sofort mit Ja antworten. Ingrid Retterath war bei ihren Recherchen für die erste Auflage ganz allein unterwegs, für die zweite Auflage manch einen Tag nur mit ihrer einjährigen Tochter. Keine Sekunde war ihr mulmig zumute. Ihnen werden männliche und weibliche Einzelpilger begegnen, die sich weder fürchten noch Böses im Schilde führen. Diese Begegnungen sind aber eher selten, mit zufälligen Mitpilgernden können Sie vor Le Puy nicht ernst- und dauerhaft rechnen, Sie müssen sich also auf eine Pilgerfahrt allein einstellen, sofern Sie allein losgehen.

Wenn es Ihnen nicht geheuer ist, ohne Begleitung durch die Wälder zu wandern, fragen Sie besser eine Freundin, ob sie Sie begleitet, oder suchen Sie in Pilgerforen nach Mitreisenden, die Sie dann vor dem Beginn der Pilgerfahrt schon treffen und kennenlernen können!

Geld

Nehmen Sie nicht unnötig viel Bargeld mit auf den Weg. In jedem größeren Ort gibt es Geldautomaten. Es sollte aber so viel sein, dass Sie auch mehrere Tage lang die Übernachtungskosten in bar zahlen können. Frankreich ist zwar Kreditkartenland, aber privat ist niemand darauf eingestellt. In einem Fall, im Text weise ich darauf noch einmal hin, gibt es für 5 Etappen keinen Geldautomaten am Weg (zwischen Renaisson und Montbrison).

Erkundigen Sie sich besser vor der Abreise, ob Sie mit Ihrer Karte auch in Frankreich Geld abheben können und unter welchen Bedingungen. Die Kosten können erheblich sein. Kostenfrei sind Geldabhebungen in der Eurozone bei den meisten Direktbanken (DKB, Consorsbank, Comdirekt), sofern man die ebenfalls kostenfreie Debitkarte einsetzt. Zwar weist z. B. die DKB-Bank auch darauf hin, dass unter Umständen vom Automatenbetreiber unabhängig Gebühren erhoben werden können, erlebt habe ich das in Frankreich aber nicht. Auch gibt es immer noch das bewährte Postsparkonto, bei dem vier Auslandsabhebungen pro Jahr gebührenfrei sind. Der Trend geht zur Zweitkarte! Es passiert nicht selten, dass eine Karte an einer bestimmten Stelle mal nicht funktioniert. Da ist es gut, wenn man eine andere in Reserve hält.

Bei Verlust oder Diebstahl können Sie viele Karten unter der Nummer ☏ 00 49 11 61 16 schnell sperren lassen. Zu beachten ist, dass Sie dafür Ihre Kartennummer benötigen. Die sollten Sie deshalb fotografiert oder anderweitig eingespeichert haben und da ja auch das Telefon verloren gehen könnte, in einer Cloud gespeichert von jedem Computer aus zugänglich halten.

☺ Karten und Bargeld sollten Sie getrennt aufbewahren, denn so kann nicht alles gleichzeitig verloren gehen.

☺ Allgemeine und konkrete Information zur Kartensicherheit finden Sie auf folgender Webseite:

💻 www.kartensicherheit.de

☺ Machen Sie sich nicht zu viele Sorgen um das Geld. In aller Regel treffen Sie auf ehrliche Menschen. Gefahrenschwerpunkte sind Hostels und andere Gemeinschaftsunterkünfte.

Gepäck und Gepäckservice

Manch ein Pilger möchte zumindest auf einzelnen Teilstrecken darauf verzichten, alle für die Übernachtung benötigten Dinge den ganzen Tag zu tragen. Hier bietet es sich an, nur mit Tagesrucksack zu wandern und sein Gepäck in die nächste Unterkunft vorauszuschicken. Insbesondere für kleine Gruppen ist der Transportpreis ein erschwingliches Wandervergnügen. Besonders gilt dies für Camper.

In fast jedem größeren Ort gibt es Taxiunternehmen, die Ihr großes Gepäck zum nächsten Vermieter oder Campingplatz bringen und Ihnen sicher auch bei der Organisation für weitere Stationen behilflich sind. Gepäckservice bieten auch manche Vermieter an. Für ein paar Etappen im Moseltal ist die Nutzung der öffentlichen Verkehrsmittel für gepäckfreie Touren von einem festen Standort aus möglich.

Eine auf den Gepäck- und Personentransport auf ganz unterschiedlichen Wanderwegen spezialisierte Firma – ein Angebot besteht auch für den hier beschriebenen, dritten großen Abschnitt des Weges von Cluny nach Le Puy-en-Velay – finden Sie auf folgender Internetseite:

💻 www.lamallepostale.com

GPS

Die moderne Form der Orientierung im Gelände wird durch das vom US-Militär entwickelte Satellitennavigationssystem GPS (Global Positioning System) ermöglicht. Es besteht aus rund 30 Satelliten, die die Erde in einer Höhe von etwa 20.000 km umkreisen. Durch die Abfrage der Daten von mehreren Satelliten kann ein GPS-fähiges Gerät seine Position bis auf wenige Meter genau bestimmen. Diese Technik, die in den meisten Last- und Personenkraftwagen inzwischen Standard ist, gewinnt auch bei Wanderinnen und Wanderern zunehmend an Beliebtheit, zumal die meisten Menschen einen solchen Empfänger im Smartphone ständig bei sich tragen.

Der große Vorteil gegenüber der Orientierung mithilfe von Papierkarten ist die jeweils mögliche genaue Positionsbestimmung. Ein Nachteil bleibt der in der Regel sehr kleine sichtbare Kartenausschnitt auf tragbaren Geräten. Die Orientierung in der weiteren Umgebung ist somit erschwert. Voraussetzung für eine Nutzung sind elektronische Karten, die erstens offline verfügbar sind, zweitens außer den Straßen auch die Wanderwege abbilden, und drittens müssen Sie wissen, wo es jeweils weitergehen soll. Der Weg muss also auf der Karte abgebildet sein.

Auf der Verlags-Homepage www.conrad-stein-verlag.de finden Sie zu diesem Zweck einen GPS-Track (aus den Positionspunkten zusammengesetzte Linie, die den Weg abbildet) zum Download für Ihr GPS-Gerät oder Smartphone. Suchen Sie auf der Seite diesen Titel und gehen Sie zum Punkt „GPS-Tracks". Der abgebildete QR-Code führt Sie direkt dorthin.

Wer erste Erfahrungen mit dem Handy sammeln will, ist z. B. mit der für alle Betriebssysteme geeigneten, sehr schnellen und zuverlässigen Smartphone-App Guru Maps gut beraten. Vergessen Sie nicht, bereits zu Hause oder im WLAN eines Hotels, an Bahnhöfen oder der Touristinformation etc. die passenden Wanderkarten herunterzuladen.

gurumaps.app

Wesentlich detailliertere Karten bietet ein tschechischer Routenplaner, den es im Web und als Smartphone-App in deutscher Sprache gibt. Auf einer personalisierten Seite legen Sie sich im Web die benötigten GPS-Tracks durch einfaches Hochladen und Speichern an. Sie werden automatisch mit der Smartphone-App synchronisiert. So haben Sie die Tracks vom Weg immer dabei. Auch bei dieser Anwendung laden Sie die benötigten Karten für unterwegs im Vorfeld oder in einem Hotel auf Ihr Handy. Dann sind sie immer verfügbar, kosten unterwegs keine Daten und die App funktioniert auch im Funkloch. Viele Wander- und Pilgerwege sind auch bereits auf den wählbaren Wanderkarten eingezeichnet. Die Anwendung ist kostenfrei.

www.mapy.cz

Meine wichtigste Navigations-App ist immer noch die Entwicklung des Spaniers Jose Vazquez mit dem Namen OruxMaps. Sie ist nur für Android-Smartphones verfügbar und kostet wenige Euro. Leider ist diese Anwendung nur denjenigen zu empfehlen, die Einarbeitungszeit nicht scheuen. Aufgrund sehr vieler Funktionen ist sie wenig übersichtlich, mit den gratis Wanderkarten (OSM) von www.openandromaps.de meiner Meinung nach aber unschlagbar im Gebrauch und komplett offline handhabbar.

www.oruxmaps.com

📖 **GPS** – *Grundlagen · Tourenplanung · Navigation* von Michael Hennemann, Conrad Stein Verlag, Basiswissen für draußen, ISBN 978-3-86686-769-7, € 12,90

Hunde

Ingrid Retterath ist bei ihren Recherchewanderungen mit ihren beiden großen Neufundländern Maxim und Bathida gelaufen. Sie haben jede von ihr geplante Etappe geschafft, waren aber abends immer im wahrsten Sinne des Wortes hundemüde.

Die weiten schattenlosen Freiflächen belasten im Sommer schon den Menschen sehr, stellen also auch eine Herausforderung für Hunde dar. Noch unangenehmer sind die Teerstrecken, hier können an heißen Tagen die armen Pfoten ganz schön qualmen. Nur wenige schmale Pfade verlangen Trittsicherheit, einige Weiden mit grasendem Vieh und Wälder mit Wild sind zu durchwandern. Es sollten daher nur kerngesunde, gut leinengängige Hunde mitgenommen werden, die jederzeit abrufbar sind. Der Jagdtrieb sollte nicht allzu ausgeprägt sein. Alles andere ist eine Quälerei für Mensch und Tier.

Die Strecke ist für jeden Hund abwechslungsreich und spannend. Viele einheimische Hunde können begrüßt werden und die einheimischen Menschen sparen nicht an Streicheleinheiten (leider auch nicht an ungefragten Leckerchen!). Wasser gibt es unterwegs ausreichend. Sie werden nur nach langen Trockenperioden und im Burgund für den Hund Reserven im Rucksack mitnehmen müssen. In den Orten gibt es einen Dorfbrunnen oder eine Dorftränke. Anwohnern boten Ingrid Retterath bei ihrer Recherche auch von sich aus Wasser für die Hunde an und beide Hunde hatten schnell gelernt, wie man aus einem Schlauch oder einem Wasserhahn herauslaufendes Wasser geschickt auffängt.

Viele Vermieter heißen auch mitwandernde Hunde willkommen, allerdings stets nur nach vorheriger Vereinbarung. Wer einen wasserliebenden Hund hat, sollte für ihn ein Handtuch extra mitnehmen, um eine Chance zu haben, bei den Vermietern am Ende der Tagesetappe Aufnahme zu finden. In Lokalen bringt die Bedienung oft schon einen Wassernapf für den Hund, bevor dessen Menschen überhaupt den Rucksack abgenommen haben.

📖 **Trekking mit Hund** von Heiko Kühr, Conrad Stein Verlag, Basiswissen für draußen, ISBN 978-3-86686-550-1, € 9,90

Rechtliches: Zur Einreise mit deutschen Hunden nach Frankreich benötigen Sie den blauen EU-Heimtierausweis mit Beschreibung des Hundes, Adresse des Halters und Nachweis der Tollwutimpfung (mind. 21 Tage alt). Einreisende Hunde müssen zudem zur eindeutigen Identifikation gechipt sein. Bestimmte Hunderassen („Kampfhunde“, Kategorie 1: Pit-Bull Terrier, Staffordshire Terrier, American Staffordshire Terrier, Mastiff, Tosa, strenge Auflagen für Hunde der Kategorie 2) und Hunde, die diesen ähnlichsehen (Achtung, Polizisten und Zöllner sind keine Kynologen = Hundekundler, sie halten mitunter auch einen muskulösen Boxer für einen Kampfhund), dürfen nicht einreisen, sie werden mitunter vor Ort von der Polizei beschlagnahmt und einem

Amtstierarzt vorgeführt. Es besteht keine generelle Leinenpflicht. In Ortschaften und Parks müssen Hunde angeleint werden, ebenso auf Anweisung von Förstern und Polizisten.

Information

Fremdenverkehrsämter

Allgemeine Informationen erhalten Sie über die Tourismusvertretungen der Länder:

Ⓓ Atout France – Französische Zentrale für Tourismus, Postfach 100128, 60001 Frankfurt am Main, ☎ +49/69/74 55 56, 💻 de.france.fr

(CH) Atout France – Französische Zentrale für Tourismus, Rennweg 42, 8021 Zürich, 💻 ch.france.fr, ☎ +41/44/217 46 00, FAX +41/44/217 46 17

Ⓐ Atout France – Französische Zentrale für Tourismus, 1010 Wien, ☎ +43/1/503 28 92, 💻 at.france.fr

Office de Tourisme/Mairie/Hôtel de Ville

Vor Ort können Sie sich sehr gut in den örtlichen Touristenbüros mit Informationen zu Sehenswürdigkeiten und Übernachtungsmöglichkeiten versorgen. In Orten, in denen es kein spezielles Büro gibt, wenden Sie sich bei Bedarf an die Mairie (dt. „Bürgermeisteramt") bzw. das Hôtel de Ville (dt. „Rathaus"). Wenn Sie am Dreiländereck die Grenze zu Frankreich überschreiten, informiert dort eine große Tafel über den Weg durch Lothringen, der dann vor Ihnen liegt. Betont wird in drei Sprachen, dass alle Auskünfte über die Beherbergung in den Verkehrsbüros am Weg zu finden sind. Dazu zählen auch die nur Pilgernden vorbehaltenen Privatunterkünfte. Nur Fremdenverkehrsbüros sind befugt, die Kontaktdaten von Gastfamilien mitzuteilen. Die Ämter verfügen über die jeweils aktuelle Liste für ihren Zuständigkeitsbereich. Also scheuen Sie sich nicht, die Hilfestellung anzunehmen. Das gilt auch für diejenigen Pilgerinnen und Pilger, die bereits von zu Hause aus, manchmal Monate im Voraus, eine Pilgerwanderung akribisch planen. Ganz häufig werden Sie auch auf Ansprechpartner treffen, die Deutsch oder zumindest Englisch sprechen.

⊙ Zu den Öffnungszeiten bekommen Sie im Office de Tourisme oder der Mairie auch einen (Pilger-)Stempel für Ihren Pilgerausweis.

@ Die meisten Büros bieten Ihnen kostenfreies WLAN und eine Sitzmöglichkeit.

Nicht in allen Fällen konnte ich die Öffnungszeiten der Sehenswürdigkeiten und Kirchen vor Ort einwandfrei recherchieren. Wenn Sie also keine Zeiten angegeben finden, heißt das nicht, dass es keine Öffnungszeiten gibt. In der Regel können Sie damit rechnen, das touristisch interessante Einrichtungen zumindest im Sommerhalbjahr komfortable Öffnungszeiten haben. Fragen Sie im Zweifelsfall in der Touristeninformation vor Ort nach. In kleinen ländlichen Gemeinden fragen Sie bei Interesse, z. B. bei einer verschlossenen Kirche, in der Mairie nach, wer wohl einen Schlüssel hat. Häufig ist auch das Pfarramt ganz in der Nähe der Kirchen angesiedelt und kann weiterhelfen.

Jakobusgesellschaften

Die **Sankt Jakobusbruderschaft Trier** ist für Betreuung und die Markierung der Wege im Raum Trier zuständig und erste Anlaufstelle für Pilgerinnen und Pilger ab Trier. In der Dominformation, direkt gegenüber dem Dom, ist ein Pilgerbüro eingerichtet, an das Sie sich mit Fragen wenden können. Einfach und unkompliziert bekommen Sie hier auch Ihren Pilgerausweis direkt ausgestellt, ☞ Trier, Dominformation.

- Sankt Jakobusbruderschaft Trier e. V., Paulinstraße 5, 54292 Trier, sekretaer@sjb-trier.de, www.sjb-trier.de

In vielen anderen Städten Deutschlands (Düsseldorf, Berlin, Hamburg, Köln, Paderborn, Würzburg ...) sind ebenfalls Jakobusgesellschaften tätig, bei denen Sie Informationen rund um das Pilgern bekommen.

Jakobusgesellschaften in Österreich und in der Schweiz:

- Sankt Jakobus Bruderschaft zur Förderung der Pilgerbewegung nach Santiago, Stangaustraße 7, 2392 Sulz im Wienerwald, ☏ +43/22 38/82 70, ☏ +43/22 38/827 04, h.radolf@radolf.at, www.radolf.at
- Freunde des Jakobswegs der Schweiz, Les Amis du Chemin de Saint-Jacques, Association helvétique, Sekretariat deutsche Schweiz, Affolterstraße 24, 4542 Luterbach, ☏ +41/32/682 25 50, sekretariat@viajacobi4.ch, www.viajacobi4.ch

Die Betreuung der Wege, die Wegauswahl und die Markierung mit dem Jakobswegsymbol in Frankreich steht unter der Verantwortung folgender Vereinigungen:

Lothringen (frz. *Lorraine*)

- Association des Amis de Saint-Jacques-de-Compostelle Région Lorraines (dt. „Freundeskreis der Jakobspilger im Lorraine"), Jean Courivaud, 7 Rue des Sources, 88400 Geradmer, saintjacqueslorraine@gmail.com, www.st-jacques-lorraine.fr. Der Freundeskreis hat ein Begleitheft mit Kartenausschnitten im Maßstab 1:25.000 zum Weg „Chemin de Schengen à Langres" herausgegeben, ☞ Karten. Dem Heft liegt die aktuelle Liste der privaten Pilgerunterkünfte bei.

Burgund (frz. *Bourgogne*)

- Confraternite Saint Jacques en Bourgogne (dt. „Jakobusbruderschaft Burgund"), Maison Diocésaine, 9 bis Boulevard Voltaire, 2100 Dijon, ☏ 03 80 63 14 65, confraternite@st-jacques-bourgogne.org, www.st-jacques-bourgogne.org. Auf der Internetseite finden Sie eine Übersicht für den Wegabschnitt im Burgund auf einem zweiseitigen Faltblatt zum Ausdrucken („De Langres à Cluny – Route des Allemands"). In elektronischer Form gibt es auch einen detaillierten Führer zum Weg. Er kann gegen Einsendung von € 10 und nach der Übermittlung eines Passwortes heruntergeladen werden.

Auvergne-Rhône-Alpes

- Association Rhône-Alpes des Amis de Saint-Jacques (dt. „Freundeskreis der Jakobspilger in Rhône-Alpes"), 7 Rue Bernard Vallot F, 69500 Bron, guides@amis-st-jacques.org, www.amis-st-jacques.org. Gegen Einsendung von € 14,50 kann ein nützlicher Führer für die Strecke von Cluny bis Le Puy-en-Velay erworben werden. Die Informationsschrift erscheint jährlich im März. Neben allgemeinen Hinweisen (z. T. in deutscher Übersetzung) finden Sie eine Auflistung der Infrastruktur der durchwanderten Gebiete einschließlich der Unterkünfte.

☺ Am Weg, in der Touristinformation in Cluny, können Sie diesen Führer auch dann, wenn Sie ihn brauchen, erwerben.

Wanderverbände

Wie auch unter „Markierungen" erwähnt, bildet in Frankreich das dichte Wanderwegenetz die Grundlage für den Verlauf der Pilgerwege. Detailinformationen zu den Wanderwegen bekommen Sie bei den Wanderverbänden der einzelnen Departements. In über 3.000 Vereinen sind die Aktiven vor Ort unter dem nationalen Dachverband Fédération française de la randonnée pédestre (FFRandonnée/FFRP) organisiert und sorgen für die Pflege und die Markierung der Wege. Haben Sic etwas anzumerken oder suchen Sie nach dem weiteren Verlauf, Informationen zu Wegeverlegungen etc., werden Sie bei den Vereinen fündig. Auf den Internetseiten bekommen Sie auch Telefonnummern und E-Mail-Adressen der Ansprechpartner. Alle Adressen ergeben sich durch das Ersetzen des anführenden www der Adresse des Dachverbandes durch das jeweilige Departement. Der Weg berührt folgende Departements: Moselle, Meurthe-et-Moselle, Vosges, Haute-Marne, Côte-d'Or, Saône-et-Loire, Rhône, Loire, Auvergne-Rhône-Alpes, Haute-Loire.

- www.ffrandonnee.fr (Dachverband)
- rhone.ffrandonnee.fr (Beispieladresse für den Verein im Departement Rhône)

Karten

Wer mit dem GPS-Track und guten elektronischen Karten auf dem Smartphone oder dem GPS-Gerät unterwegs ist, braucht zum reinen Auffinden des Weges keine zusätzlichen Papierkarten. Auch ist die Markierung überwiegend (nicht in den Städten) so gut, dass der Weg auch ohne Elektronik gut zu finden ist, und zudem haben Sie ja auch noch diese Beschreibung. Der Blick in die Nahumgebung ist aber auch mit kleinformatigen Bildgebern nicht besonders komfortabel. Eine Papierkarte liefert dafür eine schöne Übersicht sowohl zur eigenen Orientierung, aber auch für ungeplante Abstecher oder Notfälle, die ein Abweichen vom beschriebenen und markierten Weg erfordern.

🚲 Für Radfahrerinnen und Radfahrer sind die unten aufgeführten Karten im Maßstab 1:100.000 eine perfekte Hilfe zur Planung der Wegführung und unbedingt empfehlenswert.

Von Trier bis Schengen/Sierck-les-Bains kommen Sie mit einer Karte im Maßstab 1:50.000 aus.

♦ Kompass-Kartenset 2202 Luxemburg

Von der Association des Amis de Saint-Jacques-de-Compostelle Région Lorraines gibt es das Kartenheft im Maßstab 1:25.000.

♦ Das Kartenheft „Vers Saint-Jacques de Compostelle en passant par la Lorraine – Chemin de Schengen à Langres" ist perfekt für die Strecke von Schengen bis Langres (Lothringen), ISBN 978-2-9548081-0-9, € 10, mit Stadtplänen von Metz, Pont-à-Mousson, Toul,

Neufchâteau, Contrexéville, Bourbonne-les-Bains und Langres. Eine Liste der privaten Pilgerunterkünfte und der Touristinformationen am Weg ist beigefügt. Es ist in den Touristeninformationen in Perl, Sierck-les-Bains und Metz erhältlich.

Damit das Gepäck nicht zu schwer wird, laufen und radeln die meisten Pilgerinnen und Pilger in Frankreich mit den IGN-Karten im Maßstab 1:100.000. Das ist für kartenerfahrene Wanderinnen und Wanderer auch durchgängig unproblematisch.

▷ Nr. 111: Metz, Verdun, Luxembourg (Schengen bis Saizerais)
▷ Nr. 121: Nancy, Épinal (Saizerais bis Lamarche)
▷ Nr. 130: Vesoul, Langres (Lamarche bis Langres, evtl. nur als Kopie des relativ kleinen benötigten Abschnitts mitführen)
▷ Nr. 129: Dijon, Montbard (Langres bis Dijon)
▷ Nr. 136: Dijon, Chalon sur Saône (Dijon bis Buxy)

☺ Die oben genannten IGN-Karten werden voraussichtlich 2025 durch neue Karten/Kartenzuschnitte ersetzt. Anstelle der bisherigen Karten wird es dann den französischen Départments entsprechende Karten im Maßstab 1:100.000 geben. Für den weiteren Wegabschnitt ist die Umstellung bereits erfolgt.

▷ Nr. D71: Saône-et-Loire (Nuits-St-Georges über Montagny-les-Buxy bis Charlieu)
▷ Nr. D42: Loire (nördlich von Charlieu über Montarcher bis Chomelix/Vorey/Retournac)
▷ Nr. D43: Haute-Loire (Montarcher bis Le Puy-en-Velay und weiter bis zur Ardèche, evtl. nur Teilstück als Kopie mitführen)

Sie sollten die Karten schon von zu Hause aus bestellen. Vor Ort werden meist Karten mit Maßstab 1:25.000 und 1:50.000 angeboten, die viel zu schnell abgewandert sind.

☺ Die Kartenempfehlungen wurden von der Geobuchhandlung Kiel überprüft. ☏ 04 31/942 49

Kinder

Ein Kind mit auf eine Pilgerfahrt zu nehmen, die für Erwachsene schon mit größten Mühen verbunden ist, will gut überlegt sein. Es funktioniert in der Praxis eigentlich nur in belastbaren Teams und Familien, die lange Touren gewöhnt sind. Ganz kleine Kinder in der Kraxe oder im Fahrradanhänger durch jedes Wetter zu transportieren, erfordert ein geduldiges Naturell von Eltern und Kindern sowie eine gute Kondition des Trägers bzw. Fahrers.

Gut vorbereitete und ausgerüstete Kinder, die gerne wandern bzw. radeln und mit verantwortungsvollen Erwachsenen unterwegs sind, werden die abwechslungsreiche Landschaft und die netten Leute schnell in ihr Herz schließen. Nur darf auf den langen Strecken die Laune nicht sinken, dabei helfen Spiele, Singen und spannend erzählte Geschichten.

📖 **Wandern mit Kind** von Kerstin Micklitza, Conrad Stein Verlag, Basiswissen für draußen, ISBN 978-3-86686-015-5, € 7,90

Wer sein Baby oder Kleinkind in der Bauchtrage oder Kraxe mitnehmen will, sollte unbedingt trittsicher sein. Es gibt zwar nur wenige absturzgefährdete Pfade, wohl aber oftmals matschige Passagen, bei denen der Träger stürzen könnte. Ein geländegängiger Buggy oder Tourer schont zwar den Rücken, erfordert aber an einigen Stellen gute Armmuskeln, wenn er durch Matsch und Pfützen geschoben oder Stufen hinauf-/hinabgetragen werden muss.

Klima und Reisezeit

Landschaft und Wetter entlang des Pilgerweges sind gleichermaßen als „abwechslungsreich" zu beschreiben. In den Bergregionen Lothringens und vor allem im Zentralmassiv kann es noch im Mai und schon im Oktober empfindlich kalt sein, dafür ist es dort im Sommer angenehm kühl und niemals schwül. Ganz anders sieht es an der Mosel und im Burgund aus. Wer den süffigen Wein dieser Regionen kennt, sollte sich klarmachen, dass dieser auch wegen der vielen warmen und heißen Tage solch eine gute Qualität hat. Die Sonne brennt auf die Pilgerinnen und Pilger hinab, die sich in manchen Fällen nicht einmal in den Schatten retten können. Im Spätsommer, insbesondere im September während der Weinlese, können zwischen Dijon und Beaune viele Radtouristen unterwegs sein. Besonders an Wochenenden sollten Sie sich rechtzeitig um eine Unterkunft kümmern.

Grundsätzlich ist der Weg Trier – Le Puy aber ganzjährig zu begehen. Begrenzende Faktoren sind die kurze Lichtzeit im Winter und die Tatsache, dass einige Unterkünfte dann geschlossen haben. Die Hauptreisezeit ist von April bis Mitte November.

Während Hitzeperioden ist die heißeste Zeit des Tages zwischen 14:00 und 17:00 zu erwarten. (Sehr früh aufbrechen!)

Wer in Trier startet und bis Santiago oder Finisterre gehen will, wird dies meist bis spätestens Ende Juli getan haben, um am Pyrenäenpass nicht in den ersten Schnee zu kommen. So lautet jedenfalls eine Regel. Der erste Schneefall im Hochgebirge verschob sich allerdings in den letzten Jahren deutlich an das Jahresende. So habe ich den Somportpass auf der Via Tolosana 2017 Anfang November problemlos überschritten und im Norden Spaniens im Anschluss allerbestes Hochdruckwetter erlebt.

Literatur

Allgemeine Literatur zum Jakobsweg und zum Pilgern:

Joos, Raimund: **Pilgern auf den Jakobswegen**. Praktische Tipps und Nachdenkliches zur Vorbereitung der Pilgerreise. Basiswissen für draußen, Conrad Stein Verlag,
ISBN 978-3-86686-394-1

Pilger- und Wanderführer bis Trier:

Landschaftsverband Rheinland: **Jakobswege, Wege der Jakobspilger im Rheinland von Köln und Bonn nach Perl/Schengen**. Gute Karten und kunsthistorische Beschreibungen.
J. P. Bachem Verlag 2007, ISBN 978-3-76161-1600-0

- Retterath, Ingrid: **Jakobsweg Via Coloniensis**. Auf alten Römerstraßen von Köln/Bonn nach Trier. Conrad Stein Verlag 2024, ISBN 978-3-86686-815-1
- Retterath, Ingrid: **Eifelsteig**. Gut zu laufender Fernwanderweg von Aachen nach Trier. Conrad Stein Verlag 2010, ISBN 978-3-86686-698-0

Pilgerführer für den Weg nach Santiago de Compostela:

- Engel, Hartmut: **Frankreich: Jakobsweg Via Podiensis**. Für die Strecke von Le Puy-en-Velay nach Saint-Jean-Pied-de-Port. Conrad Stein Verlag 2024, ISBN 978-3-86686-796-3
- Engel, Hartmut: **Frankreich**: **Jakobsweg Via Gebennensis**. Für die Strecke von Genf nach Le Puy-en-Velay. Conrad Stein Verlag 2021, ISBN 978-3-86686-694-2
- Joos, Raimund: **Spanien**: **Jakobsweg Camino Francés**, Conrad Stein Verlag 2024, ISBN 978-3-86686-424-5
- Joos, Raimund: **Spanien: Jakobsweg – Küstenweg, Camino de la Costa, Camino del Norte und beliebte Varianten**, Conrad Stein Verlag 2024, ISBN 978-3-86686-405-4
- Joos, Raimund: **Nordspanien: Jakobsweg Camino Primitivo**, Conrad Stein Verlag 2023, ISBN 978-3-86686-482-5
- Joos, Raimund, **Spanien**: **Camino Inglés**, Conrad Stein Verlag 2024, ISBN 978-3-86686-735-2

Markierungen

Markiert ist der Weg durchgängig mit dem in Europa einheitlich verwendeten Symbol, der stilisierten, gelben Muschel auf blauem Grund. Die auf ein Zentrum (Santiago de

Markierung an einem Feldweg

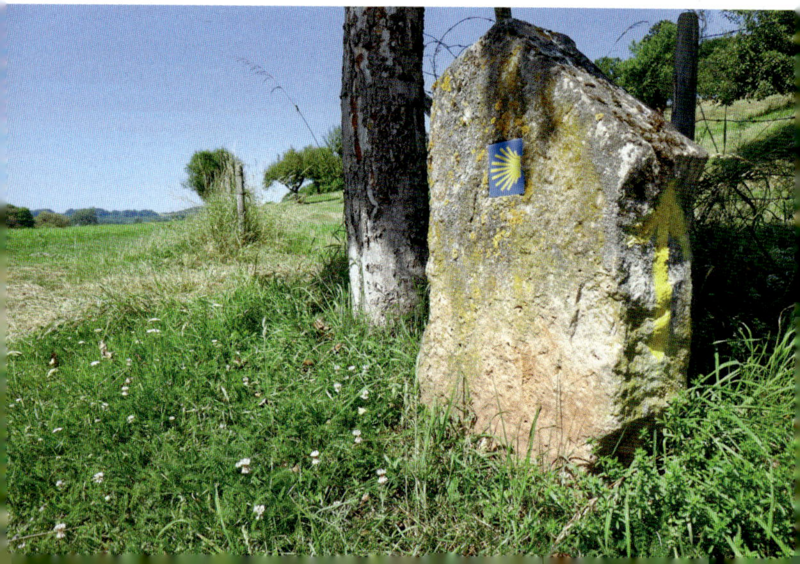

Compostela) gerichteten Strahlen (Wege der Jakobspilger) geben Anlass dazu, dieses Kennzeichen an geeigneten Untergründen in der Landschaft so anzubringen, dass es auch die Richtung weist, das vom Strahlenbündel gebildete Zentrum also je nach Wegverlauf nach rechts, links oder vorne (an Laternenmasten, Verkehrsschildern o. Ä. nach oben) auszurichten. Auf den Wegabschnitten im Burgund ab dem Tilletal und im Zentralmassiv ist dieses Prinzip durchgängig auch angewandt.

In Lothringen und im Saargau ergänzen gelbe Pfeile das immer in gleicher Ausrichtung geklebte oder genagelte Wegzeichen. Dort sind die Zeichen selbst also nicht richtungsweisend.

In Frankreich treffen Sie außerdem noch auf eine rot durchgestrichene stilisierte Muschel, die an Kreuzungen, Gabelungen und Einmündungen falsche Wege kennzeichnet. Gekreuzte Muscheln bedeuten: Hier geht es nicht lang!

Der Pilgerweg in Frankreich verläuft bis auf ganz wenige Ausnahmen auf markierten Wanderwegen, den sogenannten GR-Wegen (Chemins de Grandes Randonnées (dt. „Große Wanderwege")). So haben Sie in aller Regel zwei Markierungen, die sich jeweils ergänzen.

Alle GR-Wege sind mit zwei liegenden Balken gekennzeichnet, der obere weiß, der untere rot. Die zwei Balken bedeuten: „Es geht geradeaus weiter!". Ein Pfeil unter den Balken zeigt an, wenn man nach links oder rechts abbiegen muss, und ein X, aus gekreuztem weißem und rotem Balken, signalisiert: „Hier nicht! Sie verlassen den Weg!" Zusätzlich tragen die GR-Wege Nummern, um sie unterscheiden zu können. Der Pilgerweg Trier – Le Puy folgt keinem durchgängigen, sondern unterschiedlichen Wegen. Da heißt es also immer mal wieder: Augen auf und nicht jedem weiß-roten Zeichen hinterherlaufen!

Muscheln an Türen oder Zäunen drücken die Sympathie der Menschen für Pilgerinnen und Pilger aus. Hier bekommen Sie frisches Wasser, Tipps, Hilfe und manchmal auch ein Bett.

Außerdem gibt es noch einen wichtigen Spezialweg. Der Wanderweg Metz – Nancy, dem Sie überwiegend im Moseltal bis kurz vor Liverdun folgen, ist durch zwei übereinanderliegende gelbe Balken gekennzeichnet.

Medizinische Versorgung

Entlang des Weges erhalten Sie medizinische Versorgung mit kurzen Hilfsfristen. Krankenhäuser befinden sich in Trier, Metz, Pont-à-Mousson, Neufchâteau, Langres, Is-sur-Tille, Dijon, Beaune, Cluny, Tramayes, Chagny, Charlieu, Roanne und Le Puy-en-Velay. Niedergelassene Ärzte, Zahnärzte, Tierärzte und Apotheken sind in den größeren Orten am Weg zu finden.

Auf langen und einsamen Strecken kann es im Notfall bei einer plötzlichen Erkrankung oder Verletzung wichtig sein, Grundkenntnisse in der Ersten Hilfe zu haben, um sich und andere Pilgerinnen und Pilger schnell und zuverlässig versorgen zu können.

Notruf

Polizei, Feuerwehr und Rettungsdienst sind über den Euronotruf ☏ 112 erreichbar.

Pilgerausweis und Pilgerstempel

Der Pilgerpass, spanisch *credencial* und französisch *créanciale*, oft verbunden mit einem Empfehlungs- oder Geleitschreiben, war das wichtigste Dokument für die Pilgerinnen und Pilger des Mittelalters. Nur so konnte er in Herbergen und Hospitälern auf Aufnahme oder mit Hilfen in der Not rechnen. Das ist heute wieder genauso und hatte sich zunächst im Norden Spaniens, auf dem Hauptweg, in den die Wege aus ganz Europa einmünden, etabliert. Die Infrastruktur der preisgünstigen Herbergen, die dort seit den 1950er-Jahren wieder entstanden sind, ist alleine denjenigen vorbehalten, die zu Fuß mit dem Rad und zu Pferd pilgern. Die Stempel im Pass dokumentieren den zurückgelegten Weg und belegen, dass man berechtigt ist, in einer Herberge zu übernachten. Einzelwanderinnen und -wanderer haben Vorrang vor Gruppen. Wer ein bestimmtes Reglement einhält, bekommt am Ziel im Pilgerbüro der Kathedrale von Santiago de Compostela eine Urkunde, die Compostela, ausgehändigt.

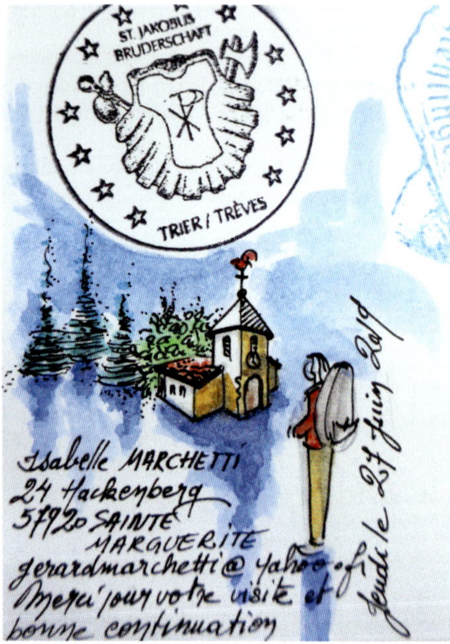

Pilgerpass

Wenn Sie nicht nach Spanien wollen, sondern zumindest vorerst in Frankreich bleiben, brauchen Sie nicht zwingend den offiziellen spanischen Pass des Pilgerbüros von Santiago de Compostela. Es reicht letztlich ein beliebiges Dokument, das mit Ihrem Namen, Ihrer Anschrift und dem Datum Ihrer Abreise versehen ist. Wichtig ist, dass Sie regelmäßig Stempel sammeln, mit denen Sie Ihre Pilgerwanderung dokumentieren und glaubhaft machen, dass Sie zu Fuß, mit dem Rad oder mit dem Pferd unterwegs sind, denn auch in Frankreich und auf dem kurzen Wegstück in Deutschland werden Sie den Beleg brauchen, wenn Sie Privatunterkünfte, die alleine den Pilgern vorbehalten sind, oder eine, meist von den Gemeinden (in Langres vom Pfarramt) betriebene, Pilgerunterkunft in Anspruch nehmen wollen. Manchmal bekommen Sie auch in konventionellen Unterkunftsbetrieben bei Vorlage des Ausweises Preisnachlässe.

In Trier können Sie sich allerdings auch bequem das offizielle Credencial ausstellen lassen und haben bis zum Ziel des Weges in Santiago de Compostela die Pilgerfahrt im Ganzen dokumentiert. Rechnen müssen Sie allerdings damit, einiges an leeren Seiten anzukleben, denn die teils recht großen französischen Stempel sprengen das schlank gehaltene Format.

Erwerben könnten Sie auch einen speziell für die französischen Wege entwickelten Pilgerpass. In Deutschland bekommen Sie diesen bei der St.-Jakobusbruderschaft Düsseldorf e. V., Heinrich Wipper, Lützowstr. 245, 42653 Solingen, sankt-jakobusbruderschaft@t-online.de, www.jakobusbruderschaft.de.

⊙ Das Symbol steht für eine Stelle, an der Sie einen offiziellen Pilgerstempel bekommen können. Wichtige Ansprechpartner für einen schönen Stempel, der auch oft das Muschelsymbol enthält, sind die Touristinformationen vor Ort und die Bürgermeisterämter (Mairie). Auch haben viele der Unterkunftsbetriebe inzwischen einen Stempel für Ihren Pass. Fragen Sie einfach nach.

Post und Telekommunikation

Echte Postämter sind sowohl im Saargau als auch in Frankreich selten geworden. Unterwegs finden Sie die Schalter der Postagenturen meist in Lottoannahmestellen, Schreibwarenläden und Kiosken. Daher sind allgemeingültige Angaben zu Öffnungszeiten nicht möglich. Postdienste werden zum Teil nicht während der gesamten Öffnungszeit des Hauptladens angeboten. Reine Postämter sind mit einem gelben Schild mit der Aufschrift „La Poste" gekennzeichnet. Die Briefkästen in Frankreich sind klein und gelb mit schmalen blauen Streifen an den Rändern. Briefmarken bekommen Sie in Tabakläden oder Poststellen. Alle Informationen zu der französischen Post finden Sie unter www.laposte.fr.

Das Telefonieren in, nach und aus Frankreich heraus unterscheidet sich nicht vom Telefonieren in oder aus deutschsprachigen Ländern. Wichtig ist die richtige Landeskennung, für Frankreich 00 33, welche vor die stets 10-stellige Telefonnummer zu setzen ist. Dabei entfällt die jeweils anführende 0. Für Gespräche aus Frankreich oder Luxemburg wählen Sie die 00 49 für Deutschland, 00 43 für Österreich und 00 41 für die Schweiz ebenfalls anstelle der ersten Null der Telefonnummer. Dies aber nur, wenn Sie von einem französischen Telefon oder mit einer französischen SIM-Karte telefonieren. Mit dem eigenen Mobiltelefon ergeben sich keine Änderungen und seit dem 15. Juni 2017 fallen auch keine Roaming-Gebühren mehr im europäischen Ausland an.

Radfahren

Der Jakobsweg ist als Fußweg konzipiert, die Mehrheit der Pilgerinnen und Pilger ist zu Fuß unterwegs. Die Beschreibungen sind daher meist für Wanderinnen und Wanderer formuliert. Wegabschnitte mit grobem Schotter, Graswege, zu enge Fußpfade oder steile Anstiege, die das Fahren besonders erschweren, werden im Text zu den einzelnen Etappen genannt, sodass Sie diese Stellen umfahren können. Sie sollten aber trotzdem einen Hang zu kleinen, nicht asphaltierten Feld- und Waldwegen haben, denn große Teile des Jakobsweges verlaufen abseits geteerter Straßen.

Damit Sie auch als Radpilger Ihren Weg nach Le Puy finden, habe ich für Sie möglichst viele Informationen zusammengetragen und nach Alternativstrecken gesucht, wo auf dem eigentlichen Jakobsweg mit einem bepackten Fahrrad – vielleicht auch noch mit Anhänger – kein Durchkommen ist. Sie haben vielerorts sogar Vorteile gegenüber den Wanderinnen und Wanderern: Während deren Strecke sich über einen holperigen Pfad durch den Wald bewegt, fahren Sie auf einer Straße bequem zum nächsten Ziel der Zwischenetappe.

Spezielle Hinweise und Streckenalternativen für Radpilger sind mit dem Symbol 🚲 gekennzeichnet.

Reiten

Pilgerinnen und Pilger mit Pferd oder Esel sind nach Auskunft der Vermieter auf der Strecke recht selten anzutreffen. Mir selbst sind nur ein einziges Mal zwei berittene Pilgerinnen begegnet und die waren nur auf einem kurzen Teilstück unterwegs. Nur wenige Pilgerinnen und Pilger verfügen über ein Reit- und Tragtier oder kaum ein Tierfreund will seinem Vierbeiner eine solch lange Strecke antun. Alle ländlichen Vermieter bestätigten aber übereinstimmend, sie würden selbstverständlich auch Reittiere aufnehmen bzw. in der Umgebung nach Unterbringungsmöglichkeiten suchen, dies müsse nur frühzeitig abgesprochen werden. In der Region Auvergne-Rhône-Alpes ist für Reiter eine eigene, vom Fußpilgerweg in Teilen abweichende Trasse vorgesehen. Die Association Rhône-Alpes des Amis de Saint-Jacques beschreibt diese in dem unter ☞ Informationen aufgeführten Führer.

Sprache

Im Saargau wird mit Reisenden durchgängig Hochdeutsch gesprochen. Auch der moselfränkische Dialekt ist gut verständlich. In Luxemburg spricht nahezu jeder neben Letzebüergisch auch Französisch und Deutsch.

Schon unmittelbar hinter der Grenze, in Apach, kann es für diejenigen, die der französischen Sprache nicht mächtig sind, schwierig werden. Auch wenn sich heute immer mehr Franzosen bequemen, Englisch zu lernen, und in Touristinformationen auch die deutsche Sprache verbreitet ist, muss man immer damit rechnen, sich nur auf Französisch verständigen zu können. Ein gewisses französisches Grundvokabular ist also von Vorteil. Einige Begriffe zum Sattwerden finden Sie bei ☞ Essen und Trinken, andere Survival-Phrasen im Anhang, ☞ Kleiner Sprachführer.

Will man sich z. B. mit Gastgebern auf Französisch austauschen, ist eine Übersetzungs-App auf dem Smartphone eine große Hilfe. Bewährt hat sich z. B. Sayhi (für Android und iOS), welche den Schwerpunkt auf die direkte Kommunikation mit dem Anderssprachigen setzt. Für Android-Telefone ist der Google-Übersetzer insbesondere für kurze Textpassagen passabel. Mit dieser App können Sie sogar Texttafeln abfotografieren und übersetzen lassen. Möglich sind direkte Kommunikation oder auch Übersetzungen nach Eingabe von Text oder Sprache. Wer sich das Datenpaket im WLAN auf sein Telefon lädt, kann diese App auch offline nutzen.

Stromspannung

Das französische (und das spanische) Stromnetz arbeiten wie das heimische Netz mit 230 Volt, 50 Hertz. Die heimischen Flachstecker passen auch in Frankreich, nur für die dicken Schukostecker braucht man Adapter.

Termine

Jour de Saint Jacques: Der Gedenktag für Jakobus d. Ä. am 25. Juli wird in Deutschland Jakobi-, Sankt-Jakob- oder Jakobustag genannt. Fällt er auf einen Sonntag, sprechen Jakobspilger vom heiligen Jahr. Dies war letztmalig 2021 der Fall. Wegen der Pandemie wurde auch das Jahr 2022 zum heiligen Jahr bestimmt, um mehr Menschen die Möglichkeit zu geben, in einem heiligen Jahr Santiago de Compostela zu erreichen. Das nächste heilige Jahr wird 2027 sein. Gehen Sie bei Ihrer Planung davon aus, dass im heiligen Jahr noch viel mehr Pilgerinnen und Pilger als sonst auf dem Jakobsweg unterwegs sein werden. Zwischen Trier und Le Puy ist vermutlich aber kein Gedrängel zu erwarten.

Trampen

Ein Formtief, eine Verletzung, falsche Etappenplanung oder heftige Unwetter können Pilgerinnen und Pilger dazu zwingen, die geplante Tagesetappe abzubrechen und die restliche Strecke zur Unterkunft alternativ zurückzulegen. Wer von anderen Wanderreisen gute Erfahrungen mit Trampen (Autostopp) in Erinnerung hat, kann hier enttäuscht feststellen, dass er am Pilgerweg mitunter sehr lange stehen muss, bis überhaupt ein Kraftfahrer vorbeikommt, der ihn mitnehmen könnte. Das ist der Nachteil wenig befahrener Straßen.

Wer sich aber größere Straßen aussuchen kann, und dafür kann man auch gut einen Umweg in Kauf nehmen, wird in der Regel gerne mitgenommen. Ich habe diese Art des Reisens jedenfalls bei den Recherchetouren mehrfach genutzt, um vom Weg zu einem Bahnhof oder in die nächste Stadt zur Übernachtung zu kommen. Einmal hat mich die freundliche Mitarbeiterin eines Touristbüros sogar mit einem Schild ausgestattet und mir genaue Anweisungen gegeben, wo ich mich hinstellen muss. Gewartet habe ich nie länger als 5 Minuten. Die Menschen wissen einfach, dass die Busse in manchen Gegenden selten oder nie fahren, und sind sehr hilfsbereit.

Unterkunft

Für Übernachtungsmöglichkeiten ist am Jakobsweg meist gut gesorgt. Die Unterkünfte liegen für durchschnittlich trainierte Läufer in guter Laufweite voneinander entfernt. Nur in einigen wenigen einsameren Regionen müssen Sie genauer planen, ☞ Office de Tourisme. Ziehen Sie im Zweifel auch die Buchungsportale zurate. Dort sind manchmal Unterkünfte gelistet, die nicht bei den Touristinformationen gemeldet sind. Gute Erfahrungen habe ich mit 💻 www.booking.com und www.airbnb.fr gemacht. Insbesondere über die Landkartensuche erhalten Sie schnell einen Überblick über verfügbare Übernachtungsstellen in der Nähe des Weges.

Spätestens bei einem Blick auf die Zimmerpreise und der Feststellung, dass Einzelzimmer oft das Gleiche kosten wie Doppelzimmer, überlegt sich manch eine/einer vielleicht, doch nicht alleine zu gehen, sondern sich einen Partner zu suchen. ✋ Aber Vorsicht: Mit diesem sollte man recht vertraut sein, denn manch ein angebliches Doppelzimmer hat nur ein französisches Bett mit 160 oder gar 140 cm Breite nebst einer großen Bettdecke für beide zusammen. Achten Sie im Falle, dass Sie etwas mehr Platz und eine eigene Decke benötigen, darauf, ein Zimmer zu buchen, das zwei Einzelbetten hat. Auch für Einzelgänger sind die Rabatte in dem Fall evtl. größer.

Am Pilgerweg finden Sie einige auf die Bedürfnisse von Pilgern zugeschnittene, preiswerte Unterkünfte unterschiedlicher Art. Das können herkömmliche **Jugendherbergen** (frz. *auberge de jeunesse*) oder Hostels sein, welche Mehrbettzimmer (MBZ) anbieten, aber auch Klöster oder spezielle Pilgerherbergen. Für die Jugendherbergen brauchen Sie einen Nachweis Ihrer Mitgliedschaft, den Sie in den meisten Fällen auch noch spontan vor Ort erwerben können.

Spezielle **Pilgerherbergen**, meist als Einrichtungen der Gemeinden (*gîte communal*), finden Sie vor allem im Bereich des Zentralmassivs, also im letzten Drittel der Pilgerreise. Kleine, oft in jüngerer Zeit frisch renovierte Wohnungen in historischen, als Denkmal (frz. *monument historique*) geschützten Gebäuden bieten Pilgern ein Bett, Küche und Sanitäranlagen gegen einen Betrag von durchschnittlich € 15. Für die Bettwäsche muss man selbst sorgen. Gibt es keine Einkaufsmöglichkeiten vor Ort, steht mitunter ein kleiner Warenvorrat zum Verkauf. Ein Pilgerausweis ist obligatorisch.

Manchmal bieten auch Privatleute diesen Service in MBZ an. Da können Sie dann auch mit Abendessen und Frühstück rechnen.

Entlang des Weges gibt es auch viele Menschen, die dem Pilgern und dem Pilgergedanken nahestehen und für die Menschen, die unterwegs sind, etwas tun wollen. Sie beherbergen gerne Pilgerinnen und Pilger in sonst leer stehenden Zimmern entweder auf Spendenbasis zur Deckung der Kosten (in den Verzeichnissen als ***accueils jacquaires*** geführt) oder gegen eine festgelegte Aufwandsentschädigung (***accueils pèlerins***).

Die Adressen sind in diesem Führer nicht aufgeführt, da die Verbreitung nur den Touristinformationen und den Jakobusgesellschaften vorbehalten ist (☞ Office de Tourisme). Sie bekommen die Listen mit dem Erwerb der Informationsschriften der Jakobusvereinigungen, ☞ Informationen, oder in den Touristenbüros, werden aber auch feststellen, dass der eine Sie gerne zum anderen weiterreicht. Vor Ort sind immer die Touristinformationen und – ersatzweise - auch die Bürgermeisterämter (Mairie) die ersten Ansprechpartner für jede Art von Unterkünften.

Zuletzt sei noch auf eine Notunterbringung hingewiesen, die manchmal (auf diesem Weg eher selten) für Pilgerinnen und Pilger mit Isomatte und Schlafsack infrage kommt. Auf einsamen Streckenabschnitten bieten Gemeinden schon mal ihren Dorfgemeinschaftsraum, der meist ***salle de fête*** (dt. „Partyraum“) genannt wird, zur Übernachtung an. Dort gibt es keine Betten, meist aber eine Kochgelegenheit und immer Sanitäranlagen. Anmelden können Sie sich in den Gemeindebüros oder über das Office de Tourisme.

✍ Sie sprechen kein Französisch und freuen sich über gleichlautende Worte? Beim Wort **„hôtel“** ist Vorsicht angebracht. Zugegeben: Die meisten französischen *hôtels* sind Beherbergungsbetriebe, die wir auch in Deutschland „Hotel“ nennen würden. Aber in Frankreich gibt es auch ein Hôtel de Ville. Das ist nicht – wie man meinen könnte – das „Stadthotel“, sondern das Rathaus. Hier erhalten Sie evtl. während der Öffnungszeiten einen Pilgerstempel oder einen Rat, aber kein Bett für die Nacht! In kleineren Orten heißt es eher Mairie („Bürgermeisteramt“) als Hôtel de Ville.

Einprägen sollten Sie sich weitere Begrifflichkeiten, welche Unterbringungsmöglichkeiten beschreiben. Sehr häufig finden Sie das ***chambre d'hôtes***, das in diesem Führer mit B&B bezeichnet wird und Zimmer mit Frühstück bietet, manchmal aber auch nach Voranmeldung Abendessen, was dann als ***table d'hôtes*** bezeichnet wird. Zimmer können auch *studios* sein. Dann haben sie eine Kochzeile. ***Meublés*** sind Zimmer, die auch ohne Frühstück vermietet werden. Eine ***gîte*** ist eine Ferienwohnung, die in der Regel nicht für eine Nacht vermietet wird. Für die ***gîte de séjour***, ein Ferienhaus, gilt Entsprechendes. Die ***gîte d'étape*** hingegen ist ein einfaches, oft mit MBZ ausgestattetes Quartier und auch für eine Nacht zu haben. In manchen Fällen benötigt man sein eigenes Bettzeug, ☞ Ausrüstung. Auch Pilgerherbergen tragen diese Bezeichnung. Für Gruppen gibt es die ***gîte de groupe***, die im Ganzen an feste Gruppen vermietet wird.

☺ In größeren Orten ist es heute auch leicht, mithilfe der Apps der Hotelanbieter einen Marktüberblick zu bekommen. Gute Erfahrungen habe ich mit 💻 www.booking.com und eingeschränkt, da oft keine präzise, ortsbezogene Auswahl getroffen wird und für Fußgängerinnen und Fußgänger viel zu weit abliegende Quartiere aufgezeigt werden, mit 💻 www.airbnb.com.

☺ Immer, wenn es möglich ist, Sie also abschätzen können, wie weit Sie an einem Tag laufen können oder wollen, sollten Sie spätestens am Morgen die nächste Unterkunft vorbuchen. Das hat den Vorteil, dass Sie mit der ruhigen Gewissheit, auch abends unterzukommen, viel entspannter laufen. Auch hat es den Vorteil, dass Sie vom Vermieter des Vortages Hilfe beim Telefonieren bekommen können. Oft haben Vermieter auch schon Erfahrungen mit den Bedürfnissen der Pilgerinnen und Pilger, kennen die am Weg liegenden nächsten Beherbergungsbetriebe und bieten gerne ihre Hilfe an.

Zuletzt ist es auch für die Beherbergungsbetriebe selbst wichtig, dass sie sich darauf einstellen können, wer am Abend kommt und ob sie ein Abendessen vorbereiten sollen.

In der Regel kommt auf den Übernachtungspreis noch eine Kurtaxe. Berechnet wird diese prozentual zum Übernachtungspreis.

Am Pilgerweg liegen leider nicht immer im Tagesabstand Campingplätze. Wildcampen ist in Rheinland-Pfalz, Luxemburg und Frankreich verboten, die zuständigen Ämter verhängen zum Teil empfindliche Bußgelder. Das Übernachten in Hängematten gilt in diesem Zusammenhang auch als Campen. Tatsächlich verhängte Bußgelder stehen aber meist mit anderen Störungen in Verbindung. Keiner hat Einwände, wenn Sie es an einem stürmischen Gewitterabend vollkommen erschöpft nicht mehr aus einem riesigen Waldgebiet herausschaffen, biwakieren und Ihren Lagerplatz so verlassen, wie Sie ihn vorgefunden haben. Ansonsten sei eher dazu geraten, bei Bauern, Förstern oder Privatleuten um ein kleines Eckchen Rasen zu bitten, um dort das Zelt aufzubauen. Also: Stets vorher fragen, fast immer bekommt man die Erlaubnis und noch dazu einen guten Tipp, wo das Zelt windgeschützt und schlammfrei steht.

Updates

Der Conrad Stein Verlag veröffentlicht Updates zu diesem Buch, die direkt von dem Autor oder von Lesern dieses Buches stammen. Bitte suchen Sie vor Ihrer Abreise auf der Verlagshomepage www.conrad-stein-verlag.de diesen Titel. Unter dem Punkt „Updates“ finden Sie alle wichtigen Informationen. Der abgebildete QR-Code führt Sie direkt zu der richtigen Seite.

Verkehrsmittel unterwegs

Wer zur Abkürzung einer Etappe, zur An- oder Abreise von unterwegs oder auch in Notfällen die öffentlichen Verkehrsmittel nutzen will, findet viele Hinweise zu den Bus- und Bahnverbindungen den einzelnen Kapiteln beigefügt. Zusätzlich sind, soweit bekannt, die örtlichen Taxiunternehmen mit aufgeführt.

Es muss aber auch deutlich gesagt werden, dass die durchwanderten Gegenden häufig so dünn besiedelt und einsam sind, dass Buslinien nur für den Schülertransport und mit Voranmeldung mit bis zu 24 Stunden Vorlaufzeit existieren (frz. *Transport à la demande*) und somit für Pilgerinnen und Pilger nahezu unbrauchbar sind.

Das französische Schienennahverkehrsnetz ist in Teilen recht veraltet. Viele ehemalige Strecken sind zurückgebaut und zu Radwegen umgewidmet. Zugverbindungen gibt es selten im Taktverkehr. Aber in einigen Fällen, wie im Moseltal, lassen sie sich sogar komfortabel zu gepäckfreien Touren von einem festen Standort aus nutzen.

Auch in Frankreich ist die Verbindungssuche über die deutsche Bahnseite oft komfortabler als über die Seite der französischen Staatsbahn SNCF.

Fahrkarten kaufen Sie an den Bahnschaltern oder den Automaten, die zumindest in größeren Bahnhöfen europäischen Standards entsprechen und auf diverse Sprachen eingestellt werden können. Die älteren Automaten werden mit einem Drehschalter bedient. Durch Drehen wählen Sie aus und bestätigen durch Drücken desselben Knopfes.

Über die SNCF-App auf dem Smartphone lassen sich die Fahrkarten ebenfalls erwerben. Man benötigt allerdings eine Kreditkarte, welche ein Tanverfahren akzeptiert. In der Beziehung ist das Kreditkartenwesen in Deutschland noch Entwicklungsland. Zwei meiner deutschen Kreditkarten konnte ich nicht einsetzten, eine norwegische arbeitet problemfrei. Alternativ arbeiten Sie, wie unter Anreise mit der Bahn bereits erwähnt, mit der App von Trainline.

www.bahn.de
www.sncf.com
www.thetrainline.com
www.itaxis.fr

Laden Sie sich die Apps der Mobilitätsunternehmen auf Ihr Smartphone. Damit haben Sie immer den passenden Überblick und können auch von unterwegs aus Fahrten buchen, wenn auch mit Einschränkung.

Radfahrerinnen und Radfahrer geben das mitgeführte Rad bei der Fahrkartenbuchung mit an und erhalten so die notwendigen Reservierungen automatisch angezeigt. In allen französischen Nahverkehrszügen (TER, Transport express régional) können Fahrräder kosten- und reservierungsfrei mitgeführt werden.

Das Heraussuchen von Busverbindungen und, wenn man sie gefunden hat, das Verstehen der Fahrpläne sind wesentlich komplizierter als bei der Bahn, da es landesweit nicht nur einen Anbieter gibt. Jede Region und jedes Département sind für die Bustransporte selbst verantwortlich. So können Sie sich beim Durchqueren des Landes ständig an neue Webseiten und Fahrplanausgaben gewöhnen. Zusätzlich unübersichtlich werden die Pläne dort, wo nicht nur nach Werktag, Samstag und Sonntag, sondern auch noch nach Schulferien oder Schultagen unterschieden wird.

Falls Sie Buslinien zur Unterbrechung-, An- oder Abreise nutzen wollen, erkundigen Sie sich nach den Fahrzeiten und der Lage der Bushaltestellen am besten bei einer Touristinformation.

Trotz aller Kompliziertheit habe ich Ihnen in den einzelnen Kapiteln Informationen zu all den Linien bereitgestellt, von denen ich annehme, dass sie eventuell eine Relevanz haben könnten. Das ist z. B. der Fall, wenn die Linien verlässlich sind, also häufig und ohne zu viele Ausnahmen fahren, und über eine längere Strecke den Weg begleiten, sodass sie zur Abkürzung evtl. infrage kommen. Aber auch Anbindungen zu einem Bahnhof habe ich aufgeführt. In der Umgebung von größeren Städten können die Buslinien manchmal auch zum Aufsuchen eines Ausweichquartiers dienen.

Busfahrkarten bekommen Sie beim Fahrer, in den Städten auch an Automaten.

Ganz wichtig beim Busfahren in Frankreich: An den Unterwegshaltestellen müssen Sie sich deutlich durch Armheben bemerkbar machen, sonst fährt der Busfahrer einfach durch.

Wettervorhersage

Alle regionalen Radiosender bringen stündlich Nachrichten mit Wettervorhersage. Die meisten Gastleute geben gerne Auskunft zur voraussichtlichen Wetterlage oder leihen Ihnen die Tageszeitung für einen eigenen Blick in die Wetterprognose.

Im Internet finden Sie detaillierte Infos mit Prognosen bis zu 10 Tagen unter:

- www.wetteronline.de
- www.wetter.com
- www.meteoconsult.fr

Zeit

Noch ein ernst gemeintes Wort zum Thema Zeit: Manch ein unerfahrener Mensch verkalkuliert sich mit den Wanderzeiten und rechnet mit 5 bis 6 km/h. Eine solch hohe Geschwindigkeit ist aber nur für voll durchtrainierte Sportler zu halten, die weder Fotos machen noch Aussichten genießen. Nur in Ausnahmefällen erreichen auch normale Wanderinnen und Wanderer auf kurzen Teilstücken z. B. entlang von Kanälen oder auf ebenen Straßenabschnitten diese Leistung, sofern er es drauf anlegt, um „Strecke zu machen". Wer mit Gepäck bergauf und bergab unterwegs ist, sich auch an der Landschaft und netten Gesprächen mit Zufallsbegegnungen erfreuen will, sollte eher mit durchschnittlich 3,2-3,5 km/h rechnen und Erholungspausen dazu zählen.

Eine weitere Zeitfalle sind Angaben von Einheimischen. Sie können zwar ganz exakt, aber auch vollkommen danebengegriffen sein. Im Nahbereich der Wohnumgebung werden Strecken eher im Auto, allenfalls mit dem Fahrrad, aber selten zu Fuß zurückgelegt. Somit sind Einschätzung von Zeit und Entfernungen, ausgenommen bei kühlen Rechnern, auch durch diese Verkehrsmittel geprägt. Rechnen Sie lieber selbst. Auf normalen Wegen, die keine größeren Schwierigkeiten wie starke Steigungen, schwierige Wegverhältnisse nach heftigen Regenfällen oder Hindernislaufen nach Holzfällarbeiten beinhalten, werden Sie gut damit zurechtkommen.

Zeit bedeutet auch, sich Zeit nehmen. Teilen Sie sich Ihre Tagesetappen nach Ihrem persönlichen Leistungsvermögen ein und rechnen Sie auch einen Pausentag so etwa alle 8-12 Tage mit ein. Dazu lassen sich auch Regentage nutzen, aber ganz besonders eignen sich so schöne Orte wie der Startpunkt dieser Beschreibung, die Römerstadt Trier.

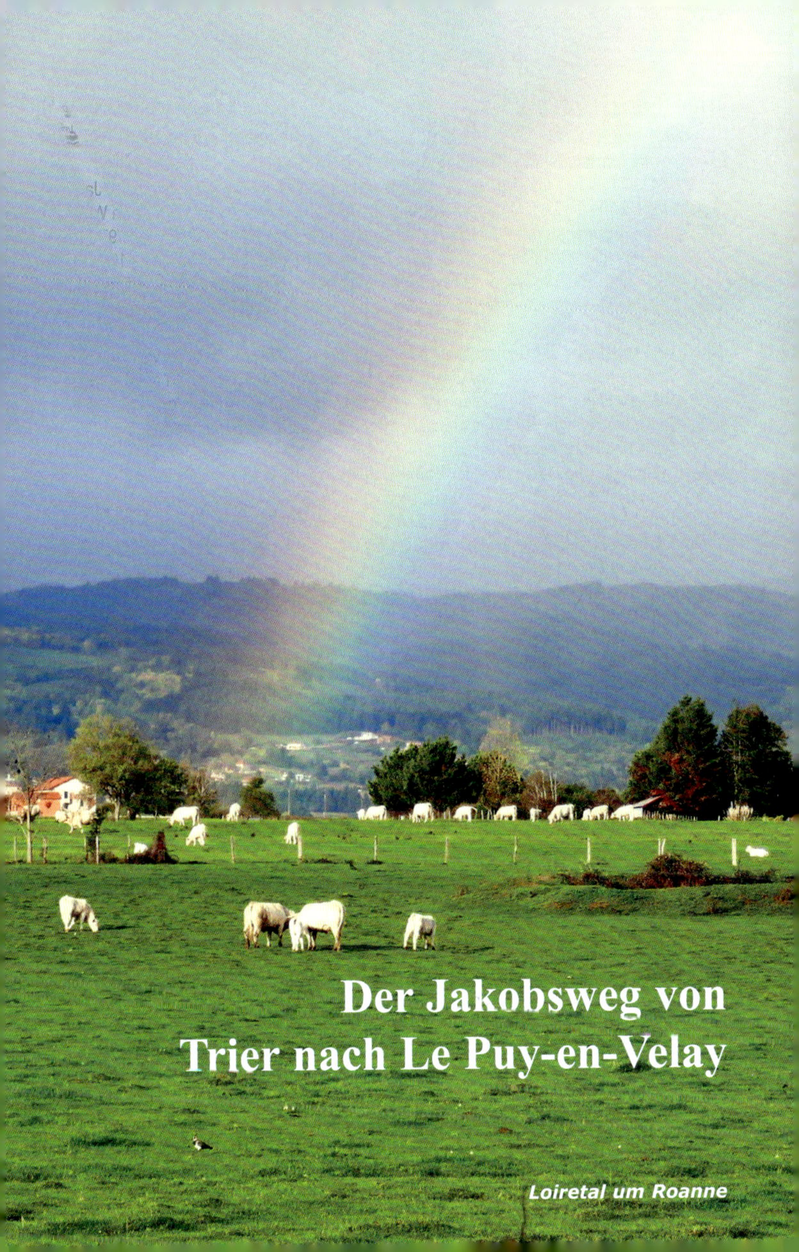

Der Jakobsweg von Trier nach Le Puy-en-Velay

Loiretal um Roanne

Trier (franz. *Trèves*)

Trier Tourismus und Marketing GmbH, Simeonstraße 60 (an der Porta Nigra), 54290 Trier, ☎ 06 51/97 80 80, ✉ info@trier-info.de, www.trier-info.de, Jan, Feb Mo-Sa 10:00-17:00, März-Dez Mo-Sa 9:30-18:00, So u. Fei 10:00-17:00, ➲ am Weg

♦ **Dominformation mit Pilgerbüro**, Liebfrauenstraße 12, 54290 Trier, ☎ 06 51/979 07 90, ✉ info@dominformation.de, www.dominformation.de, April-Okt Mo-Sa 10:30-17:15, So 12:00-15:00, im Winter reduzierte Öffnungszeiten, hier erhalten Sie den offiziellen (spanischen) Pilgerausweis einfach, unkompliziert und sofort gegen € 5, ☞ Reise-Infos von A bis Z, Informationen, ➲ am Weg

☺ Die Mitarbeiter der Dominformation können nicht als offizielle Vermittler von Unterkünften auftreten. Dies ist eine der Aufgaben der Tourist-Information Trier. Wohl aber beraten und helfen sie gerne – im Rahmen ihrer Möglichkeiten. Dazu gehört auch ggf. die Weitergabe privater Adressen von Pilgerfreunden in der Stadt und Region Trier, die bereit sind, Pilgern eine Unterkunft bereitzustellen.

Tagungs- und Gästehaus der Barmherzigen Brüder Trier, Nordallee 1, 54292 Trier, ☎ 06 51/208 10 26, ✉ gaestehaus@bbtgruppe.de, www.bb-gaestehaus.de, nahe der Porta Nigra, 72 Betten, ÜF EZ ab € 52, DZ ab € 85, fragen Sie nach Pilgerpreisen, Rezeption Mo-Fr 8:00-14:00, Sa u. So keine Zeiten angegeben, aber erreichbar. ➲ 250 m

Kolping Hostel im Warsberger Hof, Dietrichstr. 42, 54290 Trier, ☎ 06 51/97 52 50, ✉ info@kolpinghaus-warsberger-hof.de, www.kolpinghaus-warsberger-hof.de, 169 Betten, Ü EZ ab € 36,50, DZ ab € 62, ab € 24,50 im MBZ, F € 9, bett+bike, ➲ 150 m (Altstadt)

♦ **Römerstadt-JH Jugendgästehaus Trier**, An der Jugendherberge 4, 54292 Trier, ☎ 06 51/14 66 20, ✉ trier@diejugendherbergen.de, www.diejugendherbergen.de, 370 Betten, ÜF ab € 26, ➲ 1,1 km, nördlich des alten Stadtkerns an der Mosel

Campingpark Treviris, Luxemburger Straße 81, 54294 Trier, ☎ 06 51/869 21, ✉ info@camping-treviris.de, www.camping-treviris.de, Ü ab € 6,80 p. P., Zelt ab € 5,60, € 2, ganzjährig, ➲ 1 km von der Abtei Sankt Matthias auf der linken Moselseite

⊙ In der Dominformation erhalten Sie Ihren ersten Pilgerstempel. Auch im Mattheiser Klosterladen (☞ Sankt-Matthias-Kirche und Benediktinerabtei) bekommen Sie einen Stempel, ☎ 170 92 08, Mo-Fr 9:00-12:00 u. 14:30-17:45, Sa 9:00-12:00.

Im Stadtverkehr fahren die Busse 3 und 83 zur Sankt-Matthias-Kirche (Richtung Feyen). So wären Sie, falls Sie dort übernachten, im 10-Min.-Takt an die Altstadt angebunden. Möglich ist es so auch, den Stadtweg abzukürzen. www.vrt-info.de

Trier hat einen Nahverkehrsbahnhof an der Moselstrecke Koblenz – Luxemburg/Saarbrücken, Nahverkehrsverbindungen gibt es auch nach Perl, Wittlich, Mannheim, Saarburg und Homburg. Einen direkten grenzüberschreitenden Verkehr nach Frankreich gibt es von Trier aus nur an Wochenenden und sehr selten. Die Hauptstrecke nach Frankreich führt von Trier nach einem Umstieg in Luxemburg weiter Richtung Metz und Nancy. Am weiteren Weg liegen die Bahnstationen Karthaus, Konz und Perl auf deutschem Boden.

Taxi-Zentrale ☎ 06 51/120 12, **Taxi Gauer-Dahm** ☎ 06 51/480 48, **Taxikomm** ☎ 06 51/46 29 46

Flughafen Luxemburg, ☞ An- und Abreise

⛴ Linienschiff Princesse Marie-Astrid von Trier nach Schengen, 💻 www.marie-astrid.lu, April-Sep

✝ **Konstantin-Basilika**. Im Jahr 310 n. Chr. wurde diese große Halle als Thronsaal für Kaiser Konstantin gebaut. Sie wird daher auch Römische Palastaula genannt und gilt als der größte säulenlose Saal der Antike nördlich der Alpen. Heute wird er als evangelische Kirche (offizieller Name ist „Evangelische Kirche zum Erlöser") genutzt.
♦ Weberbach, ☏ 06 51/724 68 und 425 70, April-Okt Mo-Sa 10:00-18:00, So 14:00-18:00, Nov und Jan-März Di-Sa 10:00-12:00 u. 14:00-16:00, So 14:00-16:00, Dez Mo-Sa 10:00-12:00 und 14:00-16:00, So 14:00-16:00

✝ **Dom und Liebfrauenkirche**. Über einer Palastanlage aus der Zeit Kaiser Konstantins wurde im 4. Jh. die größte christliche Kirche der Antike gebaut, sie gilt als älteste Bischofskirche Deutschlands und ist allein wegen der Gestaltung ihres Innenraums einen Besuch wert. Es gibt nur einen einzigen Punkt, an dem man alle tragenden Pfeiler mit allen zwölf Aposteln und den zwölf apostolischen Glaubensbekenntnissen gleichzeitig sehen kann. Die frühgotische Liebfrauenkirche aus dem 13. Jh. bildet mit dem Dom eine geschlossene Gebäudegruppe, sie haben einen gemeinsamen Kreuzgang.
♦ Domfreihof, Nov-März 6:30-17:30, April-Okt 6:30-18:00

✝ **Sankt Gangolf**. Marktkirche mit Wachtturm aus dem 16. Jh., Zugang vom Hauptmarkt

✝ **Sankt-Matthias-Kirche und Benediktinerabtei**. Weit im Süden des heutigen Triers liegt die Benediktinerabtei und Kirche Sankt Matthias. An diesem Ort wird die älteste christliche Versammlungsstätte Galliens vermutet. Die heutige Kirche stammt im Ursprung aus dem Jahr 1127. Beim Bau der Kirche wurden die Reliquien des Apostels Matthias wiederentdeckt. Ein neu gestaltetes Grabmal kann zu den Öffnungszeiten in der Krypta besucht werden.
tägl. 8:00-19:00 (zum Gottesdienst am Sonntagvormittag keine Besichtigung)

⌘ **Porta Nigra**. Das Stadttor aus dem 2. Jh. ist das Wahrzeichen von Trier. Im Laufe der Geschichte war es Verteidigungsanlage, Einsiedelei und Kirche. Die dunkle Farbe des Bausteins ist einem spezifischen Verwitterungsprozess zuzuschreiben.
♦ Simeonstraße, ☏ 06 51/754 24, April-Sep 9:00-18:00, Okt, März 9:00-17:00, Nov-Feb 9:00-16:00

⌘ **Kaiserthermen**, römischer Badepalast aus dem 4. Jh.
♦ Weberbach, ☏ 06 51/442 62, April-Sep 9:00-18:00, Okt u. März 9:00-17:00, Nov-Feb 9:00-16:00

⌘ **Amphitheater**, die große Arena aus der Römerzeit lässt sich besichtigen. Auch dient sie heute wieder als Schauplatz von Veranstaltungen.
♦ Olewiger Straße, ☏ 06 51/730 10, tägl. April-Sep 9.00-18:00, Okt u. März 9:00-17:00, Nov-Feb 9:00-16:00

⌘ **Städtisches Museum Simeonstift**, stadtgeschichtliches Museum direkt neben der Porta Nigra, kostenloser Audioguide, besonders eindrucksvoll ist das große Stadtmodell von Trier.

♦ Simeonstraße 60, ☏ 06 51/718 14 59, ✉ stadtmuseum@trier.de, 💻 www.museum-trier.de, 🚪 Di-So 10:00-18:00, am ersten Di im Monat bis 21:00

⌘ **Rheinisches Landesmuseum**, archäologisches Museum zur Kultur und Kunst der Moselregion aus allen Epochen

♦ Weimarer Allee 1, ✉ info@landesmuseum-trier.de, 💻 www.landesmuseum-trier.de, ☏ 06 51/977 40, 🚪 Di-So 10:00-17:00

⌘ **Spielzeugmuseum in der Steipe**, Puppen, Blechspielzeug, Autos, Zinnfiguren und vieles mehr

♦ Hauptmarkt 14, ☏ 06 51/758 50, 💻 www.spielzeugmuseum-trier.de, 🚪 April-Sep tägl. 11:00-18:00, Jan-März Di-So 11:00-17:00

Fast jeder kennt Kaiser Augustus, den ersten römischen Kaiser, denn er befahl, „dass alle Welt sich schätzen ließe, ein jeder in seiner Stadt“ (Lukas 2, 1-14). Ohne ihn gäbe es keine Weihnachtsgeschichte und Trier gäbe es auch nicht. Denn schon etliche Jahre vor diesem legendären Befehl, im Jahr 16 v. Chr., hatte eben dieser Augustus eine römische Siedlung gegründet, die seinen Namen tragen durfte, Augusta Treverorum, die „Stadt des Augustus im Land der Treverer“.

Die Stadt des Augustus ist heute eine hübsche und lebendige Universitäts- und Kreisstadt mit 110.000 Einwohnern. Sehenswürdigkeiten aus Antike, Mittelalter und Neuzeit und die schöne Lage am Mittellauf der Mosel sowie am Fuß des Hunsrück locken alljährlich Hunderttausende Übernachtungsgäste nach Trier. Trier ist selbst Ziel vieler Pilgerreisenden. Immerhin befindet sich hier das Grab des Apostels Matthias, das einzige Apostelgrab nördlich der Alpen. Auch für Jakobspilger war Trier schon im Mittelalter traditionelles Zwischenziel. Die Gasse Zum Jakobsspitälchen erinnert z. B. an ein mittelalterliches Jakobushospiz.

Der Trierer Domstein

Der Legende nach war der Teufel höchstpersönlich am Bau des Doms beteiligt: Während der Bauarbeiten mussten vier mächtige Säulen zur Dombaustelle transportiert werden. Der Architekt erzählte dem Teufel, hier werde das größte Wirtshaus der Welt gebaut. Dieser hatte seine Freude an dem zu erwartenden Sittenverfall und bot seine Hilfe an. Drei Wochen in Folge trug er je eine Säule zur Baustelle. Als er mit der vierten ankam, bemerkte er, dass es gar kein Wirtshaus, sondern eine Kirche werden sollte. In seiner Wut warf er die letzte Säule von sich und verfehlte den Dom nur knapp. Eine schöne Geschichte, wahrscheinlicher ist aber, dass die jeweils 12 m hohen und 65 t schweren Säulen in einem Steinbruch im Odenwald gebrochen und auf Schiffen nach Trier transportiert wurden. Die als Domstein bezeichnete Säule ist vom ersten Dombau aus dem 4. Jh. erhalten.

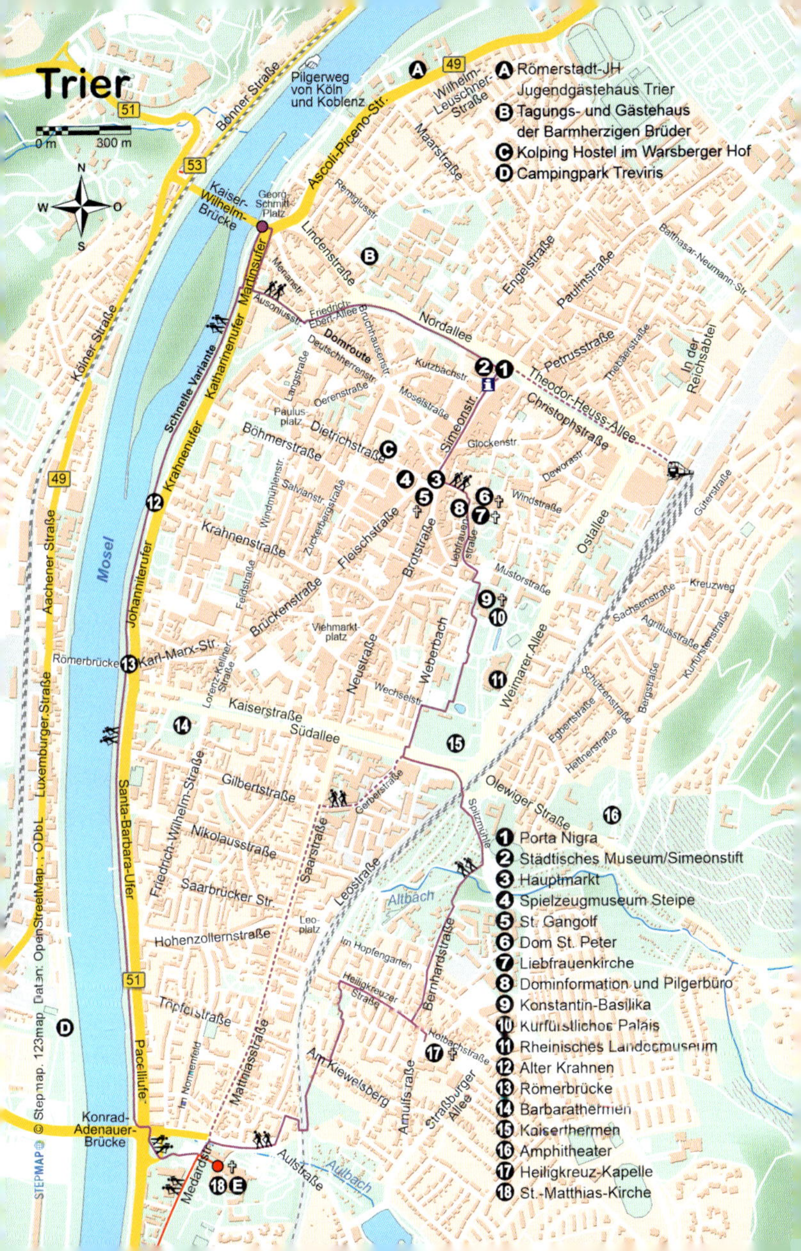

Trier
0 m
300 m
Pilgerweg von Köln und Koblenz
A Römerstadt-JH Jugendgästehaus Trier
B Tagungs- und Gästehaus der Barmherzigen Brüder
C Kolping Hostel im Warsberger Hof
D Campingpark Treviris
1 Porta Nigra
2 Städtisches Museum/Simeonstift
3 Hauptmarkt
4 Spielzeugmuseum Steipe
5 St. Gangolf
6 Dom St. Peter
7 Liebfrauenkirche
8 Dominformation und Pilgerbüro
9 Konstantin-Basilika
10 Kurfürstliches Palais
11 Rheinisches Landesmuseum
12 Alter Krahnen
13 Römerbrücke
14 Barbarathermen
15 Kaiserthermen
16 Amphitheater
17 Heiligkreuz-Kapelle
18 St.-Matthias-Kirche
Mosel
Schnelle Variante
Domroute
Kaiser-Wilhelm-Brücke
Georg-Schmitt-Platz
Konrad-Adenauer-Brücke
Römerbrücke
Altbach
Aulbach
© StepMap, 123map Daten: OpenStreetMap, ODbL
STEPMAP

Trier – Sankt Matthias, Apostelgrab

Je nachdem ob Sie Trier über einen der Pilgerwege erreichen, mit der Bahn oder dem Bus anreisen und welchen Weg Sie durch Trier wählen, ergeben sich unterschiedliche Entfernungen. Ich beginne deshalb die Zählung der Streckenkilometer erst an der Sankt-Matthias-Kirche mit dem mutmaßlichen Grab des Apostels Matthias. Hier vereinen sich die unterschiedlichen Varianten.

Wer mit der Bahn anreist, geht vom Haupteingang des **Hauptbahnhofs** am Hotel Vinum vorbei geradeaus in die Bahnhofstraße, überquert die Ostallee und geht weiter geradeaus durch die Parkanlage des Alleenrings bis zur **Porta Nigra** (650 m). Hier gehen Sie links durch das alte Stadttor zur ℹ Touristinformation und weiter entlang der Simeonstraße zum Hauptmarkt. Dort treffen Sie auf die ☞ Domroute.

Porta Nigra

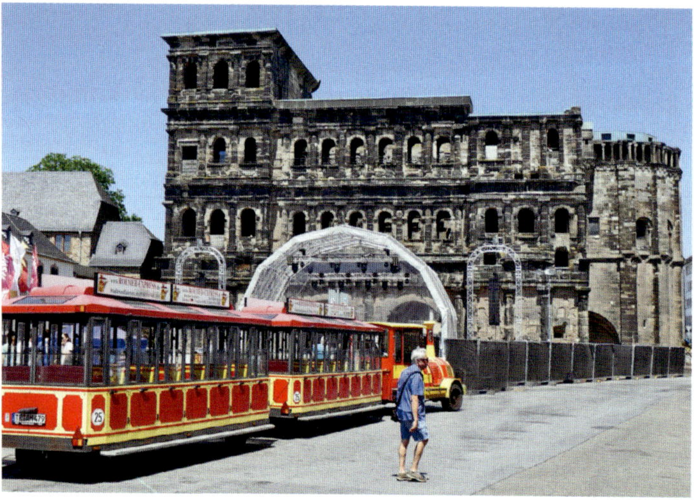

Schnelle Variante ohne Stadtbesichtigung

Fußpilger erreichen Trier an der **Kaiser-Wilhelm-Brücke**. Hier können Sie, wie es viele Matthias- und Jakobspilger handhaben, an das rechte Moselufer wechseln und flussaufwärts pilgern (Muschelmarkierung, 3,2 km zur Matthiaskirche).

Sie wechseln dazu nach dem Überqueren der Brücke die Straßenseite und halten sich am Ende rechts. Nach knapp 200 m führt eine Treppe auf den Moseluferweg, der zugleich Radweg ist.

Sie passieren den **Alten Krahnen** (Alter Moselkran) und unterqueren die mit Sandstein verkleidete Römerbrücke, Deutschlands älteste Brücke.

150 m vor der nun folgenden **Konrad-Adenauer-Brücke** nehmen Sie links eine schmale Auffahrt, die zum Pacelliufer führt. Spätestens an der viel befahrenen Kreuzung zeigt sich linker Hand die Kirche der **Abtei Sankt Matthias**, die Sie in ca. 5 Min. erreicht haben werden (Fußgängerüberwege benutzen!).

Domroute

Die Experten der Trierer Jakobusbruderschaft, welche die Wegpflege und Markierung im Raum Trier verantworten, schlagen neben der schnellen Moselroute einen erweiterten Stadtweg vor (von der Kaiser-Wilhelm-Brücke 5,3 km, von der Porta Nigra 4,1 km), der den Namen **Domroute** trägt und der über das übliche touristische Programm hinaus einen tieferen Einblick in die Stadthistorie und -gegenwart ermöglicht. Wenn Sie etwas Muße mitbringen, ist diese Variante unbedingt empfehlenswert. Sie lässt sich auch, zum Rundweg ergänzt, an einem Pausentag oder dem Nachmittag oder Abend des Anreisetags genießen. Auf eine Abkürzungsmöglichkeit wird hingewiesen.

An der Kaiser-Wilhelm-Brücke überqueren Sie die breite, verkehrsreiche Straßenkreuzung hinüber zum Martinsufer, gehen rechts und passieren nach knapp 200 m hinter dem kleinen Parkplatz den Gebäudekomplex des ehemaligen **Martinsklosters**, der heute von Studenten bewohnt wird. An der Kreuzigungsgruppe biegen Sie links in die Ausoniusstraße, werfen vielleicht einen Blick in den Innenhof mit der alten Blutbuche und folgen dann der Straße, die vor dem querenden Alleenring als Friedrich-Ebert-Allee links biegt. Ihr Weg führt links durch die Parkanlage hindurch zur **Porta Nigra**.

Durch das Stadttor (**i**) hindurch und auf der sich anschließenden Simeonstraße kommen Sie zum prächtigen **Hauptmarkt**. Kurz bevor Sie den Hauptmarkt erreichen, finden Sie rechts den historischen Zugang zum ehemaligen **Judenviertel** erhalten. Vom Hauptmarkt haben Sie auch einen Zugang zur **Marktkirche Sankt Gangolf**, die sich hinter einer Häuserzeile versteckt hält. Auffällig ist ihr Wachturm.

Vom Hauptmarkt kommen Sie links durch die schmale Sternstraße zum **Dom** und der direkt angrenzenden **Liebfrauenkirche**. Gleich gegenüber finden Sie die **Dominformation mit dem Pilgerbüro** (öffentliche Toiletten, 💧 Trinkwasserspender).

Am Dom gehen Sie rechts durch die Liebfrauenstraße, die mit dem Torbogen unter einer Kreuzigungsgruppe endet. Gehen Sie nun links durch die Straße **An der Meerkatz**. Der ungewöhnliche Name wurde für das hier 1764 entstandene Karthäuserkloster von einem Vorgängerbau übernommen. Auf der rechten Straßenseite finden Sie am Haus Nr. 3 eine barocke Reliefplatte, welche ein Exemplar dieser Primatengattung zeigt.

Sie kommen nun zum Konstantinplatz mit der **Konstantinbasilika** gegenüber. Gehen Sie rechts am Ziegelbau entlang zum Eingang und dann geradeaus durch den **Palastgarten** bis vor die **Kaiserthermen**. Hier geht es nach rechts an die Straße Weberbach und dort links zur breiten Südallee/Kaiserstraße. Mithilfe der Ampel überqueren Sie die Straße zum Stadtbad hin und laufen dann links auf dem breiten Rad- und Fußweg weiter.

Wer jetzt rund 1,2 km abkürzen möchte, folgt am Bad halb rechts der Gerberstraße zur belebten Saarstraße und geht dort links immer geradeaus bis zur Matthiaskirche.

Zur Fortsetzung der Domroute überqueren Sie die Bahnlinie und gehen nach 230 m von der Spitzmühle aus in die Kleingartenanlage im ehemaligen **Tempelbezirk**. Hier befand sich zur Römerzeit eine 5 ha große Kultstätte, über die Sie über eine Tafel etwas später am Weg informiert werden. Dazu biegen Sie an der Infosäule zum **Heiligkreuzviertel** rechts in den Fuß- und Radweg und nach nur 50 m auch geradeaus vom rechts abbiegenden Radweg ab. Über Stufen steigen Sie einen Kreuzweg zur oberhalb verlaufenden Bernhardstraße hinauf und gehen rechts. Sie kommen am Hotel Villa Hügel vorbei und kurz nachdem Sie die Speisegaststätte Altes Brauhaus passiert haben, biegen Sie rechts in die Heiligkreuzer Straße ab.

Vorher empfiehlt sich noch ein Abstecher zur **Heiligkreuz-Kapelle**. Dafür gehen Sie am Ende der Bernhardstraße links in die Rotbachstraße. Rechter Hand sehen Sie jetzt die romanische Kapelle neben der Kita. Sie gilt als der älteste deutsche Sakralbau, dem im Ursprung eine reine Kreuzform zugedacht war, und ist Namensgeber für das Stadtviertel.

Gehen Sie nun die Heiligkreuzer Straße hinunter und biegen links in die Reckingstraße ein. Aber Achtung! Nach dem ersten Haus nehmen Sie dort links den Fußweg, der hinter dem Bildungshaus der Schönstätter Marienschwestern in den Schönstattpark (ehemals Caspary) führt. An der Kapelle (Schönstattheiligtum) gehen Sie oberhalb vorbei zum Ausgang und anschließend geradeaus durch die Friedensstraße bis an deren Ende. Dort geht es rechts und gleich danach wieder links über die

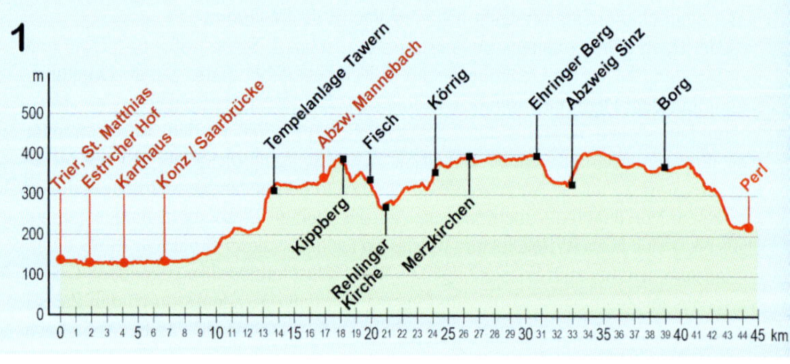

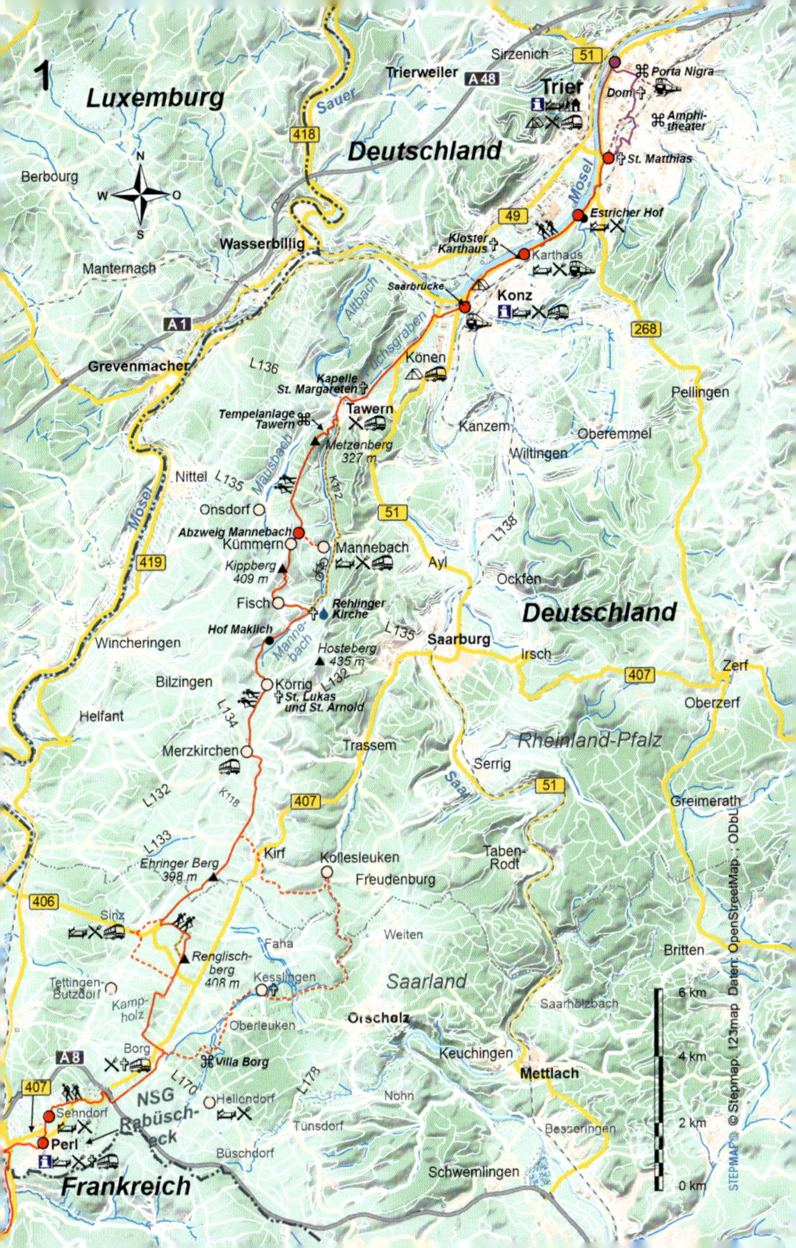

1
Luxemburg
Deutschland
Frankreich
Rheinland-Pfalz
Saarland
Trier
Porta Nigra
Dom
Amphi-
theater
St. Matthias
Estricher Hof
Kloster
Karthaus
Karthaus
Saarbrücke
Konz
Könen
Kapelle
St. Margareten
Tempelanlage
Tawern
Tawern
Metzenberg
327 m
Abzweig Mannebach
Kümmern
Mannebach
Kippberg
409 m
Fisch
Rehlinger
Kirche
Hof Maklich
Hosteberg
435 m
Körrig
St. Lukas
und St. Arnold
Merzkirchen
Kirf
Kollesleuken
Freudenburg
Ehringer Berg
398 m
Sinz
Renglisch-
berg
408 m
Faha
Kesslingen
Tettingen-
Butzdorf
Kamp-
holz
Oberleuken
Borg
Villa Borg
NSG
Rabüsch-
eck
Hellendorf
Sehndorf
Perl
Büschdorf
Tünsdorf
Nohn
Schwemlingen
Besseringen
Mettlach
Keuchingen
Orscholz
Weiten
Saarhölzbach
Britten
Taben-
Rodt
Greimerath
Serrig
Trassem
Saarburg
Irsch
Zerf
Oberzerf
Ockfen
Ayl
Wiltingen
Kanzem
Oberemmel
Pellingen
Sirzenich
Trierweiler
Berbourg
Wasserbillig
Manternach
Grevenmacher
Nittel
Onsdorf
Wincheringen
Bilzingen
Helfant
Sauer
Mosel
Saar
Altbach
Fuchsgraben
Mausbach
Manne-
bach
A 48
A 1
A 8
51
49
268
418
419
407
406
L136
L135
K112
L138
L132
L134
K118
L133
L170
L178
N
W
O
S
6 km
4 km
2 km
0 km
STEPMAP © Stepmap, 123map Daten: OpenStreetMap, ODbL

Weiherstraße an die Bahnlinie und an dieser entlang zu einer Unterführung, die Sie zur Albanastraße bringt.

Weiter geht es nach rechts bis zur Ludolfstraße, auf dieser zur Aulstraße, die schließlich rechts zur Medardstraße führt und damit ans Eingangsportal der Matthiaskirche.

Sankt Matthias, Apostelgrab – Abzweig Estricher Hof 1,9 km

Sie folgen der Medardstraße stadtauswärts bis zu ihrem Ende an einem Weinberg („Sankt Medard"). Hier nehmen Sie den Gehweg ohne Richtungswechsel, eng entlang der Wohnbebauung. An deren Ende gehen Sie rechts bis zur Ampel, folgen dem Wegweiser zum Moselradweg, überqueren die B51 und gehen dann auf dem Teerweg links zur Mosel hinunter und dort geradeaus auf dem Radweg weiter.

☺ Der Moselradweg bei Trier ist viel befahren. Gehen Sie deshalb von Anfang an konsequent rechts und bereits ab zwei Personen hintereinander. Es läuft sich sehr viel ruhiger, da das ständige Gebimmel und Aus-dem-Weg-Springen entfallen.

Sie passieren eine Staustufe und erreichen bereits 600 m hinter dem Wehr (Laufwasserkraftwerk) einen Abzweig zum Estricher Hof.

Estricher Hof, Bundesstraße B51, 54296 Trier, ☏ 06 51/93 80 40, info@estricher-hof.de, www.estricher-hof.de, 36 Betten, Ü EZ € 90-115, DZ € 115-130, F € 10, € 12,50, 100 m

Abzweig Estricher Hof – Abzweig Konz-Karthaus 2,2 km

Sie folgen dem Radweg bis zu einem Abzweig (Fußgängertunnel unter der B51 hindurch) nach Konz-Karthaus.

Konz-Karthaus

Hotel Schons, Pension Garni, 54329 Konz, Merzlicher Straße 6-8, ☏ 065 01/969 83 55, pension-garni-schons-konz@web.de, 10 Betten, ÜF EZ ab € 48, DZ ab € 69, kostenloser Bringservice zu einer Gaststätte, 200 m

☞ Trier

Kloster Karthaus (Albanstraße). Das ehemalige Kartäuserkloster geht auf das Jahr 1331 zurück und wurde 1680-1730 nach einer Zerstörung wieder aufgebaut. Seit der letzten Renovierung 1963-1987 dient die Klosterkirche der katholischen Pfarrgemeinde und die übrige Klosteranlage als Kulturzentrum und Bürgerhaus.

Abzweig Konz-Karthaus – Konz, Saarbrücke 2,6 km

Sie folgen weiter dem Weg. Dieser macht einen kleinen Schlenker von der Mosel weg um den Konzer Jachthafen herum, dahinter gehen Sie rechts zurück zur Mosel und unter der Bahnbrücke hindurch. Sie passieren den Konzer Campingplatz mit dem Gasthaus an der Saarmündung und werden danach an das Ufer der einmündenden Saar geleitet. Sie unterqueren eine modern wirkende Brücke (B51, B419) und die Eisenbahnbrücke und steigen dann halb links zu einer dritten Brücke hoch. Zur Fortsetzung überqueren Sie die Saar.

Zur Übernachtung ginge es links nach Konz.

Konz

Saar-Obermosel-Touristik e. V., Touristinformation Konz, 54329 Konz, Saarstraße 1, 065 01/601 80 40, info-konz@saar-obermosel.de, www.saar-obermosel.de, Mo-Fr 9:00-16:00, 50 m

Haus am Saarufer, 54329 Konz, Saarstraße 12, 01 79/483 88 73, saarufer@googlemail.com, 1 DZ, Ü ab € 46, bett+bike, 200 m

Gasthaus und Camping an der Saarmündung, 54329 Konz, Am Moselufer 1, 065 01/25 77, camping@campingplatz-konz.de, www.campingplatz-konz.de, Ü DZ € 58-65, im Schlaffass EZ € 46, DZ € 50, Bettwäsche bei Bedarf € 4, Ü Zelt + 2 Pers. € 16, € 2, Restaurant 15:00-21:30, Sa u. So ab 11:00, bei schönem Wetter auch früher, am Weg

Der Bus 290 fährt Mo-Sa im Stundentakt, So alle zwei Stunden von Konz über Könen und Tawern weiter nach Saarburg. www.vrt-info.de

Trier

Geschichtliche Bedeutung hat Konz durch die „Schlacht an der Konzer Brücke" gewonnen. Im Holländischen Krieg hatte Ludwig XIV. (1638-1715) im September 1673 Trier einnehmen lassen und aus militärischen Gründen waren die meisten Gebäude außerhalb der Stadtmauer abgerissen worden. Um Trier zurückzuerobern, zogen 1675 verbündete deutsche Heere zusammen mit 6.300 Reitern und 5.000 Fußsoldaten nach Trier und begannen eine Belagerung. Um die 6.000 Mann starke französische Besatzung zu unterstützen, schickte Ludwig XIV. ein Ersatzheer von 15.000 Mann. Dieses Heer befand sich auf der linken Seite der Saar nördlich von Tawern und östlich bis südöstlich des Liescher Berges und der Granahöhe. Die deutschen Truppen setzten über die Mosel und die Saar und griffen die Franzosen an. Durch das besondere Geschick von General Grana (1639-1685) konnte zunächst die (später nach ihm benannte) Granahöhe zurückerobert und schließlich das französische Heer in die Flucht geschlagen werden. Nach diesem Sieg gelang es sogar, die französischen Besatzer aus Trier zu vertreiben.

Die **Saar** hat bis Konz, wo sie in die Mosel mündet, 280 km von ihrer Quelle auf dem 1.009 m hohen Donon in den Vogesen zurückgelegt.

Konz, Saarbrücke – Abzweig Mannebach 10,2 km

Auf der Brücke gelangen Sie zur anderen Saarseite an den Ortsrand von Konz-Könen.

Wenn Sie unmittelbar nach dem Überqueren der Saar in den Radweg saaraufwärts abbiegen würden, kämen Sie zu einem weiteren Campingplatz.

Konz-Könen

Camping Horsch, Könener Straße 36, 54329 Konz-Könen, ☏ 065 01/175 71, Preise auf Anfrage, 15. April-15. Okt, 2 km

Konz

Sie gehen geradeaus und auch an der folgenden Straßenverzweigung geht es geradeaus Richtung Gewerbegebiet Granahöhe und Wasserliesch (Radweg auf der linken Straßenseite). Nach 380 m biegen Sie links – der Rad-Wegweiser zeigt Richtung Tawern – in das Gewerbegebiet und am Kreisverkehr hinter dem Baumarkt rechts ab (Richtung Saarburg u. Wasserliesch). Sie unterqueren die B51 und gehen an der folgenden Straßenverzweigung links (Radweg Richtung Tawern). An der Zufahrt zur Hundesportanlage gehen Sie weiter geradeaus auf dem linken, geteerten Weg.

An der Kapelle Sankt **Margarethen** erreichen Sie Tawern. Bemerkenswert an dieser Kapelle sind die außen angebrachte Kanzel aus Sandstein und der mit Elfenbein und Gold verzierte Altar aus dem Jahr 1892.

500 m weiter ist eine erste Bäckerei im Zentrum erreicht. Folgen Sie halb rechts der Römerstraße und biegen Sie an der zweiten Bäckerei mit der Römerstraße nach links bergab.

Tawern

Pilgerstempel in der Kirche St. Peter und Paul

Konz, die Bushaltestelle des Fernbusses erreichen Sie, wenn Sie an der ersten Bäckerei links durch die Römerstraße bis vor die Pizzeria (nur Lieferservice ab 17:00) gehen.

Tawern ist ein landwirtschaftlich-weinbaulich geprägter, in den Saargau-Randhöhen gelegener Fremdenverkehrsort mit Einkaufsmöglichkeiten (Fleischerei, Bäckerei). Auf diese Weise erfüllt es seit 2.000 Jahren denselben Zweck, denn es wurde von den Römern an der Via Agrippa als Raststätte und Umspannstation für Zugtiere gegründet. Das Wörtchen „Taverne" versteckt sich bis heute im Ortsnamen.

Hinter dem Gefallenendenkmal und dem Gasthaus Schons wird die Römerstraße zur Bachstraße. Am Bach entlang folgen Sie den Schildern zum römischen Tempelbezirk. Kurz vor dem Ortsausgang, an zwei würfelförmigen, modernen Wohngebäuden, folgen Sie rechts weiter der Bachstraße bergauf.

Geradeaus ist eine alternative Strecke nach Mannebach für Radler ausgeschildert. Sie folgen dabei der wenig befahrenen K112 durch das Mannebachtal und stoßen an der Rehlinger Kirche wieder auf den markierten Pilgerweg. (Kurz vor Mannebach biegen Sie rechts auf die L135 und 300 m weiter wieder links in die K112 ab. In den schönen Ort fahren Sie nur zur Besichtigung.)

Hinter dem letzten Haus gehen Sie links und passieren einen Parkplatz für den römischen Tempelbezirk. Nach einer S-Kurve des Sträßchens könnten Sie links dem abkürzenden, aber recht steilen Fußweg zur Tempelanlage hinaufgehen. Die Markierung allerdings folgt der Straße durch eine ausgedehnte Linkskurve. Dann biegen Sie noch einmal scharf links ein und erreichen den Zugang zur Tempelanlage Tawern.

⌘ **Tempelanlage Tawern**, Rekonstruktion des römischen Tempelbezirks, der Metzenberg war für die römischen Reisenden aus Richtung Metz der erste Punkt, an dem sie ihr Reiseziel (Trier) sehen konnten, also die ideale Stelle, um den Göttern zu danken.

♦ Auf dem Metzenberg, Verein Römisches Tawern, www.roemisches-tawern.de, frei zugänglich

Zur Fortsetzung folgen Sie dem breiten Weg an der Tempelanlage vorbei zum Metzenberg hinauf. Auf der Höhe biegen Sie links in den herrlichen Höhenweg ab. Eine Informationstafel erinnert an die alte, hier entlangführende Römerstraße, die bevorzugt über die Höhe unter Vermeidung der oft zu sumpfigen Täler geführt wurde. Sie passieren eine Streuobstwiese und erreichen eine Pausenbank. Ab hier ist der weiter geradeaus führende Weg geteert.

An einer Gabelung zeigen die Wegweiser rechts nach **Onsdorf** (1,1 km) und links nach Fisch und Kümmern. Sie gehen links und nach 20 m rechts (kleine Schutzhütte) in den Wald hinein. An der nächsten Wegkreuzung gehen Sie geradeaus und erreichen bald eine offene Wiesen- und Feldlandschaft, durch die es höhengleich bis zur L135 geht. Geradeaus folgen Sie dem Pilgerweg nach Kümmern, links könnte ein Abstecher in das schöne Örtchen Mannebach führen.

Mannebach

Mannebacher Brauhaus und Landhotel, Hauptstraße 1a, 54439 Mannebach, 065 81/992 79, info@mannebacher.de, www.mannebacher.de, 24 Betten, ÜF Preise auf Anfrage, Mo geschlossen, auch keine Übernachtungen, Brauerei, Biergarten, 950 m

Petra Ensch, Schulstr. 19, 54441 Mannebach, 065 81/55 65, natur-zeit19@outlook.de oder pandora@freenetmail.de, Frau Ensch bietet eine 70 qm große FeWo im Dachgeschoss ihres Wohnhauses für € 45 an. Es gibt ein Bad, Küche, Wohnraum und Schlafzimmer für zwei. Im Notfall können auch schon mal vier Personen übernachten. Bettwäsche und Handtücher kosten – bei Bedarf – extra. 1,1 km

Hofkäserei Riedhof (Ziegenhof), 065 81/23 76, www.mannebacher-kaesemarkt.de, Käse aus Rohmilch, Mo-Fr 14:00-19:00, Sa 10:00-16:00, Hofcafé und Käsemarkt mit weiteren Produkten aus der Region Mai-Okt Sa 10:00-16:00, 1,4 km

Mo-Fr fahren viermal am Tag Busse (295/95) nach Saarburg.

Abzweig Mannebach – Perl, Sehndorf 27,5 km

In Kümmern angekommen folgen Sie der L135 halb rechts steil bergauf. Am letzten Haus biegen Sie halb links von der weiter aufwärtsführenden Straße ab und folgen dem Pfad am Haus entlang. Dieser herrlich schmale Pfad führt Sie durch lichten Wald etwas unterhalb des Kippberges (409 m). Zusätzlich geben die Markierungen der „Traumschleife" Orientierung. Am Waldrand erwartet Sie der Aussichtspunkt **Hosteberg-blick** inklusive einer Entspannungsliege, von der Sie nicht nur den Hosteberg, sondern auch das Örtchen Fisch im Blick haben. Sie gehen links am Weidezaun entlang bergab und am Ende der Wiese rechts auf den Ort zu.

In **Fisch** finden Sie einige Edelobstbrennereien, bei denen Sie Viez und Edelbrände kaufen können. Im sogenannten Viezomat, der direkt am Weg steht, lassen sich rund um die Uhr neben Viez und Viezsekt auch Käse, Eier, Wurst, Joghurt und ein Pilgertropfen ziehen. Der hier Viez genannte Apfelwein (Cidre) ist ein Produkt, das fest zum Saargau gehört. Die damit verbundenen Streuobstwiesen sind landschaftsprägend. Durch die Region führt die sogenannte Viezstraße oder Route du Cidre. Das ist eine Touristikroute im Saargau, die das Obst und seine Verarbeitungsprodukte thematisiert. Die enge Verbundenheit Fischs mit dem Jakobsweg zeigt das Ortswappen, das neben dem namensgebenden Fisch einen Pflug und die Jakobsmuschel zeigt.

Am Brunnenplatz folgen Sie halb rechts der Kapellenstraße aufwärts bis an eine Höhe und biegen dort links in die Straße In der Heinert (auch Richtung Jakobushaus, einem Dorfgemeinschaftshaus). Nach 400 m biegt die Straße rechts aus der Richtung.

Wenn Sie hier links gehen würden, kämen Sie zu einem schönen Pausenplatz (Toiletten) am **Lebensfluss** genannten Fischer Dorfpark. Quellwasser ergießt sich über eine Jakobsmuschel auf eine hierdurch in Drehung versetzte Weltkugel. Der sich anschließende Wasserlauf durchströmt Stationen, die den Lebenslauf symbolisieren. (⇔ 300 m)

gemeinde-fisch.de/lebensfluss.html

Ihr Weg führt hier geradeaus durch eine Siedlung hindurch in den Wald. Dem Waldweg folgen Sie abwärts zur Rehlinger Kirche.

Sankt Jakobus von Litdorf-Rehlingen ist eine bei Jakobspilgern und Hochzeitspaaren gleichermaßen beliebte Kirche. Vor dem Eingang ist eine Bronzeplatte in den Boden eingelassen, auf der der Weg der Jakobspilger von Köln nach Santiago de Compostela eingezeichnet ist. In der Kirche ist die Rokokokanzel von 1756 sehenswert, eine der Kirchenglocken ist Jakobus geweiht. Der Heilige ist hier nicht nur im Namen der Kirche, sondern als Statue im Hochaltar sowie als Figur im Türgitter zu finden.

Im Vorraum der Kirche befindet sich an der Wand eine Box mit Stempelkissen und sehr schönem Stempel mit Muschelmotiv, mit dem Sie Ihren Pilgerausweis selbst stempeln können.

Unterhalb der Kirche befindet sich die solide Jakobus-Schutzhütte über einer Quelle. Die Quelle war einst Lebensborn des im 30-jährigen Krieg untergegangenen Dorfes Litdorf-Rehlingen. (Lediglich die Wehrkirche wurde erhalten.) Hier können Sie nicht nur müden Füßen ein kühlendes Bad gönnen, sondern auch bedenkenlos trinken. Die Tafel mit der Warnung „Kein Trinkwasser" besagt hier lediglich, dass die für Trinkwasser vorgeschriebenen Werte wie Keimfreiheit und Nitratgehalt nicht kontrolliert werden, sagen zumindest die Einheimischen. Oberhalb der Kirche befindet sich ein WC, 8:00-20:00.

An der Jakobus-Schutzhütte folgen Sie der Straße rechts und in der Straßenkurve wandern Sie geradeaus durch die Felder. Oberhalb des Rehlinger Hofes überqueren

Sie leicht versetzt eine Straße und wandern Richtung Rehlinger Hof 12-17, nun auf einem Sträßchen und weiter im Talhang. Hinter der Hofstelle Maklich führt der Weg links ins Feld auf ein Wäldchen zu. An dem alten Grenzstein mit dem Warsberger Wappen (Sitzbank) geht es weiter geradeaus durch das Wäldchen und die nachfolgenden Felder, an einem Teerweg dann links nach **Körrig**. Sie passieren einen Getränkehandel (privat, keine festen Öffnungszeiten) und erreichen den Dorfplatz.

Sankt Lukas und Sankt Arnold. In der Filialkirche aus Buntsandstein befand sich angeblich ein Splitter des Heiligen Kreuzes, an dem Jesus Christus starb. Die Reliquie verschwand in den Wirren des Zweiten Weltkrieges.

Sie gehen links und sofort wieder rechts in die Saarburger Straße. Der ersten Straße rechts folgen Sie zur Kirche und gehen dort links entlang der Friedhofsmauer auf dem ansteigenden Weg aus dem Dorf heraus. Durch offene Felder pilgern Sie vorbei an einem Rastplatz hinauf nach **Merzkirchen** (Busse fahren ein- bis zweimal in der Stunde nach Saarburg und nach Luxemburg; Pilgerstempel liegt in der Kirche aus). Rechts vom ehemaligen Gasthaus laufen Sie geradeaus entlang der Raiffeisenstraße/K120 am Raiffeisenmarkt vorbei. Die Straße verlässt danach den Ort und steigt über eine Höhe hinweg.

Hinter der Höhe biegen Sie rechts in einen Landwirtschaftsweg ab. Es beginnt ein aussichtsreicher Höhenweg, wieder auf der Römerstraße entlang der Kammlinie des Saargaus. Sie überqueren die K118 und erreichen 700 m weiter die L133, die links nach Kirf hinabführt.

Seit Mai 2019 ist hier eine 15,9 km weite Schleife über Kirf, Kollesleuken, Kesslingen und Oberleuken zur römischen Villa Borg ausgeschildert. Die Wegalternative führt auf einem durchaus attraktiven Weg zur hübschen Jakobuskirche in Kesslingen und durch die Kollesleuker Schweiz und findet in Borg wieder Anschluss an den Hauptweg. Wer diese Schleife einbeziehen will, hat vom letzten zurückliegenden Übernachtungsplatz in Mannebach rund 30 km zum Sonnenhof oder Struppshof (beide sind etwas abseits vom Weg gelegen) und bis Perl sogar 33,6 km zu gehen. Sinz liegt dann nicht am Weg.

Der direkte und auch historisch belegte Weg führt geradeaus weiter über die Höhe. Nach 300 m auf der Straße biegen Sie geradeaus wieder davon ab und gelangen auf dem Ehringer Berg (398 m) an eine Schutzhütte. Wenig weiter überqueren Sie die Landesgrenze zwischen Rheinland-Pfalz und dem Saarland. Weit voraus können Sie schon die Kühltürme des Kernkraftwerks Cattenom sehen. Diese werden noch eine Weile Ihre Begleiter am Horizont sein. Sie gehen unbeirrt geradeaus bis in den unteren Talhang kurz vor den Ortseingang von Sinz. Dann teilt sich der Weg an einem Walnussbaum. Geradeaus geht es nach Sinz hinein und links zeigt die Markierung des Pilgerwegs wieder den Berg hinauf.

Zum Landgasthof Birkenhof gehen Sie geradeaus nach Sinz, dort links an der Kirche vorbei bis zur querenden B406 und dort rechts.

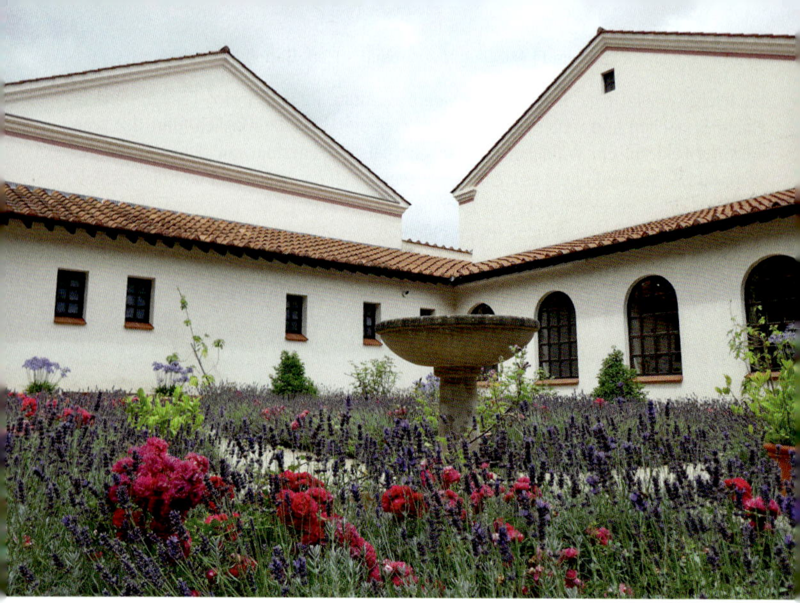

Ein Abstecher könnte zur Römischen Villa Borg führen

Sinz

🛏 ✕ BANK 🚌

🛏✕ Landgasthof Birkenhof, Saarbrücker Straße 9, 66706 Sinz, ☎ 068 66/202, info@birkenhof-sinz.de, 💻 www.birkenhof-sinz.de, 15 Betten, ÜF EZ € 60, DZ € 90, 🐕 🧳, ⮌ 1,1 km

🚌 Der Bus 155 fährt ein- bis zweimal in der Stunde nach Perl u. Luxemburg, 💻 www.saarfahrplan.de.

☺ Haben Sie im Birkenhof übernachtet, brauchen Sie nicht zurück zum Abzweig laufen. Sie gehen vor dem Haus links entlang der B406, ignorieren den Abzweig zum Zentrum (Kirche), biegen aber 160 m weiter rechts in die Nebenstraße nach Tettingen-Butzdorf. Der dritte Feldweg links führt dann zum Renglischberg hinauf. Im Aufstieg gehen Sie an einer Gabelung links und an einer Kreuzung geradeaus bis zur höchsten Stelle und biegen dort rechts in den Höhenweg ein.

Vom Abzweig Sinz erreichen Sie auf einem Teerweg ein Wäldchen. Hier gehen Sie um 5 m nach links versetzt weiter auf einem Pfad durch den Wald.

🚲 Radpilger umrunden das Wäldchen auf dessen rechter Seite.

Hinter dem Wäldchen gehen Sie rechts Richtung Funkmast durch offene Feldlandschaft und direkt vor der B406 links 150 m zum amerikanischen Ehrenmal. Dort gibt es auch einen Picknicktisch. Die Wegweiser nennen es „Friedensdenkmal".

Sie überqueren dort die Straße und nehmen den Feldweg rechts. Der erreicht wieder den Höhenweg, in den Sie links einbiegen. Nun laufen Sie geradeaus auf das Waldstück Kampholz zu. Der Weg führt rechts am Waldrand bergab. Sie haben eine schöne Aussicht auf Butzdorf und Tettingen. Nehmen Sie nach gut 250 m den ersten Weg links in den Wald hinein. Sie durchqueren ihn komplett und erreichen dahinter wieder offene Landschaft. Die Verbindungsstraße von Tettingen und Borg kreuzen Sie, dem ersten Feldweg dahinter folgen Sie links bergab nach Borg. Sie kommen an eine Kreuzung, an der die Viezstraße/Route du Cidre markiert ist. Gehen Sie hier weiter geradeaus unter der Bundesstraße B406/7 hindurch in den Ort hinein. An der Querstraße gehen Sie rechtsherum an einer Bushaltestelle vorbei zur Kirche.

Perl, Borg

In der alten Bibliothek an der Kirche St. Johannes der Täufer ist ein Pilgerzimmer eingerichtet. Pilgerinnen und Pilger können hier gerne eine Rast einlegen. Getränke sind bereitgestellt. Es gibt auch ein Feldbett. Das Zimmer ist immer geöffnet. Es gibt eine Toilette, Wasch- und Kochgelegenheit sind in Planung.

Der Bus 360/263 fährt ein- bis zweimal in der Stunde (So alle 2 Std.) nach Perl. www.saarfahrplan.de

Die Kirche **Sankt Johannis der Täufer** wurde 1728 erbaut, 1922 erneuert, 1939 zerstört und nach dem Krieg wieder aufgebaut. Die hübsche Kirche beherbergt drei Altäre aus dem Barock. Älter sind die Kreuzwegstationen von 1819 und einige Grabsteine sind sogar aus dem 18. Jh.

Archäologiepark Römische Villa Borg. Auf den Überresten einer römischen Villa wurden Herrenhaus, Villenbad, Torhaus, Gartenanlagen und eine Taverne rekonstruiert. Für einen Besuch folgen Sie am Ortseingang geradeaus der Ringstraße und biegen in der zweiten Kurve rechts ab. Die neu markierte Jakobswegvariante kommt von dort.

♦ Im Meeswald 1, 66706 Perl/Borg, 068 65/911 70, www.villa-borg.de, info@villa-borg.de, April-Okt Di-So und Fei 10:00-18:00, 1,5 km

Am ehemaligen Gasthaus gehen Sie halb links in die Gartenfeldstraße und nach 70 m geradeaus in den Merschweilerweg. Sie überqueren die L170.

Wenn Sie der Landstraße nach links folgen würden, kämen Sie nach 1,5 km zum Struppshof und nach 2 km zum Sonnenhof.

Perl, Hellendorf

Sonnenhof Landhaus & Hotel, Merziger Straße 3, 66706 Perl-Hellendorf, 068 68/773, info@sonnenhof-perl.de, www.sonnenhof-perl.de, ÜF EZ € 66, DZ € 96, DBZ € 120,

Struppshof, Struppshof 1, 66706 Perl-Hellendorf, 068 68/931 40, struppshof@t-online.de, struppshof.de, Ü EZ € 54,50, DZ € 75, F € 7,50, € 5

Der Landwirtschaftsweg führt Sie geradeaus weiter bis über die Autobahn (A8).

☺ Im Sommer können Sie am Weg frische Erdbeeren selbst ernten.

Danach biegen Sie rechts ab. Der Weg führt auf einer Brücke über die Autobahnzufahrt. Dahinter gehen Sie links. In Bögen führt der Weg am Naturschutzgebiet Rabüscheck vorbei ins Tal und bis an die B407. Sie brauchen hier nur 200 m nach rechts laufen, dann geht es halb rechts auf einem Teerweg weiter.

Wenn Sie schon die Mosel und die Seen der Moselauen bei Remerschen sehen, biegen Sie im rechten Winkel nach rechts ab und gehen bergab durch Weinberge nach Perl-Sehndorf. Dabei kommen Sie an einer Bank mit schöner Aussicht über das Moseltal vorbei. Am Ortsrand gehen Sie links durch Perl-Sehndorf bis an eine Querstraße, auf der Sie links bis an die B407 laufen, die Sie in einer Straßenkurve erreichen.

An der B407 rechts entlang befinden sich einige Einkaufsmärkte.

Sie gehen links, überqueren am besten schon mal die Straße und nach weiteren 250 m, an der Gemeindeverwaltung, laufen Sie geradeaus in die Ortsmitte entlang der Hauptgeschäftsstraße von Perl bis zur kath. Kirche **Sankt Gervasius und Protasius**.

Perl

Gemeinde Perl (Touristinfo), Trierer Straße 32, 66706 Perl, ☏ 068 67/661 01, m.deubel@perl-mosel.de u. info@perl-mosel.de, www.perl-mosel.de, Mo-Fr 8:30-12:00, am Weg

☺ Im **Tourismusbüro der Gemeinde** erhalten Sie ein Kartenheft (€ 10) zum „Chemin de Schengen à Langres", ein sehr nützlicher Wegweiser auf Ihrem Weg durch Lothringen. Es liegt auch eine aktuelle Liste der Privatunterkünfte bei, ☞ Reise-Infos von A bis Z, Unterkunft und ☞ Sierck-les-Bains.

Hotel Hammes, Hubertus-von-Nell-Straße 15, 66706 Perl, ☏ 068 67/910 30, info@hotel-hammes.de, www.hotel-hammes.de, 22 Betten, ÜF EZ € 75, DZ € 102, DBZ € 130, 300 m

♦ **Centralhotel Greiveldinger**, Bergstraße 1-3, 66706 Perl, ☏ 068 67/271, info@hotel-greiveldinger.de, www.hotel-greiveldinger.de, 20 Betten, ÜF EZ ab € 52, DZ ab € 82, bett+bike, am Weg, Zentrum

♦ **Gasthaus Winandy**, Biringer Straße 2, 66706 Perl, ☏ 068 67/364, info@winandy-perl.de, winandy-perl.de, 19 Betten, ÜF EZ € 48, DZ € 70, DBZ € 90, am Weg

♦ **Hotel Maimühle**, Bahnhofstraße 100, 66706 Perl, ☏ 068 67/911 31 70, rezeption@maimuehle.de, www.maimuehle.de, ÜF EZ ab € 110, DZ ab € 130, 100 m (am Bf.)

Residence Hotel garni, Hubertus-von-Nell-Straße 19a, 66706 Perl, ☏ 068 67/91 19 10, info@residence-hotel-perl.de, www.residence-hotel-perl.de, 20 Betten, ÜF EZ € 65, DZ € 95, DBZ € 125, 250 m

♦ **Perler Hof**, Bergstraße 2-4, 66706 Perl, ☏ 068 67/56 15 94, info@perler-hof.de, www.perler-hof.de, 44 Betten, ÜF EZ ab € 68, DZ ab € 98, am Weg

♦ **Gästehaus Sonnen-Klein**, Trierer Straße 13, 66706 Perl, 01 74/764 42 64, Monika_sonnen@web.de, 4 Betten, Ü € 30, Anreise zwischen 14:00 und 18:00, bitte nach Möglichkeit so früh wie möglich anmelden, am Weg, Ortseingang

♦ **Renate Görg**, Bahnhofstraße 10, 66706 Perl, ☏ 068 67/54 55, renate.goerg@gmx.de, kleine FW, 2 Betten, Ü EZ € 30, , ➲ am Weg

♦ **Familie Köck**, Zur Kopp 9a, OT Oberperl, 66706 Perl, ☏ 068 67/53 51, christinekoeck@yahoo.de, 4 Betten, Ü EZ € 30, DZ € 50, F auf Anfrage, , ➲ 800 m

⊙ Stempel für den Pilgerpass gibt es in der ☞ Information und in der ☞ Kirche (Stempelkasten).

Mehrere Buslinien verbinden Perl mit Luxemburg, www.saarfahrplan.de.

Der Bahnhof liegt unten im Moseltal im Ortsteil Maimühle. Züge fahren Richtung Konz und Trier, nach Frankreich (Richtung Metz) nur eingeschränkt an Wochenenden. Vom 1,5 km entfernten Bf. Apach (☞ Apach) gibt es aber regelmäßig Abfahrten Richtung Metz.

Taxi Bach, ☏ 068 67/56 00 07, **Taxi Perl**, ☏ 068 67/39 73 07

✞ **Pfarrkirche Sankt Gervasius und Protasius** mit Jakobsfigur, der Turm ist romanisch, der Chor spätgotisch

⌘ **Palais von Nell** (Biringer Straße), Palais von 1733 mit schönem Barockgarten und Quirinuskapelle, der Garten befindet sich wie die Kapelle gegenüber dem Palais auf der anderen Straßenseite.

Der Garten ist ganzjährig jederzeit zugänglich.

Palais von Nell und Quirinuskapelle in Perl

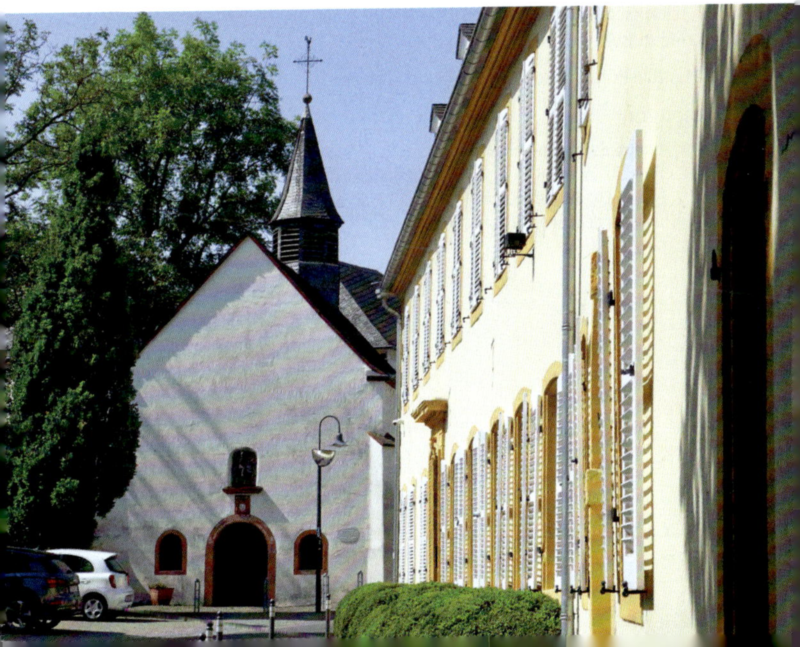

Perl liegt im Dreiländereck von Luxemburg, Frankreich und Deutschland. Es grenzt an die luxemburgische Gemeinde Schengen und die französische Gemeinde Apach. In Perl endet der vom Landschaftsverband Rheinland ausgearbeitete und inzwischen von der Trierer Jakobusbruderschaft betreute Weg der Jakobspilger von Köln/Bonn nach Schengen und trifft auf den lothringischen, in Schengen beginnenden Weg.

Perl – Apach 3,1 km

Wenige Schritte weiter ist die **Quirinuskapelle** erreicht. Danach biegen Sie rechts in die Bahnhofstraße ab. Sie führt hinab in den Ortsteil **Maimühle**, wo ein Supermarkt direkt am Weg liegt. Gleich danach quert die Straße Am Dreiländereck (B419). Sie könnten hier links zum Kreisverkehr und dort weiter geradeaus zur französischen Grenze laufen.

Markiert ist der Weg etwas anders und das hat seinen Grund. Er führt Sie gerade über die B419 hinweg bis zur Bahnlinie unter der Schengener Brücke und trifft dort auf den von der Brücke hinabkommenden **Chemin de Saint-Jacques en Lorraine**. Ihr Weg führt nun links, unter der Brücke hindurch und dahinter links zum Kreisverkehr und der B419 zurück. Rechts folgen Sie dem Radweg zur Grenze nach Frankreich.

☺ Von Perl aus empfiehlt sich ein Abstecher in das Nachbarland Luxemburg. Die Brücke über Bahnlinie und Mosel ist gleichzeitig die Landesgrenze. Gehen Sie an deren luxemburgischen Ende links die Treppe hinab zur Moselpromenade und ein paar Schritte moselaufwärts, ➲ 300 m.

Radler fahren rechts eine kleine Schleife.

Schengen

Centre Européen Schengen asbl, 6 Rue Robert Goebbels, 5444 Schengen, ☏ +352 26 66 58 10 21, info@visitschengen.lu, www.visitschengen.lu, April-Okt 10:00-18:00, im Winter bis 17:00, Café, Radverleih, ➲ 340 m, im Hausboot vor dem Europahaus

☞ Trier

2

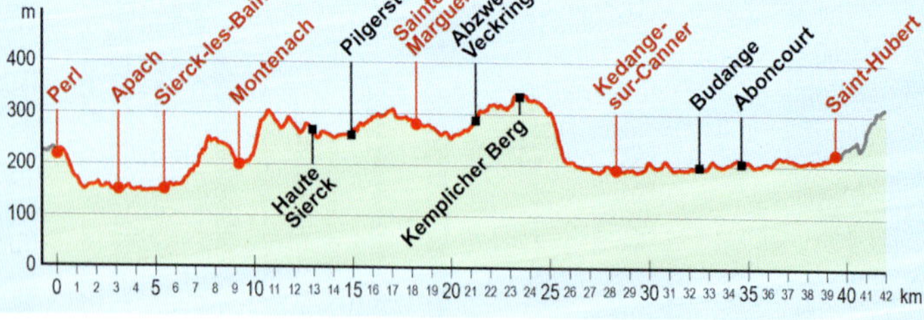

⌘ **Europahaus**,
Adresse und 🚪 ☞ ℹ

⌘ **Schengener Schloss** (2, Beim Schlass), erstmalig 1350 urkundlich erwähnt, Neubau von 1812, barocker Kräuter- und Blumengarten

🚪 Das Schloss ist nicht zu besichtigen, die Gartenanlagen sind jederzeit frei zugänglich.

„Hei fänkt Europa un", lässt sich im schönsten Luxemburgisch auf einer Mauer in Schengen lesen. Unter diesem Motto ist das kleine luxemburgische Dorf weltweit bekannt geworden. Wo könnte man auch besser den Wegfall der EU-Binnengrenzen beschließen als im Dreiländereck von Frankreich, Deutschland und Luxemburg? Dort, im kleinen Grenzort Schengen, wurde 1985 das Schengener Abkommen beschlossen. Eine Ausstellung im und am Europahaus informiert darüber.

Sie folgen dem Radweg rechts entlang der Straße Richtung Metz/Thionville/Sierck-les-Bains bis an die Landesgrenze. Eine Miniatur des Eiffelturms gilt als Sehenswürdigkeit an der Grenze. Eine Tafel informiert über den **Chemin de Saint-Jacques** und die Routen, die im Raum Schengen, Metz und Toul aufeinandertreffen.

Ab hier ist der Pilgerweg sowohl mit der stilisierten gelben Muschel auf blauem Grund sowie den weiß-roten **Markierungen** der Wandervereine versehen. In Teilen entspricht Ihr Weg auch dem Europäischen Fernwanderweg E2 (Hoek van Holland – Genfer See – Nizza).

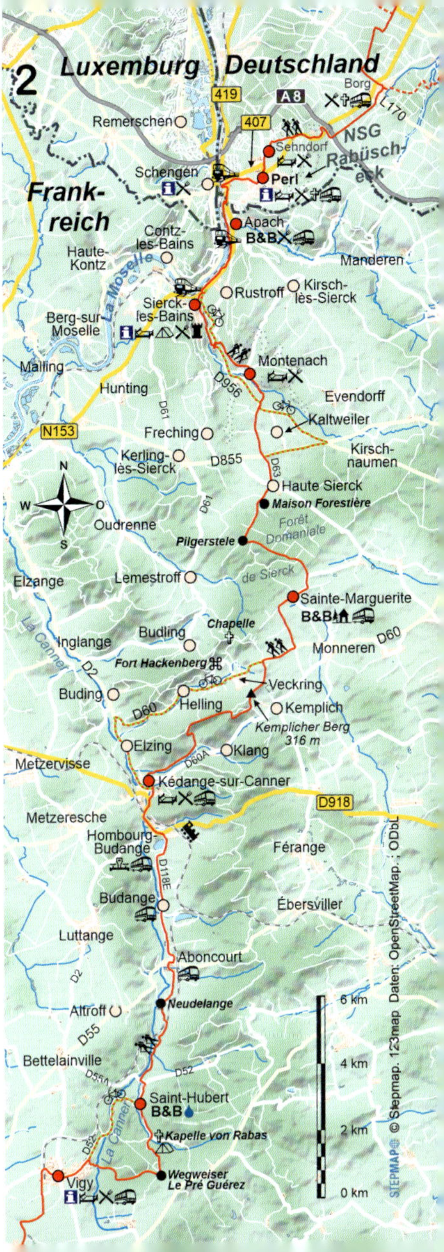

Auf der Tafel finden Sie auch noch einmal den Hinweis, dass alle Auskünfte über die Beherbergung in den Verkehrsbüros am Weg zu finden sind. Dazu zählen auch die nur Pilgern vorbehaltenen Privatunterkünfte. Also scheuen Sie sich nicht, im Bedarfsfalle, dort nachzufragen. Ganz häufig befinden sich dort auch Ansprechpartner, die Deutsch oder zumindest Englisch sprechen.

Sie folgen dem rechts Richtung Mosel führenden Radweg und gehen noch vor den Bahnschienen links in den Chemin de la Moselle (Moselradweg).

Pilger berichten von einer Wegänderung ab dieser Stelle, die ich vor Drucklegung nicht abschließend klären konnte. Demnach biegen Sie nicht in den Moselradweg ab, sondern wandern geradeaus zur Schleuse hinunter. Dort biegen Sie links in den Uferweg. Es wird allerdings auch berichtet, dass der Weg im Juni von unangenehm hohen Brennesseln überwuchert war. Schauen Sie sich die Situation vor Ort an und entscheiden Sie sich für eine der Varianten. Vom Uferweg kämen Sie wieder auf den Radweg zurück.

Der Uferweg führt Sie zunächst zum Bahnhof von Apach.

Über die Rue de la Gare könnten Sie hier nach Apach gelangen.

Apach

B&B

B&B **Moulin de Apach**, Chambre d'hôtes, 24 Rue de l'École, 57480 Apach/Thionville, ☏ 03 82 83 70 07, 06 04 65 69 26, info@moulinapach.com, www.moulinapach.com, ÜF DZ € 117-120, nach ökologischen Gesichtspunkten renoviertes, großes Mühlengebäude, 450 m

Le Clos de la Ravine, 16 Rue nationale, 57480 Apach/Thionville, 06 58 85 44 06, leclosdelaravine.fr, Do-Di über Mittag, Fr u. Sa auch abends, 220 m

Häufiger als Züge gibt es Busse zum Bahnhof Thionville. In der Region Grand Est finden Sie Verbindungen des ÖPNV unter www.fluo.eu.

Apach hat einen Bahnhof an der Bahnstrecke Apach – Thionville. An Wochenenden fahren gelegentlich Züge bis Konz oder Trier.

Apach – Sierk-le-Bains 2,3 km

Der gut markierte Uferweg führt neben den Gleisen nach Sierck-les Bains. Linker Hand können Sie sich an einem Fels aus rotem Buntsandstein erfreuen. Auf der anderen – luxemburgischen – Moselseite liegen Weinberge auf der Sonnenseite der Mosel. Manche Radfahrerinnen und Radfahrer nutzen auch diese Moselseite, um flussaufwärts zu fahren.

Kurz nach einem Supermarkt (Norma) treffen Sie gegenüber dem Tour Saint Nicolas (Reste der Stadtmauer) auf die Ortsdurchgangsstraße. Sie gehen noch 70 m geradeaus am Parc Valette (Spielplatz auf der anderen Straßenseite) vorbei und dahinter links durch die Passage Saint-Nicolas zum Marktplatz.

Sierck-les-Bains

Office de Tourisme (Trois Frontières Tourisme), 3 Place Jean de Morbach, 57480 Sierck-les-Bains/Thionville, ☏ 03 82 83 74 14, infos@otsierck.com, www.troisfrontierestourisme.com, vermittelt auch Privatzimmer und evtl. nicht belegte FW für eine Nacht, Mai-Sep tägl. 10:00-12:00 u. 13:00-17:00, April, Okt Mo-Fr 10:00-12:00 u. 13:00-16:00, Sa 9:00-12:00, Nov/März wie April/Okt, doch nachmittags erst ab 14:00, 250 m (folgen Sie der Grande Rue vom Markt oder bleiben Sie von vornherein an der Ortsdurchgangsstraße)

☺ Im **Office de Tourisme** erhalten Sie ein Kartenheft (€ 10) zum „Chemin de Schengen à Langres", ein sehr nützlicher Wegweiser auf Ihrem Weg durch Lothringen. Es liegt auch eine aktuelle Liste der Privatunterkünfte bei, ☞ Reise-Infos von A bis Z, Unterkunft und ☞ Perl.

Danièle Magdalena, 18 Rue de la Gare, 57480 Sierck-les-Bains/Thionville, ☏ 03 82 83 66 40, 06 88 60 35 31, lena15@wanadoo.fr, www.gites-sierck.fr, Gîte für 4-6 Pers., € 130-200/Nacht, 1 km (Bahnhofsnähe)

Camping municipal des Tilleuls, Allée des Tilleuls, 57480 Sierck-les-Bains/Thionville, ☏ 03 82 83 82 15 + 03 82 83 72 39, camping@siercklesbains.fr, www.camping-siercklesbains.fr, Ü € 5,70 p. P., Zelt € 1,70-2,30, , Mitte April-Mitte Okt, 1 km (Bahnhofsnähe)

☞ Apach

Von der eindrucksvollen Festungsanlage **Château des Ducs de Lorraine** (dt. „Schloss der lothringischen Herzöge") aus dem 11. Jh. hat man einen wunderschönen Blick auf Sierck-les-Bains, das sich an die Außenkurve eines Moselbogens schmiegt. Die Lage trug dem Ort übrigens auch den Namen ein, der sich von lat. Circus oder circulus (dt. „Kreis, Ring") ableitet.

♦ www.chateau-sierck.com, Mai-Sep tägl. 10:00-18:00, März, April, Okt, Nov tägl. 11:00-17:00

Sierck-les-Bains – Montenach 3,8 km

Radfahrerinnen und Radfahrer nehmen in Sierck die D956 über Montenach bis zur Kreuzung mit der D855. Dort fahren Sie genau 2 km nach rechts bis zur Kreuzung mit dem Pilgerweg, in den Sie links Richtung Haute Sierck einbiegen (D63).

☺ Aufgrund von Hochwasserereignissen bzw. Waldschäden gab es auf der nun folgenden Strecke nach Montenach mehrere Weganpassungen. Im Juni 2024 berichteten Pilger, dass eine markierte Wegalternative im Tal des Ruisseau de Montenach eingerichtet ist, die, sofern man die Augen aufhält, auch zu finden ist. Beachten Sie bitte auch, dass es sich möglicherweise um temporäre Weganpassungen handelt, die Situation im Folgejahr also schon wieder eine ganz andere sein kann.

Vom Marktplatz gehen Sie halb rechts auf der Grande Rue über den Ruisseau de Montenach (dt. „Bach von Montenach"). Biegen Sie nun links in die Rue Saint-George les Baillargeaux ein und folgen Sie ihr bergauf. Am **Zugang zur Burg** halten Sie sich links an die Rue Cardinal Billot. Linker Hand liegt versteckt hinter einer Mauer der örtliche **Judenfriedhof** mit zahlreichen sehr alten Grabsteinen.

Sie passieren eine Schule. An der kommenden Gabelung gehen Sie links auf der Rue Marienfloss in das idyllische Bachtal des Ruisseau de Montenach hinab. Wenn die Straße einen Linksbogen über die Brücke macht, bleiben Sie diesseits und laufen geradeaus über den Parkplatz und auf dem sich anschließenden Schotterweg weiter. (↳ Die Straße führt zur ✝ Chapelle de Marienfloss, einem Heiligtum aus dem 13. Jh., ➲ 170 m.)

An der Gabelung mit der Infotafel zum Quarzitabbau nehmen Sie den linken Weg, bleiben also unmittelbar am Bach. Sie passieren nun die Ruine einer alten Schleifmühle. Eine Fußgängerbrücke bringt Sie auf die andere Bachseite. Dort führt ein schmaler Pfad bergauf, zum Teil mit Stufen, zuletzt durch ein Naturschutzgebiet zur D956, in die Sie links einbiegen.

✋ Sie bleiben nur 100 m an der Straße. Dann biegt ein gut markierter Pfad rechts in den Hang (30 m vorher bleibt ein ebenfalls rechts abzweigender Weg in den Steinbruch unbeachtet). Sie erreichen einen Kammweg, dem Sie rechts durch die schöne Wiesen-, Hecken- und Waldlandschaft folgen.

An der Gabelung hinter dem Steinkruzifix nehmen Sie den linken (= oberen) Weg. Er führt auf dem Chemin sous les Vignes durch ein Siedlungsgebiet. Am Ende gehen Sie rechts bergab. Unten gehen Sie links und am Kreisverkehr wieder rechts. Sie überqueren einen Nebenbach am Place du Hangoldbach und erreichen eine Straßenkreuzung.

↳ Rechts führt eine Brücke über den Hangoldbach zum Place de la Mairie 🛏 ✕.

Montenach 🛏 ✕ ☕

🛏 ✕ **Hôtel Au Val Sierckois**, 3 Place de la Mairie, 57480 Montenach, ☏ 03 82 83 85 20, ✉ info@restaurant-val-sierckois.com, 💻 www.val-sierckois.com, 4 DZ, Etagenbad, ÜF auf Anfrage, D, 🚪 Mo Abend u. Di sowie von 15:00-18:00 geschlossen, ➲ 50 m

♦ **Auberge de la Klauss**, 1 Route de Kirschnaumen, 57480 Montenach, ☏ 03 82 83 72 38, 💻 www.auberge-de-la-klauss.com, Luxushotel mit Restaurant und Bar, ÜF DZ zwischen € 250 und € 700, ➲ 380 m, für die allermeisten Wanderer ist die aufgeführte Unterkunft sicher indiskutabel. Aufgeführt habe ich sie dennoch, da sie vom Weg schon von Weitem zu sehen ist und Sie so nicht lange grübeln müssen, ob das evtl. eine infrage kommende Unterkunft wäre.

Montenach – Sainte-Marguerite, Monneren 9 km

Zur Fortsetzung des Weges überqueren Sie den Hangoldbach nicht, sondern gehen geradeaus am Bach entlang.

Schon fast am Ende des Dorfes führt Ihr Weg rechts über den Bach und steigt nun steiler bergan. Am Waldrand fächert sich der Weg auf. Sie nehmen den ganz rechts, zur D956 hinaufführenden und überqueren diese geradeaus. An der nächsten Gabelung laufen Sie weiter geradeaus und noch bergauf, dann stetig leicht bergab. Linker

Hand liegt das Örtchen Kaltweiler. An der Wegkreuzung gehen Sie geradeaus neben der Baumreihe weiter bergab. Sie überqueren eine weitere Straße (D855) und folgen der kleinen D63 geradeaus durch eine Bachsenke nach **Haute Sierck**.

An der Querstraße im Ort biegen Sie rechts ab und nehmen nach 30 m die erste Straße links. Sie führt durch eine Senke zum Maison Forestière (dt. „Forsthaus") de Haute Sierck hinauf. Dort folgen Sie geradeaus dem Schotterweg bald im Forêt Domaniale de Sierck. Nach 1,5 km treffen Sie an einem Waldwegedreieck auf eine moderne Pilgerstele.

Der Pilgerweg führt nun nach links beständig leicht bergauf und erreicht nach weiteren 2,2 km den Waldrand mit der Möglichkeit eines herrlichen Blickes in die Weite des lothringischen Hügellands. Ab hier führt der Weg neben einer Baumreihe bergab und wird zum Teerweg. An einem Kruzifix biegt der Weg nach rechts und erreicht das Straßendorf **Sainte-Marguerite** an der kleinen Kirche. Ab der Straßenkreuzung führt die Rue du Hackenberg weiter geradeaus entlang der Häuser.

Sainte-Marguerite, Monneren B&B ⌘

B&B Isabelle & Gérard Marchetti, 24 Rue du Hackenberg, 57920 Monneren, ☏ 03 82 83 63 57, 06 82 93 52 80, gerardmarchetti@yahoo.fr, 3 Zimmer, ÜF € 45, Abendessen möglich, D, außergewöhnlicher Pilgerstempel für Übernachtungsgäste, bitte spätestens vormittags anmelden, „Pilgerinnen und Pilger zu beherbergen, ist für uns immer ein Fest", sagt Isabelle, ➲ am Weg, am Ende des Dorfes das letzte Haus auf der rechten Seite.

Monique Bidon-Keller, 9 Rue du Hackenberg, 57920 Monneren, ☏ 03 82 82 30 80, 06 70 10 52 41, Ü auf Spendenbasis, D, April-Okt, ➲ am Weg

Ein Bus fährt zweimal am Tag nach Thionville (hier), ☞ Metz.

⌘ Die Rue du Hackenberg in Sainte-Marguerite ist direkt auf das Fort Hackenberg (frz. *Ouvrage du Hackenberg*), eine der größten Bunkeranlagen der Maginot-Linie aus dem Zweiten Weltkrieg, gerichtet. Es ist bei guter Orientierung (oder guter Navigation) möglich, das Fort auf diesem Weg zu erreichen, ➲ 3,3 km. Die Zufahrten und die einfachere Orientierung haben Sie von Veckring aus, das ganz in der Nähe des nächsten Wegabschnitts passiert wird, ☞ Wegbeschreibung. Die Besichtigung der unterirdischen Anlagen mittels Schmalspurbahn ist nur im Rahmen einer 2,5-stündigen Führung möglich.

♦ **Ouvrage du Hackenberg**, 61 Grande Rue, 57920 Veckring, ☏ 03 82 82 30 08, amifort@orange.fr, www.maginot-hackenberg.com, Führungen 1. April-12. Nov tägl. 9:30 u. 14:00, Sa, So u. Fei 14:30 u. 15:30, im Winter Sa, So u. Mi 14:00, deutschsprachige Führungen sind am WE garantiert, in der Woche melden Sie den Bedarf besser rechtzeitig an.

Sainte-Marguerite, Monneren – Kédange-sur-Canner 10,1 km

Folgen Sie der Rue du Hackenberg bis 200 m hinter dem Ortsende und dort links dem ersten Weg in die Felder. Am Ende des Feldweges treffen Sie auf die D60, der Sie rechts bis zum Wald auf der Höhe folgen.

Wer über Veckring die Bunkeranlagen erreichen will, geht hier geradeaus nach Veckring, passiert die Kirche und den kleinen Supermarkt in der Ortsmitte. 600 m weiter biegen Sie rechts in den Feldweg Chemin de Dillingerweg. Der führt an die Route du Hackenberg. 200 m weiter rechts befindet sich der Eingang zum Fort. 2,2 km

Radfahrerinnen und Radfahrer brauchen sich nicht über die teils holperigen und sandigen Waldwege quälen. Sie fahren geradeaus über Veckring in das Tal der Canner hinab und folgen dort links der D2 nach Kédange-sur-Canner.

Der Pilgerweg führt am Waldrand links auf dem Wirtschaftsweg hinauf zum Todtenberg und Kemplicher Berg. Hinter der Stromleitung gehen Sie an der Gabelung links. Der Weg führt an eine Wiese mit einem schönen Blick hinüber zur Kirche von Kemplich. Fast am Ende der Wiese gehen Sie rechts in den Wald hinein. Der Weg führt an der nächsten Gabelung links. Danach nehmen Sie die erste Möglichkeit rechts und laufen auf diesem Weg bis zu einer T-Kreuzung. Dort biegen Sie links ab und passieren zwei Bunker.

Nach 1,2 km auf breitem Weg achten Sie auf den markierten Abzweig links.

Sie verlassen den Wald und gehen rechts am Zaun entlang. Nun passieren Sie einen Gemüsegarten und eine Halle. An der nächsten Wegkreuzung laufen Sie halb rechts auf dem Fußweg weiter, der parallel zur D60A geführt wird. Der Weg mündet in eine Straße, dieser folgen Sie nach links. Sie trifft auf die D60A, auf der Sie geradeaus bergab in die Ortsmitte von Kédange-sur-Canner marschieren. Sie heißt innerorts Rue de l'Église. Am kleinen Brunnenplatz (Place Pierre Barre) zeigt die Markierung links Richtung Feuerwehrhaus (Sapeurs Pompiers) und führt in die Rue Robert Corplet.

Am Brunnenplatz geradeaus gehen Sie weiter zur Hotelbar und dort rechts zum Hotel und zur Kirche gegenüber.

Sie können auch vor der Bar links an die Rue Robert Corplet gelangen und ihr rechts zur Fortsetzung folgen.

Kédange-sur-Canner

Hôtel Restaurant de la Canner, 4 Rue de l'Église, 57920 Kédange-sur-Canner, ☎ 03 82 83 00 25 + 03 82 83 50 32, hotel-canner@wanadoo.fr, www.hotel-canner.com, Ü EZ € 55, DZ € 61, DBZ € 71, VBZ € 87, Frühstück € 9, € 8, , 150 m

schöner Pilgerstempel im Hotel

Siebenmal am Tag fährt ein Bus nach Thionville (), ☞ Metz.

Kédange-sur-Canner – Saint-Hubert 11,1 km

Die Rue Robert Corplet geht in die Rue du Collége über und führt geradeaus an die D918. Ihr folgen Sie links nach **Hombourg-Budange** (viermal am Tag Richtung Thionville/Metz).

Im Ort biegen Sie nach rechts von der D918 auf die D118E (Rue d'Aboncourt) ab, wandern an einem kleinen See vorbei durch die schöne Tallandschaft des Flüsschens Canner, durchqueren **Budange** 🚌 auf der Hauptstraße und erreichen **Aboncourt** 🚌. Hier biegen Sie links von der Hauptstraße ab und gehen in den Ort hinein. An der Kreuzung gehen Sie rechts an der Kirche und der Mairie vorbei und danach wieder links Richtung Forêt communale und Saint-Hubert.

Der Weg führt entlang von Sportplätzen und dann geradeaus auf der Lindenallee durch Siedlungsgebiet zur Höhe und weiter auf der Rue de Neudelange aus dem Ort hinaus. Am Gut **Neudelange** wandern Sie geradeaus auf einem nicht mehr geteerten Feldweg weiter Richtung Saint-Hubert. Sie überqueren die Eisenbahnlinie und erreichen 2 km weiter die D55A, der Sie nach links 200 m zur D52 folgen. Rechts gehen Sie nach Saint-Hubert, das auf einer Anhöhe in einem Nebental der Canner liegt.

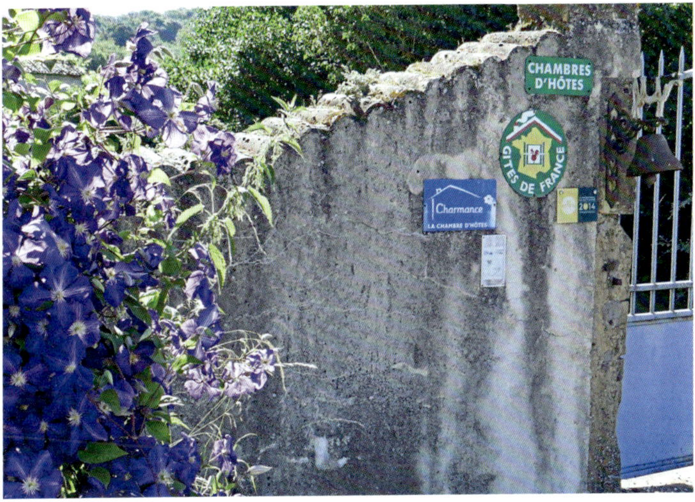

Am B&B in Saint-Hubert

Saint-Hubert B&B ⛺ 💧

B&B **Chambres d'hôtes La Campagne**, Nathalie et Christian Frank, 1B Rue Principale, 57640 Saint-Hubert, ☎ 03 87 77 96 08, 📱 06 76 41 39 70, ✉ frankchristian57@aol.com, 💻 www.lacampagnechambresdhotes.fr, 9 Betten, ÜF EZ € 80, DZ € 90, DBZ € 120, abends Shuttle zum Restaurant im Nachbarort möglich, 🐎, ➲ am Weg, Ortsmitte

⛺ 1,3 km hinter Saint-Hubert befindet sich ein kleiner Campingplatz direkt am Weg, Ü eine Pers. im eigenen Zelt € 5, ☞ Wegbeschreibung.

Was wir aus Deutschland vom Bundeswettbewerb „Unser Dorf hat Zukunft" kennen, hat in Frankreich seine Entsprechung unter dem Begriff „Villes et villages fleuris".

Saint-Hubert ist so ein Ort, der sich mit diesem Label schmücken darf. Zwar spielt der Blumenschmuck eines Dorfes auf dem Weg zum Siegertreppchen eine nicht unerhebliche Rolle, wichtigstes Ziel ist es jedoch, anzuregen, neben dem touristischen Erscheinungsbild die Wohnqualität insgesamt zu verbessern. Das in Saint-Hubert so entstandene, besondere Flair ist bei jedem Schritt zu verspüren. Ein überdachter Dorfplatz und die 💧 Trinkwasser liefernde, historische Brunnenanlage tragen dazu bei.

Saint-Hubert – Vigy 6,6 km

Sie durchwandern den Ort auf der Rue Principale, bis die Straße am Ortsende als D52 nach rechts über den Nebenbach biegt.

Bei großer Eile oder an schlimmen Regentagen könnten Sie auf der D52 nach Vigy wandern, das ist 2 km kürzer.

Auch Radlern empfehle ich diese Strecke entlang der D52.

Der markierte Weg führt hier diesseits des Baches halb links im stillen Tal zunächst auf einem Sträßchen aufwärts, biegt dann aber links in einen parallelen Waldweg. In Höhe der ✞ Kapelle von Rabas überqueren Sie das Sträßchen und den Bach und steigen am Campingplatz vorbei aufwärts in den Wald.

✞ Kapelle zu unserer Lieben Frau von Rabas

Der Legende nach hat Karl der Große diese Kapelle bauen lassen. Er soll an einem drückend heißen Tag mit einer Jagdgesellschaft unterwegs gewesen sein. Bei der Verfolgung eines kapitalen Hirsches im Wald von Saint-Hubert verirrten sich die Jäger mit ihren Hunden. In seiner Sorge, seine Mannen und Hunde könnten nicht mehr aus dem Wald finden und verdursten, gelobte Karl der Große, der heiligen Jungfrau Maria eine Kapelle zu bauen. Unmittelbar danach trat sein Pferd mit dem Huf gegen einen Felsen – und klares, frisches Wasser sprudelte darunter hervor. Alle Jagdgenossen wurden gerettet und Karl der Große löste sein Versprechen ein. Geschichtlich nachweisbar ist ein Oratorium von 806 und eine erste Kapelle soll hier schon 1049 gestanden haben.

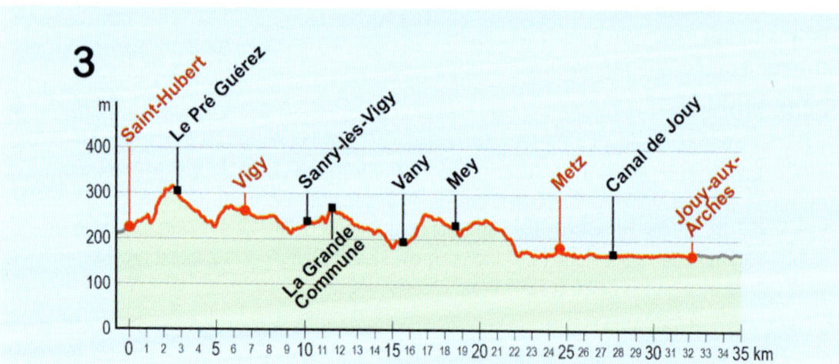

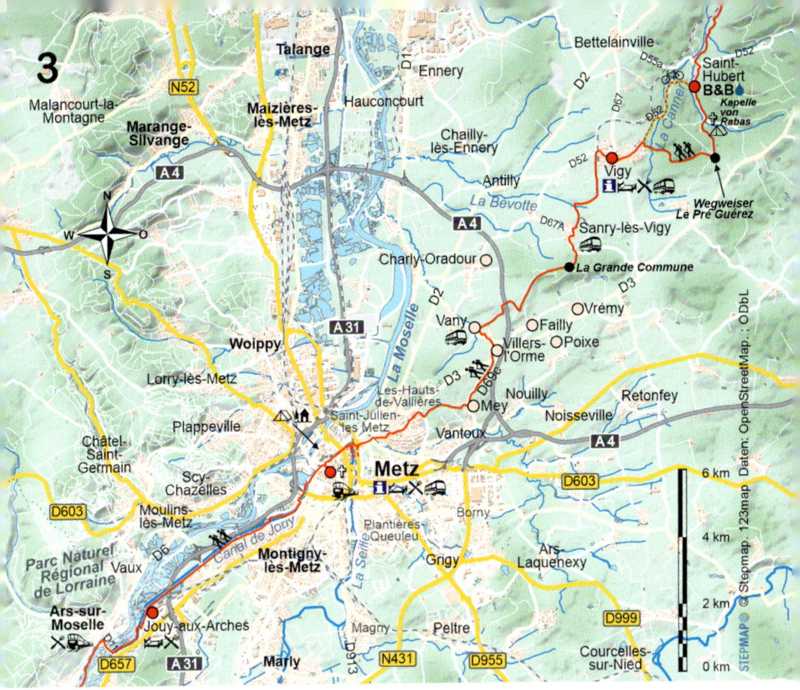

Geteert ist bis zu einem Wohnhaus. Davor biegen Sie links in den Grasweg ein. Der schöne Pfad führt Sie durch besonders schönen Eichen-Hainbuchen-Wald zur Höhe. Hier beginnt ein Forstwald, der vor allem aus Eichen besteht. Am Wegweiser „Le Pré Guérez" biegen Sie im rechten Winkel rechts, bei eindeutiger Markierung Richtung Vigy, in einen nun wieder abwärtsführenden Pfad ab. Achten Sie gut auf die Markierung, denn es führen immer wieder kleine Pfade vom markierten Weg ab. Es geht in das Tal der Canner hinab, die schließlich überschritten wird. Danach folgen Sie einem Forstweg bergauf zur D52.

Hier biegen Sie links ab. Bereits nach 350 m, am Beginn der Siedlungshäuser, kämen Sie links zur Gruppenunterkunft Adeppa (Werbetafel, Wegweiser).

Die Straße (Avenue Charlemagne) führt weitere 750 m durch das etwas trostlos wirkende Siedlungsgebiet an eine Querstraße. Sie gehen rechts und nach wenigen Metern links in die Rue Pasteur. Sie führt in einem Rechtsbogen zum zentralen Kirchplatz mit der Mairie und einem Gasthof am Place de l'Église.

Vigy

Mairie, 4 Place de l'Église, 57640 Vigy, ☎ 03 87 77 91 27, contact@mairie-vigy.fr, mairie-vigy.fr, Mo-Fr 8:30-12:30, zusätzl. Mo u. Mi 13:30-17:30, Do 14:00-18:00, am Weg

🛏 ✕ **Adeppa**, 34 Avenue Charlemagne, 57640 Vigy, ☎ 03 87 77 92 09, ✉ info@adeppa.eu, 💻 adeppa.eu, 180 Betten vorwiegend in 1- bis 3-Bett Zimmern, Ü € 25, F € 5, A € 10, ➲ 170 m, ☞ Wegbeschreibung

⊙ im Gasthof gegenüber der Kirche

🚌 Zweimal am Tag fährt werktags ein Bus nach Metz, ☞ Metz.

⌘ Auf dem alten Bahnhofsgelände stehen noch die Züge, die einst im Cannertal verkehrten. Ein Verein kümmert sich um den Erhalt. Ob und zu welchen Zeiten Nostalgiefahrten im Cannertal stattfinden, erfahren Sie auf der Homepage.

💻 www.alemftrain.fr

Vigy – Metz 18 km

☺ Der Weg ist heute bis zu einem Abzweig bei Failly zusätzlich gelb markiert. Sie stoßen auch auf die Bezeichnungen GR 5F, für den die begleitende weiß-rote Markierung steht.

Hinter dem Gasthof (Café de la Place) biegen Sie links in die Rue du Val de Metz ein. Nach 300 m biegen Sie an einer Einmündung nach links, immer noch auf der Rue du Val de Metz, über die Bahngleise (nun heißt die Straße Rue de la Gare).

Unmittelbar hinter den Gleisen biegen Sie links in einen Feldweg und passieren den Museumsbahnhof. Wenn es geradeaus nicht mehr weitergeht, biegen Sie rechts in den Pfad, der zwischen zwei Hecken hindurchführt. Der Weg führt hinunter zu einem Bach und steigt im Wiesental wieder sanft bergan.

Sie erreichen den Wegweiser **„Sanry-lès-Vigy"** und gehen rechts an den Ortsrand. Hier biegen Sie links in die Rue de l'Église, passieren die Bushaltestelle und die Kirche von **Sanry** 🚌. Hinter der Kirche gehen Sie rechts auf der Rue des Cherbonis weiter. An deren Ende biegen Sie links in die Rue de la Gare. Am Ortsende (nach dem letzten Haus) biegen Sie beim zweiten Weg rechts in den Wald.

Er führt leicht bergauf zu einer Wegkreuzung namens **La Grande Commune**. Sie gehen rechts weiter Richtung Metz. An der Verzweigung neben der alten Eisenbahnbrücke wandern Sie nach links weiter. Der Wald lichtet sich und der Pilgerweg führt parallel zur ehemaligen Bahnstrecke am Feldrand entlang. Nach links haben Sie einen schönen Blick auf die Dörfer Vrémy und Failly.

Der Weg trifft auf einen Querweg. Hier gehen Sie im spitzen Winkel rechts unter der stillgelegten Bahnlinie hindurch und verlassen damit den zusätzlich gelb markierten Weg. Geradeaus laufen Sie durch das offene Feld zur Höhe, biegen nach links und überqueren auf einer Brücke die Autoroute de l'Est (A4).

✋ ➯ Aufgrund des sechsspurigen Ausbaus der A4 ist der Pilgerweg temporär verlegt und führt über eine weiter südlich gelegene Brücke. Sollte der Ausbau und insbesondere die Errichtung neuer Brücken nach Erscheinen des Pilgerführers noch nicht abgeschlossen sein, folgen Sie der Umleitungsempfehlung (Tafel vor Ort) und gehen vor dem Unterqueren des alten Bahntunnels links in das Örtchen Failly und dort rechts über die D3A nach Vany. Der Weg verkürzt sich um 300 m.

Direkt nach der Brücke biegen Sie links ab, laufen zunächst parallel zur Autobahn, dann aber rechts in eine Senke. Geradeaus wandern Sie wieder bergauf nach **Vany** . Im Ort nehmen Sie die erste Straße nach links (Rue Principale), sie führt bergauf und macht eine Linkskurve. Dahinter nehmen Sie die erste Straße rechts (Rue du Clos). An deren Ende biegen Sie links in die D69C ein, verlassen sie aber nach gut 150 m noch vor dem Ortsende nach rechts. Die Rue du Château bringt Sie nach **Villers l'Orme**, einem Siedlungsgebiet oberhalb von Vany. (Kleinbusse fahren etwa stündlich über Vany bis in das Zentrum von Metz. Fahrpläne finden Sie vor Ort am Weg.)

An einer Querstraße folgen Sie rechts der Rue de Notre Dame de la Salette bergauf durch einige Kurven. Sie passieren die **Fatima-Kapelle**.

Hier stand ab dem 15. Jh. eine Kirche, die während der Französischen Revolution aufgegeben und im 19. Jh. wieder aufgebaut wurde. Sie wurde zu einem beliebten Wallfahrtsort für die Verehrung der Notre Dame de La Salette, die ursprünglich im Wallfahrtsort La Salette in den Schweizer Alpen verehrt wurde.

Auf der Höhe (Salette) überqueren Sie die D3 ( ) und folgen geradeaus der D69C bis in das schöne Dorf **Mey**.

Gleich hinter der Kirche gehen Sie rechts über den Place de l'Église hinab zur Mairie und dort halb links in die Sackgasse. Am letzten Haus wird der Weg zum Grasweg. Einen von links kommenden Weg ignorieren Sie und gehen geradeaus auf einem Pfad weiter. Nachdem Sie eine Stromleitung unterquert haben, wird der Weg breiter und führt durch die Felder auf ein Hochhaus zu. Es gehört zu **Les-Hauts-de-Vallières**, einem Vorort von Metz.

Der Weg mündet in eine Wohnstraße mit Wohnblocks (Stadtbushaltestellen). Hier gehen Sie nach rechts am wegweisenden Hochhaus vorbei und dann auf dem Fußweg nach links durch den Park (nicht über den Spielplatz gehen, sondern dahinter in den geteerten Parkweg einbiegen).

Sie überqueren eine Straße, biegen in der nachfolgenden Parkanlage an einer Gabelung halb links ab und erreichen eine Straße, auf der es nach dem Überqueren links weitergeht. An einer Verkehrsinsel biegen Sie halb rechts ein und passieren die Siedlung Rue des Cèdres. An der nächsten Möglichkeit (Kreuzung) biegen Sie rechts in die **Rue de Carrières** ab. An einem Kreisverkehr biegen Sie rechts in die Siedlungsstraße **Rue de Mélèzes** ein, durchwandern eine Linkskurve und biegen an der Gabelung wieder rechts ab (Rue de Terres Rouge). Der Weg ist beständig abwärtsgerichtet und gut markiert. Er durchläuft hier den Vorort **Saint-Julien-lès Metz** und erreicht zuletzt die querende, stark befahrene D1D (BANK).

Sie gehen links und an der nächsten Ampel geradeaus, passieren das Ortsschild von Metz und noch eine Ampelkreuzung. Auch hier gehen Sie geradeaus auf dem Boulevard de Trèves. Vor der nächsten Querstraße halten Sie sich auf der rechten Seite und überqueren die Straße mithilfe der Fußgängerampel. Halb rechts führt Ihr Weg nun in den Uferwald des Flüsschens **Seille**. Eine Tafel informiert über den **Circuit des**

Remparts, einem Spazierweg entlang der alten Stadtbefestigung, mit dem Sie nun gleichauf sind.

Seit Mitte 2023 ist der Weg in den Uferwald gesperrt. Aktuell ist die Umleitung links entlang des Boulevard de Trèves markiert. An der nächsten Möglichkeit biegen Sie rechts davon ab (Richtung Centre Ville), überqueren noch die Seille und biegen dann rechts in den Uferweg ab (links kämen Sie zur Porte des Allemands). An der Porte de la Madeleine treffen Sie wieder an den bisherigen Weg.

Schöner kann man eine Stadt fast nicht betreten. Ihr Weg biegt linksherum an das Ufer der Seille und erreicht eine Holzbrücke. Überqueren Sie hier das Flüsschen und spazieren Sie auf dem Holzsteg zur **Porte de la Madeleine** aus dem 18. Jh.

Wenn Sie hier nach links gehen würden, kämen Sie zur sehenswerten **Porte des Allemands** (dt. „Deutsches Tor", umfangreich erhaltenes mittelalterliches Stadttor an der Straße nach Mainz) und im Weiteren zum Bahnhof.

Ihr Weg führt aber nach rechts weiter, sodass Sie die Hauptmauer auf der linken und eine Vormauer mit Schießscharten auf der rechten Seite haben.

Am **Tour au Diable** aus dem 14. Jh., dem größten Turm der Stadtbefestigung, biegt der Weg nach links an einen Moselarm. Nach etwa 1 km Uferweg entlang der

Porte des Allemands (Deutsches Tor) in Metz, mittelalterliches Stadttor an der Straße nach Mainz

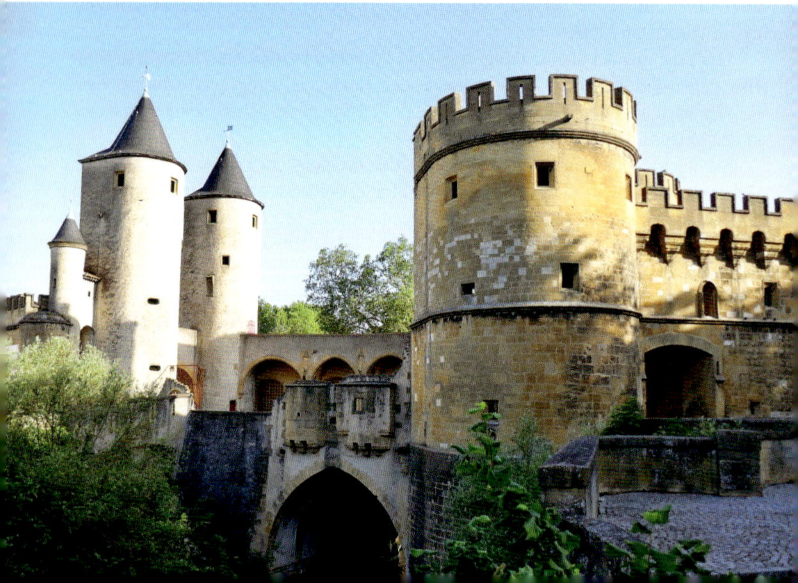

Außenmauer werden Sie ein paar Stufen hinaufgeführt und laufen über die Terrasse eines Restaurants (L'heure de la Pause).

Als Fahrradfahrer müssen Sie schon 100 m vor dem Restaurant nach links abbiegen.

Fußgängerinnen und Fußgänger biegen vom Restaurant links und wieder rechts in die **Rue des Roches** ab. Der nächste Durchgang links führt zur Kathedrale.

Metz

Office de Tourisme de Metz-Cathédrale, Pl d'Armes, 57007 Metz, 03 87 39 00 00, tourisme@inspire-metz.com, www.tourisme-metz.com, April-Sep Mo-Sa 9:00-18:30, So u. Fei 10:00-16:00, Okt-März Mo-Sa 10:00-18:00, So u. Fei 10:00-16:00, 150 m, am Chor der Kathedrale

Hôtel Ibis Cathédrale, 47 Rue Chambière, 57000 Metz, 03 87 31 01 73, H0621@accor.com, www.ibishotel.com, Ü EZ/DZ ab € 75, F € 5,50, 150 m

♦ **Hôtel du Centre**, 14 Rue Dupont des Loges, 57000 Metz, 03 87 36 06 93, 06 69 40 24 94, hotelcentre.metz@gmail.com, www.hotelducentremetz.fr, 15 Zimmer, Ü EZ ab € 67, DZ € 69-79, DBZ ab € 119, F € 9,50, 500 m

♦ **Residhome Metz Lorrain**, 10 Rue Lafayette, 57000 Metz, 08 25 36 34 32, www.residhome.com, EZ/DZ ab € 108, Studio (mit Kochzeile, Besteck, Geschirr, Töpfe), GB, 400 m vom Bf., 1,4 km zum Weg

♦ **Hôtel Bristol**, 7 Rue Lafayette, 57000 Metz, 03 87 66 74 22, www.bristol-metz.fr, Ü EZ/DZ ab € 64, F € 8,50, GB, 1,4 m vom Weg, am Bf.

♦ **Hôtel Moderne**, 1 Rue Lafayette, 57000 Metz, 03 87 66 57 33, hotelmoderne@wanadoo.fr, www.hotel-moderne-metz.fr, ÜF EZ/DZ ab € 65, GB, 1,4 m vom Weg, am Bf.

B&B **Chambres d'hôtes sur péniche**, Péniche Alclair, Allée Saint Symphorien, 57000 Metz, 06 10 45 02 16, penichemetz@gmail.com, www.chambrespenichemetz.com, 2 Zimmer, ÜF EZ ab € 75, DZ ab € 85, DBZ € 110, Übernachtung auf einem Hausboot, etwas GB, am Weg, 1,8 km zum Zentrum

Auberge de Jeunesse de Metz, 1 Allée de Metz Plage, 57000 Metz, 03 87 30 44 02, contact@ajmetz.fr, www.ajmetz.fr, ÜF ab € 24,40, 7:30-10:00 und 17:00-22:00, 700 m

♦ **Auberge de Jeunesse d'Association Carrefour**, 6 Rue Marchant, 57000 Metz, 03 87 75 07 26, contact@carrefourmetz.fr, www.carrefour-metz.asso.fr, 34 Betten, ÜF ab € 24,50, D, GB, 250 m

Camping Municipal de Metz-Plage, Allée de Metz-Plage, 57000 Metz, 03 87 68 26 48, campingmetz@mairie-metz.fr, metz.fr/lieux/lieu-1941.php, an der Jugendherberge und direkt an der Mosel, U Zelt € 4,90, p. P. € 4,90, € 0,60, D, GB, Mitte April Mitte Okt (kann variieren), 700 m

Pilgerstempel in der Kathedrale am Infoschalter

www.fluo.eu

Nah- und Fernverkehrsbahnhof, Metz ist TGV-Haltepunkt an der europäischen Magistrale Paris – Straßburg – Mannheim – Budapest, differenziertes Nahverkehrsnetz im Moseltal (Richtung Nancy mit Umstieg nach Toul), Direktverbindungen nach Luxemburg

☺ Ende August feiert Metz das neuntägige Mirabellenfest (Fete de la Mirabelles) mit großer Spezialitätenmesse, Tanz, Gedichtwettbewerben, Blumenkorso, Feuerwerk und Wahl der Mirabellenkönigin. Die in Metz aus einem Zufallssämling gezüchtete Mirabelle verbreitete sich aufgrund ihrer guten Eigenschaften im südlichen Mitteleuropa und ist Bestandteil vieler Speisekarten vor Ort. Achten Sie auf diese regionale Spezialität. Übrigens hat auch das benachbarte Nancy einer Sorte mit großer Verbreitung ihren Namen gegeben.

✞ Kathedrale Saint Étienne

Die Kathedrale Saint Étienne (Stephansdom) ist eine der größten gotischen Kirchen Frankreichs und heute Bischofskirche des Bistums Metz. Ein dem heiligen Stephan (☞ S. 99, Stephansdom Toul) geweihter Gebetssaal soll 451 bei der Plünderung der Stadt durch die Hunnen unversehrt geblieben sein. Dieser Gebetssaal wurde zu einer romanischen Basilika umgebaut, die 1040 geweiht wurde, und zwischen 1220 und 1520 errichtete man die heutige gotische Kirche. Jakobus kann zweimal besucht werden: im Westfenster und im Westportal (mit Schwert und sechs Muscheln auf der Tasche).

Die typischen gotischen Stilelemente kann man in der Kathedrale gut besichtigen. Da ist das Kreuzrippengewölbe zu nennen, das es ermöglicht, die Seitenwände weniger dick und wuchtig auszuführen. Die Wände können so mit großen Fenstern versehen werden, die die Kirche hell und lichtdurchflutet erscheinen lassen. Saint Étienne hat fast 6.500 m² Fensterfläche, so viel wie keine andere gotische Kirche in Frankreich, was ihr den Beinamen „Laterne Gottes" einbrachte. Ein sehr sehenswerter Teil davon wurde 1968 von Marc Chagall (1887-1985) gestaltet.

Ein weiteres gotisches Element ist der Lettner, der in den meisten Kirchen im Laufe der Zeit aber wieder entfernt wurde. Im Mittelalter tobte in den Kirchen mitunter das Leben, da wurde gelacht, getratscht, gehandelt und getändelt. Daher wurde der sakrale Raum häufig durch eine Barriere aus Holz oder Stein, durch den Lettner, vom allgemeinen Getümmel abgetrennt.

Die Kathedrale von Metz ist nicht nur bedeutendes Zwischenziel der Pilgerinnen und Pilger aus Richtung Schengen. Auch aus der Mitte Deutschlands erreicht ein Pilgerweg über Saarbrücken die Stadt. Aus diesem Anlass wurde in unserer Zeit eine **Jakobsmuschel** im Boden **am Eingang zur Kathedrale** eingelassen. (Beim Verlassen der Kirche rechts direkt am Metallzaun ist sie zu sehen.)

⌘ Sehenswerte Gebäude

Neben der gotischen Kathedrale prägen vor allem einzelne Bauten aus der preußischen Zeit den baulichen Eindruck der Stadt. Sie sind besonders pompös und betont repräsentativ, wilhelminisch, so genannt nach Kaiser Wilhelm II. (1859-1941), der eine Vorliebe für Prunk und Repräsentation hatte. Sehr wilhelminisch ist der **Bahnhof**, erbaut 1905-1908. Gegenüber dem Bahnhof befindet sich die 1911 im selben Stil erbaute **Hauptpost**. Auch das Gebäude der **Handelskammer** (frz. *Chambre de Commerce*, Baujahr 1906) am Place Raymond du Mondon stammt aus dieser Zeit. Das

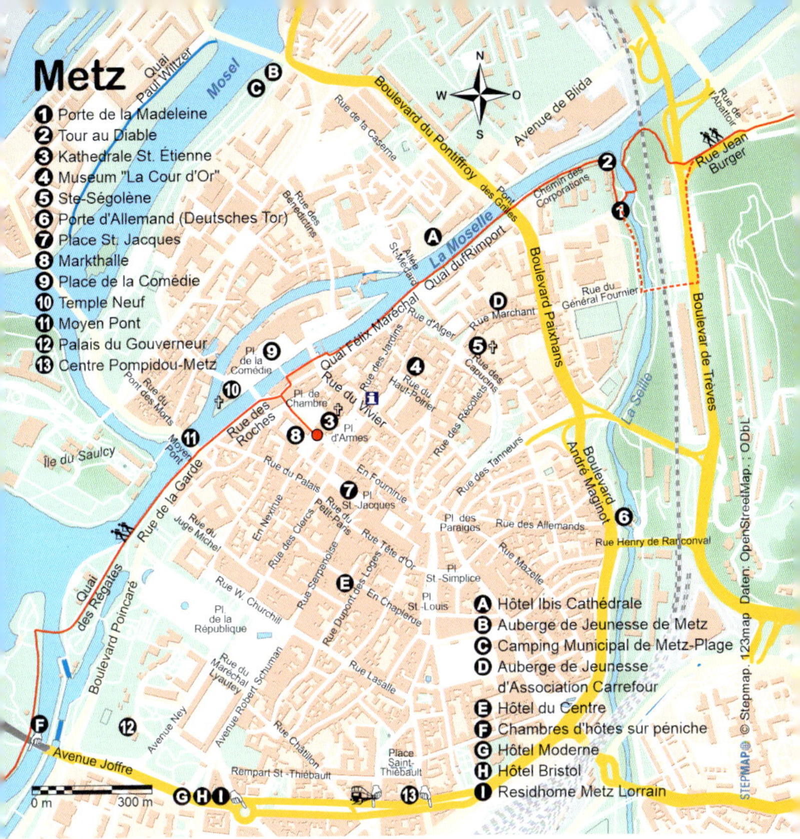

Stadtviertel, in dem sich diese Bauten drängen, heißt folgerichtig auch Quartier Impérial (dt. „Kaiserviertel").

Wenn Sie den Schienenstrang am Bahnhof zum Centre Pompidou-Metz hin in südlicher Richtung unterqueren, schließt sich ein modernes Einkaufs-, Wohn- und Ausgehviertel des 21. Jh. an. Beachtenswert ist die **Rue des Messageries**.

Nördlich des Quartier Impérial breitet sich das alte Stadtzentrum mit seinen kleinen, verwinkelten Straßen und der Kathedrale aus, das etliche Sehenswürdigkeiten zu bieten hat. Nordöstlich der Kathedrale in der Nähe der Touristeninformation liegt z. B. das Musée d'Art et d'Histoire mit einer vielseitigen Ausstellung.

Südlich der Kathedrale liegt der **Place Saint Jacques**, auf dem Sie ein lebenslustiges Gemurmel und ein Gewusel von Kaffeetrinkern und Eisessern empfangen. Etwas ruhiger ist es westlich der Kathedrale in der Rue des Roches.

Ebenfalls westlich der Kathedrale auf der Spitze einer kleinen Insel in der Mosel liegt der **Temple Neuf**. Diese Kirche ist im Stil der Neuromanik, einer Stilvariante des Historismus, zwischen 1901 und 1904 erbaut worden. Davor, auf dem Place de la Comédie, spazieren Sie durch einen abwechslungsreichen Sommergarten.

Am südlichen Rand des alten Stadtzentrums wurde zur gleichen Zeit das **Palais du Gouverneur** erbaut, das aber im Gegensatz zum Temple Neuf Stilelemente der Renaissance aufnimmt (Neurenaissance).

⌘ La Cour d'Or, Musée d'Art et d'Histoire

♦ 2 Rue du Haut Poirier, 57000 Metz, ☏ 03 87 20 13 20, musee.metzmetropole.fr/de, tägl. außer Di 9:00-12:30 u. 13:45-17:00

⌘ Centre Pompidou-Metz

Während das La Cour d'Or weit in die Historie zurückblickt, widmet sich das Centre Pompidou-Metz der Aufgabe, die Kunst der Moderne mit wechselnden Veranstaltungen und Ausstellungen zu vermitteln. Die Namensgleichheit mit dem berühmten Centre Pompidou in Paris ist kein Zufall, sondern ein erster Schritt zur Dezentralisierung der nationalen Kulturinstitution und als Schwesterinstitution zu verstehen.

♦ 1 Parvis des Droits-de-l'Homme (hinter dem Bf.), 57000 Metz, ☏ 03 87 15 39 39, contact@centrepompidou-metz.fr, www.centrepompidou-metz.fr, April-Okt Mo, Mi, Do 10:00-18:00, Fr-So 10:00-19:00, im Winter tägl. außer Di 10:00-18:00

Wenn man wie hier beschrieben nach Metz hineinspaziert und ebenfalls so schön an Kanälen entlang wieder hinaus, merkt man gar nicht, dass Metz neben aller Beschaulichkeit und touristischen Anziehungskraft eine wirtschaftlich aktive Stadt ist. Sie liegt verkehrsgünstig an großen Straßen- und Eisenbahnlinien und besitzt einen großen Binnenhafen. Nebenbei ist sie Hauptstadt des Département Moselle und Universitätsstadt.

Die Römer eroberten 52 v. Chr. eine Siedlung des Keltenstammes Mediomatricum und diese Siedlung entwickelte sich zu einer der größten Städte Galliens. Im 2. Jh. hatte sie unter dem Namen Divodurum 40.000 Einwohnerinnen und Einwohner. Metz wurde von den Hunnen überrannt, fiel wieder an die Franken, wurde Lothringen zugeschlagen, kam ins Ostfrankenreich, gehörte zu Frankreich, dann zu Preußen und fiel nach dem Ersten Weltkrieg an Frankreich zurück.

Metz war lange Zeit eine freie Reichsstadt mit einem Bischof als formalem Oberhaupt (☞ S. 101, Historie Toul), bis es 1552 vom französischen König Heinrich II. (1519-1559) eingenommen wurde – die Stadt hätte sich ja sonst dem bösen Widersacher Karl V. (1500-1558) und dem Heiligen Römischen Reich zuwenden können! Seit dieser Zeit ist Metz überwiegend französisch.

Der Drache von Metz

Der Legende nach hauste der fürchterliche Drache Graouilly lange Zeit in den Ruinen des Amphitheaters von Metz. Der heilige Klemens (3. Jh.) war bei Dienstantritt als erster Bischof von Metz nicht bereit, dieses Ungeheuer sowie die Schlangen in seinem

Gefolge in seiner Stadt zu dulden. Er band seinen Schal um den Hals des Drachens und führte ihn zum Ufer der Seille. Der Drachen und alle Schlangen versanken in den Fluten und wurden nie mehr gesehen. Die Legende gilt als Allegorie für den Sieg des Christentums über die Heiden. Am Marienportal des Stephansdoms befindet sich eine Statue des Heiligen mit dem Drachen, der ihm zu Füßen liegt.

Metz – Jouy-aux-Arches 7,6 km

☺ Die folgenden 77 km zwischen Metz und Toul bleibt Ihr Weg im oder in der Nähe des Moseltals. Fast alle Orte im Tal haben einen Bf. mit Anschluss im Taktverkehr (Stundentakt oder dichter). So haben Sie auch die Möglichkeit, mit nur kleinem Gepäck Tagestouren von einem oder auch zwei festen Standorten aus zu machen. Durch die Buchung mehrerer Nächte z. B. in Metz hätten Sie mehr Zeit für die vielen sehenswerten Plätze und zudem sind die Übernachtungsplätze unterwegs ziemlich rar. Zu beachten ist: Die Züge fahren alle Richtung Nancy, weichen also in Frouard vom Moseltal ab. Es gibt Expresszüge, die nur in Pagny-sur-Moselle, Pont-a-Mousson und manchmal auch an den Umstiegsbahnhöfen (nach Toul) Fruoard oder Champigneulles halten, und solche mit Halt auch in den übrigen Bahnhöfen. Details finden Sie in der App der Deutschen Bahn AG oder über 💻 www.bahn.de.

Zur Fortsetzung gehen Sie von der Kathedrale zurück zur Rue des Roches. Die führt Sie links wieder an das Ufer des Moselarms zurück. Durch schöne Grün- und Sportanlagen schlendern Sie im Moseltal südwärts. Die Mosel bildet hier keinen klar begrenzten Flusslauf. Sie erscheint in Strom und Nebenströme, Totarme und Wasserlöcher und den sich daraus ergebenden Inseln und Halbinseln aufgefächert. Das in vielen Abschnitten idyllisch und naturbelassen wirkende Gelände steht aber auch im engen Kontrast zur intensiven, industriellen Nutzung insbesondere durch die Verkehrswege, aber auch durch Industrie und Gewerbe. Am Jachthafen, hier verbindet sich der Moselarm mit einer sich weitenden Wasserfläche, gabelt sich der Weg. Sie nehmen den linken, der in direkter Linie durch eine Allee von Spitzahorn an eine Fußgängerbrücke führt. Sie überqueren hier den Moselarm und wandern links die Promenade Hildegard weiter.

✋ Hier biegen Sie auch von der roten Markierung des GR 5, die rechtsherum führt, ab.

Das Moselwasser, das hier als Bras-Mort (dt. „Totarm") bezeichnet wird, haben Sie nun zur Linken. Mit dem Parkweg unterqueren Sie eine Brücke, zur nächsten steigen Sie aber hoch. Sie überqueren den Totarm und die schmale Insel und steigen dann links, etwa nach zwei Dritteln der Brücke, zum schmalen historischen **Canal de Jouy** hinunter und folgen rechts dem Uferweg. Die Markierung besteht nun aus zwei übereinanderliegenden, waagerechten gelben Strichen und gehört zum Fernweg Metz – Nancy. Viele Hausboote liegen am Kanal. Einige bieten Chambres d'hôtes.

An der nächsten Brücke wechseln Sie die Kanalseite und folgen weiter dem Uferweg. (Den Kanal haben Sie nun rechter Hand.) Erst begleitet Sie noch Siedlungsgebiet, dann wandern Sie durch dichte Ufervegetation.

Nach knapp 4 km unterqueren Sie die Autobahn (A31).

Etwa 800 m weiter könnten Sie über einen Abzweig links unter den Bahngleisen hindurch in das Gewerbegebiet Acti-sud in Jouy-aux-Arches gelangen. Dort befinden sich Einkaufsmöglichkeiten, Restaurants, Hotels sowie das riesige Shoppingcenter Waves. Das Gelände ist allerdings für den Autofahrer und nicht für den Fußpilger konzipiert. So empfiehlt es sich vielleicht nur im Notfall, dorthin abzubiegen.

Jouy-aux-Arches

BANK

B&B Hôtel, Rue en Machotte, 57130 Jouy-aux-Arches, Parc d'activités Acti-sud, Lotissement Saint-Jean, 08 92 70 75 38, bb_0362@hotelbb.com, www.hotel-bb.com/de, Ü EZ/DZ ab € 49, 400 m

♦ **Hôtel Campanile**, Lieu-dit La Polka zone, 57130 Jouy-aux-Arches, Acti-sud Saint-Jean, 03 87 38 39 69, metz.jouyauxarches@campanile.fr, www.campanile.com, Ü EZ/DZ ab € 85, 400 m

Jouy-aux-Arches – Ancy-sur-Moselle 5,4 km

Sie unterqueren mit dem Kanal die Eisenbahngleise und erreichen Pferdesportanlagen zur Linken und den westlichen Bereich des Gewerbegebiets.

Hier haben Sie über Trampelpfade eine weitere Zugangsmöglichkeit zu den eben erwähnten Hotels, 400 m.

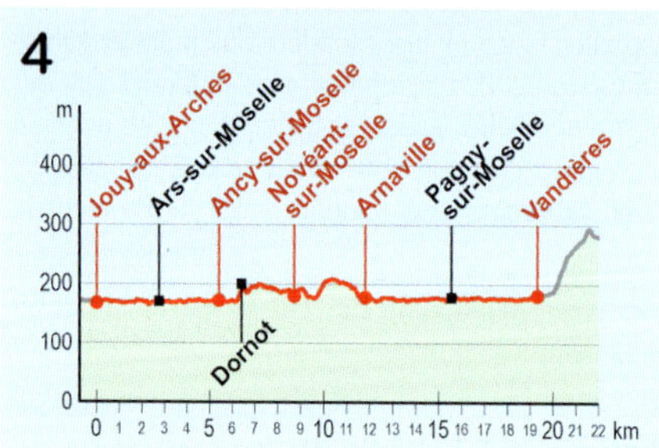

Kurz danach weisen die Wegweiser des Fernwegs Metz – Nancy nach rechts. Sie überqueren den Kanal auf einer mit Stahlgittern belegten Brücke. Hinter der Brücke geht es gleich wieder nach links. Nach 1,3 km erreichen Sie den Hauptstrom der Mosel an einem Sperrwerk, das zur Stromgewinnung errichtet wurde. Sie überqueren den hier zweiarmigen Fluss auf der D11. Nach der zweiten Brücke biegen Sie rechts in die Rue du Dr. Schweitzer ab und gehen vor den Bahngleisen links unter der Brücke hindurch.

Gleich hinter den Gleisen liegt **Ars-sur-Moselle** BANK. Wenn Sie dort zum Bf. wollen (180 m), bleiben Sie auf der D11 und überqueren auch noch die Gleisanlagen und gehen danach rechts. Die Versorgungseinrichtungen des Dorfes befinden sich etwa 300 m weiter nordwestlich des Bf. in einem kleinen Zentrum.

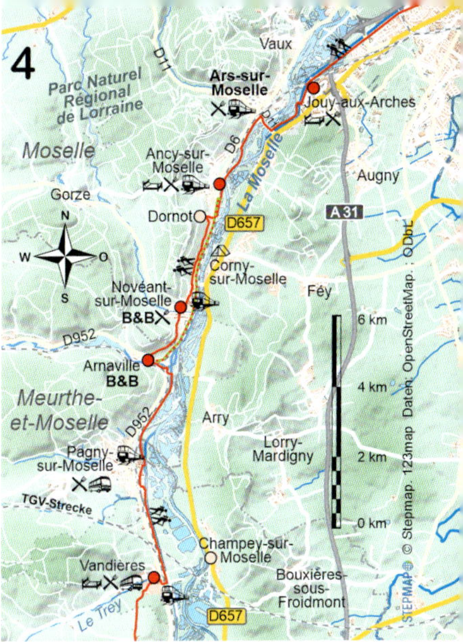

Die Bahngleise liegen jetzt rechts von Ihnen. Nach 1,1 km passieren Sie einen Schrott- und Ablageplatz. Hier weicht Ihr Weg links einem Totarm aus. Danach biegen Sie wieder rechts auf den Damm, der sich zwischen Totarm und Mosel gebildet hat. (Ein rechts zum Wasserloch führender Weg wird ignoriert.) Sie werden wieder an die Bahnstrecke geleitet und passieren den Bahnhof von **Ancy-sur-Moselle**. Hier gibt es einen Zugang zum Bahnsteig und zur Gleisüberführung. Zum Ortszentrum mit dem Lebensmittelladen sind es 400 m (am Kreisverkehr vor dem Bahnhof geradeaus). Falls Sie zur Unterkunft wollen, bleiben Sie noch auf dem Weg. 600 m weiter erreichen Sie Sportanlagen.

Hier gibt es eine Unterführung, durch die Sie die jenseits verlaufende D6 erreichen. Zur Unterkunft gehen Sie geradeaus darüber hinweg und laufen die Rue de la Croix Rouge bis zum Straßendreieck. Rechter Hand befindet sich dort die kleine Ferienwohnung, ➲ 350 m.

Auch Radfahrerinnen und Radfahrer nutzen diesen Tunnel und biegen danach links in die D6 ein. Auf ihr fahren Sie bis Arnaville, biegen dort links in die D952 und sind wieder auf dem Weg.

Ancy-sur-Moselle

Gîte Le Canardeau, 15 Rue de la Croix Rouge, 57130 Ancy-Dornot, 07 71 05 76 47, gite.le.canardeau@gmail.com, www.hdmedia.fr/visite-virtuelle/hd/cbpQepGw8-gite-le-canardeau-ancy-dornot-57.html, Ü EZ/DZ € 50, , wird auch für eine Nacht vermietet.

Ancy-sur-Moselle – Novéant-sur-Moselle 3,3 km

Der Pilgerweg führt weiter geradeaus, an einem offenbar nicht mehr benutzten Sportlerhaus vorbei. Danach laufen Sie an einem Angelsee mit Lagerplätzen und Ruhebänken entlang (Baden verboten) und erreichen eine Brücke über die Gleisanlagen. Diese benutzen Sie zur Überquerung der Schienen, gehen dahinter 50 m links entlang der Straße und dann rechts nach **Dornot** hinauf.

Gegenüber der Kirche biegen Sie nach links in die Rue de Gauvaines ein. Am letzten Haus beginnt ein fußfreundlicher Hangweg mit immer wieder schönen Blicken in das Moseltal. Nach 2,3 km erreichen Sie Novéant über die Rue André Bellard. An deren Ende (Querstraße) gehen Sie rechts in Richtung Zentrum weiter.

↳ Zur Übernachtung oder zum Bf. biegen Sie links ab, gehen an der Talstraße links, um zum Bf. zu kommen (➲ 240 m), und rechts zu einem B&B (➲ 50 m).

Novéant-sur-Moselle B&B

B&B **Chambres d'hôtes Les Châtaigniers**, 49 Rue Foch, 57680 Novéant-sur-Moselle, 07 78 39 43 87, elisa.bitton@orange.fr, leschataigniers-noveant.eatbu.com, 2 Zimmer, ÜF EZ € 60, DZ € 75, DBZ € 95, VBZ €105, GB, D, E, Pilgerinnen und Pilger empfehlen diese Unterkunft, ➲ 100 m

Camping Le Paquis, 57680 Corny-Sur-Moselle, 07 67 59 05 55, www.campingcorny.com, Preise auf Anfrage, 1. Mai-Mitte Sep, ➲ 1,7 km, bei Novéant den Fluss überqueren und dann links am Fluss entlanglaufen

☞ Metz

Novéant-sur-Moselle – Arnaville 3,1 km

Von der Rue André Bellard gehen Sie also nach rechts durch die Rue de la Chavée, die in die Rue de l'Église übergeht, auf der Sie an der Kirche vorbeikommen. Sie gehen bergab, überqueren die Hauptstraße und biegen an der Rue des Berceaux nach rechts ab. Sie passieren rechter Hand das Rathaus und gehen über eine kleine Steinbrücke. Es geht auf der Rue de la Halle weiter, die in die Grande Rue mündet. Auf dieser gehen Sie 10 m nach rechts und dann nach links in die Rue du Godmay Richtung Arnaville. Das Sträßchen führt wieder auf einen Feldweg und aus dem Dorf hinaus.

Auf einem für Fußgängerinnen und Fußgänger sehr schönen Weg pilgern Sie hangparallel durch Weingärten und erreichen **Arnaville** an der Kirche. Von der Kirche aus wandern Sie bergab bis auf die Hauptstraße, dort ein kurzes Stück nach rechts und dann gleich links durch einen Durchgang, ein paar Stufen hinunter und über einen Grasweg zum Flüsschen Rupt de Mad. Nach Überquerung des Flüsschens wandern Sie nach links auf einem asphaltierten Weg geradeaus bis zur D952 (Ꝁ). Sie gehen hier rechts unter der Eisenbahnbrücke hindurch. Gleich nach dem eben durchlaufenen Bahntunnel befindet sich ein B&B am Weg.

Arnaville B&B

B&B **Chambres d'hôtes Valérie Schienhinski**, 23 Rue de Pagny sur Moselle, 54530 Arnaville, 06 76 23 99 35, lafraiziere@gmail.com, lafraiziere.fr, ÜF EZ/DZ € 109, DBZ € 129, VBZ € 149,

Mit dem Örtchen Arnaville haben Sie das Département Moselle verlassen und die erste Gemeinde im Département 54 Meurthe-et-Moselle (dt. „Mörthe und Mosel") erreicht. Nach dem Deutsch-Französischen Krieg von 1870/71 war Arnaville ein

Grenzort zwischen Deutschland und Frankreich und die heutige Grenze zwischen den beiden Départements entspricht der ehemaligen deutsch-französischen Grenze. Hauptort von Meurthe-et-Moselle ist Nancy.

Arnaville – Vandières 7,5 km

Nach 300 m biegen Sie links in den Teerweg Richtung Les Jardins d'Arnaville ab. Dieser führt an Gärten vorbei und unterquert die Hauptstrecke der Bahn im Moseltal. Danach biegen Sie rechts in den Schotterweg. Sie folgen dem Weg linksherum und überqueren einen Moselkanal. Dahinter geht es rechts am Wasser entlang. Nach 100 m wenden Sie sich nach halb rechts vom Weg herunter auf den begleitenden Damm. Der Kanalweg ist sehr idyllisch und schön, für Fahrradfahrer allerdings ein wenig holperig.

↳ Nach 1,7 km treffen Sie auf einen Querweg, der rechts über den Gleiskörper führt. Die Schranke ist immer geschlossen und öffnet nur auf Anruf. Wenn Sie es besonders eilig haben, um einen Zug zu erreichen, könnten Sie hier über die Schienen zur Talstraße gehen und dort links Richtung Pagny-sur-Moselle wandern. Nach 740 m biegen Sie halb links (gegen die Einbahnstraße) in die Rue de la Fédération ab und gehen am Ende wieder links bis zum Parkplatz vor dem Bahnhof.

Ihr Weg führt nach dem Querweg weitere 1,2 km am Kanal entlang. Dabei treffen Sie auf eine schleusenähnliche Einrichtung. Es ist eine Wasserentnahmestelle. Der natürliche Höhenunterschied von Moselkanal und Mosel wird seit 1890 für die Stromgewinnung genutzt und hat so die Voraussetzung für die Ansiedlung von Industrie geschaffen. Die großen Hallen einer ehemaligen Glühlampenproduktion haben Sie zur Rechten.

Ab hier ist geteert und wenig weiter überqueren Sie den Kanal.

↳ Die nächste Straße rechts führt zum Bf. (➲ 550 m) von **Pagny-sur-Moselle** ✗ 🛒 ⌂ BANK 🚌 🚆. Im Ort an der Hauptstraße finden Sie 🛒 Einkaufsmöglichkeiten und ein ✗ Restaurant, ➲ 0,7-1 km.

Der Pilgerweg führt weiter geradeaus entlang der Rue Jean Bouin und in der Verlängerung entlang des Chemin de la Maladrie. Kurz bevor die Straße in einer Rechtskurve über die Eisenbahnlinie führt, biegen Sie nach links ab.

↳ Falls Sie einkaufen möchten, könnten Sie einen relativ nah am Weg liegenden 🛒 Supermarkt erreichen (🚪 8:00-20:00). In dem Fall folgen Sie der Rechtskurve über die Gleisanlage hinüber zu einem Kreisverkehr und gehen dort geradeaus weiter, ➲ 400 m.

Vor dem modernen Gebäude „Centre de Secours" gehen Sie links an den Kanal und folgen dort rechts dem Radweg.

Nach 1,7 km unterqueren Sie eine Brücke der TGV-Strecke Paris – Straßburg und 700 m weiter eine einfache Straßenbrücke. Nach weiteren 270 m, am 🚆 Bf. von Vandières, biegen Sie rechts über die Schienen der Moselstrecke, gehen geradeaus an die Ortsdurchgangsstraße (D952) und dort rechts. Bereits nach 100 m biegt Ihr Weg links in die Rue Saint-Jean.

Zum Hotel sind es geradeaus noch 100 m.

Vandières

B&B

Auberge des Voyageurs, 46 Rue Charles de Gaulle, 54121 Vandières, 03 83 82 41 33, contact@auberge-desvoyageurs54.fr, auberge-desvoyageurs54.fr, 8 Zimmer, Ü EZ/DZ € 72, , 100 m vom Weg an der D952

B&B **Chambres d'hôtes**, Émilie une Nuit, 15 Rue Saint-Jean, 54121 Vandières, 06 82 60 04 95 u. 06 45 58 98 50, www.emilieunenuit.com, ÜF EZ € 69, DZ € 84, am Weg

Pont-à-Mousson

Metz

Vandières – Liverdun 29,7 km

Nach 350 m biegen Sie halb links in die Rue de Piémont. Es schließt sich ein mit feinem Schotter belegter Weg an, der schnell an Höhe gewinnt und einen wunderbaren Überblick auf den zuletzt zurückgelegten Talabschnitt ermöglicht. Auf der Höhe beginnt das Dorf **Norroy-lès-Pont-à-Mousson**. Sie gehen geradeaus und abwärts bis an die querende Rue Alphonse Dozard (Pont-à-Mousson.)

Variante: Die hier kurz umrissene Variante ist nicht Teil des Pilgerwegs. Sie ergab sich ausschließlich aus meinem persönlichen Interesse an steinzeitlichen Steinsetzungen, die in Mitteleuropa häufig, in Lothringen aber nur vereinzelt zu finden sind. Dabei ist die Historie des **Menhir la Pierre au Jô**, der 1,3 km oberhalb von Norroy in der Nähe des Sportplatzes im Wald steht, nicht einmal geklärt. Es handelt sich dabei um einen 2,5 m hohen, aufrecht stehenden, quaderförmigen Kalkstein, dessen Seiten exakt an den vier Himmelsrichtungen ausgerichtet sind und somit eventuell einen Hinweis auf seine ursprüngliche Verwendung als Wegweiserstein geben. Der Menhir ist als *monument historique* eingestuft.

Wer sich diesen Stein ansehen will, braucht bei gutem Orientierungssinn nicht wieder nach Norroy abzusteigen, sondern kann auch über die Höhe zur **Nécropole Natio-**

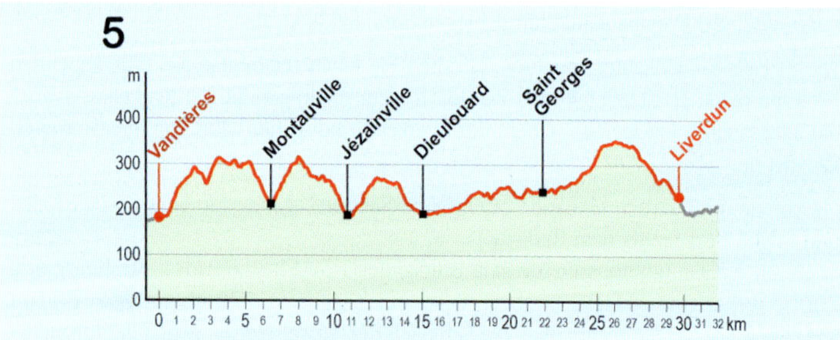

nale du Pétant (Nationalfriedhof) und nach Montauville gelangen. Diese Variante ist 2,6 km länger, spart aber den Abstecher, den Sie sonst (bei Interesse) zur Nekropole hätten.

Gehen Sie hier an der Querstraße rechts die Rue de la Taie bis zum Stadion hinauf, geradeaus daran vorbei und dahinter links in den Wanderweg 5 (gelbe Markierung). Der biegt an der Stadionecke rechts ab und erreicht den Menhir an einem angelegten ⩚ Rastplatz. Folgen Sie dem Pfad weitere 600 m, treffen Sie auf einen breiten Querweg, gehen 100 m nach links und biegen danach links in südliche Richtung. Diesem Weg folgen Sie nun immer geradeaus, ignorieren dabei einen rechts abgehenden, dann zwei jeweils spitzwinklig rechts und links abgehende Wege, überschreiten eine Kreuzung und kommen nach 1,6 km an einen Querweg (breiter Forstweg). Hier gehen Sie rechts und 50 m weiter wieder links in den anfangs etwas undeutlichen Pfad, der Sie nach weiteren 1,5 km an eine Straße führt. Ab hier ist der Weg zur Nekropole ausgeschildert. Sie gehen 50 m geradeaus und dann 150 m rechts zum oberen Zugang. Über das Friedhofsgelände schlendern Sie bis an die Straße D958 und gehen links nach Montauville.

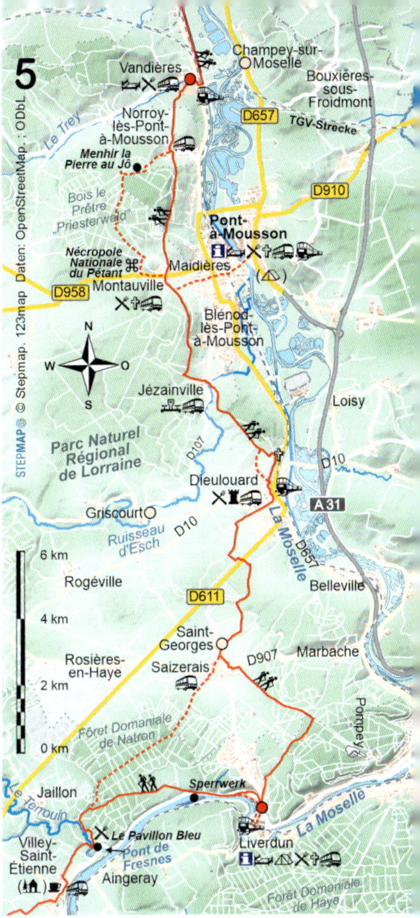

Der Pilgerweg führt nach links und dann gleich wieder nach rechts in die Rue du Bois le Prêtre (dt. „Straße zum Priesterwald"). In der Folge wandern Sie auf einem Waldweg bergauf. Von rechts hinten kommt ein Weg dazu und danach treffen Sie auf eine Weggabelung, an der links und rechts Bäume mit der Nummer 22 markiert sind. Gehen Sie nach links leicht bergab weiter durch einen schönen Buchenhochwald mit viel Efeu.

Rechts taucht ein altes, verfallenes Haus auf, Sie gehen geradeaus weiter und nicht links bergab. Dann erreichen Sie eine Siedlung, der Weg wird besser und Sie gehen immer noch geradeaus und nicht bergab. Nach links unten haben Sie einen wunderschönen Blick auf Pont-à-Mousson.

Es kommen ein paar Pferdestallruinen auf der rechten Seite und 100 m danach eine Kreuzung und auch hier geht es geradeaus weiter. Bei den ersten Häusern von Montauville ist der Weg wieder asphaltiert. Sie passieren linker Hand einen kleinen Friedhof, gehen in die Rue du Bois le Prêtre hinein und sehen schon die Kirche von **Montauville** ✕ 🍷 ⛲ ✝ 🚌 (☞ Pont-à-Mousson), zu der Sie der Weg führt.

⌘ Schlacht im Priesterwald bei Montauville

In der Nähe von Montauville befinden sich das Croix des Carmes und der Soldatenfriedhof Nécropole Nationale du Pétant. Sie erinnern an die schweren Kämpfe im Priesterwald (frz. *Bois le Prêtre*) während des Ersten Weltkrieges. In einer Verlautbarung des Großen Hauptquartiers hieß es am 20. April 1915:

„Weder Tag noch Nacht verstummt der Geschützdonner vollständig; stellenweise steigert sich das Feuer der schweren Artillerie zu größter Heftigkeit. Die Nahkampfmittel: Minenwerfer, Handgranaten und Sprengminen betätigen sich und das Feuer der Infanterie und der Maschinengewehre verlöscht nie ganz. (...)

Ein Vorstoß im Priesterwalde setzte in derselben Nacht unsere Truppen in Besitz eines Teiles der französischen Hauptstellung, die hier mit einem stark ausgebauten Stützpunkt gegen unsere vordersten Gräben vorspringt. Der jetzt mit diesem Erfolg eingeleitete Nahkampf im westlichen Priesterwalde dauerte die folgenden Tage und Nächte ohne Unterbrechung an. (...) In den Vormittagsstunden des 19. gelang es hier unseren Truppen, zwei Blockhäuser und die anschließenden Grabenstücke in die Luft

Église St.-Martin in Pont-à-Mousson

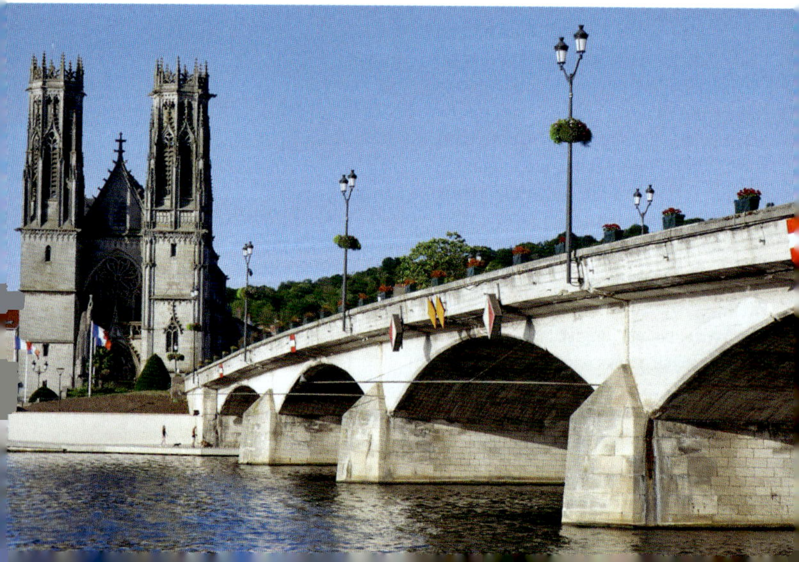

zu sprengen, wodurch unsere Stellung weiter vorgeschoben werden konnte. Hierbei erlitten die Franzosen nicht unbeträchtliche Verluste ...“

Auch der Bericht der Obersten Heeresleitung vom 20. April bezieht sich unter der Überschrift „Eine französische Hauptstellung am Croix des Carmes genommen“ auf den Priesterwald. Bilder aus diesen Tagen zeigen einen Wald, der wie von einem Orkan verwüstet ist. Noch heute findet man im Priesterwald alte Stellungen und Bäume, die von Kugeln und Granatsplittern zersiebt sind.

↳ Zum Soldatenfriedhof, der Nécropole Nationale du Pétant, gelangen Sie, wenn Sie der Hauptstraße nach rechts 800 m folgen und dann rechts die beschilderte Einfahrt nehmen. Die in drei Stufen, zu jeweils zwei Gruppen, sorgsam aufgestellten, mit Namen versehenen Kreuze aus Gussstein ziehen sich wie aufgestellte Bataillone den steilen Hang hinauf. Die Installation übt eine gewisse Faszination auf den Betrachter aus und ist durchaus sehenswert, ⇔ 2,4 km.

↳ Fußläufig nur 2,3 km (bis zum Bf.) von Montauville entfernt liegt Pont-à-Mousson als Hauptort der Region in nur geringer Entfernung vom Weg. Je nach Ihrer Planung kann er als Übernachtungsort bedeutsam werden. Zu erreichen ist er aufgrund der guten Busanbindung (☞ Pont-à-Mousson, von Montauville fährt die Linie 3 außer sonntags etwa stündlich). Falls Sie zu Fuß dort hinwollen, könnten Sie an der Hauptstraße nach links gehen, das ist die D958, und ihr über Maidières nach **Pont-à-Mousson** folgen. Etwas verkehrsärmer wäre die weiter unten in der Wegbeschreibung erwähnte Variante.

Pont-à-Mousson i 🛏 B&B (⛺) ✕ ☕ 🍷 🛒 ⚕ BANK ✆ ✝ ⌘ 🚌 🚆

i **Office de Tourisme**, 52 Place Duroc, 54700 Pont-à-Mousson, ☎ 03 83 81 06 90, ✉ tourisme@bassin-pont-a-mousson.fr, 💻 bassindepontamousson.fr, 🚪 Mo 13:30-18:00, Di-Sa 9:00-12:00 u. 13:30-18:00

🛏 **Bagatelle Hôtel**, 47/49 Rue Gambetta, 54700 Pont-à-Mousson, ☎ 03 83 81 03 64, ✉ contact@bagatelle-hotel.com, 💻 www.bagatelle-hotel.com, 19 Zimmer, Ü EZ ab € 56, DZ ab € 65, DBZ ab € 75, günstige 4- und 5-Bett-Zimmer, F € 9,90, 🐕, 🗂, ➲ 1 km vom Bf. jenseits (rechts) der Mosel

♦ **Hôtel Abbaye des Prémontrés**, 9 Rue Saint Martin, 54700 Pont-à-Mousson, ☎ 03 83 81 10 32, ✉ accueil@abbayepremontres.com, 💻 www.abbaye-premontres.com, jenseits (rechts) der Mosel, 139 Betten, Ü EZ/DZ ab € 110, F € 14, 🐕 € 10, 🗂, GB, Hotelgäste haben freien Eintritt zur Abtei und zur Ausstellung, ➲ vom Bahnhof 1,1 km

B&B **Chambre d'hôtes Véronique Gury**, 11 Rue Kennedy, 54700 Pont-à-Mousson, 📱 06 83 29 92 39, ✉ plvuinerbnb54@gmail.com, 💻 www.chambre-hotes-pontamousson.fr, 2 Zimmer mit Gemeinschaftsbad/Toilette, ÜF EZ € 40, DZ € 45, DBZ € 65, VBZ € 80, GB, Pilgerinnen und Pilger sind gern gesehene Gäste, ➲ 150 m hinter dem Bf.

(⛺) Aire de Camping Cars Port de Plaisance Michael Roth, Allée de l'Espace Saint Martin, 54700 Pont-à-Mousson, ☎ 03 83 83 53 52, 📱 06 07 59 73 15, ✉ capitainerie@ville-pont-a-mousson.fr, 💻 ville-pont-a-mousson.fr. Direkt am Jachthafen von Pont-à-Mousson gibt es einen größeren Wohnmobilstellplatz. Hier können Wanderer nach Voranmeldung mindestens einem Tag zuvor ihr Zelt aufstellen. Kosten: € 6 bei einer Person, Ankunft zwischen 13:00 und 17:00, Sanitäranlagen werden um 20:00 verschlossen. Der Platz liegt auf der jenseitigen Moselseite. Überqueren Sie die Brücke am Kloster und wenden Sie sich nach rechts. ➲ vom Zentrum 950 m

Innerhalb des Gemeindeverbunds von Pont-à-Mousson gibt es ein Netz von Kleinbuslinien, das es auch Pilgerinnen und Pilgern ermöglicht, von mehreren Orten am Weg zur Übernachtung nach Pont-à-Mousson zu gelangen. Fahrpläne und einen Liniennetzplan finden Sie außer an den Haltestellen unter www.reseaulebus.com.

☞ Metz

Abbaye des Prémontrés. Kernstück dieser Abtei sind das Kloster mit seinem Kreuzgang und die Abteikirche Sainte Marie Majeure. Umfangreiche Sanierungsmaßnahmen haben die Abtei zu einem beliebten Hotel und Tagungszentrum mit 71 Zimmern und 30 Tagungsräumen gemacht.

♦ www.abbaye-premontres.com, Besichtigungen tägl.10:00-18:00

⌘ Bemerkenswert ist der **Place Duroc** mit seinen Arkadenhäusern im Renaissancestil und dem Haus der Sieben Sünden. Das Stadtbild wird von der gotischen Kirche Saint Martin auf der rechten Moselseite dominiert. Ein besonderer Schatz in Saint Laurent ist der das Kreuz tragende Christus des Bildhauers Ligier Richier (1500-1567), einem Schüler von Michelangelo.

Pont-à-Mousson ist eine kleine Stadt, die sich zu beiden Seiten der Mosel ausbreitet. 1572 wurde hier die erste Universität Lothringens gegründet. Die Bewohnerinnen und Bewohner sind stolz auf die dynamische und moderne Wirtschaft der Stadt mit ihren rund 50 mittelständischen Unternehmen. Der Verband der Stahl- und Eisenindustrie Lothringens und die Hochofengesellschaft von Pont-à-Mousson haben z. B. den Wiederaufbau der sehenswerten Prämonstratenserabtei, die im Zweiten Weltkrieg sehr stark zerstört worden war, entscheidend gefördert.

Pont-à-Mousson ist überall zu finden

Wenn Sie während Ihrer langen Wandertage vielleicht einmal den Kopf hängen lassen, werden Ihnen auf den Kanaldeckeln die Buchstaben „PAM" auffallen. Sie stehen für Pont-à-Mousson. Die in diesem Städtchen angefertigten Kanaldeckel werden in ganz Europa eingesetzt.

Sie gehen geradeaus über die Hauptstraße hinweg und rechts an der Kirche vorbei durch die Rue de la Solle. An der Querstraße gehen Sie links und gleich wieder rechts in die Rue de la Fontaine. Bereits nach 20 m biegen Sie von der Siedlungsstraße nach links in den Feldweg ab. An der Gabelung am Waldrand geht es links weiter.

Der anfangs leicht steigende Weg überquert eine Straße (↬ die links mit den roten Markierungen des GR 5F nach Pont-à-Mousson führt, ➲ 1,8 km) und wird dann zum bequemen Waldweg im Hang. Der Weg ist nun wieder als GR 5F und E2 rot markiert, trägt aber auch weiter die gelbe Markierung des Fernwanderwegs Metz – Nancy.

Nach 2,7 km fällt der Weg ab zu einem Querweg. Hier gehen Sie links aus dem Wald hinaus und erreichen eine gefasste 💧 Quelle mit einem Wegkreuz. Bei dem herrlich kühlen und klaren Wasser handelt es sich um eine nicht kontrollierte Qualität. Die Behörden bezeichnen es der Einfachheit halber als „eau non potable". Mir ist es ausgezeichnet bekommen. Wenig weiter beginnt der schöne Ort **Jezainville** (☞ Pont-à-Mousson).

Sie gehen geradeaus bis zur querenden Hauptstraße und dort rechts zur Kirche. Gegenüber befindet sich das Gebäude der Mairie. Gleich danach laufen Sie links den Gang hinunter an die Rue de Saule. Dort befindet sich ein Parkplatz mit Bushaltestelle und Informationstafel zu den Wanderwegen. Sie gehen rechts und wieder links auf einer Steinbrücke über den Ruisseau d'Esch. Vergessen Sie nicht, einen Blick in das glasklare Wasser zu werfen. Nahezu immer können die munteren Bachfische in allen Größen beobachtet werden.

Hinter der Brücke wandern Sie gleich rechts auf der Route de Dieulouard den Berg hinauf, an der Gabelung halten Sie sich links und gehen schließlich hangparallel weiter. Sie erreichen den Wald und gehen mit einem schönen Ausblick am Waldrand entlang durch eine Linkskurve. Sie kommen zu einem Wasserspeicher und zu Infoschildern, die die **Pelouse calcaire de Pontances** (dt. „Kalkmagerrasen von Pontances") erklären. Durch Beweidung mit Schafen auf einem ehemaligen Weinberg konnte sich hier eine artenreiche Flora und Fauna entwickeln.

Nach 1,6 km erreichen Sie eine Abzweigung. Gehen Sie geradeaus auf die Stromleitung zu. Das Sträßchen biegt 200 m weiter rechtsherum.

↳ Sie könnten ihm nach Dieulouard folgen. Das entspricht einer älteren Wegführung und auch dem Fernweg Metz – Nancy (300 m kürzer).

Seit aber die Chapelle Notre-Dame-des-Airs frisch renoviert ist (2023), biegt der Pilgerweg hier links ab, erreicht einen Querweg, an dem es noch einmal nach links geht. 200 m weiter biegen Sie dann nach rechts ab und erreichen die aussichtsreich, hoch über dem Moseltal gelegene und von reichlich Picknickplätzen gesäumte Kapelle. Sie folgen dem Hangweg bis an die Rue de Hamonvaux in Dieulouard.

↳ Wenn Sie einkaufen oder Bus und Bahn erreichen wollen, gehen Sie halb links und im Weiteren geradeaus an die Hauptstraße und dort links.

Der Pilgerweg führt hier kurz links und dann rechts durch die Rue Porte Boulet und dann links durch die Rue du Château. Halb links ist dann eine Unterführung mit einem wegweisenden Pilger bemalt. Was Sie nicht sehen, ist der Zugang zum Château und dem Museum, den Sie hier unterqueren. Nach dem Tunnel überqueren Sie die Fahrstraße und gehen zur Kirche hoch (tagsüber geöffnet, ⊙ Pilgerstempel vor dem Abgang zur Krypta).

Dieulouard

✕ **Restaurant La Diligence**, 17 Avenue du Général de Gaulle, 54380 Dieulouard, ☏ 03 83 23 63 81, mittags u. abends geöffnet, Mo u. So abends geschlossen, ➲ 240 m Richtung Bf.

☞ Pont-à-Mousson

☞ Metz
Taxi Océane, ☏ 03 83 23 62 40, 06 74 40 80 68

Schlossmuseum
3. März-3. Nov jeden So 14:00-18:00 (Führungen)

Das recht quirlig wirkende Dieulouard eignet sich besonders gut zur Unterbrechung der Pilgerwanderung, da es erstens einen Bahnanschluss gibt und zweitens zusätzlich häufig Busse nach Pont-à-Mousson fahren. Wer ein Restaurant zur Mittagsverpflegung sucht, wird hier auch fündig.

Sie gehen an der Kirche vorbei und folgen der Rue Saint Laurent geradeaus und am Stoppschild rechts der Rue François Sesment. Die nächste Kreuzung überqueren Sie geradeaus. Vor dem Kreisverkehr gehen Sie mit dem Verlauf der Rue François Sesment rechts und nach 50 m wieder rechts. Am Siedlungsende wird die Straße zum Feldweg und führt geradeaus durch eine weite Feldlandschaft. An einer Gabelung biegen Sie links ab, gehen auf ein einzelnes Haus auf der Höhe zu und biegen nach 100 m wieder rechts ab. Es ist ausgezeichnet markiert.

Stetig bergauf führt der Weg zu einem Wäldchen, am Waldrand gehen Sie links. Kurz vor der Straße nehmen Sie den Pfad nach links durch dichten Wald und zur D611. Dieser folgen Sie 50 m nach links und gehen auf der anderen Straßenseite rechts hinab in den Wald. Unten halten Sie sich links und gehen danach rechts am Waldrand entlang. Am Ende des Feldes wandern Sie rechts in den Wald hinein und an einer kleinen Lichtung mit Kiefern links weiter. Im Wald gehen Sie wieder links, zunächst am Waldrand entlang, dann geradeaus durch die Felder bergauf. Hinter einer Kuppe pilgern Sie rechts auf einen Ort zu. Das ist **Saint Georges**. Sie gehen zunächst geradeaus und dann halb links und an einer Kreuzung noch einmal links auf die Kirche zu. 250 m bevor die Kirche erreicht ist, biegen Sie links in einen Feldweg ein.

☺ Die Jakobusgesellschaft Lothringen schlägt aber auch einen etwas kürzeren (7,5 km) und direkteren Alternativweg zur Strecke über Liverdun vor, der auch mit der Jakobsmuschel markiert ist.

Sie gehen bis direkt vor den Kirchengrund und biegen dort halb rechts in die Rue des Tourtelles ab. 300 m weiter erreichen Sie die querende D907 in **Saizerais** (☞ Pont-à-Mousson). Queren Sie die D907 und laufen Sie auf der Rue des Lilas bis zu deren Ende.

Nun wenden Sie sich nach links, aber nur, um schon nach 30 m rechts in den Chemin de Jaillon einzubiegen. Dieser unbefestigte Weg windet sich durch die Felder zu einem Waldgebiet. Passieren Sie die Schranke und gehen Sie nun 4 km immer geradeaus. Der Forstweg ist gut zu laufen.

Auch an dem Schild „Fôret Domaniale de Natron“ gehen Sie weiter geradeaus, ignorieren also die Markierungen für den Fernwanderweg GR 5/E2. Nach einer Weile knickt der GR 5 an einem Baum (hier ist die Waldparzelle Nr. 38 vermerkt) nach rechts ab, auch hier laufen Sie weiter geradeaus, nun helfen grüne Ringe bei der Orientierung.

Wenn es geradeaus bergab nach „Jaillon 1 h" geht, bleiben Sie links auf dem breiten Forstweg und ignorieren auch den Abzweig nach Jaillon rechts kurz darauf. Sie treffen auf den GR 5F und sind nun gleichauf mit dem Pilgerweg, der aus Liverdun kommt.

Hinter dem Sportplatz folgen Sie der Rue des Coteaux nach rechts und überqueren die D907. An der T-Kreuzung biegen Sie links in die Allée des Charmilles ein und folgen ihr durch eine Rechtskurve. (🚲 Radler müssen hier gegen die Einbahnstraße schieben.)

Am Ende der Allee biegen Sie links ab (Allée des Cornouillers) und passieren einen weiteren Sportplatz. Wenn Sie nun die Zone 30 verlassen, biegen Sie rechts ab und folgen dem Fußweg neben der Straße. Sie unterqueren eine Stromleitung und gehen auf dem Feldweg immer geradeaus. Er taucht in den Wald ein und trifft auf einen breiten Forstweg. Diesem folgen Sie 1,5 km geradeaus bergauf.

✋ An einer großen Bergwiese gibt es eine Kreuzung breiter Wege. Hier trennen Sie sich vom weiter geradeaus über Pompey und Frouard nach Nancy führenden, gelb markierten Fernweg Metz – Nancy und biegen rechts Richtung Liverdun und Toul ab. Neben den durchaus recht verlässlichen Muschelmarkierungen orientieren Sie sich nun in erster Linie an den weiß-roten Markierungen des GR 5F.

Der breite Schotterweg führt rechts an der Ferme du Harras vorbei durch zunehmend offenes Gelände. Weite Blicke sind die Folge. Ein Abzweig links nach Pompey bleibt außer Acht. Etwas weiter teilt sich der Weg in GR 5 (Richtung Cité médiévale (dt. „mittelalterliche Stadt")) und GR 5F (Richtung Gare, dt. „Bahnhof") auf. Sie gehen rechts. Der Weg wird zur Wohnstraße und mündet in die D90B, dieser folgen Sie nach links bergab.

Nach dem B&B Résidence Les Vannes biegen Sie rechts auf der Avenue de la Libération ab und erreichen einem Aussichtspunkt. Hier geht es geradeaus in die Altstadt von Liverdun, zur Fortsetzung aber scharf rechts den Berg hinunter.

Liverdun

B&B BANK

Accueil touristique du Bassin de Pompey, Hôtel de Camilly, 1 Place d'Armes, 54460 Liverdun, ☎ 03 83 24 40 40, tourisme@bassinpompey.fr, tourisme.bassinpompey.fr, Mai-Sep Di-Sa 10:00-12:30 u. 14:00-18:00, So, Mo, Fei 14:00-18:00, Okt-April Di-Sa 14:00-17:00, 300 m, in der Altstadt am Kirchplatz

B&B **Résidence Les Vannes**, Marie Debet et Christian Bourion, 15 Route de Saizerais, 54460 Liverdun, 06 09 02 05 25 u. 07 71 94 21 82, christian.bourion@icn-groupe.fr, www.chambres-hotes.fr → Résidence Les Vannes, 2 Zimmer, 4-5 Pers., Spezialpreis für Pilger und Wanderer: ÜF EZ € 69,50, DZ € 79, die Zimmer haben Aussicht auf die Moselschleife, in der Oberstadt am Weg

♦ **Villa Bel Amour**, 10 Rue Porte Haute, 54460 Liverdun, 07 68 12 57 25, www.villabelamour.fr, 1 Zimmer für 2-3 Pers., ÜF DZ € 80 (3. Pers. € 20), (Table d'hôtes) € 10, € 10, € 10, direkt am Weg, noch vor dem Stadttor und der Oberstadt

Camping des Bucles de la Moselle, Avenue Eugène Lerebourg, 54460 Liverdun, ☎ 03 83 24 43 78, info.campingmoselle@gmail.com, www.lesbouclesdelamoselle.com,

Radfahrerinnen und Radfahrer, Wanderinnen und Wanderer € 10-12 p. P. (inklusive eigenem Zelt), Bungalows für 1 bis 2 Pers., Ü € 23-35 (1. Pers.), € 30-42 (2. Pers.), Preise sind saisonabhängig, immer kommt € 6 Endreinigung pro Bungalow hinzu, Bettwäsche ist inklusive, Mai-Sep, 1 km, hinter dem Bahnhof in der Moselschleife am Ufer, 350 m vom Bf.

Busse fahren nach Saizerais, www.liverdun.fr/Transports.html.

Von Liverdun fahren stündlich Züge Richtung Metz, Nancy und Toul, wobei Toul in nur 10 Min. erreicht wird. So könnten Sie von Liverdun auch nach Toul fahren und dort für zwei Tage eine Unterkunft buchen. Am nächsten Morgen kommen Sie zurück und wandern mit leichtem Gepäck nach Toul. (Alternativ übernachten Sie zweimal in Liverdun.) Sie könnten die gute Anbindung aber auch nutzen, um einen Abend in der sehenswerten und überraschend andersartigen Stadt Nancy zu verbringen (Renaissancestadt und Jugendstilviertel), Fahrtzeit 15 Min.

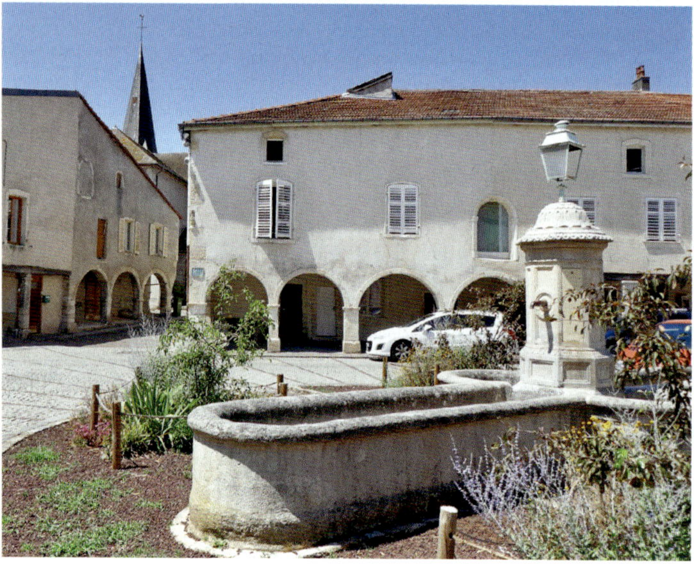

Place de la Fontaine in Liverdun

Liverdun liegt in einer hufeisenförmigen Moselschleife und die Altstadt, an der Pilgerinnen und Pilger Liverdun erreichen, auf einem Hügel 50 Höhenmeter über dem Moseltal. Sie bietet wunderbare Ausblicke, Sie können dort oben übernachten und die Touristinformation und die Altstadt auf einem kurzen Spaziergang besuchen. Sehenswert sind vor allem die Kirche Saint Pierre und der arkadengesäumte Place de la Fontaine. Seit 1850, mit dem Bau der Bahnlinie, hat sich am Moselufer die Unterstadt entwickelt. Hier befinden sich die Einrichtungen des täglichen Bedarfs. Der Pilgerweg führt dort nicht vorbei. Bf., Restaurant, Bar und ein kleiner Supermarkt sind aber als Abstecher zu erreichen, ➲ 400 m.

Liverdun – Toul 21 km

Der Wegweiser zeigt nach Villey-Saint-Étienne. Nach 700 m ist das Tal an einem Straßenabzweig erreicht. Sie gehen 50 m weiter geradeaus und biegen dann links in den Schotterweg Chemin des Jards ab. Er wird zum Grasweg und erreicht 500 m weiter den Radweg im Moseltal.

☺ Wenn Sie Liverdun mit dem Zug erreicht haben, brauchen Sie nicht wieder den steilen Berg zur Altstadt hinauflaufen, sondern folgen vor dem Bf. links der Talstraße. Nach den stillgelegten Fabrikgebäuden biegen Sie links von dem Sträßchen ab und gehen in der Linkskurve rechts entlang des Picknickareals und weiter auf dem Uferweg. Ab der Einmündung in den Pilgerweg ist der Uferweg als Radweg dann geteert.

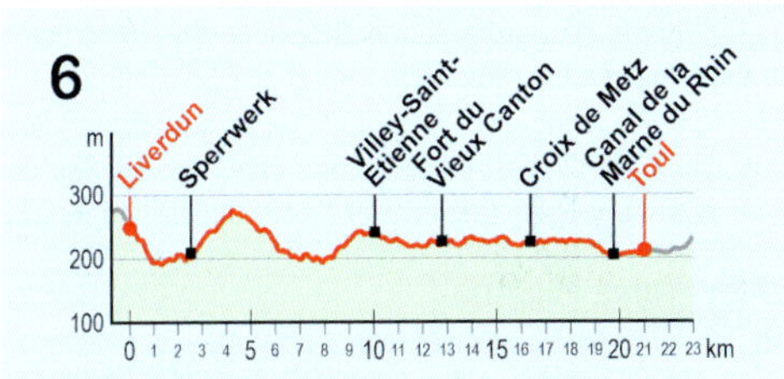

Der Radweg erreicht kurz vor dem Sperrwerk mit Schleuse die Straße, führt ein kleines Stück parallel, aber noch bevor das Sperrwerk ganz erreicht ist, verlassen Sie die Straße und biegen rechts in den Waldweg ein.

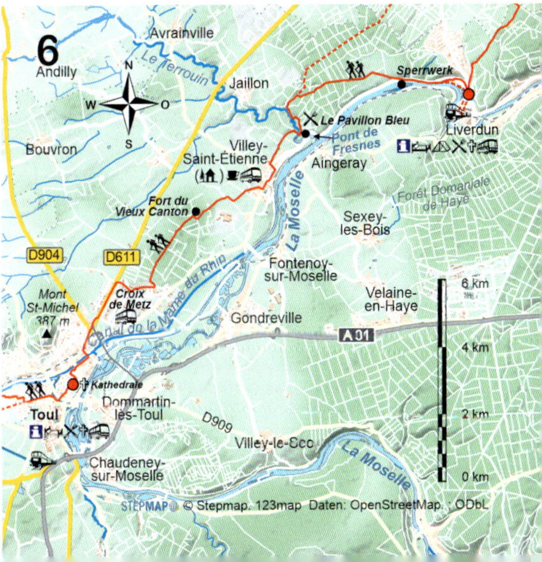

Wandern Sie bergauf bis zu einer Weggabelung und nehmen Sie dort den Grasweg nach links. Er verläuft im weiten Linksbogen durch die Felder. Später führt der Pilgerweg an einer Schranke in den Wald hinein.

An der Forstwegkreuzung gehen Sie geradeaus und nach 200 m an einer Gabelung links vom abwärtsführenden Weg ab. An der nächsten Gabelung halten Sie sich rechts. Der Weg führt bergab zu einer T-Kreuzung, hier nehmen Sie den Weg nach links durch etwas lichteren Wald. (Hier trifft die oben erwähnte Abkürzung von rechts auf den Pilgerweg.) An der nächsten Gabelung bleiben Sie auf Geradeauskurs.

An der nächsten T-Kreuzung gehen Sie links, der Wirtschaftsweg führt neben einem Bach (Le Terrouin) durch grüne Auenlandschaft zu einer weiteren T-Kreuzung. Dort nehmen Sie den rechten Weg. Dann staut sich der Bach vor einer Moselbucht, deren Wasser herüberschimmert. Hier biegt der Pilgerweg (Infotafel) rechts über die Bachbrücke.

Nur 200 m nach links lockt **Le Pavillon Bleu** mit Tretbootverleih an einer besonders bezaubernden Moselbucht namens Pont de Fresnes zu einer Pause (www.lepavillonbleuvilley.com, tägl. ab11:30).

Der breite Weg steigt durch die Felder zur Höhe. Nach einer Linkskurve gehen Sie an der Wegkreuzung geradeaus unter der Stromleitung hindurch an den Ortsrand von Villey-Saint-Étienne. Hier biegen Sie im rechten Winkel links auf den Chemin de Chambray. Am Ende der Straße gehen Sie rechts auf der Rue de Liverdun in das kleine Zentrum von **Villey-Saint-Étienne** mit Dorfbrunnen und Café.

Villey-Saint-Étienne

Mairie de Villey-Saint-Étienne, 31Rue Neuve, 54200 Villey-Saint-Étienne, 03 83 62 97 34, mairie.vse@wanadoo.fr, Mo-Fr 10:00-12:00, Mo zusätzlich 17:00-18:30 u. jeden ersten Sa im Monat 10:00-12:00, die Gemeinde vermittelt eine private Pilgerunterkunft und hat einen besonderen Pilgerstempel, 130 m.

Halb links wandern Sie auf der Rue de Toul aus dem Ort heraus. Hinter der Bushaltestelle gehen Sie rechts in die Rue de Banevaux und folgen der Straße durch einen Linksbogen, sie wird im weiteren Verlauf zum Wirtschaftsweg.

Am Waldrand passieren Sie zwei Bunker und gehen an der folgenden Wegkreuzung geradeaus. Sie passieren nun die Einfahrt zum **Fort du Vieux Canton** (Betreten verboten, das trapezförmige Fort wurde 1906-1909 angelegt und ist eine typische französische Fortanlage des frühen 20. Jh.). An der Infotafel biegen Sie rechts ab und passieren einen weiteren Bunker, direkt dahinter folgen Sie dem Weg nach links. Nun führt der Weg unbeachtet vieler Querwege immer geradeaus durch den Wald.

Nach 2 km erreichen Sie an einer Metallschranke einen breiten Querweg, dem Sie links folgen. Dieser führt Sie aus dem Wald und an einem Pferdezentrum vorbei an eine Straße (Rue Maurice Bokanovski) vor dem Gewerbegebiet **Croix de Metz**.

Sie gehen rechts und nach 760 m an einer Kreuzung wieder rechts entlang der Rue des États-Unis. Sie endet an der D611. Hier wenden Sie sich nun nach links und gehen auf dem Fuß- und Radweg neben der Landstraße für 2,4 km nach Südwesten, zunächst auf der linken, dann auf der rechten Straßenseite.

Ihr Weg führt Sie unter einer Bahnlinie hindurch und unmittelbar dahinter links in die Rue de La Champagne. 200 m weiter überqueren Sie den **Ancien Canal de la Marne du Rhin** (dt. „Rhein-Marne-Kanal"). Danach biegen Sie rechts in den Treidelpfad entlang des Kanals ein. Sie überqueren eine Straße und unterqueren eine Brücke. Sie passieren eine Sporthalle und gehen auf Höhe der nächsten Brücke links über ein Freigelände mit Parkplätzen an eine Straße hinter den Wallanlagen der Stadt Toul.

Eigentlich sollte der Weg in die Stadt nun durch die Porte de Metz, dem einzigen Stadttor von Toul, das bis in unsere Zeit erhalten werden konnte, und über die dazugehörige Zugbrücke führen, doch leider wurde die Anlage durch einen Brand am 30. August 2015 nachhaltig beschädigt, sodass der Fußweg gesperrt werden musste. Laufen Sie also nach rechts zur Straße **Porte de Metz**, auf der es links weitergeht. Sie passieren das Stadttor Porte de Metz linker Hand. Der Durchgang ist dort wegen länger andauernder Bauarbeiten gesperrt. Die Straße Porte de Metz wird nach 100 m zum Quai de la Glacière.

10 m vor Ende der Straße nehmen Sie rechts den Fußweg durch den Park de l'Hôtel de Ville. Schon erreichen Sie das Hauptportal der **Kathedrale**. Das Touristenbüro finden Sie gleich daneben.

Toul

Office de Tourisme, Place Charles de Gaulle, 54200 Toul, ☏ 03 83 64 90 60, contact@lepredenancy.fr, www.lepredenancy.fr/de, Mo-Sa 10:00-12:30 u. 14:00-18:00, So 14:00-18:00, ➲ am Weg

Hôtel de l'Europe, 373 Avenue Victor Hugo, ☏ 03 83 43 00 10, hoteldeleurope.toul@wanadoo.fr, hotel-pas-cher.hotel-europe54.com, Ü EZ/DZ € 92-200, F € 11,50, ō € 10, ➲ 850 m, am Bf.

♦ **ABC Hôtel**, 12 Place des Trois Évêchés, ☏ 03 83 43 04 63, abchotel.toul@wanadoo.fr, www.abchotel-toul.com, Ü EZ/DZ € 55, DBZ/VBZ € 70, F € 7, ➲ am Weg, im Zentrum

♦ **Hôtel La Villa Lorraine**, 15 Rue Gambetta, ☏ 03 83 43 08 95, hotel.villalorraine@wanadoo.fr, www.hotel-villa-lorraine.com, Ü EZ € 59, DZ € 69, VBZ € 99, F € 9,50, GB, E, ➲ 100 m, im Zentrum

www.fluo.eu

Toul hat einen Nahverkehrsbahnhof. Züge fahren Richtung Metz, Nancy und Luxemburg, aber auch nach Süden in Richtung Dijon. Etwa zweistündlich gibt es Direktzüge nach Paris.

Flandrin Lionel, ☏ 03 83 43 11 52, **Laurent Dominique**, Écrouves, ☏ 03 83 43 31 47

Die **Kathedrale Saint Étienne** ist wie die Kathedrale in Metz dem **Heiligen Stephan** gewidmet. Stephan (ca. 1 n. Chr.-36 oder 40 n. Chr.) war einer der sieben Diakone in der Urgemeinde in Jerusalem, die von den Aposteln eingesetzt worden waren, um die Armen zu betreuen und Verwaltungsaufgaben zu übernehmen. Er ist der Erste, der wegen seines christlichen Glaubens getötet wurde; er wird daher als Erzmärtyrer bezeichnet. Stephan wurde aufgrund falscher Zeugenaussagen vor den Hohen Rat zitiert und in seiner Verteidigungsrede sagte er, dass Jesus zur Rechten Gottes stehe. Wegen dieser Aussage wurde er als Gotteslästerer beschimpft und schließlich von der

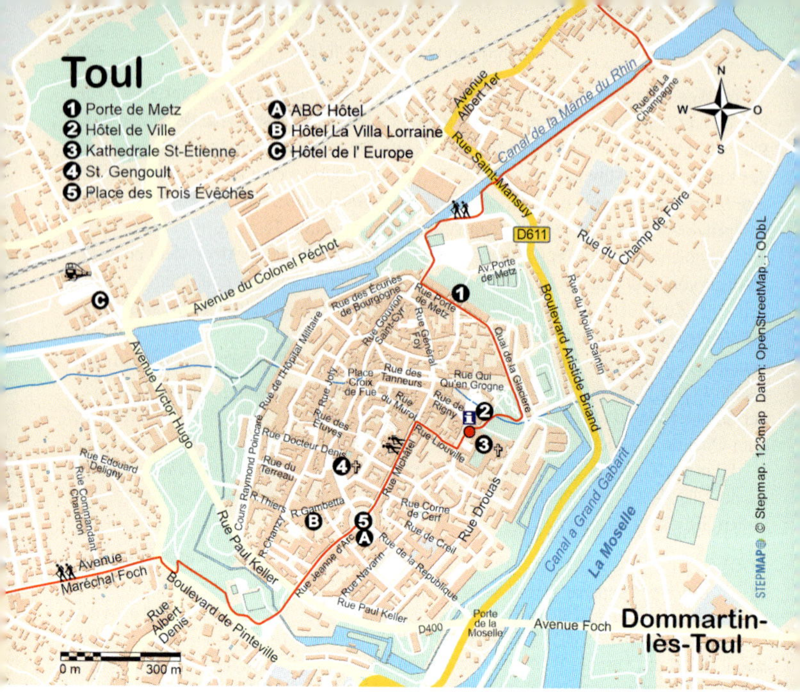

aufgebrachten Menge zu Tode gesteinigt. Der Grundstein der Kathedrale wurde bereits im Jahr 1221 gelegt, doch fertig war der Bau erst 1496. Im 13. Jh. entstanden Chor, Querschiff und die Ostseite des Kreuzgangs, im 14. Jh. der restliche Kreuzgang und ein Teil des Kirchenschiffes, im 15. Jh. schließlich wurden Kirchenschiff und Portal fertiggestellt. Trotz der langen Bauzeit wirkt die Kathedrale sehr einheitlich gotisch. Die reich geschmückte Fassade ist sehr sehenswert. Sehenswert ist auch der Kreuzgang, der mit einer Größe von 54 x 42 m einer der größten in Frankreich sein soll. In der Touristeninformation bekommen Sie eine deutschsprachige Broschüre, die die Kathedrale gut beschreibt.

✝ **Stiftskirche Saint Gengoult**: Die Kirche wurde zwischen dem 13. und 15. Jh. im gotischen Baustil errichtet. Das Besondere an ihr ist, dass sie zum Teil von den Bürgern finanziert wurde. Statt eines gelangweilten „Na und?“ ist hier ein aufmerkendes „Aha!“ angebracht. Denn in der damaligen Zeit war das Stiften von Kirchenbauwerken ein Privileg von Kirche und Adel. Spenden von Bürgern wurden zurückgewiesen. Es hat in dieser Zeit (in anderen Städten) sogar Aufstände von Bürgern gegeben, weil sie ihren Beitrag erzwingen wollten. Der bürgerliche Beitrag zum Kirchenbau in Toul belegt den Stolz und auch eine gewisse Unabhängigkeit der Einwohnerinnen und Einwohner gegenüber dem Bischof.

Die Stadt Toul blickt auf eine bedeutende Vergangenheit zurück: Die Bistümer von Toul, Metz und Verdun bildeten die berühmten **„Drei Bistümer“**, die auf Augenhöhe miteinander als eigenständige Länder auch im weltlichen Recht durch ihre Bischöfe regiert wurden. Heinrich I. (876-936, König des Ostfrankenreiches, der „Vogeler“) hatte ihnen 928, nachdem er Lothringen dem Westfrankenreich abgenommen hatte, in der Charta von Mainz weitgehende Freiheiten gewährt. Der Name des zentralen, kreisrunden Brunnenplatzes, „Place des Trois Évêchés“ (dt. „Platz der Drei Bistümer“), erinnert an diese große Zeit.

Toul – Choloy-Ménillot 7,3 km

Der Weg ist im Folgenden durchgehend mit der roten Markierung des GR 703 und dem bekannten Muschelsymbol gekennzeichnet. Als Zielort wird auf den Wegweisern „Vaucouleurs“ angegeben. Zusätzlich finden Sie auch Hinweise auf den Themenweg Sentier de Jeanne D'Arc, eingerichtet zu Ehren der französischen Nationalheldin, die im deutschen Sprachraum besser als die Jungfrau bzw. Johanna von Orléans bekannt ist.

Am Place Charles de Gaulle vor dem Portal der Kathedrale wenden Sie sich links und laufen dann rechts durch die Rue de Liouville. Am Ende der Straße biegen Sie nach links ab und gehen durch die Rue Michâtel bis zum zentralen Brunnenplatz **Place des Trois Évêchés**.

Überqueren Sie den Platz und folgen Sie der gegenüber beginnenden Rue Jeanne d'Arc bis in die die alte Stadt umgebende Wallanlage. Sie überqueren einen Wassergraben und wenden sich im Park nach rechts. Am Querweg gehen Sie links zur Bushaltestelle am begleitenden Boulevard de Pinteville.

Dem folgen Sie rechts noch 50 m und biegen dann links in die Avenue Maréchal Foch ab (D11B Richtung Choloy-Ménillot). Ohne Lücke in der gefälligen Wohnbebauung geht es weiter in den Ort **Écrouves**.

Nach dem Ortseingang von Écrouves gehen Sie bis zur Apotheke und schauen sich noch einmal um. Ein herrlicher Blick fällt auf die Kathedrale von Toul. Die Sichtachse, die hier durch die Römerstraße aus Reims nach Toul geschaffen war, ist bis heute erhalten. Die kleine Anhöhe, auf der Sie gerade stehen, verschafft die großartige Sicht. 100 m weiter biegen Sie rechts in die **Rue Jean Rostand** ein.

Aber Achtung! Nicht vorher schon an den Containern in die Wohnsiedlung abbiegen!

Alternativroute über Römerstraße

Im Kartenheft der Lothringer Jakobsfreunde wird auch eine Routenvariante über Domgermain, Mont-le-Vignoble, Bulligny und Bagneux an die alte Römerstraße nach Soulosse sous-Saint-Élophe beschrieben.

Diese etwa 14 km kürzere Variante ist eigentlich nur Radfahrern zu empfehlen. Sie führt von Écrouves noch 1,7 km geradeaus an der Kaserne vorbei bis an einen Friedhof und biegt dort links in die D11C nach Domgermain ab. Nach Süden gerichtet bleibt der Weg bis hinter Bulligny auf der D11 und biegt dort links in die D12D ab, die nach Bagneux führt. Hier können Sie nach etwa der Hälfte der insgesamt 41 km langen Strecke übernachten, jedenfalls dann, wenn Sie sich das vorher erwähnte Heft der Jakobusfreunde und damit auch die aktuelle Adressenliste der Unterkünfte auf Spendenbasis, den *accueils jacquaires*, besorgt haben und angemeldet sind.

Hinter Bagneux biegen Sie rechts in die alte Römerstraße und gehen nun etwa 20 km immer geradeaus auf für die Landwirtschaft befestigten Wegen. In Saint-Élophe können Sie übernachten und 1,2 km weiter erreichen Sie in Soulosse-sous-Saint-Élophe die Hauptroute, in die Sie links einbiegen.

Saint-Élophe **B&B ✝**

B&B **Pays de Jeanne**, Chambres d'Hôtes, Marie-Josephe und Jean-Luc Kinzelin, 30 Rue de l'Église, 88630 Soulosse-sous-Saint Élophe, ☏ 03 29 06 98 88, polkakinzelin@orange.fr, www.chambre-hotes-domremy.fr, 8 Betten, ÜF EZ/DZ € 75, DBZ € 100, rustikaler Hof mit hübsch eingerichteten Zimmern und liebenswerter Wirtin, € 10, am Weg

♦ **Catherine et Patrick Roger**, 16 Rue de la Villion, 88630 Soulosse-sous-Saint Élophe, ☏ 03 29 06 93 17, 06 82 77 71 73, nidcosy@orange.fr, nidcosy.wixsite.com/nidcosy, Ü EZ/DZ € 55, F € 6, am Weg

Der kopflose Heilige

Saint Élophe, (dt. „Eliphius von Rampillon"), war ein vermutlich 362 geborener Diakon, der in der Nähe des heutigen Saint-Élophe die „Ungläubigen" zum christlichen Glauben bekehrte. Das musste ihm Ärger mit dem römischen Kaiser einbringen: Saint Élophe war nicht bereit, seinem Glauben abzuschwören, und wurde auf der Stelle enthauptet. Der Legende nach erhob er sich nach der Hinrichtung, nahm seinen Kopf in die Hände und ging damit in Begleitung lobsingender Engel 1.000 Schritte den Berg hinauf zu seiner vorher ausgewählten Grabstätte. Weil auch Köln für sich in Anspruch nahm, Schauplatz dieses Martyriums und Wunders gewesen zu sein, soll der Kopf durch eine Stiftung des Kölner Erzbischofs Brun 959 nach Köln gelangt sein und dort im Kloster Groß Sankt Martin ruhen. Die heutige Kirche Saint Élophe beherbergt also vielleicht nur den kopflosen Körper.

Sie laufen an einer Mauer entlang, bis Sie nach links in einen Schotterweg abbiegen können. Er verläuft weiter neben der Mauer. Wenn diese endet, biegen Sie rechts ab und wandern nach 20 m links hinter den Gärten eines Neubaugebietes aus dem Ort heraus. Linker Hand liegt eine Kaserne.

Die querende D11C überschreiten Sie um 5 m nach rechts versetzt.

Sie laufen nun zunächst parallel zu einer Bahnlinie, dann rechts darunter hindurch und folgen dem Feldweg durch eine Linkskurve. Am Querweg halten Sie sich links und überqueren eine weitere Bahnlinie. Dahinter biegen Sie rechts ab und laufen kurz neben der Bahnlinie her. Dann schwenkt der Weg nach links zur Autoroute N4. Dort

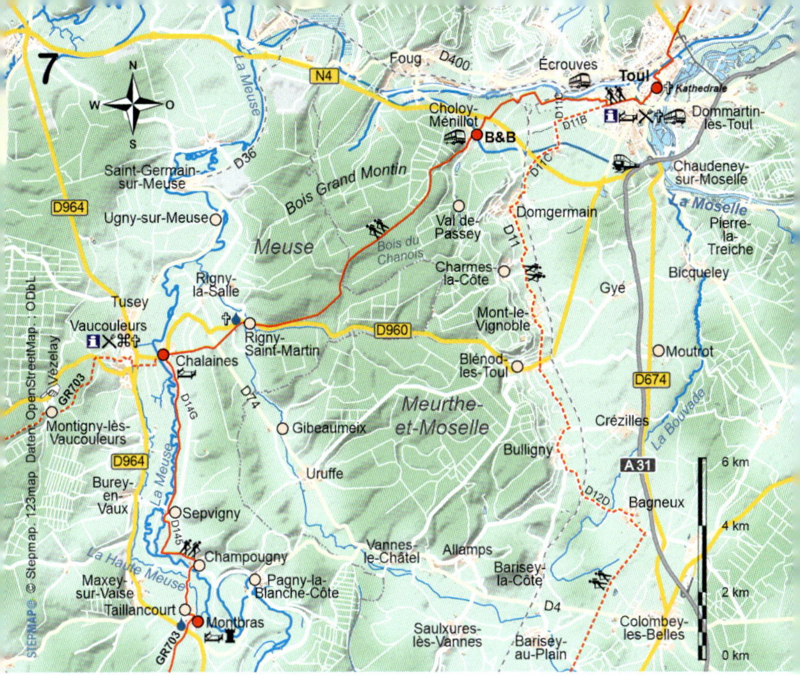

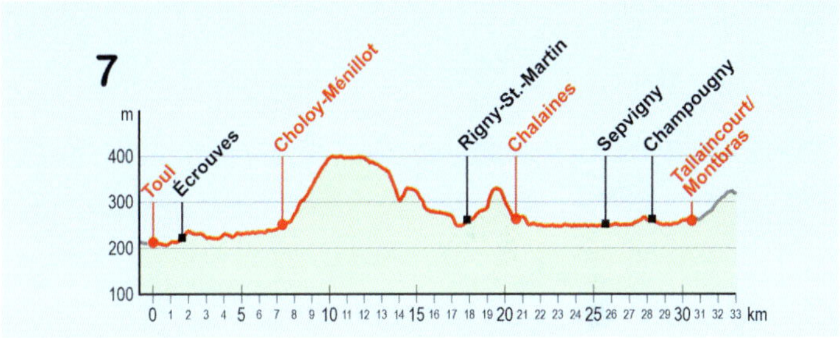

gehen Sie rechts zur Brücke und auf dieser nach links über die Schnellstraße. Nun wandern Sie geradeaus am Feldrand nach **Choloy-Ménillot**.

Choloy-Ménillot

B&B 🚌

B&B **Les Glycines**, 85 Rue de Toul, 54200 Choloy-Ménillot, ☏ 03 83 63 28 82, 📱 06 70 78 45 70, ✉ contact@lesglycines54toul.com, 2 DZ, ÜF EZ/DZ € 70, GB, ➲ 230 m

🚌 Mo-Sa etwa stündlich nach Toul, Voranmeldung spätestens 1 Std. 30 Min. vor Fahrtantritt erforderlich, ☏ 03 83 64 48 48, 💻 www.fluo.eu/de)

Choloy-Ménillot – Chalaines 13,3 km

In Choloy-Ménillot beginnt ein längerer Aufstieg über einen hohen, dicht bewaldeten Bergriegel (Bois Grand Montin). Er führt Sie aus dem Moseltal hinüber in das Tal des Flusses Maas (frz. *La Meuse*). Auf der Höhe überschreiten Sie auch die Grenze der Départements Meurthe-et-Moselle und Meuse (dt. „Maas").

An der Bushaltestelle an der Mairie gehen Sie geradeaus auf der Rue Marcel André zunächst Richtung Val de Passey. Die Straße in das Val de Passey biegt bald links ab, Sie gehen hier aber geradeaus weiter auf dem GR 703 Richtung Vaucouleurs. Abzweigende Wanderwege beachten Sie nicht. An den letzten Häusern wird die Straße zum Schotterweg und führt bergauf in den Wald hinein. Das Vordach einer privaten Hütte linker Hand kann evtl. bei Regen als Schutzdach dienen. An einer Gabelung gehen Sie geradeaus, bleiben also auf dem breiten Forstweg. Er führt teils bequem, mitunter steinig bergauf und macht nach der nächsten Gabelung (links halten!) einen Linksbogen. Auch am folgenden Abzweig bleiben Sie links auf dem breiteren Weg, und zwar unbeachtet aller Seitenwege ganze 5 km lang (Ⱶ Picknickbank kurz nach dem Waldausgang).

Am Ortseingang von **Rigny-Saint-Martin** trifft der Pilgerweg auf die D960 und führt 500 m am Straßenrand entlang. Dann biegen Sie links in die Dorfstraße von Rigny-Saint-Martin ab.

Rundkirche St. Martin in Rigny-Saint-Martin

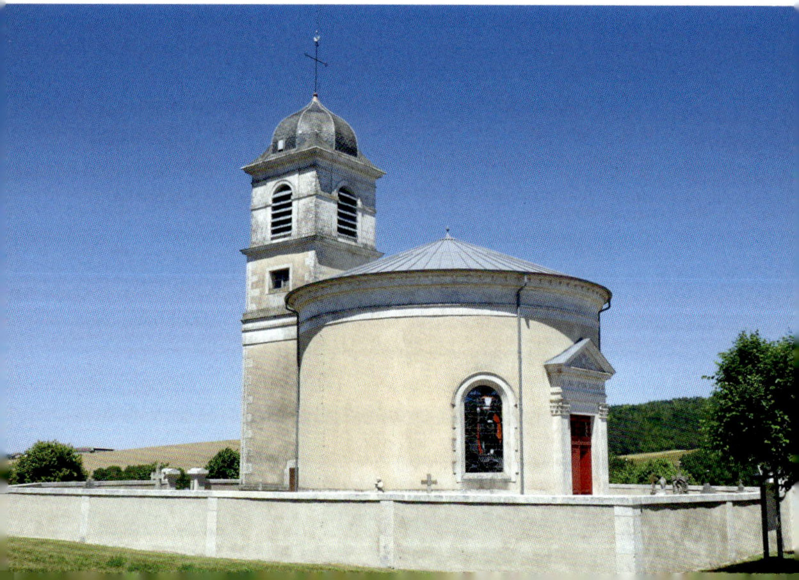

Sie folgen nun der Grande Rue und kommen zur bemerkenswerten ✝ **Rundkirche Saint Martin**. Eines der modernen Fenster zeigt eine Abbildung des Jacobus Maior, ein anderes die des Martin von Tours. Am Eingang links im Kirchhof finden Sie 💧 Trinkwasser.

Geradeaus an dem Kirchlein vorbei wandern Sie wieder bergauf, überqueren eine Straße und folgen dem sich anschließenden Schotterweg bei herrlicher Weitsicht über die Höhe hinweg bis nach Chalaines hinein.

Über die Rue de Rouvau erreichen Sie als fünfte Straße die Straßenkreuzung im Zentrum von Chalaines. Linker Hand, am Beginn der Rue de Château, steht ein Dorfbrunnen von 1856 (Fontaine au Dauphin). Hier links führt auch Ihr Weg Richtung Le Puy weiter.

Chalaines

Ferme Pédagogique de Rouvau, Pascale et Christophe Mangin, 1 Rue du Château, 55140 Chalaines, ☏ 03 29 89 50 29, www.ferme-rouvau.fr, ÜF € 50 p. P., reduzierte Tarife für Pilgerinnen und Pilger, einfache Ausstattung, Milchviehbetrieb und Kindererlebnishof direkt am Weg, Pilgerinnen und Pilger, die hier übernachtet haben, sind begeistert, Verpflegung nach Absprache, am Weg.

Chalaine ist ein hübsches Dorf mit kaum mehr als 300 Einwohnern. Es liegt am rechten Ufer der Maas (frz. *La Meuse*) und ist Scheidepunkt der Pilgerwege. Links über die Rue de Château führt der Weg, der hier beschrieben ist, im Maastal aufwärts über Langre, Dijon und Cluny nach Le Puy-en-Velay. Geradeaus, zunächst entlang der Rue Principale (D960), quert der Weg das Maastal in das jenseits gelegene Städtchen Vaucouleurs, um weiter über Clairvaux, Chablis und Auxerre nach Vézelay zu gelangen. Dieser Weg ist in einem anderen Pilgerführer beschrieben. Zum Einkaufen könnten Sie aber die Maas überqueren und nach Vaucouleurs spazieren.

Deutschland Frankreich: Jakobsweg Trier – Vézelay von Martin Simon & Ingrid Retterath, Conrad Stein Verlag, ISBN 978-3-86686-688-1, € 16,90

Vaucouleurs lässt sich von Chalaines am einfachsten über die D960 erreichen, 1,2 km. Der Pilgerweg bzw. der GR 703 schlägt nach der Maasbrücke noch ein paar Haken und ist etwa 400 m länger.

Vaucouleurs

Mairie de Vaucouleurs, 17 Rue Jeanne d'Arc, 55140 Vaucouleurs, ☏ 03 29 89 43 02, tourisme-cc-cvv.fr, Mo, Mi, Do 10:00-12:00 u. 13:30-17:00, Di 10:00-12:00 u. 13:30-18:30, Fr 10:00-14:00

✝ **L'Église Saint-Laurent de Vaucouleurs.** Die Kirche wurde 1780-1785 erbaut. Eine Seltenheit in der Region ist die komplette Ausmalung der Decke. Beleuchtet wird die Kirche durch großformatige, bunte Fenster, die auch Szenen aus dem Leben der Jeanne d'Arc zeigen.

✞ **Chapelle Castrale.** Von diesem historisch bedeutsamen Ort aus brach Jeanne d'Arc am 23. Februar 1429 durch das Stadttor Porte de France auf, um ihren Auftrag zu erfüllen. Die wieder aufgebaute Kapelle birgt in ihrer von alters her erhaltenen Krypta die Marienstatue Notre Dame des Voûtes, vor der Jeanne d'Arc oft niederkniete und betete. In der Burgkapelle sind moderne, sehenswerte Glasfenster zu bewundern, die vom kurzen Leben der Nationalheldin erzählen. Zur Besichtigung müssen Sie sich im Rathaus anmelden. Es gibt aber auch besondere Events mit Regelöffnungszeiten in der Kapelle. Auch hierzu gibt es Auskunft im Rathaus.

⌘ **Musée Jeanne d'Arc**

♦ Place de l'Hôtel de Ville, 55140 Vaucouleurs, ☏ 03 29 89 51 63, 1. Mai-30. Sep Mo-Sa 10:00-12:00 u. 14:00-18:00, So u. Fei 14:00-18:00, März/April u. Okt/Nov Mo-Fr 9:30-12:00 u. 14:00-18:00, Sa 10:00-12:00

Vaucouleurs ist ein kleines Städtchen mit guter Infrastruktur. Hier finden Sie einen Supermarkt, kleine Läden und Restaurants, aber keine Übernachtungsmöglichkeit mehr. Im Zentrum befindet sich vor dem Rathaus eine Statue der kriegerischen **Jeanne d'Arc**, gleich daneben ein Museum mit einer Vielzahl von Exponaten, die das Leben der Nationalheldin beleuchten. Vaucouleurs, das nur eine Tagesreise (zu Fuß) vom Geburtsort Jeanne d'Arcs entfernt liegt, spielt in der Geschichte der Märtyrerin eine bedeutende Rolle. Sie hielt sich zwischen 1428 und 1429 hier auf und überzeugte den hiesigen Stadtkommandanten von ihrer Mission, bevor sie ihre Reise zum König antrat, ☞ Domrémy-la-Pucelle.

Chalaines – Taillancourt, Abzweig Montbras 9,9 km

Ihr Weg ist in Chalaines auch mit den übereinander angebrachten gelben und roten Balken (Strich) markiert und trägt den Zusatz „GRP au Pay de Jeanne d'Arc". Sie folgen der Rue du Château bis zu einem Frisörgeschäft. Hier biegen Sie rechts in eine Nebenstraße, die am Ortsrand zum Feldweg wird, ab. Sie laufen genau an der Stelle entlang, wo die Getreidefelder der Berghänge die Wiesen des Talbodens berühren. An einer Hofstelle erreichen Sie nach etwa 5 km das Örtchen Sepvigny, folgen geradeaus der D145, biegen aber nach 100 m (in der Linkskurve) rechts wieder davon ab. Der Weg führt am Ortsrand ⩩ entlang geradeaus und dann in eine Linkskurve. Danach nehmen Sie den Abzweig rechts.

Auch dieser Weg biegt nach 1 km linksherum und erreicht dann die D145, auf der es rechts nach **Champougny** weitergeht. Am Ortseingang befindet sich eine ⩩ Picknickbank mit Papierkorb neben einer Kapelle unter einer großen, Schatten spendenden Linde.

Nach der Kirche biegen Sie rechts in die Grande Rue (⩩ überdachte Wartehalle mit Bänken). Ab hier finden Sie auch wieder die weiß-rote Markierung des GR 703 (Sentier de Jeanne D'Arc) am Weg.

☺ ↳ Ein Hinweis rechts zur Mairie führt auch zum Eingang der Kirche, die tagsüber geöffnet ist.

Über die Grande Rue erreichen Sie die Maas an einem weiteren Pausenplatz mit einem ⩩ Picknicktisch unter hohen Weiden direkt vor der Brücke. Sie überqueren den Fluss, kommen an eine Gabelung und folgen links dem Teerweg Richtung Taillancourt.

An der **Moulin Français** überqueren Sie die Haute Meuse, dahinter folgen Sie links dem Teerweg (Chemin des Jardins). Er führt in Bögen nach **Taillancourt**. Am Ortseingangsschild biegen Sie links ab und an der Mairie wieder rechts in die Rue Delle.

↳ Von der Rue Delle zweigt links die Rue de la Fontaine (D145E) ab. Diese führt zum 🛏 Château de Montbras und gleich am Beginn zu einem ⌘ sehenswerten historischen Waschplatz.

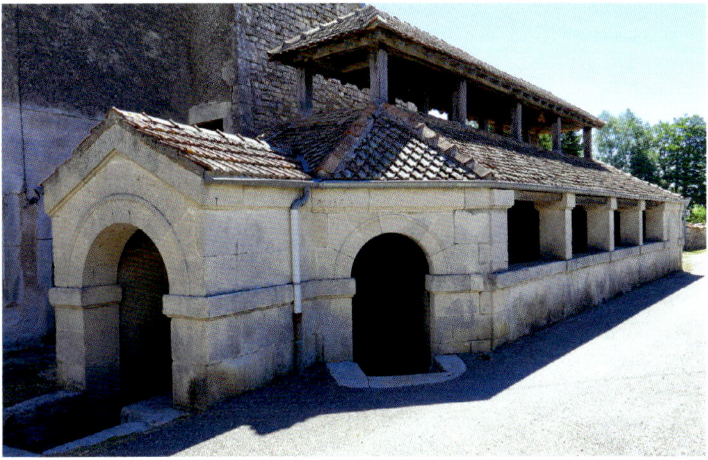

Sehenswerter historischer Waschplatz in Taillancourt

Taillancourt, Montbras 🛏 💧 ♜ ⌘

🛏 **Hostellerie de l'Isle en Bray**, Château de Montbras, 3 Rue des Érables, 55140 Montbras, ☏ 03 29 90 49 90, ✉ contact@chateau-montbras.com, contact@hib.fr, 💻 www.chateau-montbras.com, 7 Zimmer, ÜF EZ/DZ € 180, Abendessen auf Vorbestellung möglich, 🐕, D, GB, E, ➲ 360 m, ☞ Wegbeschreibung

♜ Das erstmals 1596 erwähnte **Schloss** auf dem Hügel über dem Tal der Meuse mit seinem 7 ha großen Park ist nach seinem Umbau zum Schlosshotel beliebt bei Hochzeitsgesellschaften. Es kann leider nicht besichtigt werden, wer dort übernachtet hat, berichtet von liebevoll mit authentischen Möbeln eingerichteten Schlafzimmern.

Beachten Sie die schönen Häuser in der Rue Delle. Die vielen Scheunentore weisen auf eine (ehemals?) landwirtschaftliche Nutzung hin.

An den Häusern Nr. 11 und Nr. 31 in der Rue Delle finden Sie jeweils einen zur Straße gerichteten Außenwasseranschluss, den Sie bei Bedarf sicher zum Auffüllen Ihrer Flasche benutzen dürfen. Gegenüber stehen die historischen, nicht mehr intakten Wasserspender an der Straße.

Taillancourt, Abzweig Montbras – Domrémy-la-Pucelle

12,5 km

Gehen Sie am Ortsausgang geradeaus, ebenso an der Straßenkreuzung, dabei wird die D964 gekreuzt. An der Gabelung, hinter dem steinernen Kruzifix, biegen Sie links ab und folgen dem Teerweg. Er führt zunächst durch Felder und Wiesen, dann am Waldrand entlang und später als Schotterpiste im Wald in das **Vallée di Cauroy**.

300 m nachdem Sie den Wald betreten haben, Sie haben zwischenzeitlich ein Wochenendhaus passiert, biegen Sie links in einen schmalen Waldweg ein. Der ist zwar eindeutig markiert, der Abzweig vom breiten Weg aber auch schnell übersehen.

Der Weg führt bergauf durch den Bois de Burey-la-Côte und unterquert eine Stromleitung. An einem Steinkreuz, auf dem Pilgerinnen und Pilger Steine ablegen, verlässt der Weg den Wald und führt bergab an einen Teerweg. Diesem folgen Sie nach links. 100 m weiter ignorieren Sie einen rechts abzweigenden Weg. An einem Steinkruzifix erreichen Sie **Goussaincourt**. Gehen Sie geradeaus auf der Grande Rue bergab.

Wenn Sie der schönen Hauptstraße etwa 250 m weiter als unbedingt nötig abwärts folgen, finden Sie eine Töpferei.

Noch vor dem Erreichen der Kirche, die etwas abseits der Grande Rue steht, an der Hausnummer 55, biegen Sie rechts in die Rue de Chaurut ab, halten sich nach

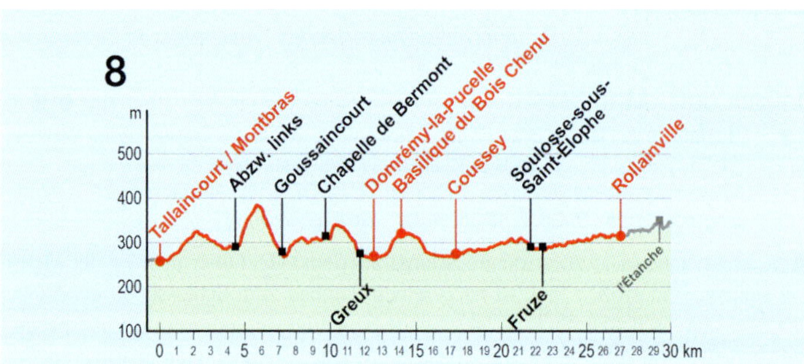

etwa 40 m rechts und gehen an der Gabelung links auf einem Wirtschaftsweg zu einem einzeln stehenden Gebäude. Dort folgen Sie dem Schotterweg nach links und bergauf.

An der Wegkreuzung am Waldrand wandern Sie geradeaus zu einer weiteren Wegkreuzung. Hier geht der Pilgerweg geradeaus weiter.

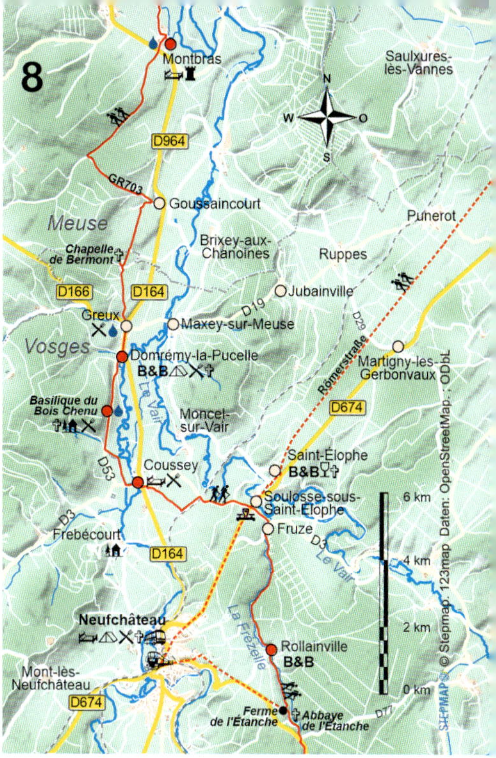

↳ Ein Abstecher nach rechts führt 100 m steil bergauf zur **Chapelle de Bermont.**

✝ Die **Kapelle** wurde vermutlich im späten 10. Jh. erbaut, jedenfalls erwähnte Papst Sylvester II. die Kapelle schon in einer Bulle. Die strenggläubige Jeanne d'Arc soll als Kind jeden Samstag aus ihrem Heimatdorf Domrémy-la-Pucelle zur Chapelle de Bermont gepilgert sein, während ihre Eltern auf dem Feld arbeiteten.

♦ ermitage@nd-bermont.fr, www.nd-bermont.fr

Der Pilgerweg führt auf einem Teerweg zunächst bergauf durch den Wald, dann zwischen den Feldern bergab nach **Greux** ✗ 💧. Am Stoppschild gehen Sie geradeaus weiter und biegen dann rechts in die D164. Sie überqueren einen Bach und laufen auf der D164 aus Greux heraus und nach Domrémy-la-Pucelle hinein. Der Weg führt an der Kirche vorbei zu einem Parkplatz vor der Maasbrücke mit schattigen Picknicktischen. Rechter Hand etwas versteckt im Hintergrund steht das Geburtshaus der Jeanne d'Arc, der berühmtesten Einwohnerin der Gemeinde.

Domrémy-la-Pucelle

B&B ⚠ ✗ ☕ 🍷 ✝ ⌘

B&B **Le Clos Domremy**, Robert Staub, 30 Rue Principale, 88630 Domrémy-la-Pucelle, ☎ 03 29 06 90 17, 📱 06 81 36 30 06, contact@leclosdomremy.fr, www.leclosdomremy.fr, 2 Zimmer, 4 Betten, 3 Apartments, ÜF EZ € 60, DZ € 70, Aufbettung € 20, Tee/Kaffee/Obst frei, D, GB, I, E, sehr gefragte Unterkunft, die besser rechtzeitig gebucht wird, ➲ am Weg

B&B **Familie Roisin**, 15 Rue de l'Isle, 88630 Domrémy-la-Pucelle, ☏ 03 29 06 97 67, vincent.c.roisin@gmail.com, 3 Betten, ÜF EZ € 35, DZ € 45 GB, NL, ➲ 150 m

Camping Domremy, Chemin de Sentilles, 88630 Domrémy-la-Pucelle, ☏ 03 29 06 90 70, 06 19 48 18 34, camping-domremylapucelle@tourisme-ouest-vosges.fr, www.camping-domremy-vosges.com, 30 Stellplätze ohne Schatten, 1 Pers. + Zelt € 5-7, 2. Pers. € 3, € 1, GB, Mai-Sep, ➲ 100 m

✞ Die Kirche **Saint Rémy** stammt ursprünglich aus dem 13. Jh. und ist die Taufkirche der heiligen Johanna von Orléans. Daher kommen die meisten Besucher, um das Taufbecken anzusehen. Die Kirche wurde mehrfach umgebaut, 1824 wurde sogar die Ausrichtung gedreht, sodass Chor und Portal ihre Positionen tauschten. Seit 1946 steht sie unter Denkmalschutz.

8:30-18:00

⌘ **Geburtshaus der Jeanne d'Arc und Centre Visages de Jehanne**, Geburtshaus und Museum mit moderner audiovisueller Technik und großer Galerie, die Ausstellungsstücke umfassen gut erkennbar Fakten und Mythos, sodass sich jeder Besucher selbst ein Bild von Jeanne d'Arc machen kann.

♦ 2 Rue de la Basilique, ☏ 03 29 06 95 86, April-Sep tägl. 10:00-13:00 u. 14:00-18:30, im Winter 10:00-13:00 u. 14:00-17:00, Jan geschlossen

In Domrémy steht das Geburtshaus von Jeanne d'Arc, die in Deutschland besser als die heilige Johanna von Orléans bekannt ist. Sie wurde um 1410-1412 in Domrémy-la-Pucelle als Tochter wohlhabender Bauern geboren. Schon als Kind fühlte sie sich von Stimmen dazu berufen, das damals englisch besetzte Frankreich zu befreien. Als etwa 18-Jährige überredete sie Karl VII., ihr zu gestatten, in Männerkleidung und unter Waffen das französische Heer zu begleiten. Schon zwei Monate später gelang es unter ihrem Einfluss, die Stadt Orléans von den englischen Belagerern zu befreien. Dieser Sieg gilt vielen Franzosen als die Geburtsstunde Frankreichs. Der jungen Jeanne half er nicht: Sie wurde verraten, als Ketzerin verurteilt und starb 1431 einen qualvollen Tod auf dem Scheiterhaufen. 1456 wurde die Verurteilung kirchlich aufgehoben, 1909 und 1920 folgten Selig- und Heiligsprechung.

Greux und Domrémy gehören bereits zum Département Vosges (dt. „Vogesen").

Domrémy-la-Pucelle – Basilique du Bois Chenu 1,6 km

Sie gehen über den Parkplatz und dann links auf der Rue de la Basilique weiter. Es führt die rote Markierung des GR 714. Das Sträßchen führt Sie an die D53, der Sie links aufwärts zur **Basilique du Bois Chenu** ✕ folgen. An der linken Straßenseite, unter der Terrasse, befinden sich öffentliche Toiletten.

✞ **Basilique du Bois Chenu** (auch Basilique Sainte-Jeanne-d'Arc genannt). Die neoklassizistische Basilika wurde 1881-1926 zu Ehren von Jeanne d'Arc erbaut, 1896 wurde darin die erste Messe gelesen.

Di-Fr 8:00-19:00, Sa-Mo 9:00-19:00

Im **Begrüßungshaus der Basilique** du Bois Chenu bieten Bernadette und Jean-Louis Van Kelst eine schöne Pilgerunterkunft an, 6 Lieu-dit La Basilipue, 88630 Domremy-la-Pucelle, 07 81 47 37 94, chemin.jeanne@catholique88.fr. Das freundliche Ehepaar bietet zwei kleine Schlafräume, Bettwäsche als Einwegvlies, deshalb Herbergsschlafsack empfohlen, Dusche, WC, Küchennutzung möglich, direkt neben der Basilique du Bois Chenu, Pilgerausweis, am Weg.

Basilique du Bois Chenu – Coussey 3,2 km

Folgen Sie hinter der Basilika weiter der D53 bergab bis zu einer Scheune. Dort biegt der GR 714 nach rechts, Sie aber folgen dem nach links führenden, gelb-rot markierten Schotterweg. Er vollzieht einen Rechtsbogen zur D3. Dort gehen Sie links über die Brücke, passieren Picknicktische und erreichen Coussey nach einer zweiten Flussbrücke am Hotel Ducasse.

Coussey

La Ducasse, 1 Place Jeanne d'Arc, 88630 Coussey, 03 55 21 40 03, jacques.denet@sfr.fr, aladucasse.com, 9 Zimmer, Ü EZ/DZ € 48, F € 8, , GB, P, am Weg

Coussey – Rollainville 9,7 km

Sie gehen am Hotel vorbei zur Straßenkreuzung und dort geradeaus in die Rue du Château. Die Nebenstraße führt wieder an eine Kreuzung, an der Sie links in die D3 (Rue d'Alger) einbiegen.

Von hier können Sie eine Unterkunft erreichen. Wenn Sie nicht in die Rue d'Ager abbiegen, sondern geradeaus der D164 Richtung Neufchâteau 700 m folgen und nach dem hübschen, für Wohnzwecke hergerichteten ehemaligen Bahnwärterhäuschen (Haus Nr. 39) rechts in den Schotterweg abbiegen (der kurz vorher abgehende Teerweg wäre 200 m kürzer, wenn er denn durchgehend erhalten ist?), erreichen Sie ein Teersträßchen, das rechts nach **Frebécourt** führt. Gleich hinter der Maasbrücke finden Sie das Haus mit den blauen Fensterläden in schöner Lage direkt am Fluss.

Bleu & Sauvage, Blandine et Pierre Catteau, 6 Rue du Pont, im Nachbarort, 88630 Frebécourt, 03 29 94 25 03, 07 77 75 75 42, contact@bleuetsauvage.fr, www.bleuetsauvage.fr, 2 Schlafsäle mit je zwei Doppelstockbetten, Ü € 15 p. P., F € 5, A € 10, , GB, 2,6 km

Nach 160 m biegen Sie rechts in die Rue des Verriers, sie führt im Bogen aus dem Ort hinaus und durch die Felder zu einem ehemaligen Bahnhof. Dort laufen Sie links durch ein Holzlager parallel zur Bahnstrecke, bis Sie die D3 wieder erreicht haben. Dieser folgen Sie nach rechts über die Gleise hinweg und an einem Wäldchen entlang hinab zur Straßenkreuzung in **Soulosse-sous-Saint-Élophe**.

An dieser Kreuzung trifft auch die Wegalternative aus Écrouves über die Römerstraße wieder auf den Hauptweg. Noch in der zweiten Auflage dieses Buches hat Ingrid Retterath eine Fortsetzung der Alternative auf der Römerstraße Dijon – Trier über Neufchâteau beschrieben. Diese Route wird von der lothringischen Jakobusgesellschaft nicht mehr unterstützt oder markiert. Stattdessen gibt es eine neue, viel reizvollere Route östlich an Neufchâteau vorbei. Diese wird nachfolgend beschrieben.

Da es aber unter Umständen einmal notwendig werden könnte, dieses zentral gelegene Städtchen am Zusammenfluss von Maas und Mouzon zur Übernachtung aufzusuchen, habe ich die Beschreibung der Stadt einschließlich der Übernachtungsdaten hier noch mit aufgenommen. Auf die Punkte am Weg, von denen Sie Neufchâteau entweder durch Autostopp oder auch durch eine Busanbindung (zur Not auch zu Fuß über große Straßen) erreichen können, werde ich hinweisen. Der erste Punkt ist die Straßenkreuzung in Soulosse, an der Sie gerade stehen. Nach rechts führt die D674. Sie erreicht das Zentrum von Neufchâteau nach 6,5 km und der Weg entspricht der aufgegebenen Wegführung.

Neufchâteau

Office de tourisme de l'ouest des Vosges, 1 Rue des Cordeliers, 88300 Neufchâteau, ☎ 03 29 94 10 95, contact@neufchateau-tourisme.com, www.tourisme-ouest-vosges.fr, Mo-Fr 9:00-13:00 u. 14.00-17:30, Sa 10:00-12:30 u. 14:00-17:30, Mairie, Altstadtzentrum

Le Rialto, 67 Rue de France, 88300 Neufchâteau, ☎ 03 29 06 09 40, contact@rialto-vosges.com, www.rialto-vosges.com, Altstadtzentrum, 27 Betten, Ü EZ/DZ ab € 62, F € 7,50, Terrasse, GB, D

♦ **Hôtel de Richevaux**, 74 Avenue Kennedy, 88300 Neufchâteau, ☎ 03 29 95 20 07, richevaux@orange.fr, www.restaurantleromain.fr, 1,3 km von der Altstadt entfernt im Westen der Stadt, Ü EZ/DZ ab € 52, F € 9, @

Camping de Neufchâteau, Place Raymond Pitet, 88300 Neufchâteau, ☎ 03 29 94 19 03 u. 03 29 94 10 95, camping@tourisme-ouest-vosges.fr, www.camping-neufchateau-vosges.com, 50 Stellplätze, geschützte und schattige Stellplätze neben dem Schwimmbad, Zelt inkl. 1 Pers. € 7-9, jede weitere Pers. € 5, Mai-Sep

Dreimal am Tag fährt ein Bus zwischen Soulosse (Haltestelle „Gare") und Neufchâteau, www.fluo.eu.

Neufchâteau hat einen Nahverkehrsbahnhof. Züge fahren z. B. über Toul und Liverdun nach Nancy und in der Gegenrichtung nach Dijon.

Taxi **Lorraine prestige driver** 06 71 08 82 20,
Ambulances Fessler ☎ 03 29 94 06 68

✞ Die **Christophorus-Kirche** war ursprünglich Ortskirche von Neufchâteau und stammt aus dem 11.-13. Jh. Schon vor dem Betreten fallen die Fratzen schneidenden Gesichter in der Fassade zur Rue de la Comédie auf, die böse Geister abhalten sollen. Innen sind Statuen des gefesselten Jesus, des Christophorus und der heiligen Anna der Dreieinigkeit zu sehen. Der Grundriss ist verblüffend schief, keiner kann erklären, warum. Architektonisch beeindruckender ist allerdings die Taufkapelle. Sie wurde

1505 auf Kosten des Bildhauers und Kupferstechers Pierre Wiriot gebaut. Wer genau hinschaut, sieht, dass die kunstvollen Rippen das darüberliegende Gewölbe gar nicht tragen.

✞ **Saint-Nikolas-Kirche**. Hoch über der Altstadt wurde die Nikolaskirche für den lothringischen Herzog Dietrich II. errichtet. Die reichen Bürger der Stadt finanzierten im 15. und 16. Jh. insgesamt zehn hübsche Seitenkapellen. In einer ist die Ölung Christi vor der Grablegung in fast lebensgroßen Standbildern dargestellt. Man will dem heiligen Johannes sofort helfen, die in Ohnmacht gefallene Muttergottes zu stützen. Ein echtes Meisterwerk!

⌘ **Hôtel d'Houdreville**. Das private Wohnhaus der Familie Houdreville beherbergt heute das Rathaus. Die üppig verzierten Portale und Treppen stehen in deutlichem Kontrast zu der eher schlichten Fassade.
♦ Rue Saint Jean, ☏ 03 29 94 10 95

Neufchâteau ist einer der ältesten Orte Lothringens und liegt an der römischen Handelsstraße von Lyon nach Trier im Maastal. Der Ortsname Neufchâteau weckt Hoffnungen auf neue oder neun Burgen und Schlösser im Ort. Umso verwunderter sind Touristen, wenn sie erfahren, dass es im Ort kein einziges Château gibt. Von der im 11. Jh. gebauten Burg blieb nicht viel übrig. Daher erklären die Einheimischen den Touristen gerne, der Name komme von den neun die Stadt umgebenden Burgen.

➯ Ein weiterer Abstecher zur Übernachtung bzw. zur Kirche könnte nach Saint-Élophe führen, ☞ Alternativroute über Römerstraße, ➲ 1,2 km.

Sie würden dann an der Kreuzung nach links in das Zentrum von Soulosse gehen, dabei das Flüsschen Le Vair überqueren, eine Bäckerei passieren und nach 370 m (vor dem GM-Laden) links in die D3B Richtung Brancourt abbiegen. Nach 50 m gehen Sie an der Hofstelle rechtsherum und nach weiteren 50 m (an dem Steinkreuz) links in den Feldweg. Der Weg ist in Gegenrichtung mit dem Muschelsymbol markiert und führt direkt nach Saint-Élophe.

Der neu markierte Pilgerweg führt an der Straßenkreuzung in Soulosse-sous-Saint-Élophe geradeaus und noch weitere 700 m am Straßenrand der D3 entlang nach Fruze. Sie gehen über die Bachbrücke und biegen danach rechts in die Rue de Rollainville ein. Ignorieren Sie im weiteren Verlauf alle bergauf nach links führenden Wege, sie führen zu höhergelegenen Villen. Der Pilgerweg bleibt im **Tal des Baches Frézelle** bis zu seinem Quellbereich auf der Hochebene bei Rouvres-la-Chétive.

Hinter der letzten Zufahrt endet auch der Teerbelag und Sie können auf einem schön zu laufenden Waldweg weiterwandern. An einer kleinen Lichtung bleiben Sie rechts auf dem Talweg. Sie können sich auch an die rote liegende Raute halten. Nach 50 m gelangen Sie an eine Gabelung. Hier gehen Sie mit der Raute nach rechts. Der Weg verläuft ohne großartige Steigungs- oder Gefällestücke durch den schattigen Wald. An einem Grenzstein und an zwei Schranken gehen Sie jeweils geradeaus weiter.

Auch den rechts vom Bach kommenden Weg ignorieren Sie. Der Pilgerweg führt nun zwischen Wald und Weiden hindurch.

Auf dem Chemin de Fruze kommen Sie nach **Rollainville**. Dort biegen Sie rechts in den Voie Morée und gehen auf einer Brücke über den Bach ⛩. Eine Tafel berichtet über den Naturschutz und verspricht, auf Gemeindegrund zur Schonung der Umwelt und insbesondere der Bachbewohner keine Pestizide einzusetzen. Die Straße führt als Rue de la Cure zu einem Brunnen auf dem Place Arthur Aury, hier laufen Sie links die Grande Rue hinab und vor der Furt rechts die Rue de l'Étanche hinauf.

Rollainville **B&B**

B&B **Chambres d'Hôtes au dela du Pont Gué**, 26 Rue de Neufeys, 88300 Rollainville, 📱 07 89 65 07 83, ✉ prudhommepa@orange.fr, 💻 audeladupontgue.fr, 3 Zimmer, ÜF EZ € 35, DZ € 48, Aufbettung € 15, ➲ 50 m, durch die Furt oder über die Brücke Pont Gué hinüber

Rollainville – Contrexéville, Lacs de la Folie 27,8 km

☺ Wer einen Schlafsack dabei hat, kann die lange Etappe in Auzainvilliers nach 20,2 km teilen.

Die Straße wird am Ortsende zum Grasweg, der im Tal weiter aufwärts führt. Gelbe Dreiecke helfen bei der Orientierung.

Wenn der Weg durch eine Rechtskurve bergauf verläuft, ist die **Ferme de l'Étanche** schon in Sicht. An der T-Kreuzung laufen Sie links den Schotterweg hinab und lassen dabei den Bauernhof (frz. *ferme*) rechts liegen.

↳ Wenn Sie an der T-Kreuzung vor der Farm rechts gingen, träfen Sie auf die D166, die geradeaus nach Neufchâteau führt, ➲ 4,5 km. (In der Linkskurve der D166 kürzen Sie geradeaus über einen Nebenweg ab.)

Sie erreichen den Weiler l'Étanche und gehen auf der Rue de l'Abbaye zwischen der ehemaligen Abtei und der ehemaligen Schule hindurch.

✝ Die **Abbaye de l'Étanche** wurde 1144 als Doppelkloster gegründet, die Kirche wurde 1147 geweiht. Nach der Zerstörung durch die Schweden im Jahr 1632 wurde sie 1743-70 wieder aufgebaut. Das Gebäude der Abtei war nach der Revolution 1790 eine Garnfabrik. Für die Arbeiterkinder wurde eine Schule eingerichtet. Heute werden Teile der Gebäude privat genutzt.

Nun gehen Sie auf einem Teerweg bergauf bis zur T-Kreuzung mit der D77. Hier laufen Sie rechts zur D166, überqueren diese vorsichtig und gehen dahinter links auf dem Schotterweg parallel zur D166.

↳ Rechts führt die D166 nach Neufchâteau, ➲ 5,5 km.

Nach knapp 2 km ist der Weg geteert und führt bei schönem Blick in das Wiesental nach **Jennevelle**, dem nordöstlichen Teil von Rouvres-la-Chêtive. Sie treffen auf ein Quersträßchen und gehen links bis an die Bachbrücke und dort rechts durch das Dorf.

An der Verkehrsinsel mit rechts abzweigender Straße gehen Sie geradeaus bis zur Straßengabelung vor der Mairie. Hier biegen Sie links in die Rue de Danvoe ab und kommen so am ehemaligen Hotel de la Frezelle vorbei.

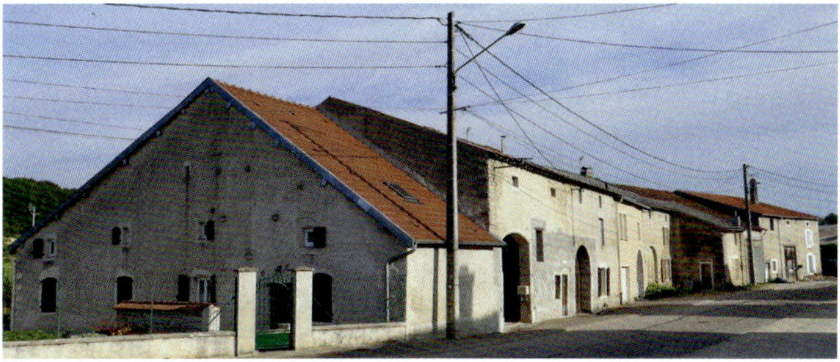

Häuserzeile in Rouvres-la-Chétive

Am Ortsende von **Rouvres-la-Chêtive** gehen Sie an der Gabelung links, also auf die D77A, und mit dem GR 714 über die Bachbrücke. Vor dem Sägewerk und der Biogasanlage folgen Sie der nach rechts führenden kleinen Straße zwischen Feldern und Auenwiesen zu einem Wäldchen. Hier verläuft der Pilgerweg weiter geradeaus.

↳ Nach links führt ein mit gelbem Ring markierter Fußweg nach **Châtenois**, ➲ 3,1 km.

Châtenois

Syndicat d'Initiative du Pays de Châtenois, 2 Rue sous l'Église, 88170 Châtenois, ☎ 03 29 94 69 62, Mo, Di, Do, Fr 8:30-12:00, 13:30-17:30, Do bis 19:30

Gîte les 3 Loups, 10 Rue du Breuil, 88170 Châtenois, ☎ 03 29 94 59 47, 06 63 12 52 4, kellerpi@wanadoo.fr, www.les3loups.fr, Preise auf Anfrage bzw. im Buchungsportal, die Gîte Les 3 Loups in Châtenois wird auch tageweise über booking.com vermittelt.

♦ Mehrere Privatunterkunfte können Sie über airbnb.com buchen.

Auf der Höhe wandern Sie an einer Straßenkreuzung geradeaus.

↳ Auch hier ist ein links abzweigender Weg nach Châtenois ausgewiesen.

Ihr Weg führt nun leicht bergab bis an ein querendes Sträßchen, dem Sie links folgen. Es windet sich durch die Felder zu einem Bauernhof. Dahinter gehen Sie durch eine Bahnunterführung zur Hauptstraße und dort links Richtung Kirche von **Darney-aux-Chênes**.

Kurz vor dem Ortsende, direkt an der Mairie, folgen Sie dem Sträßchen rechts über den Bach Le Ziel hinweg bis zu einer T-Kreuzung. Dort gehen Sie rechts und an dem alten Kruzifix links und nun 2 km geradeaus nach **Sandaucourt**. Biegen Sie an der Querstraße rechts in die Rue de la Halle ein. Hinter dem Kriegerdenkmal folgen Sie

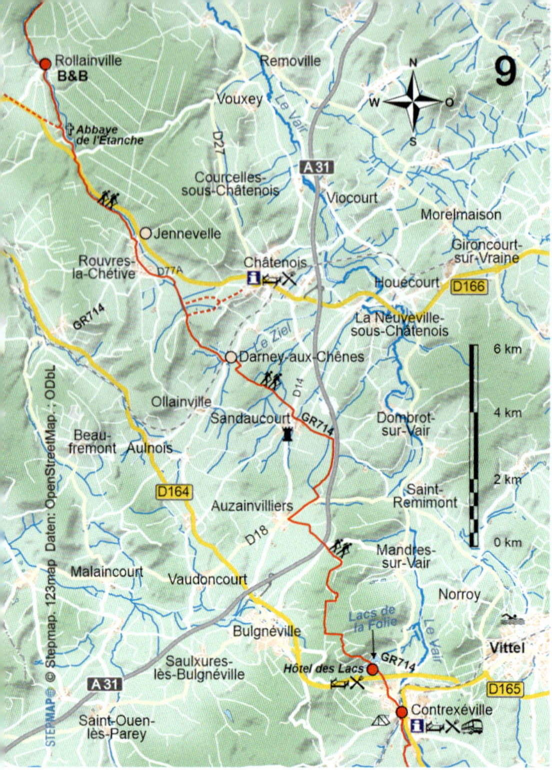

links der Rue de l'Âtre zum Renaissanceschloss aus dem 16. Jh. mit den vier runden Wehrtürmen, dem ♜ **Château de Sandaucourt**.

Sie lassen es rechts liegen und laufen geradeaus auf dem Faubourg de Bousey weiter, einer wenig befahrenen Straße, der Sie bis kurz vor die Autobahn folgen. Dort biegen Sie rechts in den Schotterweg parallel zur A31 ab. Der Weg entfernt sich nach und nach von der Autobahn, führt an einem Wäldchen entlang und biegt dahinter nach links. Nach weiteren 300 m biegt der Weg nach rechts und erreicht an einer Gärtnerei eine Fahrstraße (D18), der Sie rechts nach **Auzainvilliers** folgen. Hinter dem Ortsschild nehmen Sie die erste Straße links, nach 50 m gehen Sie an der Gabelung erneut links.

↳ Rechts würden Sie nach 100 m den Sale de fêtes der Gemeinde erreichen.

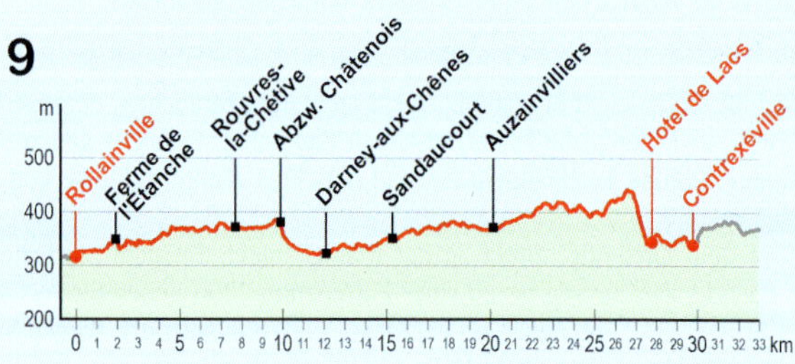

Auzainvilliers

Pilgerunterkunft im Sale de fêtes, Kontakt über den Bürgermeister (spricht etwas Deutsch) M. Mangn: 06 14 88. 27 35, und über den Stellvertreter M. Hailloy: 06 99 07 36 91, mairie.auzainvilliers@orange.fr, zwei Betten/Matratzen, Sanitäreinrichtung, , , zwei Herdplatten, Geschirr; Besteck, Töpfe, Pilgerpass und ID-Karte erforderlich, auf Spendenbasis, 100 m

An einem Sendemast bleiben Sie rechts auf dem Teerweg, laufen an Gemüsegärten und Obstwiesen vorbei und queren die A31. Dahinter wandern Sie geradeaus auf den Wald zu. Im Wald gehen Sie nach knapp 300 m nach rechts und bleiben auf diesem schmalen Waldweg, der ein paar Schlangenlinien durch den Wald zieht. Gut, dass regelmäßig markiert ist. Sie passieren einen mit Schlagbaum versperrten Weg, gehen dort nicht hindurch, sondern geradeaus leicht abwärts, um nach einigen Biegungen wieder einen Schlagbaum zu erreichen. Hier gibt es einen Hinweis auf einen Privatwald, der offenbar umgangen werden musste. Jetzt biegen Sie links in einen verlässlichen, breiten Weg, der in südliche Richtung führt.

Der Weg mündet in einen von rechts kommenden Weg ein. Sie gehen links weiter. Bald treffen Sie auch auf örtliche, gelb markierte Wanderwege. Ihr Weg bleibt aber eindeutig weiß und rot markiert.

An einer Gabelung gehen Sie links über eine Höhe hinweg zu einem Querweg und dort rechts. An der nächsten Ecke geht es wieder rechts vom breiten Weg in einen Pfad ab. (Ein mit einem grünen Schlagbaum versperrter Weg bleibt rechts liegen.) Sie biegen links in den Fichtenwald ein und kommen an einen Schotterweg. Hier gehen Sie rechts an eine geteerte Waldstraße und dort links Richtung Lacs de Contrexéville. Hinter einem Picknicktisch mit Infotafel führt der Weg steil bergab zu einer versetzten Kreuzung, dort nehmen Sie die zweite Möglichkeit nach rechts. Es geht weiter bergab, nun auf einem Teerweg. Hinter einer Schranke erreichen Sie die Badeseen **Lacs de la Folie**. Hier trennen sich die markierten Wege: Der GR 714 führt nach links, der Pilgerweg verläuft geradeaus auf dem Damm zwischen den beiden Seen hindurch. Am Seeufer liegt das Hôtel des Lacs.

Hôtel des Lacs, Route des Lacs de la Folie, 88140 Contrexéville, 03 29 08 28 28, hoteldeslacs-contrexeville@orange.fr, www.hotel-restaurant-lacs-contrexeville.fr, 31 Zimmer, Ü EZ/DZ € 75, F € 9,50, € 3, am Weg

Contrexéville, Lacs de la Folie – Contrexéville 2 km

Sie gehen am Hotel vorbei und überqueren einen Parkplatz. Nun wandern Sie die Zufahrtsstraße hinauf, unter der D165 hindurch zu einer Ampelkreuzung. Gehen Sie geradeaus in die Siedlungsstraße hinein und nach 100 m links in den Chemin des Champs Calots. Dieser mündet in die Rue de Metz, der Sie rechts folgen. Am Hotel Cosmos biegen Sie links über die Bahngleise, gehen am Kurpark entlang auf der Rue du Général Hirschauer zum **Kreisverkehr**. Die erste Ausfahrt rechts würde Sie zum Bahnhof bringen. Sie nehmen die zweite Ausfahrt in die Stadt.

Nach links kämen Sie zum Touristenbüro und zur historischen Wandelhalle mit kostenfreiem Thermalwasserausschank.

Contrexéville

Office de Tourisme de Contrexéville, Cour d'Honneur (an den Thermen), 88140 Contrexéville, ☏ 03 29 08 08 68, info@contrextourisme.com, contrextourisme.com, Mo-Sa 9:00-12:00 u. 14:00-18:00, April-Okt zusätzlich So 10:30-12:30 u. 15:00-17:00, ➲ am Weg

Hôtel des XII Apôtres, 25 Rue Gaston Thomson, 88140 Contrexéville, ☏ 03 29 08 04 12, les12apotres@wanadoo.fr, les12apotres.free.fr, 29 Zimmer, Ü EZ € 49, DZ € 59, DBZ ab € 55, F € 9, € 3, April-Sep, ➲ 160 m

♦ **Hôtel de Lorraine**, 122 Avenue du Roi Stanislas, 88140 Contrexéville, ☏ 03 29 08 04 24, hotel-de-lorraine@wanadoo.fr, sites.google.com/site/hoteldelorraine, Ü EZ/DZ ab € 40, ➲ 120 m, am Bf.

Villa Vero, Véronique Bression, 119 Rue Gaston Thomson, 88140 Contrexéville, 06 84 88 14 15, ÜF EZ € 50, DZ € 70. MBZ möglich (über booking.com und direkt buchbar), Empfehlung einer Leserin. „Die Wirtin ist derart herzlich und umsorgend, dass sie eine Aufnahme in den Pilgerführer verdient hat. Man hat dort ein eigenes Zimmer, eigenes Bad und Toilette, teilt sich nur mit ihr die Wohnung." ➲ 270 m

Camping de Contrexéville le Tir aux Pigeons, Rue du 11 Septembre, 88140 Contrexéville, ☏ 03 29 08 15 06, 06 50 84 59 88, info@campingcontrexeville.com, www.campingcontrexeville.com, Zelt € 3,60, Pers. € 4,80, April-Okt, ➲ 500 m, nach dem Hotel Cosmos rechts

⊙ Einen Pilgerstempel gibt es im ☞ Office de Tourisme.

Busse fahren von Nancy nach Contréxeville und weiter Richtung Culmont-Chalendrey. Nur zweimal am Tag haben die Busse auch Unterwegshaltestellen. In allen anderen Fällen fahren sie ohne Zwischenhalt zum Ziel. Leider lässt sich der Busverkehr nicht zum Abkürzen der nachfolgenden langen Etappe nutzen, da die Unterwegshaltepunkte Martigny-le-Bains und Lamarche nur früh morgens in Gegenrichtung und abends von Contréxeville aus bedient werden.

Mitte Juli-Aug fahren Kleinbusse zwischen Contréxeville und Vittel.

Taxi Bulgnéville, ☏ 03 29 09 01 01, **Balland Sylvere**, Vittel, ☏ 03 29 08 03 46

Thermalquellen in Contrexéville und Vittel

Schon die Römer wussten um die Heilkraft des Wassers der kalten Quellen in Contrexéville und Vittel. Bis heute wird es bei Stoffwechselstörungen sowie Gicht, Rheuma, Diabetes, Nieren- und Leberleiden eingesetzt. Die üppig fließende Grande Source (große Quelle) in Vittel wird von Nestlé in Flaschen gefüllt und weltweit vermarktet. Auch das ebenfalls von Nestlé abgefüllte Mineralwasser des Nachbarortes, vermarktet unter dem Namen Contrex, hat wegen seiner guten Qualität den Weg bis in den Einzelhandel gefunden.

Thermes de Vittel, April-Dez Mo-Fr 14:30-9:00, Sa u. So auch 9:00-13:00. Das Schwimmbad wird mit Wasser aus den Thermalquellen gespeist und steht im Nachbarort Vittel, ➲ 4 km.

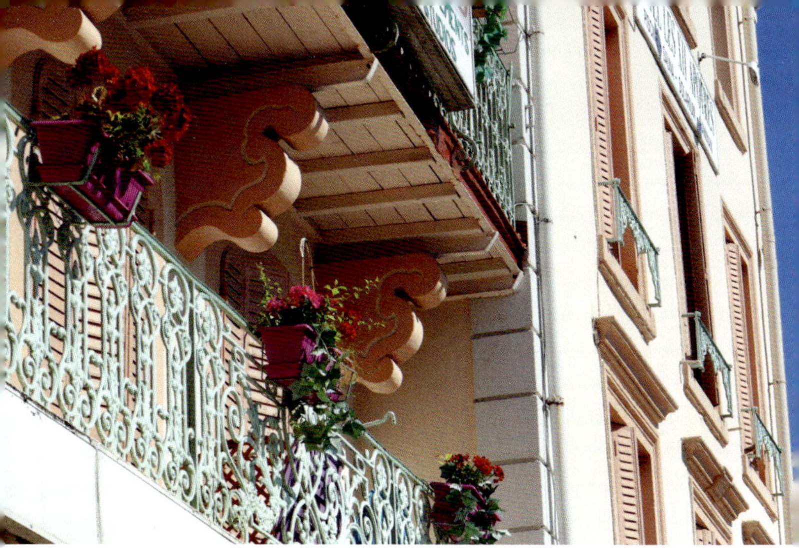

Hôtel des XII Apôtres in Contrexéville

Contrexéville – Bourbonne-les-Bains 37,9 km

☺ Die lange Wegstrecke kann durch einen kleinen Abstecher nach Lamarche (➲ 1,5 km) etwa auf der Hälfte geteilt werden. Die unten aufgeführte Unterkunft ist leider nur zeitlich begrenzt zu mieten. Fragen Sie für weitere Informationen auch bei den Touristinformationen in Contrexéville und Bourbonne-les-Baines nach. Wer dort nicht unterkommen kann oder will, hat die Möglichkeit, mit dem Taxi abzukürzen, zumal die erste Wegstrecke bis Dombrot-le-Sec wenig attraktiv überwiegend entlang der Straße und bergan geführt ist. Das Ziel der Taxifahrt könnte die Ferme du Haut de Salin sein (abzüglich 8,3 km). Wer kein Taxi bekommen kann und eine Abkürzung per Autostopp versuchen will, kann sich auch 1,3 km südlich von Dombrot-le-Sec absetzen lassen. Dort quert in einer leichten Linkskurve der D164 die Alte Römerstraße, in die Sie rechts einmarschieren (abzüglich 6,3 km). Es gibt dort ein blaues Hinweisschild auf die Ferme du Haut de Salin.

An der Durchgangsstraße wenden Sie sich nach rechts, halten sich aber unter den Bäumen an die Häuserzeile rechts. Der Nebenweg entfernt sich von der Hauptstraße und erreicht eine Gabelung. Hier biegen Sie rechts in die ansteigende Straße ab und erreichen nach 450 m die Rue du Docteur Bagard. Sie folgen ihr nach links, immer leicht bergauf. Am Ende stößt das Sträßchen auf einen querenden Schotterweg. Gehen Sie links hinab zur D164. Unmittelbar davor nehmen Sie rechts den Feldweg, er führt parallel zur Straße immer geradeaus nach **Dombrot-le-Sec**. Sie kommen auf der Rue des Guérets in den Ort, sie heißt im Ortszentrum Rue de la Tour.

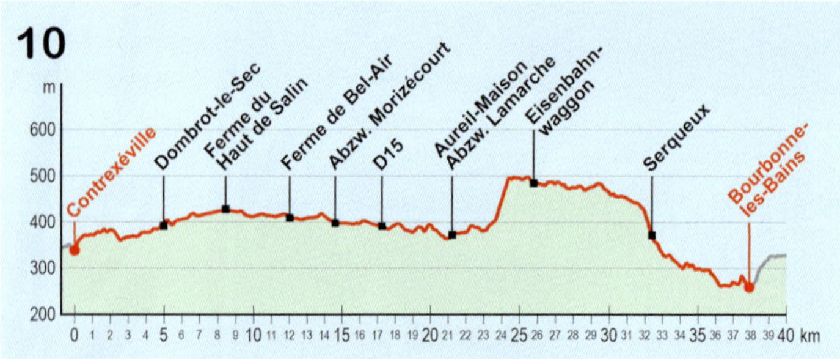

An der Mairie folgen Sie der Straße nach rechts und lassen die Kirche links liegen. 200 m weiter biegen Sie links in die **Rue des Autes** ein. Dieser folgen Sie durch die Felder zur vorausliegenden Höhe. Nach 1,7 km treffen Sie auf einen querenden Teerweg, das ist die Alte **Römerstraße**. Dieser folgen Sie nach rechts und bleiben etwa 11 km auf dieser Straße. Hier verläuft auch der GR 7.

Anfangs ist die Landschaft etwas eintönig. Dann wird es grün. Die Wiesen geben dem Land Charakter. Voraus liegen einige Berge, in die Sie noch hineinwandern werden. Linker Hand sind viel weiter weg (80 km) die Vogesen zu sehen. Nach 1 km passieren Sie die **Ferme de Haut de Salin**. Nach etwas über 5 km, nach der **Ferme de Bel-Air**, kreuzen Sie die D21.

↳ Hier ginge es rechts nach Martigny-les-Bains und links nach Frain.

Sie folgen geradeaus der Römerstraße, die auf diesem Abschnitt geschottert ist. Nach weiteren 2 km, hier steht eine mächtige, zerzauste Eiche, überqueren Sie wieder einen Teerweg, der nach ↳ links Richtung Morizécourt und rechts nach Martigny-les-Bains führt. Es wird hügeliger. In die bisher offene Weite mischen sich Hecken und kleine Wäldchen. Eine leichte Linkskurve bringt etwas Abwechslung, dahinter ist der Weg kurz geteert und führt bald als Schotterweg zur D15. Zwei zerzauste Eichen markieren diesen Punkt.

🚲 Radpilger fahren geradeaus zur D25 und auch dort geradeaus über Isches und Ainvelle. 1,5 km südlich von Ainvelle fahren Sie rechts nach Seneide und weiter nach Bourbonne-les-Baines.

Fußpilger folgen der D15 rechts bis zu einem Straßenabzweig (1,4 km). Links biegt die D25B Richtung Isches ab, Sie aber laufen rechts auf dem Wirtschaftsweg weiter. Er führt bald als Grasweg über eine Kuppe und geradeaus in eine Bachsenke hinab. Zwei stattliche Linden stehen hier. Wieder gehen Sie bergan zu einer Kreuzung. Hier biegen Sie links auf einen Teerweg ab, der leicht bergab zur D460A führt. Gehen Sie rechts über den Bach Le Mouzon nach **Aureil Maison** 💧 ✞. Am Waschplatz folgen Sie der Rue de la Bondisse bergauf nach links.

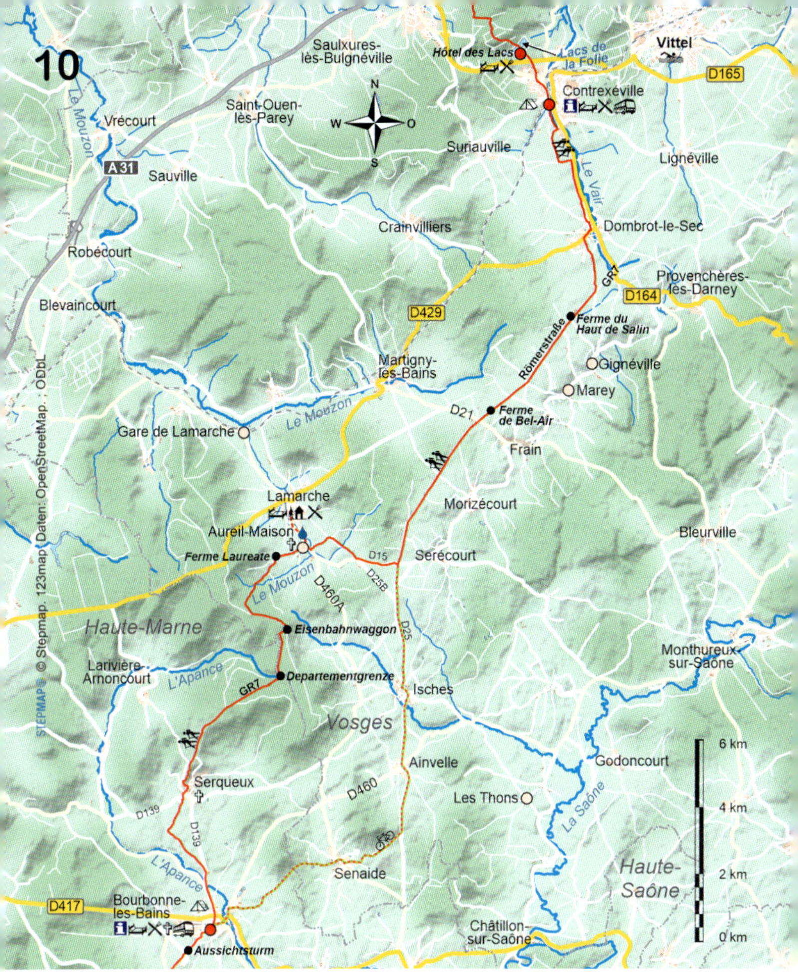

↳ Wenn Sie am Waschplatz nicht nach links abbiegen, sondern geradeaus der D460A folgen, kommen Sie nach Lamarche, ➲ 1,5 km, ☞ Tipp.

Lamarche

Claire und Ro, 33 Rue du Colonel Renard, 88320 Lamarche, 06 10 82 32 53 oder 06 24 78 00 85, claraclaraook@hotmail.com, vermietet werden vier luxuriös ausgestattete Zimmer in einem alten Herrenhaus für € 55/Zimmer, F € 7,50. Zusätzlich gibt es zwei Pilgerzimmer, die als Einzelzimmer für je € 20 zuzüglich € 5 für das Frühstück vermietet werden, Küchenbenutzung ist möglich, Supermarkt vor Ort (tägl. außer So bis 20:00). Das Angebot gilt allerdings nur für die Monate Juni, Juli und August. Nach Auskunft eines Pilgers herrscht dort eine herzliche und zugewandte Atmosphäre.

An der zweiten Einfahrt links befindet sich ein Wasserhahn. Verpassen sollten Sie es nicht, einen Blick in das hübsche Kapellchen zu werfen, das hier am Wegrand steht (tagsüber geöffnet).

Wenn Sie der Straße folgen, kommen Sie zur **Ferme Laureate**. Hier nehmen Sie den rechten Fahrweg, gehen am Hof vorbei und biegen an einer Scheune mit dem Weg nach links. Ein rechts abgehender Weg bleibt hier unbeachtet. Auch im Weiteren biegen Sie nicht von diesem Sträßchen ab. Es führt zum Wald und dort steiler bergan bis auf eine Höhe von 480 m.

Hier mündet Ihr Weg in einen geteerten Forstweg. Diesem folgen Sie nach links.

Wenn Sie nach etwa 1,3 km an dem alten Eisenbahnwaggon angekommen sind, geben Sie acht! Hier biegt Ihr Weg rechts in den schmalen Waldweg ab.

Nach 300 m treffen Sie an eine Waldwegkreuzung. Hier stehen vier Grenzsteine.

Nun wandern Sie nach links auf dem Waldweg weiter. Etwas weiter geht ein mit rotem Dreieck markierter Weg ab. Sie gehen geradeaus weiter auf dem weiß-rot markierten GR 7. An einem kleinen Quellbach überschreiten Sie die Grenze von Vosges nach Haute-Marne. 60 m weiter biegen Sie rechts auf einen Waldweg ab. Er mündet nach 100 m in den Wendeplatz für Forstfahrzeuge. Dem hier beginnenden Forstweg folgen Sie 4 km. Der Wald wird nach und nach lichter, hinter zwei Einmündungen von links und rechts ist der Weg geteert und führt über eine Hochfläche bis zu einem Parkplatz mit Grill und Picknicktischen.

Sie gehen links am Waldrand entlang über den Platz bis zu einem Aussichtspunkt und dort rechts auf einem Grasweg mit schönen Fernblicken weiter. Der Weg endet zwischen zwei Häusern an einer Straße, dieser folgen Sie nach links bis an ein Stoppschild.

Der GR macht einen Bogen nach links durch die Ortsmitte von **Serqueux** mit der schönen Kirche.

Der Pilgerweg biegt an der Stoppstraße rechts in die Grande Rue ab.

An der Kreuzung gehen Sie geradeaus und bergab auf der Rue de Belle Croix bis zu einer Gabelung. Dort wählen Sie die linke Möglichkeit und folgen nach einer Straßenüberquereung geradeaus der Rue du Valleroy. Hier sind auch wieder GR-Markierungen zu sehen. An der nächsten Gabelung halten Sie sich links und marschieren aus dem Ort hinaus in die abwechslungsreiche Wiesen- und Feldlandschaft. Der Weg führt nicht mehr geteert in eine Senke. An der dortigen Kreuzung gehen Sie links wieder bergauf. Ein Wegweiser informiert darüber, dass es auf dem GR 7 nur noch 3 km bis Bourbonne-les-Bains sind.

Der Feldweg führt zur D139, dieser folgen Sie nach rechts bergab. Sie überqueren den Bach l'Apance und laufen auf der Rue des Capucins geradeaus nach Bourbonne-les-Bains hinein. Die Straße heißt im weiteren Verlauf Rue Général Maistre. An ihrem Ende gehen Sie rechts und nach 20 m wieder links an der Kirche vorbei bergab.

An der Apotheke biegen Sie rechts in die Rue Vellonne und nach 40 m links in die Rue des Bains ein. Sie führt hinab zur Touristeninformation am Brunnenplatz.

Bourbonne-les-Bains

Office de Tourisme, Centre Borvot, Place des Bains, 52400 Bourbonne-les-Bains, 03 25 90 01 71, contact@bourbonnelesbains-tourisme.fr, www.tourisme-bourbonne.com, März-Nov Mo-Sa 9:00-12:00 u. 14:00-18:00, So 10:00-12:00 u. 15:00-18:00, D, GB, am Weg

Hôtel Orfeuil, 29 Rue d'Orfeuil, 52400 Bourbonne-les-Bains, 03 25 90 05 71, hotel-orfeuil@wanadoo.fr, www.hotel-orfeuil.fr, 30 Zimmer, Ü EZ € 68-88, DZ € 78-98, F € 10, € 5, , am Weg

♦ **Hotel Le Relais Thermal**, 55-57 Rue d'Orfeuil, 52400 Bourbonne-les-Bains, 03 25 90 04 16, relais.thermal@orange.fr, www.aurelaisthermal-52.fr, 18 Zimmer, Ü EZ ab € 36, ÜHP ab € 43, DZ Ü ab € 43, ÜHP ab € 70, F € 5,50, am Weg

♦ **Hôtel l'Etoile d'Or**, 53-55 Grande Rue, 52400 Bourbonne-les-Bains, 03 25 90 06 05, hotel.etoiledor@wanadoo.fr, www.etoiledor.fr, Ü EZ € 43, DZ € 50-70, F € 7,50, € 3, 150 m

♦ **Hôtel Pension Gérard**, 19 Rue de La Chavanne, 52400 Bourbonne-les-Bains, 03 25 90 01 14, pension.gerard@orange.fr, www.hotel-pension-gerard.fr, 40 Zimmer, Ü EZ € 43, DZ € 54, F € 6,50, , März-Okt, 100 m

Meubles Anni Roret, 25 Rue Jean Carbon, 52400 Bourbonne-les-Bains, 03 25 90 09 39, 06 13 88 44 05, Ü EZ € 24, DZ € 26, , einfache Ferienwohnung mit Kochgelegenheit, direkt am Weg, Ortsausgang

Camping Montmorency, Rue du Stade, 52400 Bourbonne-les-Bains, 03 25 90 08 64, camping.montmorency@sfr.fr, www.camping-montmorency.com, 74 Stellplätze, Stellplatz € 4-5,20, Ü € 3,50-4,50, € 1,50, @ , April-Okt, 600 m

Zwischen dem Bahnhof Culmont-Chalindrey und Bourbonne-les-Baines gibt es morgens, mittags und abends einen **Busshuttle**, der spätestens am Morgen vor der Fahrt zwischen 8:00 u. 12:00 über die Touristinformation angemeldet und bestätigt sein muss.

Taxi Elie et Didier, 03 25 90 11 53

Bourbonne-les-Bains – Varennes-sur-Amance 19,5 km

☺ Wenn Sie in Varennes-sur-Amance übernachten wollen, erhalten Sie in der Touristinfo in Bourbonne-le-Bains Übernachtungsadressen.

Am Brunnenplatz folgen Sie der Querstraße (Rue d'Orfeuil) rechts. Am Hotel Relais Thermal gehen Sie links auf der Rue Jean Carmont bergauf zu einem **Aussichtsturm** der Firma Velux. Hinter dem Turm führt die Straße als Rue du Parc Animalier am Velux-Werk entlang und durch den Wald zur D26. Dieser folgen Sie etwa 300 m nach links und biegen dann links auf den Park- und Picknickplatz des **Tiergeheges** (*Parc Animalier*) ab.

Der Weg kann im unteren Teil ziemlich matschig sein und ist dann mit dem Fahrrad kaum zu bewältigen. Radler bleiben besser an der Einfahrt zum Tierpark auf der Straße (D26). Sie führt nach Coiffy-le-Haut und dort durch zwei Serpentinen hinab nach Les-Granges-du-Val. Um zum Pilgerweg zurückzukommen, biegen Sie am Ortsschild links in das Sträßchen, das zur Ferme Adrien führt.

Es geht gleich wieder rechts auf dem Forstweg durch den Wald (GR 7).

Nach 2,3 km auf dem leicht abwärtsgerichteten Weg folgen Sie an einem Wegweiser scharf links weiter dem gut markierten GR 7. An einer Gabelung geht es dann rechts bis in die nachfolgende Linkskurve und dort geradeaus vom breiten Weg ab in den Waldweg. Der Weg führt nun erst sanft und dann steiler aufwärts. Oben biegt er rechts und nach 60 m wieder links und erreicht dann 500 m weiter die D130.

Queren Sie die D130 und laufen Sie auf dem Schotterweg geradeaus in den **Bois du Gimbois** hinein. An der Gabelung folgen Sie dem Hauptweg nach links.

Und jetzt Achtung! 200 m weiter biegt Ihr Weg links vom breiten Hauptweg in einen Pfad ab, der zum Bächlein **Ruisseau du Gimbois** hinabführt. Dahinter führt der Weg wieder bergauf. Sie queren einen Forstweg und gehen weiter bergauf bis zu einem weiteren Querweg. Hier gehen Sie rechts.

Der Weg führt schließlich am Waldrand hinab zurück in das Bachtal und aus dem Wald hinaus. Zwischen Feldern geht es wieder bergauf. Rechter Hand können Sie den Ort **Coiffy-le-Haut** sehen. Nun führt der Weg bergab zu einer T-Kreuzung am Ortsrand von **Les-Granges-du-Val**. Hier laufen Sie nach links zur Ferme Adrien.

Hinter der Ferme Adrien kommen Sie in den Wald. Hier quert ein Sträßchen. Sie gehen rechts Richtung Chézeaux. Das Sträßchen führt Sie zunächst durch den Wald, dann zwischen Feldern und Weiden hindurch. Nach einer Rechtskurve gehen Sie über eine Bachbrücke und danach bergauf zur D26. Dieser folgen Sie links nach Chézeaux.

Am kleinen Dorfplatz mit Pausenbänken und Papierkorb bleiben Sie auf der D26.

Der GR 7 macht hier einen kleinen Schlenker südlich um das Dorf herum und ist deshalb hier nach links markiert. Der Pilgerweg wird abkürzend über die Dorfstraße geführt.

Gehen Sie also rechts zur Mairie und davor links und biegen mit der Straße noch einmal linksherum. Sie gehen zum Dorf hinaus, überqueren einen Bach und sind dann wieder gleichauf mit dem GR 7. Nach einer zweiten Bachbrücke erreichen Sie die D14 und gehen rechts auf das nun voraus auf einem Höhenrücken ausgestreckt liegende Dorf Varennes-sur-Amance zu.

Würden Sie hier der D14 nach links folgen, könnten Sie über Champigny-sous-Varennes nach **Arbigny-Sous-Varennes** gelangen, 3,8 km.

Camping Comme Ca, 11 Rue du Château, 52500 Arbigny-sous-Varennes, 07 72 09 04 98, 06 53 71 45 53 (Femmy), 06 51 65 25 93 (Rob), info@commeca.eu, www.commeca.eu. Neben Verpflegungsangeboten und Stellplätzen bietet der Platz auch Betten für nur eine Nacht. Preise entnehmen Sie der Webseite.

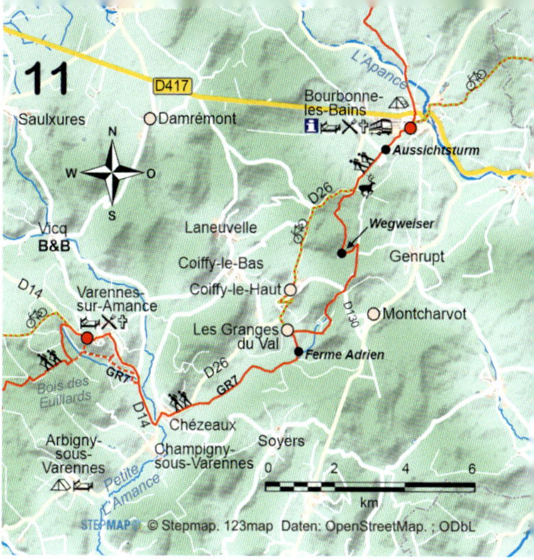

Der Pilgerweg ist nun, wieder vom GR 7 abweichend, entlang der Straße bis in das Dorf hinauf markiert (spärlich).

↳ Wer dem Teertreten im sehr schnellen Autoverkehr auch nichts abgewinnen kann, folgt hier besser den Markierungen des GR 7 und kann dadurch wenigstens ein Stück der Straße vermeiden. Auch kann es der Auftakt für eine Abkürzung sein, ☞ Tipp.

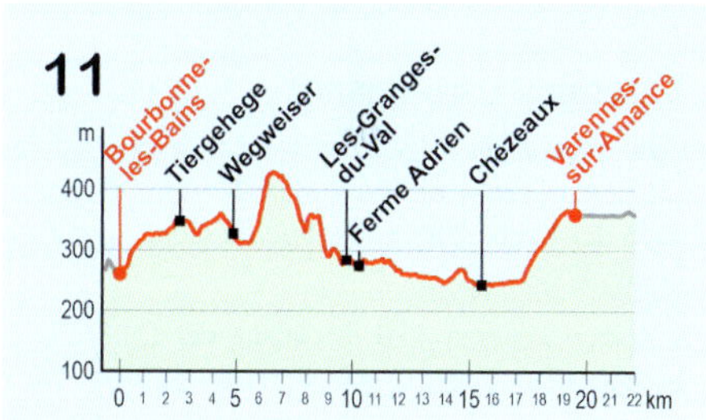

Bevor die Straße zu steigen beginnt, noch vor einer Bachbrücke, zeigt die weißrote Markierung links Richtung Étang (dt. „Teich"). Vor dem Damm der Teichanlage gehen Sie rechts am Teich entlang und über den kleinen Bach an einen breiten Querweg. Sie gehen links im Bachtal leicht aufwärts bis an einen weiteren Querweg. Hier können Sie rechts mit der Markierung zur Straße hinaufgehen und ihr links folgen. Der GR 7 biegt nach 50 m wieder rechts von der Straße ab und führt im Bogen über die Rue de Pâquis in die Ortsmitte.

☺ ↳ Die Attraktivität des Dorfes Varennes-sur-Amance beschränkt sich auf die Bar. So ist es nicht unbedingt bedeutsam, dort hinauf- und wieder hinunterzusteigen. Falls Sie auch nicht übernachten wollen, können Sie 2 km Weg einsparen, wenn Sie mit dem GR 7 aus dem Bachtal nicht zur Straße hochsteigen, sondern vom eben genannten „weiteren Querweg" nach 50 m links im Bachtal bleiben. Sie erreichen dann nach 860 m den von Varenne-sur-Amance herabkommenden (alten) Pilgerweg in einem Waldstück. Links folgen Sie ihm über den Bach und dann bergan.

An der Bar vorbei kommen Sie zur Kirche. Sie gehen weiter auf der Hauptstraße zu einem Abzweig mit Verkehrsinsel.

↳ Hier ginge es links zur Chapelle Saint Gengon, ➲ 150 m.

Varennes-sur-Amance

☺ Die Touristinformation in Bourbonne-le-Bains kann Ihnen Übernachtungsadressen in Varennes-sur-Amance nennen. Eine der genannten Übernachtungsadressen ist bei Mme Sandra Mauron. Die Unterkunft wird von Pilgern als einfach, aber akzeptabel beurteilt. Auch das Essen sei gut und reichlich.

↳ Die Unterkunft Charme du Presbytère in Vicq ist über die D269 zu erreichen.

B&B **Charme du Presbytère**, Dirk Vermoesen, 1 Rue de la Cité, in 52400 Vicq, ☎ 324 86 91 97 09, info@aucharmedupresbytere.fr, www.aucharmedupresbytere.fr, ÜF DZ € 100-125, möglich, NL, B, GB, etwas D, nach Absprache, Platz in der Scheune, ➲ 4 km, über die ruhige D269 gut zu erreichen, neben der Kirche

Historisch gesehen hat das Dörfchen einen, vor allem auch an vielen Orten in Deutschland, verehrten Heiligen hervorgebracht. Saint Gengon heißt er hier. Besser bekannt ist er als Gangolf. Er lebte als Ritter im 8. Jh. Legenden erzählen allerhand Wundersames über ihn. In Varennes ist ihm die Dorfkirche geweiht. Als monument historique (dt. „Baudenkmal“) ist die Chapelle Saint Gengon eingestuft.

Varennes-sur-Amance – Marcilly-en-Bassigny 12,3 km

Radpilger folgen erst weiter der Hauptstraße (D14) für gut 1 km, dann der D172 nach links Richtung Marcilly. Am Ortseingang biegen Sie in die D120B und nach der Kirche links in die Rue du Gué. An der querenden D281 biegen Sie rechts in den Pilgerweg.

Nach weiteren 150 m entlang der D14 war der GR 7 und der Pilgerweg von Varennes-sur-Amance links abwärts markiert. Da dieses Wegstück sehr gefährlich, glatt und steil ist, ist es mit einem Flatterband gesperrt und eine Umgehung ist ausgeschildert:

Bleiben Sie noch weitere 650 m an der D14. Unmittelbar hinter dem tibetischen Zentrum gehen Sie links in den Chemin de Belmont und bei einer Verzweigung dann links in die Route Forestière des Oeillards. Sie stößt nach 1 km auf den alten Weg, in den Sie rechts einbiegen und eine stattliche Platzhalterbuche erreichen. Es ergibt sich zwar gegenüber der alten Variante eine Wegverlängerung von 1,2 km, dafür erspart es Ihnen den steilen Ab- und Aufstieg in das Bachtal (80 Höhenmeter).

☺ Die bei der vorherigen Etappe als Tipp angegebene geschilderte Abkürzung (Umgehung des Ortskerns) kann unverändert begangen werden.

Sie gehen rechts. Nach 100 m biegen Sie nach links auf einen schmaleren Waldweg ab. An der Wegkreuzung gehen Sie geradeaus, nun wieder bergab bis an einen Bach.

Hier gehen Sie einige Meter nach links am Ufer entlang, durchqueren den Bach und gehen auf der anderen Seite wieder bergauf.

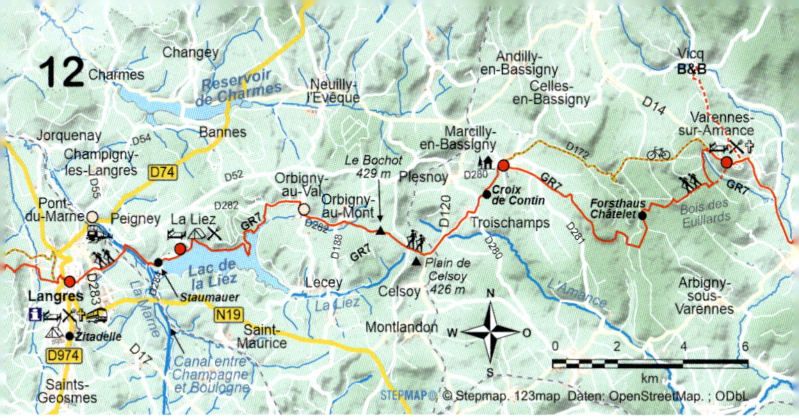

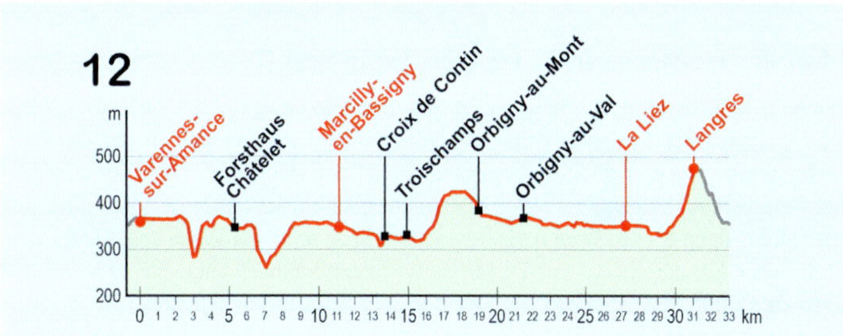

Auf der Höhe zeigt die Markierung nach rechts. Sie gehen aber erst 20 m weiter in den nach rechts führenden Weg. 100 m bevor dann ein breiter Forstweg erreicht wird, gehen Sie links in den ganz schmalen Pfad. Es ist dreifach markiert, aber trotzdem auch schnell übersehen.

Der Weg wird breiter und verläuft höhengleich bis an den Stumpf einer ehemals stattlichen Buche. Hier folgen Sie rechts dem herrlichen Waldweg.

Wenn es geradeaus nicht mehr weitergeht, gehen Sie links wieder bis zum Wegende und dort rechts, mal entlang von frischen Rodungen und mal entlang von Jungwald. Sie biegen noch einmal links ab in einen Weg, den Sie durch die Markierung finden.

Er führt zum **Forsthaus Châtelet**. Dort folgen Sie links der Zufahrt bis zu einer Gabelung. Auf einem Teerweg geht es rechts weiter. Wenn der Weg eine Linkskurve macht, nehmen Sie rechts den Graspfad. Hier steht ein Wegweiser.

Er verläuft zunächst eben und führt dann steil bergab. Sie kreuzen einen breiten Forstweg. Danach biegen Sie rechts in den Hang. Es geht gemäßigt abwärts zum Bach, den Sie überqueren. Sie folgen dem weiterführenden, gut markierten, breiten Talweg über einen zweiten Bach. Danach bleiben Sie auf dem breiten Weg und biegen mit ihm linksherum.

Es geht nun stetig bergauf. Auf der Höhe wird der Wald nach und nach lichter. Wiesen breiten sich aus. Über eine weite offene Hochfläche wandern Sie bis an die D281. Sie führt geradeaus nach Marcilly-en-Bassigny, bleibt aber am Ortsrand, etwas abseits von Kirche und Mairie.

Marcilly-en-Bassigny

Der *salle communale* (*salle de fêtes*), der Partyraum auf dem Dorfplatz, wird Pilgern nach Voranmeldung zur Übernachtung zur Verfügung gestellt. Es gibt weder Betten noch Decken noch Einkaufsmöglichkeiten, aber Sanitäranlagen, allerdings ohne Dusche, Isomatte und Schlafsack sind erforderlich, Mairie: ☎ 03 25 90 65 44, emarcilly@wanadoo.fr, Di u. Fr 8:00-11:00, ☺ buchen Sie den Platz (rechtzeitig) über das Office de Tourisme in Bourbonne-les-Baines.

Taxi Christine Vauthier, 46 Rue de Visain, 52360 Marcilly-en-Bassigny, 06 20 62 47 12, vauthier.christine@wanadoo.fr, (im Ort, am Weg, zweites Haus auf der linken Seite am Ortseingang)

Marcilly-en-Bassigny – La Liez (Peigney) 16,2 km

Immer geradeaus führt der Weg wieder aus dem Ort heraus. Aber vielleicht gönnen Sie sich vorher den Schlenker durch den hübschen und angenehmen Ort um die Dorfkirche herum. Noch nicht am Ortsausgang, am letzten Haus linker Hand vor dem großen Metallkreuz, biegen Sie links in den Feldweg ein. Er ist zunächst geschottert und eben, führt dann als Grasweg bergab zu einem Bach in einem Wäldchen. Hinter dem Bach gehen Sie durch Gras zur D280, dieser folgen Sie nach links. Sie passieren das **Croix de Contin**, das zwischen vier Schatten spendenden Bäumen steht.

In **Troischamps** folgen Sie der Rue de Contin durch eine Rechtskurve. Am Kriegerdenkmal gehen Sie links in der Rue du Pâtis weiter und verlassen den Ort. Wandern Sie an der versetzten Straßenkreuzung quasi geradeaus weiter Richtung Celsoy, jetzt auf der D120.

160 m nachdem Sie eine zweigleisige Bahnlinie überquert haben, biegt Ihr Weg rechts von der Straße ab und führt als Grasweg zu einem Wäldchen auf der Anhöhe **Plain de Celsoy**. Sie treffen auf eine Gabelung von Landwirtschaftswegen und gehen, leicht versetzt, geradeaus auf dem geteerten Weg weiter. Der Wegweiser zeigt Richtung Lecey.

Das Sträßchen steigt noch leicht an und von der Höhe können Sie voraus bereits die Festungsstadt Langres liegen sehen. Dann fällt das Sträßchen zu einer Gabelung.

Hier trennen sich GR 7 und Pilgerweg. Sie wandern geradeaus bergab nach **Orbigny-au-Mont**. Gehen Sie dort nach dem Containerplatz links (Rue de Dessous). An deren Ende gehen Sie links und nach 50 m rechts auf der D282 nach **Orbigny-au-Val** (Rue du Dessus).

Am Stoppschild marschieren Sie geradeaus auf der Rue du Lac weiter bis zur großen Madonnenstatue am Ortsausgang. Hier folgen Sie dem Weg, der nach 100 m seinen Teer verliert, nach links.

Es folgt ein schöner Hangweg, den Sie nach 1 km im rechten Winkel nach links verlassen. Sie wandern in das Tal hinunter. Dort treffen Sie auf eine Gabelung, an der es rechts, nun auch wieder auf dem GR 7, zum **Lac de La Liez** weitergeht.

Der Liezsee hat viele Namen

Dieser Stausee heißt offiziell Lac de la Liez, in manchen Karten und Publikationen mitunter auch Lac Liez, Réservoir de la Liez oder Réservoir de Lecey. Er ist der größte der vier Seen rund um Langres, im Frühjahr beträgt seine Wasserfläche rund 290 ha. Der Damm des 1888 gebauten Stausees ist 460 m lang und 16 m hoch, ☞ Champagne-Boulogne-Kanal.

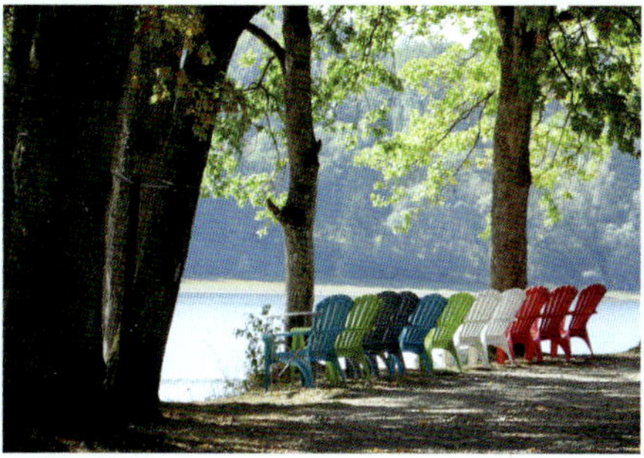

Am Liezsee

Der Weg macht eine Linkskurve, passiert geradeaus eine Schranke und führt nun etwa 4,5 km auf dem Seerandweg entlang, bis ein zu Peigney zählendes Siedlungsgebiet am Lac de la Liez erreicht ist. Sie passieren dabei einen Seezugang mit einer schönen Aussicht auf Langres. Weitere idyllische Rastmöglichkeiten folgen. Sie kommen an einem einzelnen Sommerhaus vorbei, überqueren einen kleinen Bach auf einer Brücke und kreuzen an der Wasserski-Basis einen Teerweg. Sie bleiben weiter auf dem Uferweg und erreichen den Badestrand.

Wer zum Campingplatz will, kann hier dem Weg nach rechts bergauf Richtung „Parking“ folgen, der Campingplatz liegt genau hinter dem See-Parkplatz.

Der Pilgerweg führt geradeaus weiter, nun neben der Seeuferstraße auf einem Plattenweg unterhalb der Segelschule und an einigen Picknicktischen vorbei. Sie passieren einen Spielplatz, ein Restaurant und eine Bar und erreichen die Staumauer am Hotel/Restaurant Les Voiliers.

La Liez (Peigney)

Les Voiliers, 1 Rue des Voiliers, 52200 Peigney, ☏ 03 25 87 05 74, accueil@lesvoiliers.fr, lesvoiliers.fr, Ü EZ/DZ ab € 88, April-Mitte Nov Mo u. Di (Juli/Aug nur Mo) sind Hotel und Restaurant geschlossen, am Weg

Camping de La Liez, Rue des Voiliers, 52200 Peigney, ☏ 03 25 90 27 79, contact@camping-liez.fr, www.campingliez.com, Stellplatz plus 2 Pers. € 20-28, weitere Pers. € 6, € 3, vermietet werden auch voll eingerichtete Container: Ü FZ/DU ab € 58, @, April-Sep, 200 m

An der Staumauer des Liezsees, vor dem Hotel, kreuzen sich die Pilgerwege nach Rom (Via Francigena) und nach Santiago de Compostela.

Der Frankenweg

Seit das Christentum die Britischen Inseln erreicht hat, pilgern Briten zum Grab des Apostels Petrus nach Rom. So auch Sigeric, der im Jahr 990 in 79 Tagesetappen nach Rom lief, um dort vom Papst die Würden des Erzbischofs von Canterbury zu erhalten. Er führte ein Pilgertagebuch, das auch heute noch viele weitere Rompilger motiviert. Entlang dieser Route von Canterbury durch Frankreich und die Schweiz nach Rom verläuft die Via Francigena. Sie ist auch als Frankenweg bekannt und gilt als der älteste christliche Pilgerweg Europas. An einigen Orten in Frankreich und in Lausanne am Genfer See kreuzt die Via Francigena die Jakobswege. Würden Sie am Lac de La Liez spontan links Richtung Rom pilgern, würden Sie Frankreich durch die Franche-Comté verlassen, am Genfer See entlangwandern, die Alpen am Großen Sankt Bernhard überqueren und dahinter durch das fruchtbare Aostatal und die Poebene zum Apennin wandern. Dann führt die Via Francigena durch die idyllische Hügellandschaft der Toskana und zu den Vulkanseen des Latiums, bevor auf dem Petersplatz in Rom das Ziel aller Pilgerinnen und Pilger erreicht ist.

📖 **Via Francigena von Lausanne nach Rom** von Ingrid Retterath, Conrad Stein Verlag, ISBN 978-3-86686-750-5, € 18,90

La Liez – Langres 3,8 km

Via Francigena, Jakobsweg und GR 7 verlaufen nun bis Langres parallel. Dazu kreuzen Sie am Staudamm die D284, passieren das 🛏 Hotel des Voiliers und gehen geradeaus an der Hotelmauer entlang bergab und dann in Bögen hinab ins Marnetal. An der Stromleitung nehmen Sie den rechten Weg, er führt zum **Champagne-Boulogne-Kanal.** Folgen Sie dem Uferweg nach rechts am ⛼ Picknicktisch vorbei bis zu einer alten Stahlbrücke. Überqueren Sie auf der Stahlbrücke den Kanal.

Champagne-Bourgogne-Kanal

Als der Kanal 1907 in Betrieb genommen wurde, hieß er noch Marne-Saône-Kanal. Er ist 228 km lang, verbindet die Flüsse Marne und Saône und war eine große technische Herausforderung, denn mit ihm musste die Europäische Hauptwasserscheide (Mittelmeer/Atlantik) überwunden werden. Dazu wurde ein 4.821 m langer Tunnel gebaut. Im unmittelbaren Zusammenhang mit dem Kanalbau stehen auch die vier Stauseen, die rund um Langres als Speicherseen angelegt wurden.

Die weiterführende Straße macht einen Rechtsbogen und führt auf einer Brücke über die **Marne**. Nun haben Sie schon die Stadtgrenze von Langres erreicht. Es gilt als Nächstes, die Bahnlinie zu überqueren und unter der Brücke hindurch bergauf zum Ortsteil Les Franchises zu laufen. Dort gehen Sie am Stoppschild unter der D283 hindurch und steil bergauf (Côte des Trois Rois). An der Stadtmauer durchschreiten Sie die **Porte sous-Murs**, laufen die Grande Rue de Porte sous-Mur hinauf zum nächsten Tor und dahinter geradeaus in der Rue du Grand Cloître zum **Place Diderot** im Zentrum von Langres und damit zum Etappenziel.

Zum sehenswerten Dom geht es nach rechts über den Place Diderot und durch die Hauptgeschäftsstraße Rue du Général Leclerc. Schräg gegenüber finden Sie die Pilgerherberge im Pfarrhaus (frz. *presbytère*). Zum Touristenbüro gehen Sie am Place Diderot nach links ganz bis zum Ende der Straße am großen Parkplatz Bel Air.

Langres

Office de Tourisme du Pays de Langres, Place Bel Air/Square Olivier Lahalle, 52201 Langres, ☏ 03 25 87 67 67, info@tourisme-langres.com, www.tourisme-langres.com, April, Mai, Juni u. Sep Mo-Fr u. So 9:30-12:00 u. 13:30-17:30, Sa bis 18:00, Juli/Aug durchgehend 9:30-18:00, So erst ab 10:00, Jan-März und Okt-Dez So geschlossen, Mo-Sa 9:30-12:00 u. 13:30-17:30, 450 m

Le Cheval Blanc, 4 Rue de l'Estres, ☏ 03 25 87 07 00, info@hotel-langres.com, www.hotel-langres.com, 23 Zimmer, Ü EZ/DZ € 80-145, F € 12, € 8, GB, 150 m

♦ **Grand Hotel de l'Europe**, 23-25 Rue Diderot, ☏ 03 25 87 10 88, contact@hoteleuropelangres.com, hoteleuropelangres.com, 26 Zimmer, Ü EZ/DZ € 76, F € 10, € 10, GB, 150 m

♦ **Hôtel de la Poste**, 8 et 10 Place Ziégler, ☏ 03 25 87 10 51, contact@hoteldelapostelangres.fr, www.hotel-de-la-poste.net, 18 Betten, Ü EZ/DZ € 85-110, DBZ € 120, VBZ € 160, Apartment für bis zu 8 Pers., € 205, F € 10, € 5, Sauna, , GB, 150 m

Ibis Budget, 2 Place Bel Air, Rue du 8 Mai 1945, ☏ 08 92 68 03 28, HB1B9@accor.com, ibis.accorhotels.com, Ü EZ/DZ € 55-80, F € 7, € 5, 450 m

L'Abri du Pélerin, Presbytère, 1 Rue Aubert, ☏ 03 25 87 11 49, paroissedelangres@orange.fr, www.cathedraledelangres.fr, 3 Zimmer, 6 Betten, Ü € 15, Küche, Pilgerunterkunft nur mit Pilgerausweis, Ankunft 16:00-18:00, die Tür zur Herberge steht offen, links im Hof ist das Pfarrhaus, dort können Sie klingeln und bezahlen, falls einer da ist, sonst kommt abends jemand zum Kassieren, 250 m.

Camping Navarre, 9 Boulevard du Maréchal de Lattre de Tassigny, ☏ 03 25 87 37 92, 06 10 74 10 16, campingnavarre@free.fr, 2 Pers., Zeltplatz u. Strom € 16,50-19,80, frei, 15. März-31. Okt, 500 m

Achtung, in der Altstadt von Langres sind die Geschäfte am Mo.-Vormittag geschlossen. Auch wer nicht in der ☞ Pilgerunterkunft L'Abri du Pélerin übernachtet, kann sich im Presbyterium einen Pilgerstempel abholen.

Aqualangres, Avenue du 21ème R. I., Sauna, Whirlpool, Schwimmbad, Öffnungszeiten auf Anfrage unter ☏ 03 25 84 25 10 oder beim Office de Tourisme unter ☏ 03 25 87 67 67

Stadtbus, linggo.fr

Der Bf. von Langres liegt 1,4 km nordöstlich vom Hochplateau in der Ebene. Zu den Abfahrts- u. Ankunftszeiten der Züge fahren Kleinbusse z. B. vom Place Bel Air vor der Touristinformation dorthin, ☞ Bus. Zu erreichen ist von Langres auch der Bf. Culmont-Chalindrey in nur 10 km Entfernung. Der liegt an einem Bahnknotenpunkt und hat sogar TGV-Halte. Auch dorthin fahren Busse von Langres aus, allerdings nur nach Voranmeldung (☞ Bourbonne-les-Bains). Langres eignet sich verkehrstechnisch gesehen besonders gut zur Unterbrechung der Pilgerreise sowie zur An- und Abreise.

Taxis Bomm, 06 70 11 05 47, **Taxi Angelique**, 06 87 80 31 72

✞ **Cathédrale Saint-Mammes**. Der Dom ist Saint Mammes geweiht, einem Märtyrer aus Kappadokien (in der heutigen Türkei). Er wurde im 12. Jh. in einer gelungenen Mischung aus romanischem und gotischem Baustil errichtet.

🚪 7:00-18:00

⌘ **Musée de Langres**, Kunst- und Heimatmuseum

♦ Place du Centenaire, 🚪 tägl. außer Di 9:30-12:00 u. 14:00-18:00

⌘ **Maison des Lumières Denis Diderot**, das Museum verschafft einen tiefen Einblick in das Wirken des Denis Diderot in der Zeit der Aufklärung (frz. *lumières*), Audioguides gibt es auch in deutscher Sprache, sehr empfehlenswert.

♦ 1 Place Pierre Burelle, 🚪 April-Okt 9:00-12:00 u. 13:30-18:30

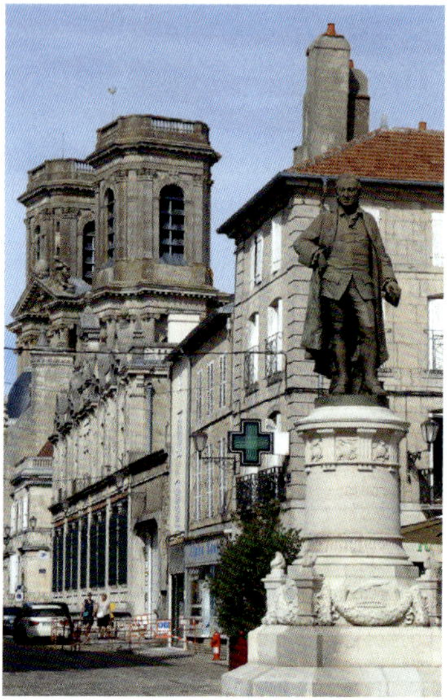

Diderot in Langres

Langres ist nicht umsonst eines der beliebtesten Zwischenziele für Jakobspilger. Allein die Lage mit der Fernsicht ist bezaubernd, nach Osten blicken Sie auf den Lac de la Liez und die Vogesen, mitunter sogar auf das Berner Oberland in den Schweizer Alpen. Diesen Hügel erkannten schon die Gallier als strategisch günstig und bauten eine Festung, auch die Römer fühlten sich hier wohl. Schon im 4. Jh. wurde Langres Bischofssitz. Im 14. und 15. Jh. entstand eine beeindruckende Festung mit einem 3,5 km langen Panorama-Wehrgang, sieben Toren und zwölf Türmen. Im 19. Jh. kam die damals uneinnehmbare Zitadelle hinzu.

In der Stadt werden Ihnen die Namen Denis Diderot und Jeanne Mance allerorten begegnen, auf die die Einwohnerinnen und Einwohner mächtig stolz sind: Diderot (1713-1784) war Schriftsteller und Aufklärungsphilosoph, die Krankenschwester Jeanne Mance (1606-1673) wirkte bei der Missionierung Nordamerikas mit, gilt als Mitbegründerin Montreals und stiftete dort ein Krankenhaus.

In Langres endet die Zuständigkeit der Association des Amis de Saint-Jacques-de-Compostelle Région Lorrain (dt. „Freundeskreis der Jakobspilger Lothringen") für den Pilgerweg. Die historische Region Lothringen sowie die moderne administrative Region Grand Est, in der die vormals selbstständige Region Lothringen aufgegangen ist, durchstreifen Sie noch fast zwei weitere Tage.

Langres – Auberive 33,7 km

Die Betreuung des Weges von Langres bis nach Cluny unterliegt der Jakobusbruderschaft Bourgogne, ☞ Reise-Infos von A bis Z, Informationen. Auf dem 52,4 km langen Wegstück zwischen Langres und Grancey-le-Château ist der Weg identisch mit dem weiß-rot markierten GR 7. Erst nach dem Wechsel in die Verwaltungsregion Bourgogne-Franche-Comté weist die Markierung mit dem bekannten Muschelsymbol eine eigenständige, vom GR 7 unabhängige Route aus. Neuerdings gibt es aber auch auf diesen ersten 52,4 km einige Muschelsymbole, die allein aber nicht ausreichen, den Weg zu finden. Halten Sie sich an die Markierungen des GR 7.

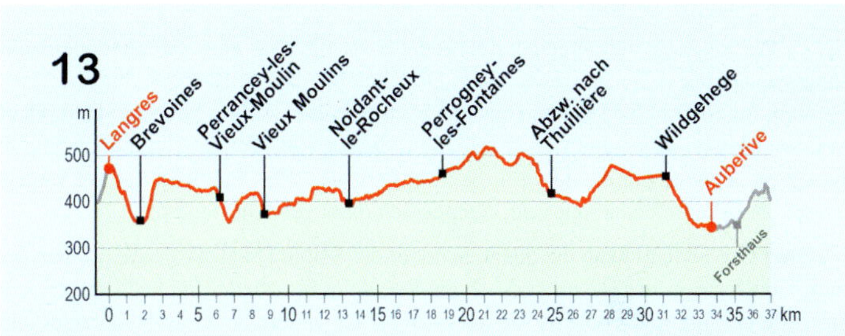

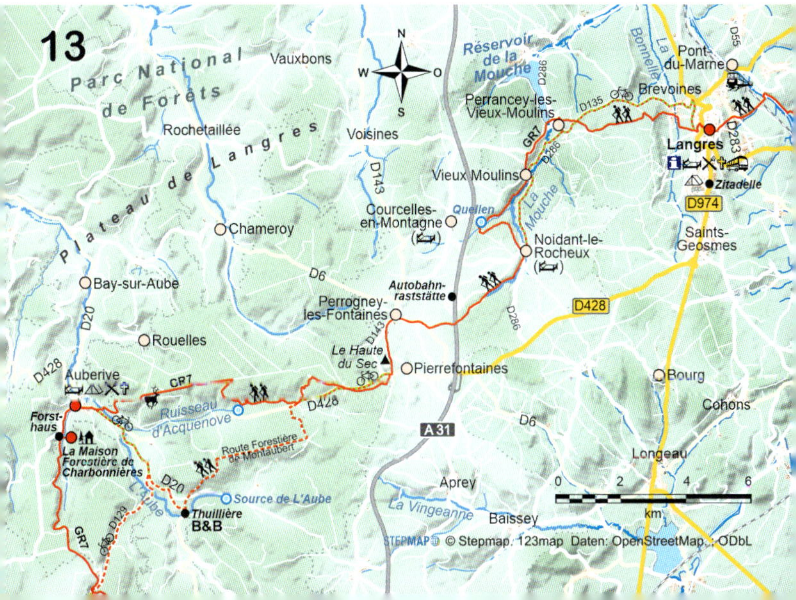

☺ Die sehr weite, nun folgende Etappe sollten Sie ausgeruht angehen. Zu bedenken ist, dass, wenn Sie günstig unterkommen wollen, noch einmal 1 km zusätzlich auf Sie zukommt, um von Auberive zum Maison Forestière de Charbonnières zu gelangen. Abkürzungsmöglichkeiten können nicht wirklich empfohlen werden, da sehr schöne Wegstücke durch Straßenkilometer eingetauscht werden müssten. Es ließe sich allerdings eine Ersparnis von 2,8 km durch 4,2 Straßenkilometer „herauslaufen". Ich werde im Text darauf hinweisen.

Einen um 3,3 km kürzeren Weg (inklusive der Abkürzungen sogar 6,1 km) hätten Sie, wenn Sie als Tagesziel eine Übernachtung in Thuillière, 5,5 km südöstlich von Auberive gelegen, ansteuern würden.

☺ Wer es entspannt angehen will, findet nach 13,3 km eine Zwischenübernachtungsmöglichkeit (F, ▣, 🐕) im schönen Dörfchen Noidant-le-Rocheux, buchbar über 💻 www.airbnb.de. Eine Pilgerin empfiehlt auch eine über Airbnb buchbare Unterkunft in Courcelles-en-Montagne, 1,5 km abseits vom Weg (☞ Wegbeschreibung). Es gibt dort zwei separate Gästezimmer für je zwei Personen. Das Bad wird mit der Familie geteilt. Auf Wunsch kann auch ein Abendessen dazu gebucht werden.

Am Place Diderot kann die rechte Schulter der Statue Diderots als Wegweiser dienen. Gehen Sie in der Richtung durch die Rue de la Boucherie. Sie heißt hinter dem Hôtel de la Poste Rue Boulière. Sie wechseln auf die andere Seite der Stadtmauer und kommen an die N19.

Gehen Sie rechts an der Mauer entlang zum Zebrastreifen und überqueren Sie die Straße. Wenige Meter weiter links finden Sie dann den rechts abwärtsführenden weißrot markierten Fußweg (GR 7). Hinter der Infotafel nehmen Sie den geländerten Fußweg schräg rechts bergab, überqueren eine Straße und biegen 50 m weiter links in den **Chemin Saint-Didier.** Der Weg führt entlang von Gärten an eine Straße. Hier gehen Sie 50 m rechts abwärts und biegen rechts wieder in einen anderen Gartenweg ab, der sofort links abbiegt und einen Radweg erreicht.

🚲 Radfahrerinnen und Radfahrer können auf diesem Radweg (Voie Verte) rechts bis zu seinem Ende an der D135 fahren und dann auf dieser links nach Perrancey-les-Vieux-Moulins gelangen. Hier biegen Sie in die D286 und fahren bis Noidant-le-Rocheux.

Gehen Sie geradeaus darüber hinweg die Böschung hinunter, dann entdecken Sie den weiter abwärtsführenden markierten Weg.

✋ Lassen Sie sich durch den Holzzaun, der die beiden Fahrspuren trennt, nicht aufhalten. Da kommt man drunter durch oder drüber. Achten müssen Sie selbstverständlich auf den Radverkehr!

Am Wegende gibt ein Straßenschild Auskunft, dass Sie den Chemin du Murot heruntergekommen sind. Gehen Sie an der Querstraße links nach **Brevoines** hinein.

Im Ort nehmen Sie die Brücke über die Bonnelle, gehen an der Kirche geradeaus, folgen der Straße (Route de Buzon) links in die Kurve und biegen entsprechend dem Wegweiser dort rechts, an dem Wohnhaus entlang, in den Pfad ab, der bergauf führt. An einer Gabelung halten Sie sich links.

Oben angekommen erreichen Sie einen Schotterweg, auf dem es rechts, nun mit Weitsicht, weitergeht. Gehen Sie bis knapp hinter die nur noch flache Anhöhe und biegen Sie dort links in einen Feldweg ein. Nach 1,9 km Höhenweg treffen Sie auf eine Wegkreuzung und gehen rechts auf dem breiten Weg weiter, bald über eine Straße hinweg. Schon 100 m danach geht es links vom breiten Weg ab durch eine schöne Buschlandschaft schließlich zu den ersten Häusern von Perrancey-les-Vieux-Moulins.

Hier haben Sie einen schönen Ausblick auf den Stausee (La Mouche), bevor Sie rechts über eine Wiese laufen und hinter einem Haus links zur Kirche von **Perrancey-les-Vieux-Moulins** wandern. Achten Sie hier auf den Waschplatz, der noch in voller Funktion vom Wasser einer Quelle gespeist wird.

Sie gehen rechts und 50 m später links (Durchfahrt verboten) steil hinab ins Tal. An der nächsten Straße ist der GR 7 nach links entlang der Straße markiert. Sie können hier schöner gleich wieder rechts abbiegen und an der Gabelung auf der Steinbrücke am Seerand zu einem Picknicktisch am Wanderparkplatz laufen. Dahinter nehmen Sie die befestigte Zufahrt links, über die Sie zurück zur Straße und an den GR 7 kommen. Sie folgen der Straße rechts bis zur Höhe. Hier biegt Ihr Weg, gut markiert, links von der Straße ab. Er führt zu einem Sträßchen (⛼ schattiger Rastplatz), auf dem Sie links wieder in das Mouchetal und nach Vieux Moulins hinunterwandern.

Vieux Moulins erreichen Sie an einem Brunnen und einer Querstraße. Es empfiehlt sich, hier weiter den Markierungen des GR 7 durch das wunderschöne Tal der Mouche nach Noidant zu folgen. Zwei eindrucksvolle Karstquellen liegen dann am Weg.

↳ Etwa 2,1 km kürzer ist es allerdings, entlang der D286 zu wandern. Gehen Sie dafür am Brunnen links zur D286 und dort rechts durch die Ortsmitte von Vieux-Moulins nach Noidant-le-Rocheux.

Der GR 7 führt geradeaus durch die Rue Ruelle de la Maladière an den Talweg und dort rechts. Am Dorfende wird der Weg zum Grasweg und führt zunächst durch Wiesen am Bach entlang, erreicht dann den Waldrand und verschwindet schließlich im Wald und in einem Nebental. Zwei kräftige Quellen (frz. *source*) sprudeln am Weg.

Nach der zweiten Quelle folgen Sie an einer Gabelung links dem Pfad (nicht der breiten Wegspur, ↳ die nach Courcelles-en-Montagne (⟺) führt; es ginge den Berg hinauf, durch einen Hohlweg, dann kurz parallel oberhalb der Autobahn, die anschließend überquert wird). Sie ignorieren einen rechts abzweigenden Weg und treffen auf einen Wegweiser. Sie gehen geradeaus Richtung Noidant-le-Rocheux.

✋ Aber Achtung! Schon nach wenigen Schritten ist der weiter geradeaus führende Weg gekreuzt. Sie steigen links einen steilen Hang hinauf und landen auf einem wieder bequemen Hangweg, dem Sie links folgen. Der Weg biegt nach und nach rechtsherum und erreicht einen ersten Querweg. Hier gehen Sie rechts und an einem weiteren, breiten Querweg (⩚ Sitzbank) links. Dieser fällt nun langsam in das Tal des Baches Mouche.

☺ Die Markierung des GR 7 zeigt, kurz bevor der Ort **Noidant-le-Rocheux** (🛏) erreicht ist, noch einmal rechts in den Wald. Sparen Sie sich diesen nur kräftezehrenden Schlenker und gehen Sie geradeaus und schließlich linksherum an eine Dorfstraße. Hier biegen Sie rechts ein und kommen an eine Kreuzung. Geradeaus folgen Sie (mit der wiedererreichten Markierung) der D286 Richtung Auberive. Am Haus Nr. 14 biegen Sie rechts auf einen Nebenweg ab.

Es ist wieder ein wunderschöner Talweg, der zunächst am Waldrand entlang- und dann durch den Wald führt. Wieder drückt Wasser üppig in einigen Quellen aus dem Berg.

Wenn die A31 schon gut zu hören ist, gehen Sie an einer Weggabelung links. Dies ist zunächst ein schmaler Pfad, ihn verlassen Sie, um links in einen Schotterweg einzubiegen. Diesen verlassen Sie wiederum nach 50 m nach rechts. Nun befinden Sie sich auf einem Waldpfad, der an der Autobahn auf einen Feldweg stößt. Gehen Sie hier rechts durch die Unterführung.

Nun führt der Weg am Waldrand durch Felder, voraus ist schon der Fernmeldeturm auf der Sec-Höhe (Le Haute du Sec) zu sehen, den Sie später passieren werden.

↳ Nach 250 m ist über einen Waldweg rechts die nahe Autobahnraststätte ✕ zu erreichen, ⇔ 1,5 km.

Sie gehen geradeaus und nehmen dann die Straße rechts nach **Perrogney-les-Fontaines**, sie heißt Rue Claude Guérin.

Das Plateau von Langres

Wenn Sie gleich von Perrogney die letzten Meter zur Höhe von etwas über 500 m hinaufsteigen, nehmen Sie sich etwas Zeit, den herrlichen, von keinem Baum oder Haus verstellten Fernblick zu genießen. Eine weite Hochfläche breitet sich aus. Am Horizont erscheint recht klar das Panorama von Langres. Einige Hochhäuser sind zu sehen und Windräder ragen heraus. Die vom Wasser tief eingeschnittenen Täler scheinen aus dieser Sicht verschwunden. Was Sie vor sich sehen, ist als das Plateau von Langres definiert. Es handelt sich um ein riesiges Kalkmassiv, dessen Ausdehnung in etwa dem Département Haute-Marne entspricht, und so sind auch die am heutigen Weg so kräftigen Quellen zu erklären. Kalkstein ist besonders durchlässig für das Regenwasser. Im Innern bilden sich durch Verwitterung oft große Hohlräume und irgendwo sucht sich das Wasser einen Weg ins Freie und bildet kräftige, von jetzt auf gleich üppig sprudelnde Karstquellen. Das Plateau gilt als einer der größten Wasserspeicher im zentralen Frankreich und ist Ursprung der Flüsse Marne, Seine, Aube und Maas.

Karst bedeutet aber auch karg. Die Böden eignen sich nur sehr bedingt zum Ackerbau, da die Krume flach angelegt ist, und wenn es nicht kontinuierlich regnet, trocknen sie schnell aus. Das Wasserhaltevermögen der Böden ist so gering wie beim Sandboden. Es überwiegt das Wiesenland. Große Flächen sind mit Wald bepflanzt. Auf diesem Hintergrund erklärt sich die sehr dünne Besiedlung.

An der Kirche biegen Sie links in die D143 und nach 350 m links in einen Nebenweg ab. Nun gehen Sie geradeaus auf den Funkturm zu. Am Waldrand verlassen Sie den Teerweg und gehen geradeaus auf einem Schotterweg weiter. Auch bergab bleiben Sie auf Geradeauskurs. Sie treffen auf die D428, gehen rechts und biegen nach knapp 100 m links in einen Nebenweg. Bereits nach 60 m biegen Sie wieder rechts davon ab und laufen durch den Wald.

Der bequeme Weg führt wieder an die Straße zurück. Sie gehen links. Bereits nach weniger als 100 m zeigt die Markierung wieder rechts in einen Forstweg.

War der eben vollzogene Schlenker noch eine kaum verlängernde, sinnvolle Alternative zur Straße, ist der nun im Folgenden beschriebene Waldweg schon recht fordernd. Wenn Sie 700 m Weg und einige Höhenmeter einsparen wollen, bleiben Sie auf der Straße (Vorsicht! Es wird sehr schnell gefahren und der Randstreifen ist kaum zu benutzen).

Noch vor der Wegschranke biegen Sie links in einen Waldweg ab. Eine Straße und ein Waldweg werden geradeaus überschritten, dann steigt der Weg beständig an. Kurz nach der Höhe wird ein links abzweigender Weg ignoriert. Danach gehen Sie an einer Kreuzung links. Der Weg biegt rechts und führt abwärts, dann links auf einen Pfad in den Hang und schließlich hinunter auf einen breiteren Weg. Hier gehen Sie links weiter. 100 m weiter biegen Sie rechts wieder in einen schmalen Pfad ab (), der talwärts führt und links biegt.

Zuletzt wird noch einmal ein breiter Weg erreicht, hier geht es rechts auf einen Schotterweg in eine Parallele zur Straße (D428). Geradeaus, am Zugang zur Straße, führt der GR 7 auf dieser Forststraße wieder in den Wald (Route Forestière de Combe Maitresse).

Wenn Sie auf der D428 hierher gelaufen sind, erkennen Sie die Stelle außer an dem Wegweiser im Wald und dem braunen Schild, das die Forststraße bezeichnet, auch daran, dass nur wenige Meter nach dem Abzweig linker Hand eine Parkbucht und ein Haus folgen.

Die im Folgenden beschriebene Wanderstrecke von der D428 bis Auberive ist durchgehend gut befahrbar und führt über weite Strecken durch oder an Wald entlang.

Variante nach Thuillière: Wer nach Thuillière will, bleibt noch auf der Straße bzw. geht von der Forststraße an die D428 und dort rechts. Sie laufen an der Parkbucht und dem Haus vorbei und biegen nach insgesamt 300 m links in die Route Forestière de Montaubert ab.

Markiert ist der Abzweig und auch im Folgenden der Weg mit hübsch gestalteten (echten) Schalen der Jakobsmuscheln (können auch fehlen, da sie nicht immer ausreichend erneuert werden). Sie ignorieren einen rechts abgehenden Weg und steigen auf dem Forstweg ganz zur Höhe an eine Wegspinne. Hier ist die Markierung nicht ganz eindeutig gesetzt. Sie gehen rechts in den breiten Weg, der über die Höhe führt, und dies schnurgerade für 3 km.

Am Ende der Forststraße gehen Sie links noch einmal leicht aufwärts Richtung Aubequelle (frz. *Source de l'Aube*). Schon bald fällt der Weg in Bögen in das Aubetal, durch das ein Sträßchen verläuft. Es wird geradeaus überquert. (Nach links ist zur Aubequelle ausgeschildert, 1,2 km.) 500 m weiter erreichen Sie die D20 und die direkt gegenübergelegene Unterkunft in La Thuillière.

B&B **Christiane Vollmer**, La Thuillière, 52160 Auberive, ☏ 03 25 90 68 95, 2 Zimmer, 5 Pers., ÜHP € 35-45, , ganz wenig D

Von La Thuillière brauchen Sie nicht bis Auberive zu gehen. Sie können die D20 in nördlicher Richtung bis zum Abzweig der D129 laufen und über diese in Vivey den Weg wieder erreichen. Gegenüber dem Originalweg haben Sie 500 m eingespart, können also mit einer ähnlichen Etappenlänge rechnen.

Folgen Sie der Route Forestière de Combe Maitresse durch das einsame Waldstück. Der Weg führt bald stetig bergauf, an einer Schranke gehen Sie links und an einer weiteren Schranke geradeaus immer nach Westen. Links ergibt sich ein Blick hinab ins Tal von Acquenove, danach führt der Weg wieder schnurgerade nach Westen. Sie passieren mehrere Wanderparkplätze und ein Wildgehege. Am Parkplatz direkt neben dem Gehege lädt eine Schutzhütte mit Tischen und Bänken zu einer Pause ein.

Der GR 7 setzt hier noch einmal zu weiteren Schlenkern an. Wenn Sie einfach weiter auf der Forststraße geradeaus pilgern, haben Sie einen deutlich kürzeren Weg. Folgen Sie der blau-gelben Markierung bis über eine alte Steinbrücke (über die Aube), auf der man sofort Ritterfilme mit fechtenden Helden drehen könnte. Nun erreichen Sie wieder die D428 und folgen ihr rechts nach Auberive.

Auberive

Auberge du Palais Abbatial, Chambres d'hôtes, 3 Rue de l'Abbatiale, 52160 Auberive, ☏ 03 25 84 33 66, 06 48 44 74 25, auberge-abbatiale@club-internet.fr, www.auberge-abbatial-auberive.fr, 5 Zimmer, ÜF EZ € 135, DZ € 135-149, VBZ € 210 A im Restaurant, , GB, 430 m

Camping de mon Village d'Auberive, 4 Rue de la Mairie, 52160 Auberive, ☏ 01 83 64 69 21, contact@campingcarpark.com, www.campingcarpark.com/fr_FR/sejour/camping/grand-est/52-haute-marne/auberive, Ü Zelt + 2 Pers. € 13,50, , 15. April-Sep

Mi Ruhetag

Abbaye d'Auberive. Die Zisterzienserabtei wurde 1135 von Bernhard von Clairvaux als 24. Tochterabtei von Clairvaux gegründet. In der Französischen Revolution wurde die Abtei aufgelöst, sie diente eine Weile als Frauengefängnis, danach als Benediktiner- und Trappistenkloster. Ende des 20. Jh. war sie Schullandheim, seit 2004 ist sie Kulturzentrum, insbesondere für hochwertige klassische Musik.

♦ 1 Place d'abbaye, ☏ 03 25 84 20 20, 💻 www.abbaye-auberive.com, Nov-April Mo-Fr 9:00-12:30 u. 14:00-17:30, Mai und Okt So 14:00-18:00, Mai-Sep Di 14:00-18:30, Mi-So 10:00-12:30 u.14:00-18:30

Auberive – Forestière de Charbonnières 1,4 km

🚲 Radfahrerinnen und Radfahrer fahren über die D428 (Route de Langres) zurück und biegen rechts in die D20 ab. Von dieser biegen Sie in die D129 ein und fahren auf ihr über Vivey bis Grancey-le Château).

Von der Ortsdurchgangsstraße biegen Sie nur ab, wenn Sie in das Zentrum wollen. Dann erreichen Sie noch vor einer Bachbrücke einen Hinweis auf das Maison Forestière de Charbonnières; über die Rue du Val Clavin kommen Sie dorthin, ➲ 1 km. Oder Sie bleiben zunächst auf dem GR 7 (Pilgerweg). Der biegt eine Straße später, nach dem Überqueren des Baches, links in dasselbe Tal (Route de Santenoge).

Wenn die Straße eine Rechtskurve macht, gehen Sie geradeaus auf dem geteerten Nebenweg weiter. Der befestigte Weg endet an einem Forsthaus. 50 m weiter treffen Sie auf einen links abgehenden Pfad, der zur Unterkunft Forestière de Charbonnières führt.

La Maison Forestière de Charbonnières, Gîte d'étape, 9 Chemin du Val Clavin, ☏ 03 25 84 71 86, 📱 06 98 91 71 86, ✉ cin.auberive@ligue52.org, 💻 chemindetraverse52.org, 3 Zimmer, für Pilgerinnen und Pilger mit eigenem (warmem) Schlafsack gibt es den Sondertarif Compostelle Hikers Special von € 15 ohne Bettdecke (+ Kurtaxe). Wer eine Bettdecke und Bettwäsche braucht, muss das extra anmelden. Im Einzelzimmer kostet die Übernachtung dann € 40, im MBZ € 30 p. P., April-Okt, ➲ 200 m

Forestière de Charbonnières – Ferme de Borgirault 15,2 km

Wenn Sie nicht zur Unterkunft abbiegen, folgen Sie geradeaus dem schmalen Pfad bis auf einen Querweg. Dort geht es links weiter.

Der Pfad verläuft auf halber Höhe des Hangs, nach links geht es zum Teil unerwartet steil in die Tiefe. An der U-Kurve eines Forstweges gehen Sie linksherum. Viele Hirschzungen (Farnpflanze) stehen hier im Talschluss. Der Weg ist nun im Hang leicht abwärtsgerichtet, führt dann aber in einer Rechtskurve steiler bergan. Wenn Sie nun geradeaus bis an eine Waldstraße

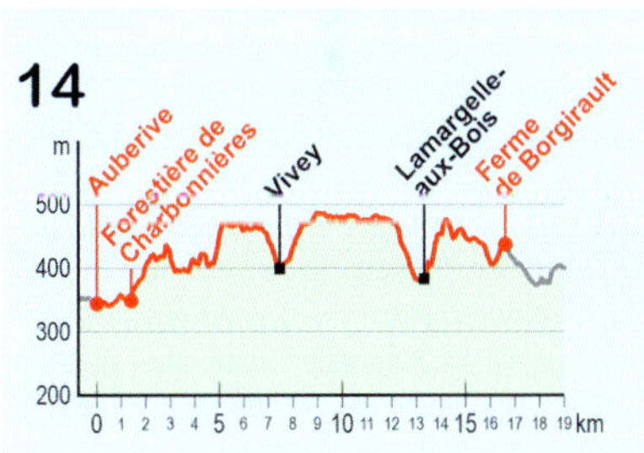

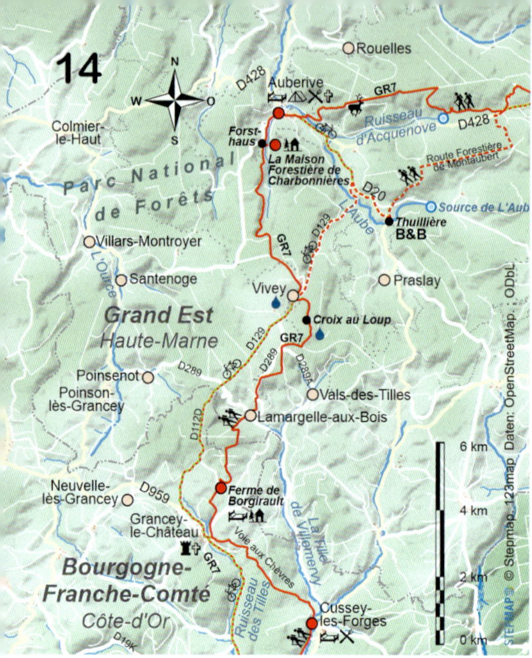

gehen (Empfehlung, Track folgt dem GR 7), sind Sie zwar vom GR 7 abgekommen, haben aber die bequemere Variante gewählt. An der Waldstraße laufen Sie nach links und treffen nach 1,1 km auf eine Hofstelle. Hier gehen Sie geradeaus in einen Feldweg (wieder auf dem GR 7), der nach **Vivey** 💧 hinabführt.

Am Brunnen an der Bushaltestelle führt der GR 7 zunächst nach links, dann rechts auf die D129 Richtung Grancey-le-Château und sofort wieder links (Chemin de la Croix au Loup) 💧. Sie folgen einer Stichstraße, die sich in einen Waldweg verwandelt und an einer Waldwiese ein Kreuz unter Linden erreicht. Gehen Sie hier rechts entlang der Waldwiese aufwärts.

➯ Auf der Höhe biegt ein Fußweg zum Croix au Loup rechts ab.

Sie gehen geradeaus weiter und treffen auf einen breiten Schotterweg. Hier biegen Sie rechts ein.

An der D289 angekommen gehen Sie links zu einer Gabelung. Im Winkel zwischen beiden Straßen führt Ihr Weg weiter Richtung Lamargelle-au-Bois. Nach 750 m biegen Sie an einem Wegweiser rechts vom bequemen Waldweg ab und erreichen nach einer ebenso weiten Strecke wieder die D289.

Hier marschieren Sie links weiter, achten aber auf die Markierungen. In einer Rechtskurve kürzen Sie geradeaus die kleine Serpentine ab und gehen über die Straße hinweg weiter geradeaus auf schönem Grasweg in das Dorf Lamargelle-aux-Bois.

Laufen Sie zur Kirche, gehen Sie rechts davon geradeaus und links über einen Bach. Hier steht unter einer großen Linde ein ⛼ Picknicktisch. Dahinter nutzen Sie die erste Möglichkeit, nach links abzubiegen (Strommast). Der Weg führt anfangs durch Felder, später in den Wald immer bergauf. An der Gabelung gehen Sie wieder links zunächst hangparallel, dann aber rechts steil bergauf zur Höhe.

Die Ost-Champagne (Haute-Marne) liegt nun hinter Ihnen. Sie laufen weiter durch die Côte d'Or, also im **Burgund**.

Am Holzlagerplatz gehen Sie geradeaus wieder abwärts bis zu einem Querweg an einem Grenzstein und dort rechts. Es geht über eine Kreuzung hinweg und etwas weiter plötzlich links vom guten Weg ab in einen weniger belaufenen, abwärtsführenden Weg. Sie gehen geradeaus bis auf einen Querweg und dort rechts, nach 50 m aber wieder links bis an den Waldrand. Nun gehen Sie, bereits auf zur Ferme di Borgirault gehörenden Flächen, rechts am Feldrand abwärts.

Sie erreichen eine Gabelung mit dem Wegweiser „Borgirault, Étang". Gehen Sie rechts und durch die nachfolgende Linkskurve hinauf zwischen den Farmgebäuden hindurch.

Gîte d'étape, Sabine und Christopher Lenz, Ferme de Borgirault, 21580 Grancey-le-Château-Neuvelle, ☎ 03 80 75 66 24, info@borgirault.fr, www.borgirault.fr, 26 Betten in 2- bis 5-Bett-Zimmern, Ü € 30, HP € 25, reduzierte Preise für Pilgerinnen und Pilger, Unterbringung von und kein Problem (großzügige Stallungen), € 5. Bei Wandernden, Pilgernden sowie Reiterinnen und Reitern gleichermaßen beliebter Pferdehof, die Inhaber sind Deutsche und können fantastisch kochen! , ➲ am Weg

Ferme de Borgirault – Cussey-les-Forges 6,7 km

Gehen Sie über den Reiterhof und nehmen Sie oberhalb den Weg nach links. Ein schöner Feldweg führt ins Tal des hier noch jungen Baches Tilles. In der Senke gehen Sie links. Auf beiden Wegseiten sind alte Mauern dick mit Moos bewachsen. Der Weg mündet in eine Straße, hier gehen Sie geradeaus. Der Hauptort mit Kirche und Château von Grancey breitet sich auf dem Höhenrücken auf der anderen Talseite aus. Sie berühren es nur ganz am Rande an einer ersten Hofstelle.

Grancey-le-Château

✞ **Saint Germain**. Die Kirche geht vermutlich auf das Jahr 900 zurück und wäre damit eine der ältesten Kirchen in der Region, ➲ 1,2 km.

Château et collégiale Saint-Jean, Burganlage aus dem 18. Jh. auf mittelalterlichen Fundamenten

Radfahrerinnen und Radfahrer werden hier zur Talstraße abbiegen und dort links dem Tilletal abwärts folgen (D959).

Fußpilger folgen ab hier der beginnenden **gelb-blauen Markierung**, die aus einem gelben und einem blauen Strich zusammengesetzt ist. Durch die bekannte Muschelmarkierung wird die Markierung des Pilgerweges komplettiert. Die gelben, stilisierten Muscheln auf blauem Grund sind ab sofort richtungsweisend eingesetzt, ☞ Wegmarkierung.

Gehen Sie 10 m geradeaus und dann links aufwärts in den breiten Schotterweg mit dem Namen Voie aux Chèvres (dt. „Ziegenpfad"). Damit biegen Sie vom GR 7 ab.

Auf der Anhöhe gehen Sie geradeaus und vertrauen sich dem Feldweg an, der nahe zu höhengleich ein Sträßchen erreicht. Auch hier gehen Sie geradeaus darüber hinweg. Es ist nicht mehr so dicht, aber ausreichend markiert.

An der nächsten Anhöhe finden Sie einen herrlichen Aussichtspunkt mit Panoramatafel und Blick über das Tilletal nach Grancey-le-Château.

Etwas weiter lassen Sie sich nicht von einer auftauchenden und von der Richtung abweichenden gelben Markierung irritieren.

Bleiben Sie auf dem breiten Weg und gehen Sie geradeaus jetzt zunehmend abwärts auf ein Nebental der Tille zu.

Zuletzt laufen Sie auf Teer über einen Bach und erreichen eine Kreuzung am Ortsrand von **Cussey-les-Forges** (Picknickbänke und Papierkorb).

Cussey-les-Forges

Auberge du Molveau, 1 Rue du Four, 21580 Cussey-les-Forges, 06 82 45 22 54 und 06 40 57 97 88, aubergedumolveau@gmail.com, aubergedumolveau.fr/de, sechs Themenzimmer werden für € 75 bzw. € 90 (DZ) vermietet, im Haus gibt es ein Restaurant, es wird Deutsch gesprochen, 400 m, an der Kirche.

Cussey-les-Forges – Is-sur-Tille 16,2 km

Sie folgen geradeaus dem Schotterweg, der am Talrand entlang bis in das Tilletal und an die D959 führt. Sie gehen links und überqueren den in zwei Arme geteilten Nebenbach. Nach dem Straßenabzweig Richtung Cussey-les-Forges biegen Sie rechts in einen Nebenweg und durchqueren nun den Talboden des Tilletals. An einer Hofstelle (La Forge) biegen Sie rechts in die D19, überqueren die Tille und biegen danach links in die Zufahrt zu einem Gutshof und vor dem Tor links in den Talhangweg ein. Dieser mündet nach über 2 km in eine Siedlungsstraße am Rande von **Marey-sur-Tille**. Sie gehen links und dann geradeaus entlang der Grande Rue. An der Kirche biegen Sie rechts in die D959.

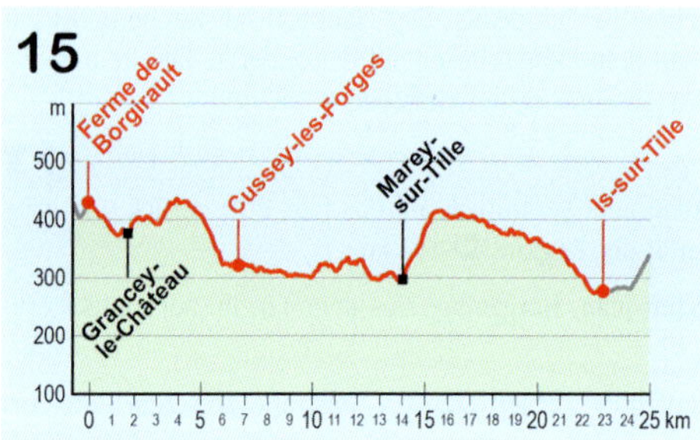

Marey-sur-Tille

Camping Municipal de Marey-sur-Tille, Rue du Stade, 21120 Marey-sur-Tille, 03 80 75 68 20 u. 03 80 75 66 04, 10 Stellplätze, Juli/Aug, 540 m

Saint Loup, gotische Kirche aus dem 13.-15. Jh.

Nach rund 800 m auf der Straße, gleich nach dem Ortsinformationsschild, biegen Sie rechts in einen Nebenweg. Der breite Weg bringt Sie weit hinauf zur Talrandhöhe. Sie laufen über die Höhe weg bis an einen breiten Schotterweg und dort rechts.

Nach einem Lagerplatz für Windradteile und einem großen Feld rechter Hand erreichen Sie eine Teerstraße (D120D), von der Sie gleich rechts wieder in einen ebenfalls geteerten Weg abbiegen.

Gegenüber einem Reiterhof, vor einer Maschinenhalle, biegen Sie links in einen Feldweg ab, der zum Wald führt. Hier folgen Sie der Markierung zweimal links und laufen dann am Waldrand entlang und durch den Wald zur Straße (D120D) zurück. Diese wird aber nur überquert. Nach 130 m biegen Sie rechts vom breiten Weg in einen schönen Waldweg ab. Der Weg biegt einmal links und erreicht eine Kreuzung. Hier gehen Sie geradeaus weiter.

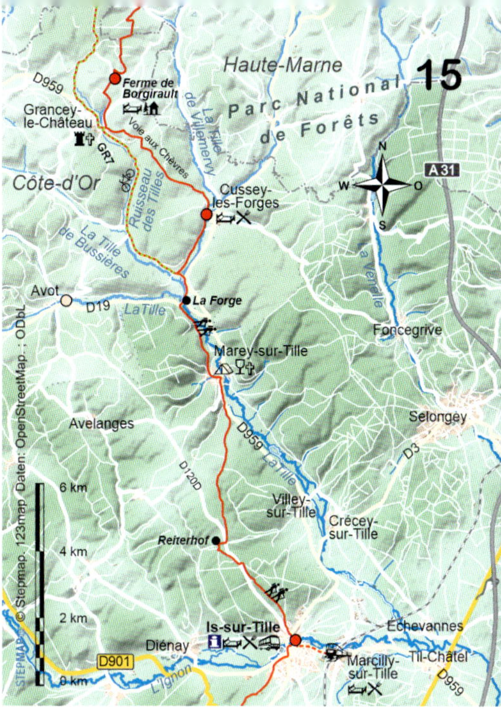

Sie landen schließlich auf einer großen Wiese, an dessen Rand es weiter an einen Schotterweg geht. Sie gehen rechts. Der Weg wird zur Siedlungsstraße und führt an eine Fahrstraße. Hier gehen Sie links zur Ampelkreuzung und dort geradeaus, überqueren zweimal einen Stadtgraben und erreichen den Place de la République ℹ.

Is-sur-Tille

ℹ **Office de Tourisme des Vallées de la Tille et de l'Ignon**, Place de la République, 21120 Is-sur-Tille, ☏ 03 80 95 24 03, ✉ covati.tourisme@covati.fr, 💻 www.covati-tourisme.fr, 🚪 März-Okt Di-Sa 9:30-12:30 u. 14:00-18:00, ➲ am Weg

🛏 ✕ **L'Auberge Côté Rivière**, 3 Rue des Capucins, 21120 Is-sur-Tille, ☏ 03 80 95 65 40, ✉ cote.riviere@wanadoo.fr, 💻 www.aubergecoteriviere.com, 10 DZ, Ü EZ/DZ ab € 85, F € 12, 🐕 € 10, 🚪 Di-Sa, ➲ 200 m, westl. Altstadtrand

B&B Im Angebot sind viele weitere Unterkünfte mit und ohne F bei 💻 booking.com und 💻 airbnb.

🚌 Informationen zum Busverkehr im Département Côte d'Or finden Sie auf der Seite 💻 www.viamobigo.fr. Es gibt allerdings meines Wissens hier keine für den Weg relevante Linie. Die möglichen Verbindungen, auch von den nachfolgend zu durchwandernden Ortschaften sowie aus dem oberen Tilletal, beinhalten eine Voranmeldung am Tag zuvor.

🚆 Der Bf. Is-sur-Tille befindet sich in Marcilly-sur-Tille, ➲ 1,5 km, ☞ Marcilly-sur-Tille.

Is-sur-Tille war ab 1628 Heimat der Kapuzinermönche, die dort dem stärker werdenden protestantischen Einfluss entgegenwirken wollten. Der 1633-35 gebaute Kapuzinerkonvent wurde 1980 abgerissen.

Von Is-sur-Tille sind es gerade einmal 1,5 km bis Marcilly-sur-Tille. Sie finden dort ein Ausweichquartier am Bahnhof und den Bahnhof selbst. Um dort hinzukommen, laufen Sie am Place de la République weiter geradeaus, ignorieren die sofort folgende Kreuzung – der Pilgerweg biegt hier rechts –, biegen aber an der Kreuzung 80 m weiter links gegen die Einbahnstraße ab (an dieser Kreuzung befinden sich mehrere Banken). Der Rue Jean Jaurès folgen Sie an eine T-Kreuzung und gehen dort links entlang der Avenue Carnot etwa 1 km bis zum Abzweig links, der zum Bahnhof führt (hier steht ein Wegweiser). Unterwegs kommen Sie an einem größeren Supermarkt vorbei.

Marcilly-sur-Tille

Hôtel du Lac, 17 Avenue de la Gare, 21120 Marcilly-sur-Tille, 03 80 95 06 44, hoteldulac.marcilly@wanadoo.fr, www.aubergedulac-marcilly.fr, 12 Zimmer, Ü EZ € 35, DZ € 65, F € 8,50, GB, 1,5 km

Vom Bf. Is-sur-Tille in Marcilly fahren die Züge nach Dijon und in Gegenrichtung nach Culmont-Chalindrey. Da die Züge im Stundentakt verkehren, könnten Sie, statt in Is oder Marcilly zu übernachten, nach Dijon fahren, um am nächsten Tag mit nur leichtem Gepäck weiterzuwandern. Die Fahrtzeit beträgt 23 Min. Der Bf. ist Dijon-Ville.

Is-sur-Tille – Savigny-le-Sec 13,8 km

Am Place de la République gehen Sie noch 50 m geradeaus. Dann biegen Sie rechts in die schöne Gasse **Rue Gambetta** ab. Am Parc des Capucins biegen Sie links in die gleichnamige, laute Straße ab, gehen am Kreisverkehr noch geradeaus, biegen aber 130 m weiter rechts in die Siedlungsstraße Rue Catherine Grandcompain ein.

Am Kreisverkehr gehen Sie halb links (nicht ganz links) die Rue des Pins hinauf (Richtung Petit Train Touristique und Motocross-Parkplatz).

Auf der Höhe führt die ruhige Siedlungsstraße in den Wald. Rechter Hand befindet sich hier eine Schmalspurbahnanlage, die touristischen Zwecken dient (Juli-Sep So 15:00-19:00). Vor der Beschrankung des weiteren Weges zeigt die Markierung links durch den schütteren Kiefernwald an den Rand einer Motocrossbahn. Ihr Weg führt links am Rande entlang.

Sie verlassen das Gelände an der D901, gehen rechts und biegen nach 130 m links wieder von der Straße ab. Der Weg biegt nach links und erreicht die **Ferme des Rentes Dusseuil**.

Nach dem ersten Gebäude biegen Sie rechts in den Schotterweg ab und kommen an einen Querweg. Jetzt gehen Sie links zur Höhe, auf der ein Wasserdruckbehälter steht. Weit blicken Sie in die ausgeräumte Feldlandschaft. Sie haben Fernsicht bis zum Horizont. Gehen Sie geradeaus auf das Örtchen **Chaignay** zu.

Am Friedhof erreichen Sie die zum Ort führende Straße. Ihr Weg führt westlich am Dorf vorbei. Gehen Sie am Friedhof rechts, biegen Sie gleich wieder links in den weiterführenden Feldweg ein, der zu einem Sträßchen führt. Hier gehen Sie links und an der kleinen ⩩ Wiese mit Pausenbank und Papierkorb rechts auf dem Schotterweg weiter.

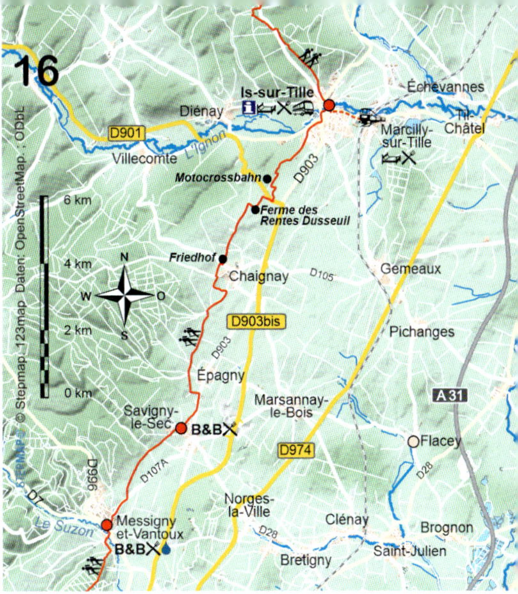

Nach 300 m ist die gerade Linie leider unterbrochen. Der weiterführende Feldweg endet bald. Sie gehen vorher an einer gut markierten Stelle links an ein Sträßchen und dort rechts. Nach knapp 1 km kommen Sie an eine Kreuzung vor einer verfallenen Halle. Biegen Sie hier links ab.

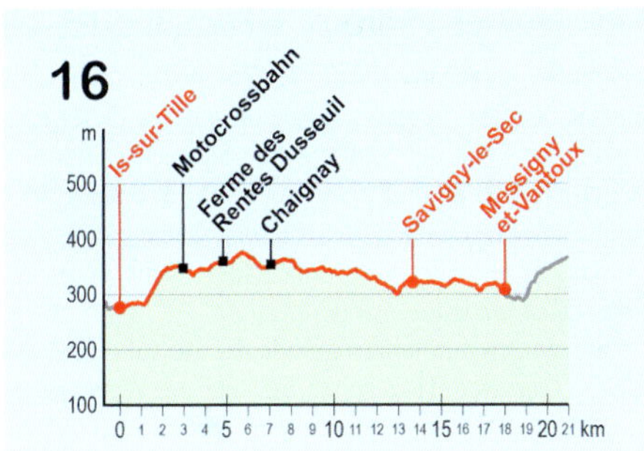

Wieder kommen Sie in die Nähe eines Dörfchens, das aber noch weiter vom Weg entfernt liegt als das vorherige. Gehen Sie an dem Querweg geradeaus, nun auf einem erdigen Feldweg. An der folgenden Querstraße gibt es wieder einen ⩩ Rastplatz. Sie gehen geradeaus durch die Felder.

In einer Buschwerkzone müssen Sie dann links zur unterhalb entlangführenden Straße hinuntergehen und ihr rechts auf einem parallelen Schotterweg folgen. In der Kuhle biegen Sie rechts wieder ab und kommen an den Siedlungsrand von Savigny le-Sec.

Savigny-le-Sec B&B ✕ 🍷 ⚕

B&B **Chambres d'hôtes La Vieille Tour**, 20 Rue de la Mare, 21380 Savigny-le-Sec, 📱 06 31 53 07 24, 🖱 staigerjmi@wanadoo.fr, ÜF EZ € 55, DZ € 60, ➲ 350 m, der Vermieter ist der Bürgermeister und kann vielleicht einen Stempel für Ihren Ausweis organisieren.

Savigny-le-Sec – Messigny-et-Vantoux 4,2 km

Sie gehen geradeaus und an der Querstraße dann rechts. Die nächste Straße links ist dann wieder Ihr Weg (Chemin des Crailles). Der Teer verliert sich. Zwischenzeitlich sind die Türme von Dijon zu sehen. Sie gehen immer geradeaus bis an eine Straße und gehen rechts nach **Messigny**. Nach dem Friedhof biegen Sie mit der Route de Savigny linksherum. Die Unterkunft Au Jardin macht Werbung am Wegesrand. Gehen Sie weiter bis zum Kirchplatz.

Der Gasthof rechts davon kann empfohlen werden. Am Dorfbrunnen gibt es Trinkwasser.

Messigny-et-Vantoux B&B

B&B **Au Jardin**, Michele Gutknecht, 15 Rue des Écoles, 21380 Messigny-et-Vantoux, 06 62 18 41 71, m.cornugutknecht@free.fr, www.chambres-hote-dijon.com, 4 DZ (geschmackvoll eingerichtete Themenzimmer), ÜF EZ € 75, DZ € 85-100 (je nach Zimmergröße), bei den größeren ist eine Aufbettung für € 20 möglich, auf Anfrage, GB, etwas D, am Weg

Auberge/Restaurant des Tilleuls, 8 Place de l'Église, 21380 Messigny-et-Vantoux, 03 80 35 45 22, www.restaurant-tilleuls.fr, gute Küche zu akzeptablen Preisen, am Weg im Zentrum

Messigny-et-Vantoux – Fontaine-lès-Dijon 9 km

Gehen Sie geradeaus auf der D996 an der Kirche entlang und sofort links in die Rue Bochot. Sie führt bergab zur Rue du Moulin, dieser folgen Sie nach links am Waschhaus vorbei. Am Ende der Straße gehen Sie rechts über eine Brücke. Am Place d'Harxheim biegen Sie links ab und laufen noch 300 m entlang der Straße, die sich Rue de Château nennt, und biegen dann rechts in den Chemin d'Hauteville. Nach steilem Anstieg bleibt ein links abgehender Weg unbeachtet. Dann erreichen Sie eine Gabelung und gehen links. Es ist eindeutig markiert.

Sie steigen nun immer geradeaus wie auf einer schiefen Ebene bergan bis an einen breiten Querweg. Hier gehen Sie links am Waldrand entlang auf Schotter weiter Richtung Hauteville. Gegenüber einem großen Feld biegen Sie dann links in einen ebenso breiten Weg ab. Er ist auf Ahuy gerichtet und mit der gelben Farbe gekreuzt. Das braucht Sie aber nicht zu interessieren. Ihre Markierung besteht aus gelben und blauen Strichen.

Der Weg erreicht den Waldrand, führt am Feld hinab zu einem umzäunten Gelände. Hier gehen Sie rechts sanft abwärts auf **Ahuy** zu. An einer Gabelung gleichwertiger Wege geht es noch einmal rechts. An einem Handymast biegt der Weg links und erreicht Siedlungsgebiet.

Sie kommen an eine Verzweigung, an der es rechts nach Hauteville geht. Sie gehen aber links und biegen am Haus Nr. 30 rechts in die **Ruelle au Beau** ab, um dieser zur Bushaltestelle **„Grand Clos"** (Busse fahren drei- bis viermal in der Stunde nach Dijon) an einer Verkehrsinsel zu folgen.

☺ Der markierte Pilgerweg führt nicht in das Zentrum von Dijon, sondern westlich daran vorbei (über Fontaine-lès-Dijon und Talant nach Chenôve). Sie haben aber verschiedentlich und hier zum ersten Mal komfortablen Busanschluss in das Zentrum. In Chenôve erreichen Sie im Weiteren einen Endhaltepunkt der Straßenbahnlinie T2. Die größte Nähe zum Stadtzentrum und zum Bf. Dijon Ville erreicht der Weg am Campingplatz am Ufer des Flusses L'Ouche, 3,8 km vor Chenôve. Von dort habe ich auch einen Fußweg zum Bf. umrissen.

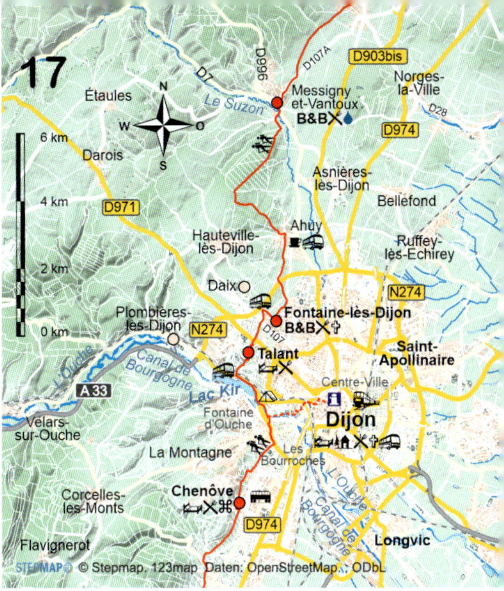

Ihr Weg führt weiter geradeaus, nach den letzten Siedlungshäusern auf einem Schotterweg durch Gartenland. Achten Sie gut auf die Markierung. Es gibt hier einige Nebenwege. Radfahrerinnen und Radfahrer haben allerdings auch die Hauptspur gut ausgefahren.

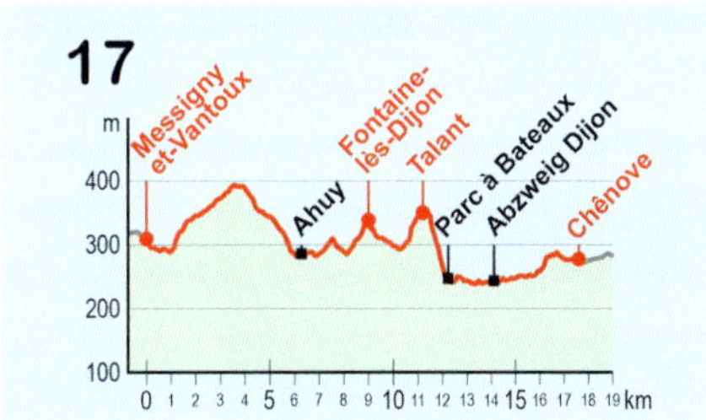

Der Weg biegt bald linksherum zur N274, die Sie auf einer Fußgängerbrücke überqueren. Dahinter gehen Sie geradeaus weiter. Sie erreichen die Siedlungsstraße Rue de Côtes d'Ahuy und gehen rechts bergauf, allerdings nur etwa 100 m auf der Straße, dann nutzen Sie den Pfad am Feldrand, und wenn die Straße links biegt, bleiben Sie rechts auf dem Parkweg, der an einem Friedhof entlang auf den Gipfel eines Berges führt. Sie gehen an der großen Kirche vorbei bis zu einem Abzweig noch vor der kleinen Kirche.

Fontaine-lès-Dijon

B&B

B&B **Chambres d'hôtes L'Appart**, Marie-Jeanne et Georges Gressard, 1 Rue Saint-Bernard, 21121 Fontaine-lès-Dijon, ☎ 03 80 56 28 75, 06 30 59 44 41, lappart.fontaine@gmail.com, www.lappart-dijon.fr, folgen Sie der Straße, die an der kleineren Kirche vorbei abwärtsführt, 3 DZ, ÜF EZ € 60, DZ € 80, 3 Pers. € 110, 4 Pers. € 120 (zum Frühstück gehören allerdings nur Tee, Kaffee, Marmelade und Butter, Brötchen und Gebäck kaufen Sie nach Bedarf in der nahen Bäckerei extra oder lassen es für € 5/P. besorgen), ➲ 280 m.

✞ **Château und Basilique Saint-Bernard und Église Saint-Bernard**. Inmitten einer öffentlichen Parkanlage treffen Sie hier oben auf dem Hügel zwei überraschend große Kirchen, die beide dem heiligen Bernhard von Clairvaux gewidmet sind. Der Komplex hat seinen Ursprung in einer Burg, in der der Mystiker und Vordenker der Zisterzienser um das Jahr 1090 herum geboren wurde.

Fontaine-lès-Dijon – Talant 2,2 km

Am Abzweig noch vor der kleinen Kirche biegen Sie zwischen den beiden Kirchen scharf rechts in den steiler abwärtsführenden Fußweg. Der führt an eine Straße, der Sie geradeaus zur 🚌 Bushaltestelle „Fontaine Village" folgen. Sie gehen hier links auf der Rue du Peuplier, queren die D107 und kommen auf der Rue des Montoillots nach Talant hinein. Hier wandern Sie geradeaus auf der Rue des Montoillots bis zu einem Zebrastreifen in einer Rechtskurve.

Nun gehen Sie geradeaus an den Schranken vorbei durch den Park, dabei passieren Sie einen Spielplatz. Neben dem Spielplatz führt der Weg an einem eingezäunten Biotop entlang immer geradeaus bis zur D971. Diese queren Sie und laufen geradeaus den Chemin du Lavoir hinauf zur Rue de Bellevue.

Église Saint-Bernard in Fontaine-lès-Dijon

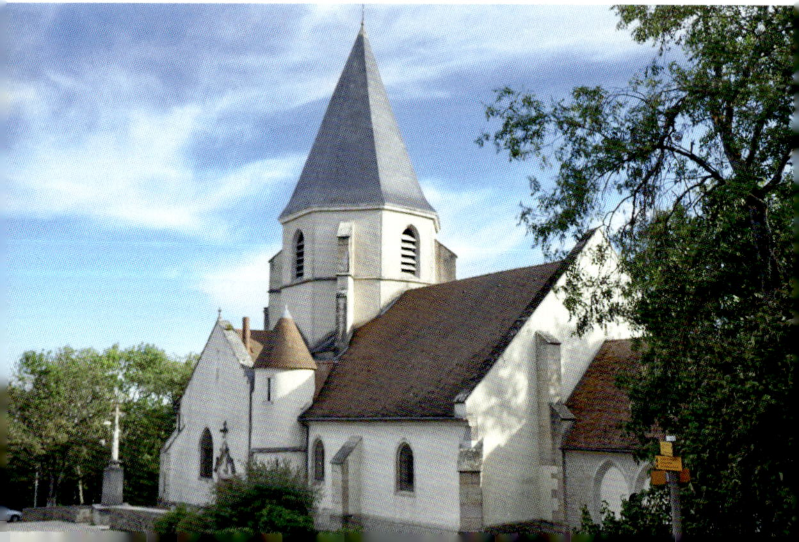

Queren Sie die Straße und nehmen Sie den nach rechts führenden Weg oberhalb der Straße. Er führt zum Chemin des Glacis. Folgen Sie diesem nach links und biegen Sie nach 350 m halb rechts in die Rue de la Porte Dijonnaise ein. Sie folgen der Straße bis in die Rechtskurve.

Wenn Sie ihr weiter folgen würden, kämen Sie zur Kirche Notre-Dame (12. und 13. Jh.) und daran vorbei zum Hotel La Bonbonnière.

Talant

La Bonbonnière, 24 Rue des Orfèvres, 21240 Talant, 03 80 57 31 95, hotel-labonbonniere@orange.fr, www.labonbonnierehotel.fr, ÜF Preise auf Anfrage, 220 m

Talant – Chenôve 6,4 km

Sie gehen in der Straßenkurve geradeaus auf dem Fußweg zum **Plateau de la Cour du Roy**. Von dort haben Sie einen Panoramablick auf den Stausee Lac Kir. Sie können nun von hier, direkt gegenüber dem Monument Aux Mort, auf dem Trampelpfad den steilen Hang hinunter- und dann geradeaus durch den Weinberg zu einem Querweg hinabsteigen.

Direkt gegenüber beginnt ein Pfad durch Gartenland, der wiederum an einem Querweg mündet. Geradeaus geht es nun durch Gebüsch weiter abwärts. Achten Sie gut auf die dicht gesetzte Muschelmarkierung, dann kommen Sie schließlich unter einer Bahnbrücke hindurch an die breite Uferstraße am Lac Kir („Parc À Bateaux").

Lac Kir

Dieser Stausee im Westen von Dijon war ursprünglich als Trinkwasserreservoir gedacht und dient heute auch als Naherholungsgebiet. Er entstand 1964 auf Betreiben des damaligen Bürgermeisters von Dijon, Félix Kir (1876-1968). Er ist übrigens auch Namensgeber für den köstlichen Aperitif aus Weißwein und schwarzem Johannisbeerlikör. In Deutschland bekannter als Kir ist Kir Royal, bei dem der Weißwein durch Champagner ersetzt wird.

Überqueren Sie die Straße und folgen Sie dem Weg links entlang der Uferpromenade Richtung Zentrum. Am Staudamm des Sees folgen Sie weiter geradeaus dem Rad-/Fußweg nun am Fluss L'Ouche (Promenade L'Ouche) entlang. Nach der Straßenbrücke passieren Sie den Campingplatz, der hier am Ufer schön gelegen ist. Über die nachfolgende L'Ouchebrücke (noch auf Höhe des Campingplatzes) verlässt der Pilgerweg den Uferweg.

Wenn Sie nach Dijon wollen, bleiben Sie noch 900 m am Ufer der Ouche, unterqueren eine Brücke und biegen dann links in den Impasse Thibaudot. An der nächsten Ecke gehen Sie rechts durch die Rue de Faubourg Raines und biegen 100 m weiter links in die Rue de Champmol.

An der Querstraße betreten Sie geradeaus den kleinen Botanischen Garten am Eingang Planetarium. Es ist ein öffentlicher Park, der von 8:00 bis zum Dunkelwerden geöffnet hat. Sie spazieren ganz hindurch und gehen dann rechts zum Tor wieder hinaus, überqueren die breite Fahrstraße und unterqueren den Gleiskörper der Bahnlinie.

Linker Hand liegt dann der Bahnhof (1,7 km vom Hauptweg) und rechts kommen Sie über die Rue Mariotte zur Kathedrale **Saint-Bénigne**. Gehen Sie am Portal links und am Triumphbogen rechts durch die Hauptgeschäftsstraße bis zum kleinen Place François Rude, biegen links ein und wieder rechts davon ab. Die Gasse Rue des Forges führt zum **Office de Tourisme** im Palais des Ducs, 2,7 km.

Dijon

Office de Tourisme, 11 Rue des Forges, 21000 Dijon, 03 80 44 11 44, info@otdijon.com, www.destinationdijon.com, Di-Sa 9:30-13:00 u. 14:00-18:00, So u. Fei 10:00-13:00 u. 14:00-16:00

♦ **Confraternité des Pèlerins de Saint Jacques de Compostelle en Bourgogne**, Maison Diocésaine, 9 bis Boulevard Voltaire, info@st-jacques-bourgogne.org, www.st-jacques-bourgogne.org, Pilgertreffen am 1. Do im Monat 17:00-19:00

Die Touristinfo hilft gerne und gut bei der Suche nach einem Hotel. Einen guten Überblick bieten auch die Hotelportale.

Camping du Lac, 3 Boulevard Chanoine Kir, 21000 Dijon, 06 66 96 56 26, contact@camping-du-lac-dijon.com, www.camping-du-lac-dijon.com, Ü Stellplatz € 5,10-7,30, p. P. € 3,15-4,40, 121 Stellplätze, € 2,25, ganzjährig, am Weg

⊙ Einen Stempel bekommen Sie an der Dominformation in der Cathédrale Saint-Bénigne.

Die Straßenbahnlinie T2 (frz. *tram*) können Sie zur Abkürzung des Weges aus Dijon heraus nutzen. Sie fahren Richtung Chenôve und dort bis zur Endstation.

Viele der Buslinien der Stadt haben einen zentralen Umstieg auch zu den Straßenbahnlinien in **Darcy**, das ist ein kleiner Park 350 m nordöstlich des Bf. Dijon Ville, Is-sur-Tille.

Der Fern-, TGV- und Nahverkehrsbahnhof heißt Dijon Ville.

Aéroport Dijon Bourgogne, 717 Rue de l'Aviation, 21600 Ouges, 06 37 63 54 51, www.dijon.aeroport.fr, innerfranzösischer Flugverkehr

✞ **Cathédrale Saint-Bénigne**, dreigeschossiger gotischer Bau aus dem 13. Jh., besonders eindrucksvoll ist die frühromanische Krypta. Der Missionar Benignus von Dijon soll um 273 in Dijon den Märtyrertod erlitten haben.

✞ **Église Notre Dame**, schöne gotische Pfarrkirche mit unzähligen Wasserspeiern in der Fassade, die sich bei näherer Betrachtung als Attrappen herausstellen

✞ **Église Saint-Michel**, wird zu den bedeutendsten Kirchen der Renaissance in Frankreich gezählt. Hier steht die Jakobusstatue von Alain Dumas, die der Jakobusbruderschaft Burgund als Markenzeichen dient.

⌘ **Musée des beaux arts.** Das kunsthistorische Museum deckt mit seiner umfangreichen Sammlung alle Epochen (von den alten Ägyptern bis zum 20. Jh.) ab.

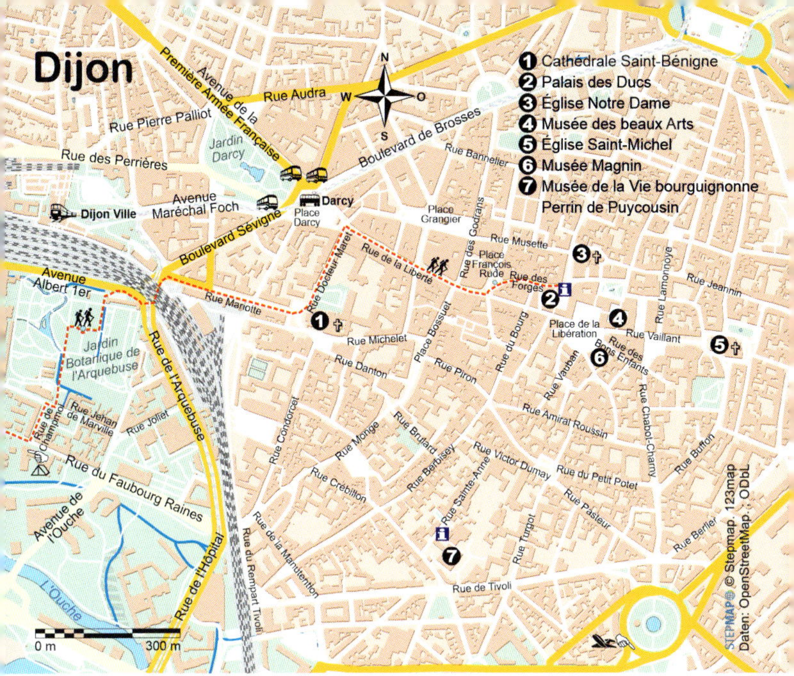

♦ Cour de Bar de l'Hotel de Ville, ☏ 03 80 74 52 09, tägl. außer Di, Juni-Sep 10:00-18:30, Okt-Mai 9:30-18:30

⌘ **Musée de la Vie bourguignonne Perrin de Puycousin**. In der Kirche der Bernhardinerinnen befinden sich ein Volkskundemuseum über das Leben im Burgund und ein Museum für sakrale Kunst mit faszinierenden Gemälden, Skulpturen und Goldschmiedearbeiten aus dem Burgund ab dem 12. Jh.

♦ Monastère des Bernardines, 17 Rue Sainte-Anne, tägl. außer Di 9:30-12:30 und 14:00-18:00

⌘ **Musée Magnin**. Der wunderschöne Stadtpalast beherbergt eine beachtliche Sammlung von Gemälden und Zeichnungen europäischer Künstler seit dem 14. Jh.

♦ 4 Rue des Bons Enfants, ☏ 03 80 67 11 10, Di-So 10:00-12:30 u. 13:30-18:00

Dijon ist sowohl Hauptstadt des Département Côte-d'Or als auch der Region Bourgogne-Franche-Comté. Es liegt am Rande der Saône-Ebene, lag früher an der Römerstraße Lyon – Trier und ist heute ein wichtiger Verkehrsknoten für die TGV-Verbindungen zwischen Paris und Marseille sowie Mulhouse/Frankfurt und Basel/Genf. Bekannt ist Dijon für seinen Senf, der allerdings schon lange nicht mehr in der Region produziert wird, aber in vielen Feinkostläden Dijons vertrieben wird. Die Hauptanbaugebiete des Senfs befinden sich in Kanada. Dijon-Senf ist ein Rezept, auch eine Marke, aber keine geschützte Herkunftsbezeichnung. Das ist bei dem südlich von Dijon produzierten Burgunder-Wein anders. Herkunftsbezeichnungen und Lagen der Côte-d'Or, der Goldküste, unterliegen strengem Schutz und Regeln. Dijon steht im Zentrum des Welthandels mit dem hochpreisigen Produkt.

Dijon ist eine touristisch interessante und sehr lebendige Stadt. Eine Besichtigung ist unbedingt lohnenswert. Die Stadt eignet sich gut für einen Pausentag. Die wichtigsten Sehenswürdigkeiten sind oben angeführt. Weitere Inspirationen hält das Office de Tourisme für Sie bereit.

Côte d'Or, die Goldküste

Im Süden von Dijon schmiegt sich eines der berühmtesten Weinbaugebiete Frankreichs in einem schmalen Streifen am Rand der Saône-Ebene an die unteren Talhänge. Das kleinteilige Mosaik der Felder, die sogenannten Lagen (frz. *climats*), die prunkvollen Gutshöfe (frz. *château*) und die zahlreichen kleinen Dörfer und Kirchen mit burgundertypischen bunten Dächern ergänzen sich zu einem einzigartigen Landschaftsraum, der heute durch die UNESCO zum Welterbe erklärt worden ist. Die berühmtesten, zum Teil mit Mauern umfriedeten Weingärten (frz. *clos*) befinden sich im Norden an der sogenannten Côte de Nuite zwischen Chenôve und Beaune mit insgesamt 24 Grand-Cru-Auszeichnungen. Damit ist allerdings noch keine Aussage über das Endprodukt gemacht, ausgenommen der preislichen Einordnung. Die festgelegten Qualitätsabstufungen Regional Appellation, Village, Premier Cru und Grand Cru als höchste Stufe beziehen sich ausschließlich auf die Voraussetzungen, welche der Weinrebe zum Gedeihen verhelfen, also Kleinklima und Bodenbeschaffenheit. Das Endprodukt unterliegt der Kunst jedes einzelnen Winzers und dem Jahrgang und selbstverständlich können Weine der niederen Qualitätsstufen, zumindest subjektiv, als schmackhafter empfunden werden. Die angepflanzten Rebsorten sind übrigens überall gleich und auch das ist festgelegt und unabänderlich. Für den Rotwein wird ausschließlich die Pinot-Noir-Traube und für den Weißwein Chardonnay kultiviert.

Ihr weiterer Weg wird Ihnen einen tiefen Einblick in diese Region verschaffen, denn er führt nun, oft oberhalb der Weinberge, an der Hangkante zwischen Wald und Weinberg bei traumhaften Aussichten auch immer wieder durch die Dörfer. Sie werden vielfältige Gelegenheiten haben, sich mit den erlesenen Produkten vertraut zu machen – und das nicht nur an der Côte de Nuite, sondern auch an der sich anschließenden Côte de Beaune und der Côte Chalonnaise südlich von Chalon-sur-Saône, wo die Burgunder der Goldküste am preiswertesten sind.

Überqueren Sie die Ouche auf der Fußgängerbrücke und gehen Sie geradeaus über den Parkplatz zur Zufahrt und dort links. Mit der erreichten Fahrstraße biegen Sie rechts über den Canal de Bourgogne, gehen zum Kreisverkehr und dort geradeaus. Die Muschelmarkierung ist hier wieder wegweisend eingesetzt, ☞ Markierung.

✋ Die gelben Zeichen sind nicht für Ihren Weg gedacht.

Sie erreichen eine vierspurige Straße an einer Ampelkreuzung, überqueren Sie und gehen links. Die Straßenschilder benennen sie als Boulevard Marmomt. Auf den Karten heißt sie anders.

Ein Supermarkt und eine Apotheke befinden sich am Weg. Nach 650 m, nach einer Tankstelle, biegen Sie rechts in die **Rue du Chapitre**, die ab dem Kreisverkehr zur Rue du Colonele Picard wird. Sie passieren eine kleine Jakobuskirche in Höhe eines Stadions und biegen am Heizkraftwerk nach links ab. Knapp 100 m weiter biegen Sie rechts in die **Rue des Violettes** ein und gleich links wieder davon ab in einen Gartenweg.

An einem Weinberg treffen Sie auf einen geteerten Querweg. Sie gehen rechts aufwärts, biegen aber nach 100 m links in den Hang ab. An einem kleinen Park oberhalb des Friedhofs folgen Sie geradeaus weiter dem Hangweg bis an einen Querweg unterhalb eines Châteaus.

Der Pilgerweg führt hier weiter geradeaus.

Zur Straßenbahnendhaltestelle in Chenôve gehen Sie hier links, 500 m.

Wieder ist es ein Hangweg, der bald einen Bogen zwischen Mauern und Gartenanlage vollzieht und auf eine Siedlungsstraße trifft. Sie gehen links und biegen zur Fortsetzung am Museum ⌘ Les Pressoirs des ducs de Bourgogne rechts in einen schmalen Fußweg (Du Clos de Roy).

Würden Sie hier nicht abbiegen, sondern 1 km geradeaus weitergehen, kämen Sie zum Hotel l'Escargotière.

Chenôve

Hôtel l'Escargotière, 120 Avenue Roland Carraz, 21300 Chenôve, ☎ 03 80 54 04 04, contact@hotel-escargotiere.fr, www.hotel-escargotiere.fr, ☞ Wegbeschreibung, 41 Betten, Ü EZ ab € 66, DZ ab € 69, DBZ € 103, F € 11, 1 km

Chenôve ist Endstation der Straßenbahnlinie T2, ☞ Dijon. Um von dort zum Weg zu kommen, folgen Sie rechts der Rue Armand Thibaut. Wenn die Straße nach rechts aus der Richtung biegt, gehen Sie geradeaus weiter an eine Gabelung, dort rechts und 70 m weiter links in Richtung Château. Hinter der Bebauung (Kreuzung) biegen Sie links in den Hangweg.

☺ vorletzter So im Januar: Fest des Sankt Vincent, des Schutzheiligen der Weinberge

♦ 3. Wochenende im Sep: Fête de la Pressée, Weinfest mit mittelalterlichen Gewändern und „bourru", frisch gepresstem Traubensaft

⌘ Les Pressoirs des ducs de Bourgogne, Weinmuseum

♦ 8 Rue Roger Salengro, ☎ 03 80 52 82 83, 1. Juli-21. Sep 10:00-12:00 und 14:00-18:00, Eintritt frei, am Weg

Chenôve hat kein richtiges Zentrum. Es ist vor allem autogerechte Schlafstadt von Dijon. Zum Einkaufen oder zum Aufsuchen von Apotheke, Bank etc. nutzen Sie am besten die Straßenbahn Richtung Dijon oder noch besser: Sorgen Sie vor.

Chenôve – Couchey 4,5 km

Erst schattig zwischen Mauern und dann aus Chenôve hinaus geht es wieder in die Weinberge. An deren Ende (erst wenn es geradeaus nicht mehr weitergeht) gehen Sie halb links über eine Hofstelle in eine Siedlungsstraße und treffen auf die Rue du Carré. Gehen Sie hier links bis zu einer Kreuzung und biegen Sie dort rechts in Rue des Vignes ab.

Ihr Weg verläuft nun geradeaus am Ortsrand von **Marsannay-la-Côte** entlang. Nach 1,5 km ist Couchey erreicht.

Noch vor dem ersten Haus biegt Ihr Weg rechts an den Feldrand und führt an einer Mauer entlang zum Ende einer Siedlungsstraße. Hier biegen Sie links in den dahinterliegenden Fußweg. Sie erreichen eine Dorfstraße. Die Markierung zeigt rechts Richtung Fixin.

Links kämen Sie in die Ortsmitte von Couchey, ➲ 100 m.

Couchey

B&B

Brit Hôtel Hermès, RD 974 – Rue du 8 mai 1945, 21160 Couchey, ☏ 03 80 52 35 36, hermes@brithotel.fr, hotel-dijon.brithotel.fr, am Rand eines Gewerbegebiets, 55 Zimmer, Ü EZ/DZ € 65, F € 9,50, ➲ 1,5 km

B&B **Chambres d'hôtes**, Vins de Bourgogne, Domaine François Brugere, 7 Rue Jean Jaurès, 21160 Couchey, ☏ 03 80 52 13 05, 07 67 49 12 76, brugeref@free.fr, brugerefa@gmail.com, 3 Zimmer, ÜF EZ/DZ € 75, DBZ 104, ➲ 170 m, in der Nähe der Kirche

an der Kirche, am Rathausplatz Toiletten

Überdachte Bushaltestelle, Mo-Sa fahren etwa stündlich Busse zwischen Dijon und Gevrey-Chambertin, Gare und dabei auch über Couchey, www.viamobigo.fr.

Alexandre Taxi, ☏ 03 80 52 21 87

Couchey – Fixin 2,2 km

An der Gabelung gehen Sie geradeaus weiter auf der Rue Pasteur zu einer Kreuzung. Hier biegen Sie links in die Rue Jean XXIII, jetzt auch mal wieder auf dem GR 7. Nach links haben Sie bald herrliche Fernblicke in die Ebene.

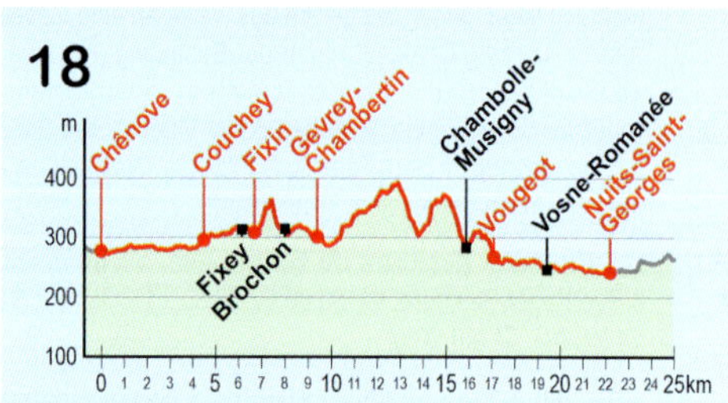

Die bunten Dächer im Burgund

Selbst an Regentagen stimmen die leuchtend bunten Dächer von Kirchen und Burgen ab Dijon den Betrachter fröhlich. Die typischen Dächer aus bunt glasierten Dachziegeln haben ihren Ursprung eigentlich in Österreich-Ungarn. Im 14. und 15. Jh. verbreiteten sie sich im Burgund und gelten inzwischen als besonders typisch für die Region.

An einer ⛼ Sitzbank unter drei Maronenbäumen nehmen Sie den rechten Weg. Dahinter duckt sich ein kleiner Unterschlupf aus Natursteinen. Er soll den im Weinberg arbeitenden Menschen bei Unwetter Schutz bieten. Solche Schutzhöhlen werden Sie in den burgundischen Weinbergen häufiger finden.

An der folgenden Gabelung gehen Sie wieder rechts und nach einem kleinen Anstieg links zu den Häusern hinunter an den Ortsrand von **Fixey**. Die rechts abgehende Rue de Laveau bleibt liegen, aber danach biegen Sie rechts in die Rue Docteur Laguesse ein und nehmen danach die erste Straße links (Rue des Hervelets).

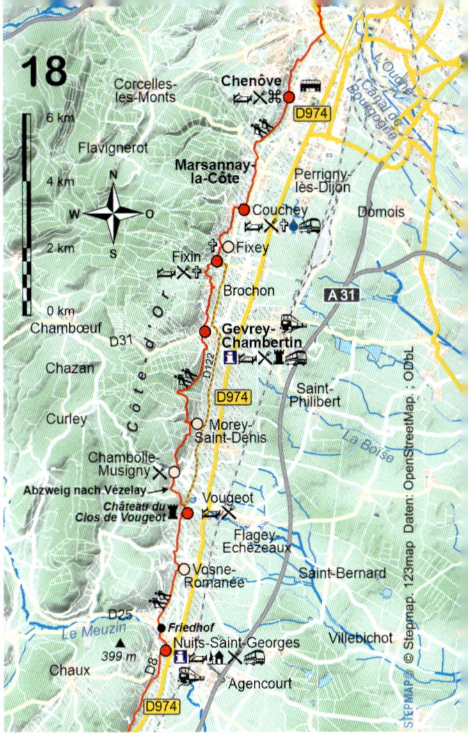

☺ Versäumen Sie nicht, am Abzweig die schöne ✝ **Église de Fixey** aus dem 10. Jh. anzuschauen, ➲ 80 m.

Die Straße erreicht Fixin am Ortsrand. Sie biegen links in die Fahrstraße ein und folgen der nächsten am ✕ Restaurant **Au Clos Napoleon** rechts wieder aus dem Ort hinaus.

↳ In das Zentrum kommen Sie hier links über die Rue Noisot, die auch zu den Unterkünften führt. Zum Weingut gehen Sie am 🛏 Logis Hôtel vorbei und an der Hauptstraße rechts.

Fixin 🛏 B&B ✕ ✝ ⌘

🛏 ✕ **Logis Hôtel Chez Jeanette**, 7 Rue Noisot, 21220 Fixin, ☏ 03 80 52 45 49, ✉ contact@chez-jeannette.fr, 💻 www.logishotels.com, 7 Zimmer, Ü EZ/DZ ab € 80, Γ € 10, 🐕, ➲ 300 m

B&B **Michel Defrance**, 50 Route des Grands Crus, 21220 Fixin, ☏ 03 80 52 84 67, 📱 06 20 40 68 61, ✉ defrance.michel@wanadoo.fr, 2 Zimmer, ÜF EZ/DZ € 58, 🐕, Weinprobe möglich, etwas D, GB, ➲ 400 m

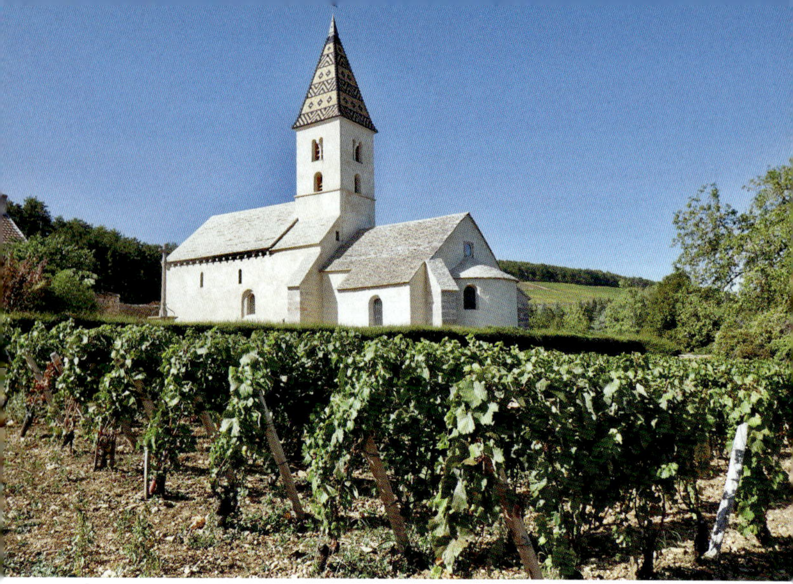

Église de Fixey 10. Jh. mit Weinberg und burgundertypischer Eindeckung

⌘ ♦ **Musée Noisot**, Erinnerungsstücke eines Offiziers der Truppen Napoleons im Parc Noisot, ☞ Wegbeschreibung, ☏ 03 80 52 45 62, 18. Mai-22. Sep Sa u. So 14:30-18:30

Fixin – Gevrey-Chambertin 2,7 km

Radfahrerinnen und Radfahrer folgen ab Fixin im Wesentlichen der D122, einer gut zu fahrenden Nebenstraße, die alle Weindörfer miteinander verbindet. Radwegweiser geben Orientierung bei Abweichungen. Dafür müssen Sie am Restaurant Au Clos Napoleon zunächst links in die Ortsmitte fahren.

Die Straße mündet in den Parkplatz am **Parc Noisot**. Gehen Sie hier links vom Parkplatz den Pfad im Kiefernwald bergauf. Sie erreichen einen befestigten Weg, dem Sie links folgen, geradeaus über den Waldweg kämen Sie hier zum ⌘ **Musée Noisot**, ➲ 170 m.

Ihr Weg erreicht beste Aussichtslagen und schließlich eine Gabelung. Gehen Sie hier links auf dem breiten Weg wieder abwärts zu einem Aussichtspunkt mit Pausenbank. Am Parkplatz folgen Sie links der Esplanade de Weinolsheim nach **Brochon**. Vor der Windturbine biegen Sie rechts in die Rue de L'Eolienne und gehen an der nächsten Ecke links bis an eine Querstraße und dort rechts zum Place Jolyot ✕. Gehen Sie über den Platz und dann rechts durch die Rue de Rapitot wieder zum Dorf hinaus und in die Weinberge.

Gevrey-Chambertin erreichen Sie an einer Querstraße. Sie gehen links und die erste Straße wieder rechts (Rue Yves de Poisey).

Wenn Sie hier links und immer geradeaus durch die Weinberge abwärts, am Ende links zur D974 und dort links noch 200 m entlang gehen würden, kämen Sie zum Hôtel Arts et Terroirs BANK.

Am Brunnen folgen Sie rechts der Rue Haute.

Links kämen Sie in das Zentrum von Gevrey-Chambertin. Sie können aber auch eine der zwei folgenden Abzweige links nutzen.

Gevrey-Chambertin

BANK

Office de Tourisme, 1 Rue Gaston Roupnel, 21220 Gevrey-Chambertin, 03 80 34 38 40, gevrey.info@wanadoo.fr, www.ot-gevreychambertin.fr, Di-Sa 9:30-12:30 u. 13:30.17:30, Mai-Sep außerdem So, Mo 10:00-12:30 u. 13:30-16:00, @, am Weg

Hôtel Arts et Terroirs, 28 Route de Dijon, 21220 Gevrey-Chambertin, 03 80 34 30 76, info@hotel-arts-et-terroirs.com, www.arts-et-terroirs.com, 26 Betten, Ü EZ/DZ ab € 110, F € 12, € 13, GB, kein Restaurant, aber regionale Spezialitätenplatte verfügbar, 1,3 km

♦ **Les Deux Chèvres**, 23 Rue de l'Église, 21220 Gevrey-Chambertin, 03 80 51 48 25, info@lesdeuxchevres.com, www.lesdeuxchevres.com, 3 Zimmer, Ü DZ ab € 196, 200 m, Zentrum

Hôtel Ô Rouge, Rue de Lavaux, 03 80 34 34 15, info@orouge.fr, orouge.fr, 24 Zimmer, Ü EZ/DZ € 135, Tagespreise, F € 12, € 13, , GB, 300 m, Zentrum

Couchey, Busse fahren auch Richtung Beaune, Mo-Sa 7 x, So 2 x (auf der D974).

Gevrey-Chambertin hat einen Nahverkehrsbahnhof an der Bahnstrecke Dijon – Lyon, 3 km. Weitere Bf. am oder in der Nähe des Weges an dieser Bahnstrecke sind: Nuits-Saint-George, Beaune, Chagny, Chalon-sur-Saône und Mâcon.

Taxi, 06 09 30 69 18

Gevrey-Chambertin – Vougeot 7,7 km

Zwischen Mauern gehen Sie bis an die D31 und dort links, nach 20 m aber wieder rechts in die Rue de Planteligone. An der nächsten Ecke biegen Sie links in den Chemin des Issarts und setzen anschließend Ihren Weg nach rechts zwischen zwei von Mauern umfassten Weinbergen fort. Am Waldrand gehen Sie links und erreichen einen Parkplatz mit Picknicktisch. Sie laufen nun weiter durch die Weinberge, dann an einer Schranke in den Wald. Sie erreichen eine Wegkreuzung, an der Sie links abwärts gehen könnten, bezeichnet ist aber der weiter sanft steigende Höhenweg. Noch nicht ganz am Gipfel gehen Sie durch einen Tunnel und werden anschließend darüber informiert, dass die Wegtrasse einmal Teil einer Nebenstrecke zwischen Dijon und Beaune gewesen ist. Sie wurde 1921 eingeweiht und bereits in den 1950er Jahren wieder vollständig abgebaut. Ziel war es, die einsamen Bergdörfer an die Hauptstrecke im Saônetal anzubinden.

Der Höhenflug hat sich gelohnt. Die Fernsicht ist berauschend. Sie laufen bald durch ein wunderbares Strauchheidengebiet bis an einen Querweg. Dort beginnt links der Abstieg. Sie erreichen eine Straße und gehen links den Berg hinab.

An einer Verkehrsinsel gehen Sie rechts und 100 m weiter wieder links in die Rue de la Bidaude. Auf einer sehr steilen, querenden Betonstraße steigen Sie zum Waldrand hinauf und laufen links wieder auf einem Weg durch ein karges Gelände mit Dornengebüsch. Am Querweg weist Ihnen ein Wegweiser den Weg links abwärts nach **Chambolle-Musigny**. Geradeaus gehen Sie durch das Dorf, passieren einen Weinkeller und ein ✗ Restaurant. Geradeaus verlassen Sie das Dorf auf der Rue de Vergy.

Im nächsten Weinberg gibt es noch einmal die Möglichkeit, sich zwischen den Pilgerwegen zu entscheiden. Nach Santiago können Sie hier rechts via Vézelay und links via Cluny/Le Puy-en-Velay pilgern. Ich nehme Sie bei meiner Wegbeschreibung mit auf den Weg nach links. Oberhalb der Burg **Clos de Vougeot** gehen Sie links und gleich den ersten Weg rechts. An der nächsten Verzweigung führt rechts der Pilgerweg weiter, ↳ links geht es in den Ort Vougeot.

Vougeot

🛏 ✗ **Le Clos de la Vouge**, 1 Rue du Moulin, 21640 Vougeot, ☎ 03 80 62 89 65, ✉ closdelavouge@wanadoo.fr, ✉ www.hotel-closdelavouge.com, 10 Zimmer, Ü EZ/DZ ab € 120, F € 12,50, 🐕 € 10, 🏊, 🚪 im Jan geschlossen, ➲ 750 m

♜ **Château des Clos de Vougeot**. Die Mönche von Cîteaux bauten dieses Schloss, heute ist es Sitz der Weinbruderschaft Confrérie des Chevaliers du Tastevin. Sie können Weinkeltern aus dem 13. Jh. und riesige Weinkeller besichtigen. Über Touchscreen bekommen Sie Erklärungen in 10 Sprachen, Dauer 30-45 Min.

♦ Rue de la Montagne, ☎ 03 80 62 86 09, 💻 www.closdevougeot.fr, 🚪 April-Okt So-Fr 9:30-18:00, Sa bis 17:00, Nov-März 10:00-17:00

Vougeot – Nuits-Saint-Georges 5,1 km

Hinter dem Burgweingut gehen Sie geradeaus bis zum Ende des Weges, dort rechts und den ersten Weg links. Am Kreuz bleiben Sie noch auf dem Weg geradeaus, gehen dann aber den nächsten Weg links nach Vosne-Romanée. (Es gibt in der Nähe der D974 das Luxushotel Le Richebourg, ➲ 700 m. Die Zimmer kosten € 300-400. Die Daten habe ich hier nicht mit aufgeführt.)

Biegen Sie rechts in die Rue de la Tache ein und bleiben Sie bis zum Ortseingang von Nuits auf dem Weg. Hier laufen Sie gegen die Einbahnstraße auf der Rue Saint Symphorien, an deren Ende am Friedhof links und dann rechts in die Rue de l'Égalité. Sie passieren die ✞ Kirche Saint Symphorien, gehen links in die Rue Felix Tisserand und geradeaus vorbei am Geburtshaus von Tisserand. Der 1845 geborene Astronom wurde durch das Projekt „Carte du Ciel", eine systematische fotografische Erfassung des Himmels, und einen Fotoatlas des Mondes bekannt. Hinter einem kleinen Platz (✗ L'Embargo) gehen Sie rechts zu einer 5er-Kreuzung. Hier nehmen Sie die zweite Straße von rechts gezählt und erreichen den Stadtgraben Le Meuzin.

Nuits-Saint-Georges

Office de Tourisme, 3 Rue Sonoys, 21700 Nuits-Saint-Georges, ☏ 03 80 62 11 17, info@ot-nuits-st-georges.fr, www.ot-nuits-st-georges.fr, Di-Sa 9:30-12:30 u. 13:30-17:30, Mai-Sep außerdem So, Mo 10:00-12:30 u. 13:30-16:00, @, 220 m

Hôtel l'Etoile, 5 Place de la Libération, 21700 Nuits-Saint-Georges, ☏ 03 80 61 04 68, www.hotel-restaurant-letoile.com, 7 Zimmer, Ü EZ/DZ € 58, F € 8,50, Zustellbett € 12, , Jan geschlossen, 150 m

♦ **Ibis**, 1 Avenue de Chamboland, 21700 Nuits-Saint-Georges, ☏ 03 80 61 17 17, h5478@accor-hotels.com, ibis.accor.com, Ü EZ/DZ ab € 66, F € 9, , GB, E, 500 m

♦ **Ibis, budget**, Rue Ch.-A Arnoult, 21700 Nuits-Saint-Georges, ☏ 08 92 70 20 27, h6016@accor.com, Ü EZ/DZ € 55, F, 1,7 km, Nähe Autobahn

B&B **Au Coeur de Nuit**, 4 Rue Thurot, 21700 Nuits-Saint-Georges, 06 80 90 69 99, aucoeurdenuits@gmail.com, aucoeurdenuits.fr, ÜF EZ € 92, DZ ab € 110, DBZ € 170, VBZ € 195, für 6 Pers. € 295, 250 m, nördl. Altstadt

Annabelle et Cédric Ferrand, 11 Rue Dr Louis Legrand, 21700 Nuits-Saint-Georges, 06 61 19 94 32, annabelle.foure@gmail.com, angeboten wird eine einfache und freundliche Unterkunft in der Familie, 1 Zimmer mit 4 Betten, Handtücher und Bettwäsche, A und F, auf Spendenbasis, 400 m.

Der Bus 113 fährt entlang der D974 nach Beaune (Mo-Sa 7 x, So 2 x), www.viamobigo.fr.

☞ Gevrey-Chambertin

⌘ **Musée Municipal**, das örtliche Heimatmuseum mit Ausstellungsstücken aus allen Epochen, mit schöner gallo-römischer Sammlung und Ausstellung zur nahe gelegenen Abtei Cîteaux

♦ 12 Rue Camille-Rodier, ☏ 03 80 62 01 37, Mai-Okt Mi-Fr 10:00-12:00 u. 14:00-18:00, Sa u. So 14:00-18:00, 400 m, die D974 nach Norden

⌘ **Le Cassium**, alles was man über den Cassis (Schwarze Johannisbeere), seine Geschichte und seine Verwendungsvielfalt wissen möchte, in einer Ausstellung zusammengestellt, Kostproben

♦ 8 Passage Montgolfier, hinter dem Bf., ☏ 03 80 62 49 70, April-Nov tägl. 10:00-13:00 u. 14:00-19:00, im Winter Mi-Sa 10:30-13:00 u. 14:00-17:30, 1,3 km

Nuits-Saint-Georges – Ladoix-Serrigny 10,5 km

Folgen Sie dem gut ausgeschilderten Radweg Richtung Beaune. Der Pilgerweg weicht nur in Teilen davon ab.

Über die nächste Brücke verlassen Sie die Stadt auf der D8 Richtung Chaux. An der ersten Möglichkeit biegen Sie links von der Straße ab. Zwei links abzweigende Wege bleiben unbeachtet. An der folgenden Gabelung gehen Sie rechts in eine Erntegasse auf einer höheren Hangstufe. Es folgt eine Kreuzung. Hier gehen Sie geradeaus wieder auf Teer. Der Weg steigt wieder zum Waldrand. Die Aussicht geht nach Prémeaux-Prissey. Folgen Sie dem Sträßchen am Waldrand entlang wieder abwärts an eine Gabelung und gehen Sie dort rechts weiter.

Links kämen Sie in den Ort. Zum Campingplatz folgen Sie aber zunächst noch dem Pilgerweg und nehmen erst den nächsten Abzweig links.

Prémeaux-Prissey

Camping du Moulin de Prissey, 14 Rue du Moulin de Prissey, 21700 Prémeaux-Prissey, ☎ 03 80 62 31 15, pg.moulin.prissey@free.fr, cpg-moulin-prissey.fr, 67 Stellplätze, Ü 1 Pers. im eigenen Zelt € 10,45, jede weitere Pers. € 3,20, ✕, April-Sep, 1,6 km

Sie passieren einen Steinbruch. Wenn nun der Weg an einem Strommast vorbei nach **Comblanchien** hinabführt, gehen Sie rechts den Berg hinauf zu den einzelnen Häusern.

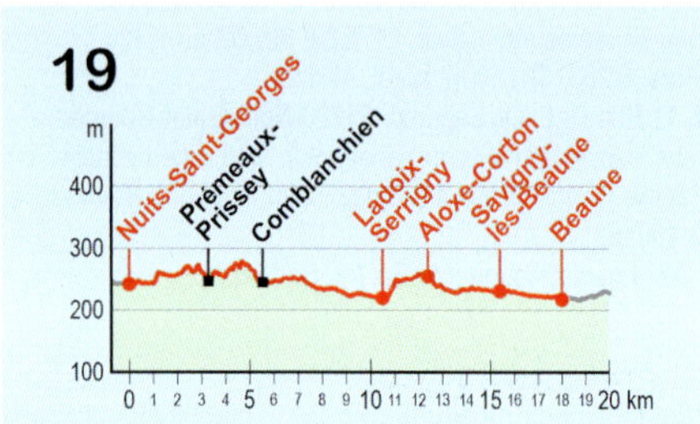

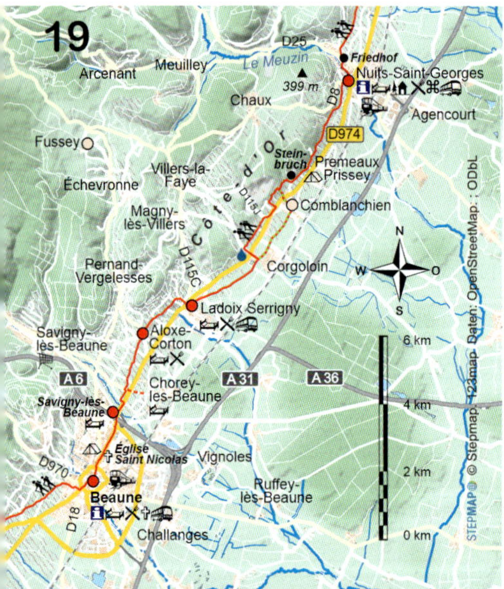

Das Auf und Ab der nun folgenden 3,8 km ist zwar abwechslungsreich, kann aber auch anstrengend werden. Fußgängerinnen und Fußgänger, die zudem noch 1 km abkürzen möchten, folgen der hier empfohlenen Radroute im Süden der Hauptstraße.

Radfahrerinnen und Radfahrer fahren geradeaus, überqueren die D974 und fahren gegenüber auf der Grande Rue durch Comblanchien und dann rechts entsprechend der Radwegschilder in die Rue Jean Fiorèze.

Das bedeutet, Sie laufen nicht ganz hinauf zum Steinbruch, sondern nehmen die erste Möglichkeit links, einen Grasweg zwischen den Reben. Am ersten Haus gehen Sie rechts und vor einer Halle links und haben das Oberdorf von Comblanchien erreicht.

Hinter den Häusern setzen Sie Ihren Weg links und

nach 20 m rechts fort, der Teer weicht hier wieder dem Schotterbelag. Am Ende des Weges gehen Sie links hinab zur D974.

Sie folgen der lauten Straße rechts 350 m und biegen dann rechts in die D115J Richtung Villers la Faye ab. Nach 100 m biegen Sie wieder links in die Hangterrasse ab. Am ersten Querweg gehen Sie (etwas versetzt) geradeaus und treffen 700 m weiter auf eine Querstraße. Hier gehen Sie links abwärts, passieren einen Friedhof und überqueren nun die D974 geradeaus Richtung Corgoloin. An der ersten Kreuzung biegen Sie rechts in den Radweg Richtung Beaune.

Nach knapp 2,2 km erreichen Sie Ladoix-Serrigny an einer Kreuzung am Siedlungsrand.

Zum Hotel Gremelle biegen Sie hier rechts in die Fahrstraße, die zur D974 führt. Linker Hand finden Sie dann das Hotel.

Ihr Weg führt aber weiter geradeaus bis zum Place de Souvenir mit dem Denkmal der Gefallenen direkt an der D974.

Zu den weiteren Unterkünften gehen Sie geradeaus weiter und an der Hauptstraße links.

Ladoix-Serrigny

B&B

La Gremelle, 6 Route de Dijon, 21550 Ladoix-Serrigny, 03 80 26 40 56, www.lagremelle.com, 20 Zimmer, Ü EZ/DZ ab € 82, 250 m

♦ **Les Terasses de Corton**, 38 Route Beaune, 21550 Ladoix Serrigny, 03 80 26 42 37, 06 78 01 79 08, www.terrasses-de-corton.fr, 10 Zimmer Ü EZ/DZ ab € 90, 380 m

B&B **Les Demoiselles de Ladoix**, Maryse Pianetti, 47/49 Route de Beaune, 03 80 20 70 44, info@lesdemoiselles.com, www.lesdemoiselles.com, 3 Zimmer, ÜF EZ/DZ € 125, € 7, 430 m

Busse fahren nach Beaune, Nuits-Saint-Georges.

Ladoix-Serrigny – Aloxe-Corton 1,9 km

Gehen Sie am Beginn des kleinen Platzes rechts über die Nationalstraße hinweg aufwärts in die Weinberge. Hinter den Häusern gehen Sie an einer Kreuzung noch geradeaus, an der folgenden Verzweigung dann aber links in die Hangterrasse. Sie passieren einige Premier- und Grand-Cru-Lagen, die schon zum Weingut Aloxe-Corton gehören. Das gleichnamige Dorf mit Schloss erreichen Sie 1,6 km weiter. Sie passieren das B&B sowie das Weingut Aloxe-Corton und erreichen den Ortskern zwischen den dicht gedrängten Häusern nach einer Rechtskurve des Sträßchens. Rechts herüber schauen Sie auf das Hotel Villa Louise.

Aloxe-Corton

B&B

Hotel Villa Louise, 9 Rue Franche, 21420 Aloxe-Corton, 03 80 26 46 70, hotel-villa-louise@wanadoo.fr, www.hotel-villa-louise.fr, 27 Betten, Ü EZ/DZ € 145-320 (je nach Größe und Saison), F € 21, € 15, D, GB, am Weg

B&B **La Passerelle des Corton**, 12 Rue des Corton, 21420 Aloxe-Corton, 09 50 52 63 64, passerelledescorton@gmail.com, www.lapasserelledescorton.fr, 3 Zimmer, ÜF EZ/DZ € 98-110, am Weg, sehr schöne Lage am Schloss mit Blick in die Weinberge

Aloxe-Corton – Savigny-lès-Beaune (Beaune Nord) 3 km

Ihr Weg biegt links in die Rue de Corton ab (Radwegweiser) und erreicht einen Parkplatz an der querenden D115D. Gehen Sie weiter geradeaus auf dem Radweg Richtung Beaune (Rue de Planchot) zu einer Kreuzung, dort rechts in die Rue des Vercots und gleich wieder links in einen Nebenweg.

Die Berge sind weiter weggerückt, Sie wandern durch eine fast ebene, weiter mit Wein bebaute Fläche. Es geht geradeaus über eine Kreuzung an einen Querweg und dort rechts. Der Weg biegt nach links und führt zu einer Gabelung. Hier gehen Sie wieder links und dann geradeaus über eine Kreuzung hinweg zu einer Straße. Gehen Sie links und nach 50 m wieder rechts in den Schotterweg.

Würden Sie der Straße folgen, kämen Sie nach Chorey-les-Beaune.

Chorey-les-Beaune

L'Escale des Grands Crus, Henri Dechamps, 15 Rue d'Aloxe-Corton, 21200 Chorey-les-Beaune, 03 80 24 08 13, henri.deschamps@wanadoo.fr, lescaledesgrandscrus.fr, 5 Zimmer, ÜF EZ € 60, DZ € 73, 1. März-30. Nov, 1,1 km

Bei der Weinlese

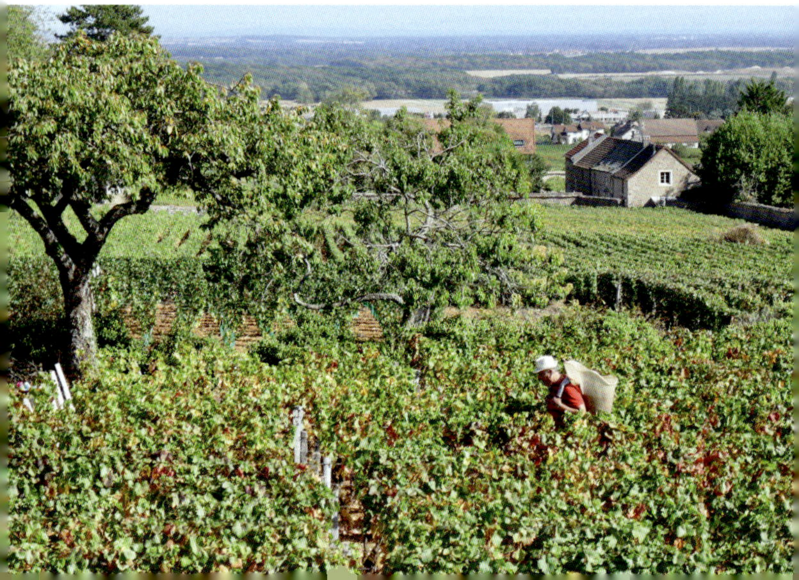

Am Ende des Schotterweges gehen Sie links zu den Häusern und dort rechts entlang der D974. Am Kreisverkehr, direkt vor der Autobahn, befindet sich ein B&B-Hotel.

Savigny-lès-Beaune

B&B Beaune Nord, 20 Rue du Tacot, 21420 Savigny-lès-Beaune, ☏ 02 98 33 75 29, www.hotelbb.com, 70 Zimmer, Ü EZ/DZ ab € 69 (Sonderangebote möglich), F € 10,50, GB, ➲ am Weg

Savigny-lès-Beaune (Beaune Nord) – Beaune 2,6 km

Nun überqueren Sie die Autobahn und erreichen den Ortsrand von Beaune. Auf der Straße (Route de Dijon, später Rue du Faubourg Saint-Nicolas) kommen Sie an der beachtenswerten ✞ **Église Saint Nicolas** (12. Jh.) vorbei. Sie wurde außerhalb der Stadtmauern errichtet und war, sehr zum Leidwesen der Kanoniker des Kollegiums Notre-Dame, Pfarrkirche der Winzer und Landarbeiter. Sie betreten die noch fast ganz mit einer Stadtmauer umgebene Stadt Beaune an der Porte Saint Nicolas. Gehen Sie geradeaus durch die Rue de Lorraine bis zum kleinen Place Gaspar Monge. Gehen Sie rechts und dann die erste Straße wieder links zur Basilique Notre-Dame.

Beaune

B&B BANK

Office de Tourisme – Hospices, 1 Rue de l'Hôtel Dieu, 21200 Beaune, ☏ 03 80 26 21 30, beaune@beaune-tourisme.fr, www.beaune-tourisme.fr, Mo-Sa 9:30-12:00 u. 14:00-18:00, So ab 10:00, ➲ 170 m

♦ **Office de Tourisme – Porte Marie de Bourgogne**, 6 Boulevard Perpreuil, 21200 Beaune, Kontaktdaten s. o., Mo-Sa 9:30-13:00 u. 14:00-18:00, So ab 10:00, ➲ 430 m

Best Western Henry II, 12-14 Rue du Faubourg Saint-Nicolas, 21200 Beaune, ☏ 03 80 22 83 84, info@henry2.fr, henry2.fr, vor der Porte Saint Nicolas, 58 Betten, ÜF DZ ab € 109, ➲ am Weg

♦ **Hôtel Le Foch**, 24 Boulevard Foch, 21200 Beaune, ☏ 03 80 24 05 65, info@hotelbeaune-lefoch.fr, www.hotelbeaune-lefoch.fr, im Westen der Altstadt an der Ringstraße, 8 Zimmer, Ü EZ/DZ ab € 42, DBZ € ab 67, VBZ € 92, F € 8, € 5, ➲ 250 m, im Westen der Altstadt an der Ringstraße

♦ **Hotel Alésia**, 4 Avenue de la Sablière, 21200 Beaune, ☏ 03 80 22 63 27, hotel.alesia@wanadoo.fr, hotelabeaune.com/hotel-alesia.htm, 16 Zimmer, Ü EZ/DZ ab € 100, F € 13, GB, ➲ am Weg, 1,3 km vor dem Zentrum

B&B **Danièle Duthy**, 5 Rue Jean-Belin, 21200 Beaune, ☏ 03 80 24 00 13, 06 64 66 06 51, dduthy@wanadoo.fr, www.beaunenuit.com, ÜF EZ € 60, DZ € 70-75, GB, ➲ 170 m, Zentrum

Camping Municipal Les Cent Vignes, 10 Rue Auguste Dubois, 21200 Beaune, ☏ 03 80 22 03 91, campinglescentvignes@mairie-beaune.fr, www.beaune.fr, 116 Stellplätze, schön mit Hecken getrennt, Stellplatz € 6,80-7,20, € 6,30-6,90 p. P (Preise saisonabhängig), Mitte März-20. Nov, ➲ 250 m

⊙ Einen Stempel erhalten Sie in der ☞ Collégiale Basilique Notre-Dame an der Information.

☺ Samstagvormittags ist die Innenstadt von einem umfangreichen Marktgeschehen belebt.
♦ 3. Wochenende im Nov: Trois Glorieuses, Weinfest mit Versteigerung der Hospizweine
Busverkehr: www.viamobigo.fr
Beaune hat einen Nahverkehrsbahnhof an der Bahnstrecke Dijon – Lyon, ➲ 800 m.
Taxi Franon, ☏ 03 80 26 53, 06 07 77 77

✝ **Collégiale Basilique Notre-Dame** (Place Général Leclerc), Basilika aus dem 13. Jh. mit beeindruckenden Wandteppichen zum Leben der Jungfrau Maria

⌘ **Musée de l'Hôtel Dieu des Hospices de Beaune**. Das mittelalterliche Hospiz (Armenspital) mit den bunten Dächern können Sie in jedem Bildband über den Burgund bewundern. Die leuchtend bunten Dächer gehören zur flämisch-burgundischen Architektur. Das Hospiz wurde 1443 gestiftet und bot in einem Schlafsaal mit 26 Betten den Ärmsten der Armen Obdach und Krankenpflege. Es wird nun nach wechselvoller Geschichte als Museum und Seniorenheim genutzt. Den Geist der Zeit verdeutlicht ein Altarbild, das aus der Krankenhauskapelle stammt und heute in einem Ausstellungsraum hinter Glas zu sehen ist. Es veranschaulicht die mittelalterlichen Vorstellungen vom Jüngsten Gericht, bei dem die Seelen der Toten aufgewogen werden. Die leichten, unbelasteten steigen zum Himmel auf und die schweren kommen in die Hölle. In drastischen Bildern sind die Folgen dargestellt. Unternehmer dieser Zeit versuchten, durch gute Taten ihre Seelen zu erleichtern, und der in Beaune baute gar ein Krankenhaus für die Armen in einer Pracht, die einer Kirche gleicht.
♦ 2 Rue de l'Hôtel Dieu, ☏ 03 80 24 45 00, tägl 9:00-18:30

⌘ **Musée du vin de Bourgogne**, informative Ausstellungen zur Geschichte des Weinbaus im Palast der Herzöge von Burgund
♦ Hôtel des Ducs de Bourgogne, Rue d'Enfer, ☏ 03 80 22 08 19, Zentrum, 9:30-18:00

⌘ **Musée des Beaux-Arts** (dt. „Museum der schönen Künste"), mit Skulpturen und Gemälden aus dem 16.-20. Jh.
♦ Porte Marie de Bourgogne, 6 Boulevard Perpreuil (im Südflügel des Rathauses), ☏ 03 80 24 56 92, April-Nov tägl. 10:00-13:00 u. 14:00-18:00 (im Winter nur bis 17:00)

♦ **La Moutarderie Fallot**. Die Senffabrik Fallot ist die einzige, die in der Region noch Senf nach traditioneller Art herstellt. Bei Interesse schließen Sie sich einer der im Sommer regelmäßigen Führungen an. Die genauen Zeiten erfahren Sie im Office de Tourisme.
♦ 31 Rue du Faubourg Bretonnière, ☏ 03 80 22 10 10, accueil@fallot.com, www.fallot.com

⌘ ☺ In Beaune gibt es viele **Weinkeller**, die besichtigt werden können, z. B. Les Caves Patriarche Père & Fils, ein Weinkeller im Salesianerinnen-Kloster von 1632.
♦ 5 Rue du College, ☏ 03 80 24 53 78, www.patriarche.com, 9:30-11:30 u. 14:00-17:15, nördl. Altstadt

Beaune ist ein wichtiges Zentrum in der Burgunderregion, war aber auch lange neben Dijon und Meaux für seinen guten Senf bekannt. Eine letzte Senffabrik hält hier

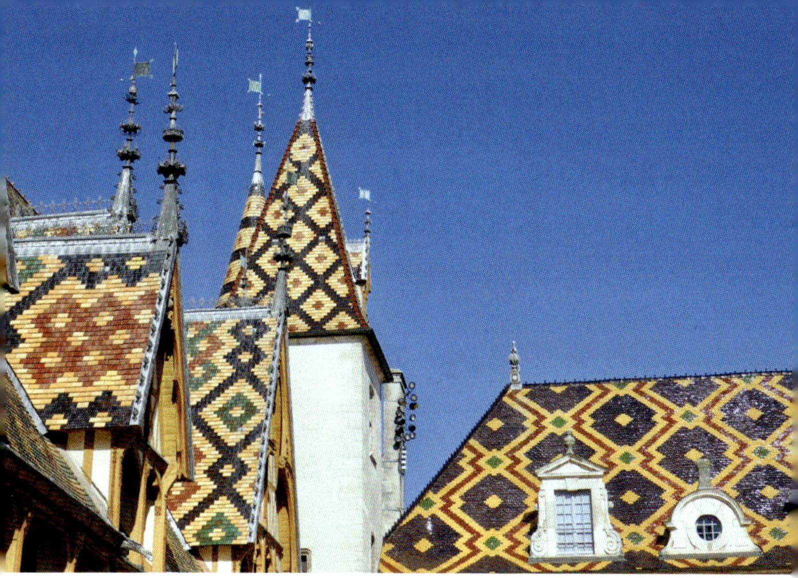

Besonders prachtvoll sind die burgundertypischen bunten Dächer im Hôtel Dieu in Beaune

die Produktion nach traditionellen Methoden im Verein mit touristischen Angeboten noch aufrecht. Beaunes historische Altstadt übt zu Recht eine große Anziehungskraft auf den Tourismus aus.

In Beaune kommen auch die Pilgerinnen und Pilger an, die dem aus dem Elsass bzw. Basel kommenden Pilgerweg durch die Franche-Comté gefolgt sind.

Beaune – Pommard 4 km

Gehen Sie an der Basilika vorbei, nun kurzfristig ohne Markierungen, zum Place du Général Leclerc und geradeaus entlang der Rue Edouard Fraisse. Sie treffen erneut auf einen kleinen Platz mit Restaurants und gehen weiter geradeaus bis über den Stadtgraben an der breiten Ringstraße vor dem Hotel de la Poste. Auch hier geht es noch geradeaus, an der nächsten Straße aber rechts (Ruelle Morlot). Hier beginnt die Markierung wieder.

Am Ende des Sträßchens biegen Sie links und gleich wieder rechts in die Rue des Verottes und gehen nun geradeaus bis an den Rand der Weinberge. Radfahrerinnen und Radfahrer werden durch die **Porte de Avaux** geführt, können aber auch noch bequem zunächst dem Pilgerweg folgen.

Hier beginnt die Veloroute Beaune – Santenay, der Radpilger problemlos folgen können.

Der Pilgerweg kürzt ab und folgt links der Straße, erreicht dann aber in der nächsten Straßenkurve den Radweg, über den dann auch weiter (links) markiert ist.

Nach 1,6 km kreuzen Sie eine Straße und gehen auf einer schmalen Straße mit Natursteinmauer nach Pommard herein (Rue de la Refène). Queren Sie die Grande Rue und gehen Sie weiter geradeaus zur Kirche.

Pommard

B&B

B&B **Les nuits de Saint-Jean**, Rue Sainte-Marguerite, 21630 Pommard, ☏ 03 80 22 49 98, contact@violot-guillemard.fr, www.violot-guillemard.fr, 8 Betten, ÜF EZ/DZ € 150, DBZ ab € 200, GB, D, 100 m

Château de Pommard, Weingut, Weinverkauf und Geschenkeladen, 15 Rue Marey Monge, 21630 Pommard, ☏ 03 80 22 12 59, April-Nov tägl. 9:30-18:30, 350 m

An der Kirche wirkt das Dorf still und ausgestorben. Die Radfahrerinnen und Radfahrer halten hier gerne an und suchen den Wasserhahn. Der ist etwas versteckt von hinten am Dorfbrunnen angebracht. Hinter der Kirche gibt es auch Toiletten. Gehen Sie vor der Kirche links tiefer in den Ort hinein, finden sich Gastronomie- und Barbetriebe und ganz am Ende das Château de Pommard.

Pommard – Meursault 4,9 km

Am Brunnen vor der Kirche gehen Sie geradeaus weiter, das ist die Rue de la Métairie. Am Ortsende folgen Sie der Veloroute nach halb rechts Richtung Volnay. Dazu gehen

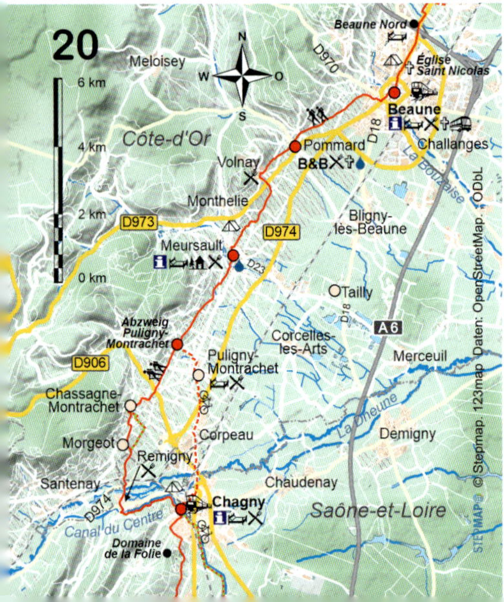

Sie an dem Kreuz von 1867 in den Weinbergen rechts leicht bergauf und links auf die Ortschaft zu. Sie kommen auf der Rue de la Piture nach **Volnay** herein, sie wird zur Rue de la Tour. Nun gehen Sie rechts zur Kirche. Hinter der Kirche gehen Sie links in die Rue de la Combe und links neben der Bäckerei weiter. Nach links folgen Sie der Rue de la Chapelle bis zu einem Friedhof, rechts davon kreuzen Sie die D973. Nach 300 m folgen Sie den Markierungen der Veloroute nach rechts. Sie gehen 700 m weiter an einer versetzten Kreuzung geradeaus, nach weiteren 540 m an einer Gabelung rechts und an der sofort folgenden nach links weiter. In der Folge wird ein links abzweigender Weg außer Acht gelassen und eine Querstraße vor einer Weinbergmauer erreicht.

Rechts kämen Sie hier zum bereits sichtbaren Campingplatz und dem Hôtel Les Hauts de Meursault.

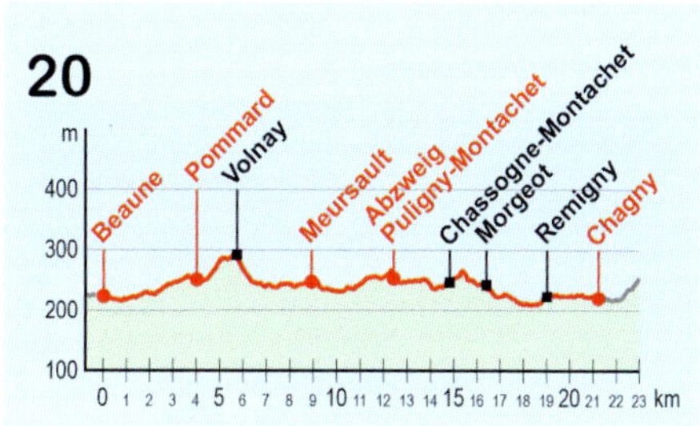

Sie folgen links dem Radweg, der genau auf die Kirche von Meursault zielt. Wenn es auf der Veloroute in Meursault geradeaus nicht mehr weitergeht, biegen Sie rechts in die D23 ein, verlassen sie aber nach 100 m schon wieder nach links Richtung Centre Ville auf der Rue du 11 Novembre. An der Gabelung vor dem École Saint Joseph werden Radfahrerinnen und Radfahrer nach rechts geleitet. Fußgängerinnen und Fußgänger gehen kürzer links gegen die Einbahnstraße an der Schule vorbei, halten sich an der nächsten Gabelung links und erreichen das Rathaus im Areal einer umzäunten Parkanlage.

Meursault

B&B BANK

Office de Tourisme de Meursault, 9 Place de l'Hôtel de Ville, 21190 Meursault, 03 80 21 25 90, info@ot-meursault.fr, www.ot-meursault.fr, Juni-Sep Mo-Sa 9:30-12:30 und 14:00-18:30, April, Mai, Okt bis 18:00, Nov-Mitte März Mo-Fr 9:00-12:00 und 14:00-17:30, 50 m

Le Chevreuil, Place de la République, 21190 Meursault, 03 80 21 23 25, reception@lechevreuil.fr, www.lechevreuil.fr, 15 Zimmer, Ü EZ € 75-85, DZ € 80-90, DBZ € 100-109, VBZ € 109-119, F € 12, € 10, am Weg

♦ **Les Arts**, 4 Place de l'Hôtel de Ville, 21190 Meursault, 03 80 21 20 28, contact@hotel-restaurant-les-arts.fr, www.hotel-restaurant-les-arts.fr, 10 Betten, Ü EZ/DZ € 65, F € 12, , , GB, Mo-Mi geschlossen, am Weg

♦ **Hôtel Les Hauts de Meursault**, 5 Route de Volnay, 21190 Meursault, 03 80 21 23 47, contact@hotel-meursault.fr, www.hotel-meursault.fr, Ü EZ/DZ € 80, DBZ € 95, VBZ € 125, F € 12, 650 m, am Campingplatz

B&B **Pascal Molinot**, 20 Rue Pierre Joigneaux, 21190 Meursault, 03 80 21 27 82, info@lesecureils-meursault.com, www.lesecureuils-meursault.com, 5 Zimmer, ÜF EZ € 55, DZ € 70, DBZ € 85, , 450 m

♦ **La Maison du Charmes**, Brigitte Lanoe, 29 Rue de Mazeray, 21190 Meursault, 03 80 24 31 69 u. 09 80 82 02 24, contact@maison-du-charmes.com, www.maison-du-charmes.com, 3 Zimmer, ÜF EZ/DZ € 80, 3. Pers. € 20, , 150 m

Gîte d'etape, Chantal et Bertrand Darviot, Château de la Velle, 17 Rue de la Velle, 21190 Meursault, 03 80 21 22 83, chateaudelavelle@darviot.fr, www.darviot.com,

13 Betten, Ü € 15 p. P., Camping € 5, komplette Küche, GB, 25. Nov-1. März geschlossen, 200 m, vom Zentrum 800 m

Huttopia Meursault, 2 Route de Volnay, 04 37 64 22 35, europe.huttopia.com/site/meursault, 170 Stellplätze, Stellplatz inkl. 2 Pers € 21,40, € 2-3, Wohnkabinen für 2-4 Pers. Ü € 55-80 (ab zwei Nächten), April-Nov, 500 m

Rathaus in Meursault

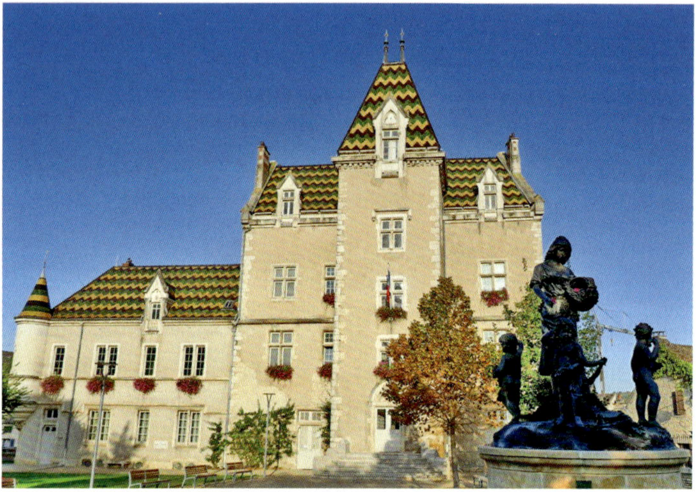

Meursault – Abzweig Puligny-Montrachet 3,5 km

Gehen Sie geradeaus in die Parkanlage und weiter geradeaus durch die Rue des Écoles, auf einer Brücke über einen Bach und (wieder mit der Veloroute) geradeaus auf der Rue du Clos de Mazeray. Am Ortsrand folgen Sie geradeaus (leicht versetzt) einer Straße zwischen hohen Mauern in die Weinberge. Am Ende der Mauer gehen Sie geradeaus und am nächsten Abzweig rechts, kurz darauf links. Pilgerweg und Radroute bleiben gleichauf. Sie biegen rechts in eine von links kommende Straße ein und gehen im Folgenden geradeaus. Schließlich erreichen Sie einen schönen Rastplatz unter Kiefern und 350 m weiter einen Wegweiser, der auf eine Abkürzung (Variante) hinweist.

Die Variante entspricht an dieser Stelle auch dem Radweg und führt links über Puligny-Montrachet und Corpeau nach Chagny. Für ganz Eilige, die etwa 3 km Weg einsparen wollen, mag die Variante eine Verlockung sein. Deutlich schöner ist der unten weiter beschriebene Hauptweg.

Für die Variante folgen Sie den Radwegweisern durch die Weinfelder bis an eine T-Kreuzung und gehen dort rechts. Nach 100 m erreichen Sie eine Kreuzung, an der Sie der Straße linksherum bis an eine Verkehrsinsel folgen (Wegkreuz, Ortsinformation, Pausenbank). Passieren Sie die Insel an der rechten Seite und folgen Sie geradeaus der Dorfstraße Rue Drouhin durch Puligny-Montrachet.

Puligny-Montrachet B&B

Hôtel La Chouette, 3 bis Rue des Creux de Chagny, 21190 Puligny-Montrachet, ☏ 03 80 21 95 60, info@la-chouette.fr, www.la-chouette.fr, 6 Zimmer, ÜF EZ € 165, DZ € 180, GB, D, 1. März-10. Aug, 1,3 km

B&B **Les Gargères**, Maria Adao, 17 Rue Drouhin, 21190 Puligny-Montrachet, 06 15 97 64 71, maria.adao2@orange.fr, les-gageres-puligny-montrachet.eatbu.com, 4 Zimmer, ÜF EZ/DZ/DBZ € 80-95, 850 m

Folgen Sie der Rue Drouhin durch die Rechtskurve bis an einen Verkehrskreisel mit der Skulptur, welche die Tätigkeiten in den Weinbergen versinnbildlicht. Gehen Sie auch hier geradeaus Richtung Mairie und am Beginn des großen Platzes links bis vor das Luxushotel Le Montrachet. Rechts laufen Sie nun zum Dorf hinaus. An einer Gabelung bleiben Sie halb links auf der Hauptstraße und passieren das Hôtel La Chouette.

Die Straße führt an die D974. Gehen Sie hier 60 m nach rechts und biegen Sie dann links in die D113C. Folgen Sie der Straße nach **Corpeau**. Auch am Stoppschild im Zentrum bleiben Sie auf der Straße, überqueren eine zweigleisige Bahnstrecke und erreichen nach 1 km die D906.

Biegen Sie hier links ab, unterqueren Sie eine Bahnlinie und biegen Sie nach 150 m halb rechts in eine Nebenstraße (Ortsschild Chagny). Nach 130 m biegen Sie halb rechts in die Rue des Ponts ab (Richtung Camping), überqueren zwei Flussarme der Dheune und erreichen eine Fahrstraße. Gehen Sie kurz vorher rechts über den Parkplatz, bis Sie wieder an die Straße stoßen und gehen Sie dort rechts in den schmalen Weg, der zum Kirchplatz führt.

Wenn Sie hier geradeaus der Rue des Halles folgen, kommen Sie am Office de Tourisme vorbei, gehen am Ende links und wieder rechts in die Rue de la Boutière. Die führt schließlich, schon am Ortsrand, nach einem leichten Rechtsbogen unter den Bahngleisen hindurch. 100 m weiter biegen Sie links in die D219 ab (Richtung Bouzeron), unterqueren die Bahn wieder, folgen der Straße durch eine Links- und eine Rechtskurve, überqueren den Canal du Centre und befinden sich wieder auf dem markierten Pilgerweg.

Abzweig Puligny-Montrachet – Chagny 8,8 km

Der Hauptweg ist geradeaus Richtung Remigny ausgeschildert. Er trifft nach 1,6 km an die D906. Sie gehen geradeaus darüber hinweg nach Chassagne-Montrachet. An einer Bushaltestelle (nur Schulbus) gehen Sie rechts Richtung Centre Ville und zum Place de l'Europe.

Biegen Sie links in die Rue Charles Paquelin ein und wandern Richtung Kirche. Dahinter folgen Sie geradeaus der Rue de la Musée bis zur **Domaine Morey**. Dort biegen Sie links ab und folgen der Rue du Grands-Puits.

Aber Achtung! Bereits nach 50 m biegen Sie links in die schmale Rue des Champgaines.

Der markierte Radweg vollzieht einen Bogen durch die Rue du Grand Puits wegen der Einbahnstraßenregelung und erreicht wie der Fußweg den Place des Noyers. Hier fahren Sie geradeaus durch die Rue Notre Dame bis an die querende D113A, biegen rechts ein und nach dem Ortsschild links. Die Radwegweiser sind eindeutig aufgestellt. An der nächsten Kreuzung, hier steht wieder eine dieser hübschen, historischen Schutzhütten, biegen Sie rechts ab. Sie fahren über eine Kreuzung hinweg bis an eine Gabelung. Geradeaus fahren Sie wieder auf dem Pilgerweg.

Fußgängerinnen und Fußgänger biegen noch einmal links ab und kommen zum **Place des Noyers**. Sie folgen wieder nicht dem Radweg, sondern gehen geradeaus aus dem Dorf hinaus, bald auf der Einbahnstraße Rue des Champs Gains. Der Weg führt neben einer neu angelegten Trockensteinmauer durch die Weinberge. Am Wegweiser „Montrachet" gehen Sie links Richtung Santenay und an der Straße rechts nach **Morgeot**.

Sie laufen jetzt auf der Route de Santenay bis zu einem Steinkreuz, dort nehmen Sie an der Gabelung den linken Weg (Rue de Morgeot). Am Ende der Siedlung biegen Sie links ab und gehen am Wegweiser „Morgeot" rechts auf dem Radweg weiter.

An der Gabelung vor einer Bahnstrecke biegen Sie links vom Radweg ab und überqueren die Bahngleise. (Der Radweg führt weiter nach Santenay.) Sie kreuzen danach die D974. Eine Brücke bringt Sie über den kleinen Rivière des Moulins. Nun laufen Sie auf einer Allee und über eine weitere Brücke über die deutlich breitere **Dheune** auf der Allée des Tilleuls nach **Remigny** herein.

Am Stoppschild folgen Sie der Rue de Chassagne nach links und gehen an der nächsten Kreuzung geradeaus. Die Straße heißt nun Rue de la Cure und führt bergauf. An der nächsten Querstraße (linker Hand steht die prächtige ✝ Dorfkirche Saint-Antoine aus dem 11. Jh. Ihr romanisches Erscheinungsbild hat sich recht einheitlich, trotz einiger Umbauten, erhalten.) gehen Sie rechts bis über eine Kanalbrücke ✕. Hier biegen Sie links in den Uferweg ab. Der Radweg befindet sich auf der anderen Uferseite. Auch dort könnten Sie laufen.

Dieser ebene Weg führt 2,3 km am Ufer des Canal du Centre entlang zu einer anderen Brücke. Hier biegt Ihr Weg rechts vom Kanal weg in die Rue du Vallon, links über die Brücke hinüber kämen Sie nach Chagny (➲ 900 m zum Place de l'Église, 650 m zum Bf.).

Chagny

Office de Tourisme, 2 Rue des Halles, 71150 Chagny, ☏ 03 85 87 25 95, ot.chagny-bourgogne@wanadoo.fr, www.chagny-bourgogne-tourisme.com, April, Mai, Okt Di-Sa 9:30-12:30 u. 14:00-18:00, Juni-Sep Mo-Sa 9:30-12:30 u. 14:00-18:30, So 9:30-12:30, Nov-März Di-Sa 9:30-12:30 u. 14:00-17:30, ➲ 830 m

Hôtel de la Poste, 17 Rue de la Poste, 71150 Chagny, ☏ 03 85 87 64 40, info@hoteldelaposte-chagny71.com, www.hoteldelaposte-chagny71.com, 11 Zimmer, Ü EZ € 52-68, DZ € 58-88, DBZ € 88-92, VBZ € 102, F € 10, € 6, 1 km

♦ **Hôtel de la Ferté**, 11 Boulevard de la Liberté, 71150 Chagny, ☏ 03 85 87 07 47, reservation@hotelferte.com, www.hotelferte.com, 12 Zimmer, Ü EZ/DZ € 82, DBZ € 114, VBZ € 116, € 10, GB, 1 km

Camping Le Pâquier Fané, 20 Rue du Pâquier Fané, 71150 Chagny, ☏ 03 85 87 21 42, 06 14 87 45 33, camping-chagny@orange.fr, www.campingchagny.com, 85 Stellplätze, Stellplatz + 1 Pers. € 14 (+ 2 Pers. € 15,50), diverse Mietunterkünfte, April-Okt, 1,2 km

Einen Pilgerstempel gibt es im ☞ Office de Tourisme.

Chagny hat einen Nahverkehrsbahnhof an der Bahnstrecke Dijon – Lyon (über Rully und Fontaines, ☞Fontaines).

In Chagny haben Sie die bedeutenderen Weinbaugebiete der Côte d'Or verlassen und die Côte Challonaise erreicht. Wälder, Wiesen und Getreidefelder nehmen neben dem Weinbau wieder größere Flächen ein. Der Weg führt abwechslungsreicher durch die Hügellandschaft im Randgebirge des Saônetals.

Chagny – Rully 4,3 km

Radfahrerinnen und Radfahrer kommen auch auf dem nun folgenden Weg von Chagny nach Rully klar, bevorzugen aber meist die ebene und holperfreie Strecke am Kanal über Chalon-sur-Saône. Sie ist zwar länger, aber bequemer zu fahren. Hinter Rully ist ein entspanntes Fahren auf dem markierten Pilgerweg nicht mehr möglich, das ist ein weiteres Argument für die Veloroute am Kanal. Von Chalon führt ein neuer asphaltierter Radweg auf einer stillgelegten Bahntrasse über Buxy und Saint-Gengoux-le-National nach Cluny.

☺ Leserinnentipp: Wenn man hinter Chagny, wie für die Radfahrerinnen und Radfahrer empfohlen, am Kanal bleibt, wird man an der Schleuse 31 auf einen markierten Abstecher nach **Fontaines** stoßen. Dort gibt es eine besonders empfohlene Pilgerunterkunft. Auch am Château de Rully ist ein Weg nach Fontaines mit der Muschel ausgeschildert (50 m nach dem Château de Rully beim Schild „Domaine DURY" links), 4 km. Von Chagny fährt auch ein Zug nach Fontaines (ein- bis zweimal in der Stunde, Fahrtzeit 7 Min.). Von Fontaines führt ein ebenfalls markierter Weg nach Mercury. Sie müssen also keinen Weg zweimal laufen.

Fontaines

Accueil Saint Just, 17, Place de l'Église, 71150 Fontaines, 06 51 78 35 68, www.compostelle71.fr, 9 Plätze verteilt auf 3 Zimmer, betreut von den Hospitaleros der Organisation Compostelle71, auf Spendenbasis, bitte anmelden, Küche, Kühlschrank mit Lebensmitteln, Decken, auch im Ort gibt es Einkaufsmöglichkeiten, ganzjährig, von Chagny 9,4 km, vom Château de Rully 4 km, die Unterkunft befindet sich direkt an der Kirche.

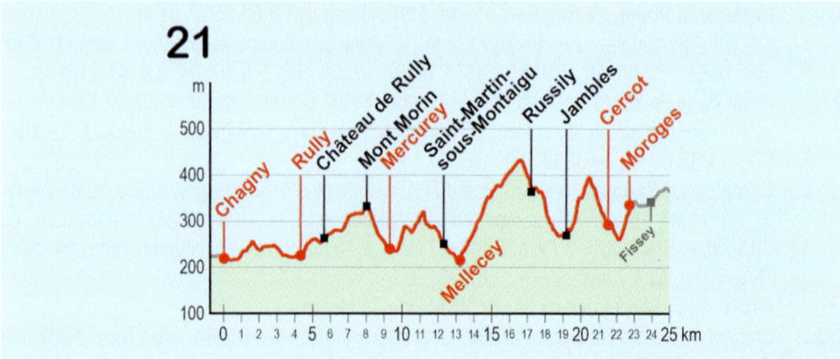

Bereits nach 60 m biegen Sie links in den Chemin des Aubépines ab und am Sportfeld (⛼) rechts in den Chemin du Nantil. Am Ende der Siedlungsstraße gehen Sie links, nun bergan und am Wegweiser „Chagny" vorbei zur Höhe. Hier steht noch ein Wegweiser mit demselben Namen. Sie biegen hier rechts von der Rue de Montagne in einen Nebenweg Richtung **Domaine de la Folie**.

Von hier oben haben Sie einen schönen Rückblick auf die durchwanderte Weinbauregion Côte de Beaune. An der Gabelung steht ein wegweisendes Schild. ↬ Rechts geht es zur Weinprobe in den Weinkeller (➲ 450 m), Pilgerinnen und Pilger werden nach links geführt (Promenade).

Durch Kiefernwald wandern Sie bis an eine Wegkreuzung. Der Wegweiser mit dem Namen **Jamaïque** gibt Auskunft. Der Weg ganz rechts führt zu einem Haus. Sie nehmen den zweiten Weg von rechts.

Auch dieser Weg führt an das Haus heran. Dort biegen Sie links vom breiten Weg in einen Pfad Richtung Rully. Dieser trifft auf einen breiteren, felsdurchsetzten Querweg, dem Sie links folgen. Bereits im Anblick der Kirche und des Châteaus von Rully gehen Sie geradeaus auf befestigtem Weg bis in den Ort hinein, den Sie auf der Rue Saint-Jacques erreichen. Am Querweg und am Wegweiser „La Riotte" biegen Sie links ein. Sie treffen auf die Grande Rue und gehen rechts zum Dorfplatz.

Rully

i **Bureau d'Informations Touristiques**, 5 Impasse du Canal, 71150 Rully, ☏ 03 85 91 53 55, ✉ tourismerully@achalon.com, am Canal du Centre, 🚪 Juni-Mitte Sep Di-So 10:00-13:00 u. 15:00-18:00 (evtl. für die Radfahrerinnen und Radfahrer interessant), ➲ 2,5 km

🛏 ✕ **Hotel le Vendangerot**, 6 Place Sainte Marie, 71150 Rully, ☏ 03 85 87 20 09, 💻 www.vendangerot.fr, Zentrum, 15 Zimmer, Ü Preis auf Anfrage (eher mittleres Preissegment), 🐕, 🚪 Di u. Mi geschlossen, ➲ am Weg

🚌 Der Bus 705 hält auf seiner Fahrt von Autun nach Chalon-sur-Saône auch in Rully, werktags 7 x, Sa 4 x, So 2 x. Die Bushaltestelle befindet sich am Place de la Mairie, 150 m vom Weg im südlichen Bereich des zentralen Platzes, 💻 www.viamobigo.fr.

🚆 Der Bahnhof von Rully liegt etwa 1,7 km vom Zentrum entfernt an der Bahnstrecke Dijon – Lyon.

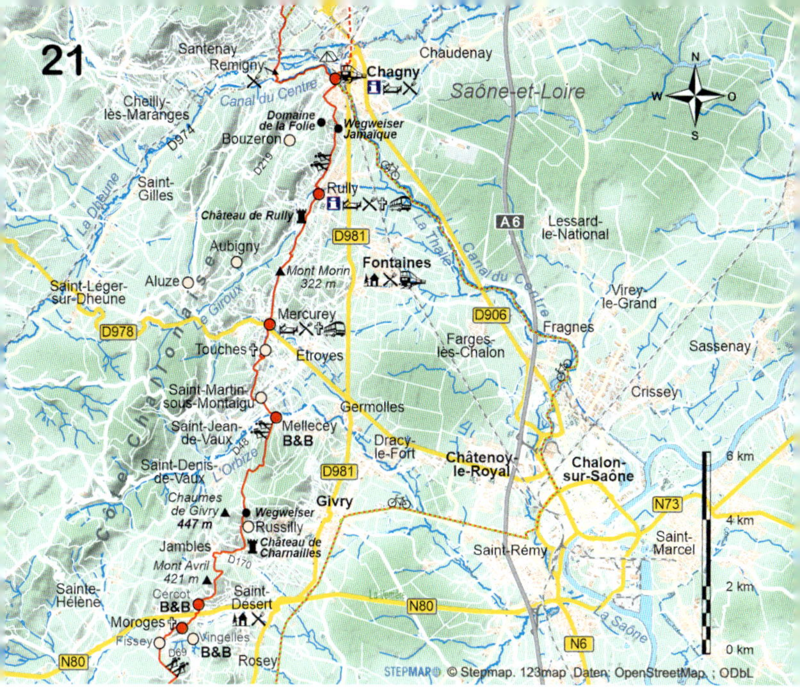

✝ Die katholische Kirche **Église Saint-Laurent** stammt aus dem 12. Jh. und ist allein schon wegen ihres seltenen Deckengewölbes sehenswert. Sie ist tagsüber geöffnet und als monument historique (dt. „Baudenkmal") eingestuft.

♜ **Château de Rully**. Rully hat gleich zwei Schlösser zu bieten. Beide stehen am Weg. Das erste ist das Château Saint Michel, ein Renaissance-Schloss gegenüber der Kirche Saint-Laurent. Es ist wie diese prägend für das Erscheinungsbild des Dorfes. Aus dem Mittelalter stammt das zweite Schloss, das Château de Rully, das 1 km hinter Rully zur Besichtigung freigegeben ist. Es stammt aus dem 12. Jh. und befindet sich seither ohne Unterbrechung im Besitz der gleichen Familie. Selbstverständlich gehört auch ein Weingut dazu.

♦ Besichtigung für Gruppen jederzeit nach Anmeldung. Individuelle Führungen ohne Anmeldung gibt es im Juli, Aug tägl. außer Mo zur vollen Stunde von 11:00-18:00

Rully – Mercurey 5 km

Hinter dem Supermarkt biegen Sie rechts in die Rue des Buis ab und nehmen die erste Straße links Richtung Château (Rue du Murger au Cure). An der ✝ Kirche **Saint-Laurent** gehen Sie rechts die Rue de Chèvremont hinauf. Sie gewinnen schnell an Höhe und haben nach Südosten (links) einen Ausblick bis Chalon-sur-Saône.

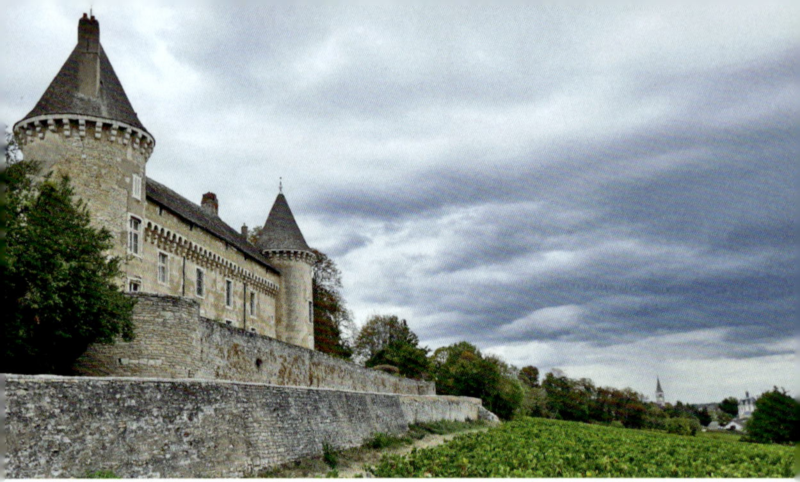

Château de Rully

Am **Château de Rully** gehen Sie geradeaus durch eine Ansiedlung mit dem Namen Hameau de Château (dt. „Weiler am Schloss“) bergab, von rechts kommt der weiß-rot markierte GR 76 hinzu.

Der Zweiklang von Schloss und Weiler ist typisch für diese Region. Schließlich brauchte der Gutsbesitzer und Schlossherr die Arbeiter zur Pflege der Rebflächen und Lese. Weite tägliche Anreisen zur Arbeit waren in Zeiten vor dem Automobil nicht möglich.

Sie erreichen eine Gabelung, an der ➯ rechts nach Aubigny ausgeschildert ist. Sie gehen hier links Richtung **Plateau de Targinats** und bleiben damit auf dem Sträßchen.

Nach 750 m folgt eine weitere Gabelung inmitten der Felder ohne Markierung. Sie gehen wieder links zu einer Baum- und Buschwerkreihe, an der sich Markierungen befinden. Gehen Sie unter der Stromleitung hindurch und dann links zwischen zwei Weinfeldern zum Wegweiser „**Mont Morin**“ an den Waldrand.

Hier finden Sie halb rechts den Zugang zum Pfad, der Sie erst durch Wald, dann durch Buschwerk an ein Sträßchen führt. Geradeaus gehen Sie weiter zur Höhe und zu einem weiteren Wegweiser an einer Kreuzung. Sie gehen geradeaus auf den nun voraus liegenden Talort zu. Sie kommen die Rue de Mercury hinab (an einer Gabelung im Weinberg halten Sie sich rechts), passieren die Église Notre Dame (12. Jh.) und erreichen die Talstraße (D978) am Hotel du Val d'Or.

Mercurey

Hôtellerie du Val d'Or, 140 Grande Rue, 71649 Mercury, ☎ 03 85 49 23 85, contact@le-valdor.com, www.le-valdor.com, 11 Zimmer, Ü EZ/DZ ab € 79, DBZ ab € 109, (es gibt auch günstige Angebote, die F enthalten), F € 12,50, Hotel und Restaurant sind So u. Mo geschlossen, ➲ am Weg

⊙ Der Pilgerstempel ist in der Kirche zugänglich.

(🚌) Busse fahren bis zu 8 x am Tag vom Place Genappe in Mercury nach Chatenoy le Royal. Dort besteht Anschluss nach Chalon-sur-Saône 🚆. Der Bus muss allerdings telefonisch vorbestellt werden. Bezüglich der Vorlaufzeit habe ich keine Angaben gefunden. Die Bushaltestelle befindet sich wenige Schritte rechts der Einmündung des Pilgerweges auf die D978. ☏ 03 80 11 29 29 (Mo-Sa 7:00-20:00), 💻 www.viamobigo.fr

Mercurey – Mellecey 3,9 km

Vom Hotel gehen Sie links entlang der Straße, aber nur 30 m. Dort laufen Sie rechts über den Place de Bourgneuf ✕ und nehmen die linke der beiden abgehenden Straßen (Rue de Touches). Sie führt aus dem Ort heraus in Bögen den Weinberg hinauf. Oben erreichen Sie die ✝ Kirche **Saint-Symphorien de Touches** aus dem 13. Jh. Gehen Sie auf der rechten Seite daran vorbei, über eine Kreuzung mit Parkplatz und dann halb links (an dem Traubensymbol am Straßenschild) bergab, verlassen also den GR.

Der Rue du Clos du Roy folgen Sie im Linksbogen um ein Rebenfeld und gehen danach scharf rechts Richtung Domaine du Meix-Foulot. Vor dem Winzergebäude laufen Sie links den Schotterweg bergauf.

Im Wald gehen Sie links, dann einen Grasweg bergab, dabei halten Sie sich links der Stromleitung. Der Belag des Weges wechselt zunächst zu grobem Schotter, dann zu Teer. Er führt nach **Saint-Martin-sous-Montaigu**. Hier gehen Sie an den ersten Häusern halb links bergab und gegen die Einbahnstraße ein zweites Mal halb links weiter.

Noch einmal wenden Sie sich nach links, dann geht es rechts auf der Rue des Marronniers weiter. Auf dem Place de Corcelles gehen Sie links. Danach biegen Sie rechts in die Rue du Clos ein. Im Tal Vallée des Vaux überqueren Sie einen Bach und treffen auf die D48. Hier gehen Sie links und nach 50 m rechts auf einem Schotterweg bergan.

↳ Um zum B&B zu kommen, bleiben Sie auf der Talstraße und biegen nach knapp 300 m in die erste rechts abgehende Straße ein.

Mellecey B&B

B&B **La Libèche**, Evelyne et Michel Bardet, 101 Rue de la Glacière, 71640 Mellecey, ☏ 03 85 98 99 99, 📱 06 71 40 41 74, ✉ la-libeche@wanadoo.fr, 💻 la-libeche.fr, 11 Betten, ÜF EZ € 60, DZ ab € 69, jede weitere Pers. € 25, GB, etwas D, ➲ 500 m

Mellecey – Moroges, Cercot 8,3 km

Der schöne Weg steigt stetig bergauf durch die Weinberge zum Wegweiser „La Garenne". Hier bleiben Sie links auf dem steinigen Weg. An einer Gabelung gehen Sie noch einmal links und weiter leicht bergan zu einer Kreuzung mit Wegkreuz. Eine Tafel informiert hier über das FFH-Schutzgebiet „pelouses calcicoles" (dt. „Kalkmagerrasen"), eine durch Beweidung offen gehaltene Fläche an der Kuppe des Berges **Chaumes de Givry**, die nun voraus liegt.

Gehen Sie geradeaus über die Weide noch weiter aufwärts, dann aber nicht weiter zur letzten Höhe, auch wenn der Berg schöne Aussichten verspricht. Die sind aber auch von weiter unten schon spektakulär. Orientieren Sie sich ein wenig nach links auf den Taleinschnitt zu. Es sind weiß-rote Markierungen am liegenden Fels angebracht.

Am Buschrand steht der Wegweiser **„Chaumes de Russily"**. Sie gehen rechts abwärts auf breitem Weg und erreichen Russily an einer Schaffarm. Gehen Sie die Zufahrt weiter abwärts, aber nicht bis in das Dorf, sondern vorher rechts in den Hang. An einer Wegkreuzung mit Wegkreuz und ⛩ Pausenbank gehen Sie geradeaus, vor der Wiese links und dann rechts in den Wiesenweg.

Der führt bald am Waldsaum abwärts und landet am **Château de Charnailles** auf der Straße. Hier gehen Sie rechts und folgen ihr nach **Jambles** hinunter. Sie passieren Friedhof und Kirche und biegen dann rechts in die Talstraße ein. An einer überdachten Bushaltestelle könnten Sie Schutz finden. Es gibt aber auch eine schöne überdachte ⛩ Pausenmöglichkeit am Waschplatz.

An einer Straßenverzweigung bleiben Sie links auf der D170, biegen aber nach weiteren 50 m links ab. Der Weg wird zum Schotterweg und biegt nach links. An einem Bambusgehölz biegen Sie rechts ein und wandern dann steil den Berg hinauf.

Sie passieren ein Gatter und steigen durch offenes, verbuschtes Weideland gemäßigt bergauf. Achten Sie hier gut auf die Zeichen. Ihr Weg biegt noch vor dem Erreichen der letzten Höhe, dem **Mont Avril**, links zu einem Durchlass im Elektrozaun.

⇘ Nicht weit und sehr lohnenswert ist es, den Gipfel des **Mont Avril** zu erklimmen. Dort stehen ein Gipfelkreuz und eine ⛩ Picknickeinrichtung sowie eine das Panorama erklärende Tafel für den Rundumblick, den dieser Berg bietet, ➲ 250 m.

Ihr Weg führt aus dem umzäunten Gelände hinaus und in einem Rechtsbogen bergab. Sie treffen an ein Sträßchen und gehen links zum Örtchen Cercot hinab. An der Querstraße gehen Sie links ♦ und nach 30 m wieder rechts in die Rue des Orfèvres (B&B).

Moroges, Cercot **B&B**

B&B **Le Cercotin**, Yvane et Stéphane Pierre, 3 Rue des Orfèvres, 71390 Moroges, OT Cercot, ☏ 03 85 44 38 13, 📱 06 84 38 42 14, 1 Zimmer, 4 Betten, ÜF EZ € 75, DZ € 95, DBZ € 115, VBZ € 135, A möglich, ➲ am Weg

♦ **A la dolce Vita**, Maria Tupponi, Olivier Babuillard, 8 Rue des Orfèvres, 71390 Moroges, OT Cercot, 📱 06 95 27 55 47, ✉ mctupponi@gmail.com, 1 Zimmer, 2 Betten, € 50-60 p. P. für Übernachtung, Begrüßungsgetränk, F und A, Frau Tupponi freut sich immer über deutsche Pilgerinnen und Pilger, ➲ am Weg

Moroges, Cercot – Moroges, Kirche 1,2 km

Am Ende der Straße gehen Sie rechts und dann links unter der Schnellstraße N80 hindurch. An der sofort folgenden Verzweigung gehen Sie rechts weiter. Voraus ist bereits die Kirche Saint Martin auf dem Hügel zu sehen.

☺ ↳ Leserinnentipp: Wenn Sie an der Verzweigung geradeaus gehen und den Weg in etwa parallel zur Schnellstraße einschlagen, kommen Sie nach Saint-Désert.

Saint-Désert

Sœurs de Notre Dame de la Salette, 28 Avenue de Bourgogne, 71390 Saint-Désert, ☏ 03 85 47 16 30 (oder Anrufbeantworter: 03 85 47 93 82), ÜF € 30, A € 15. Insgesamt vier Schwestern (aus Madagaskar) betreiben dort ein Tagungshaus (Maison diocésaine). Sie freuen sich auf Gäste. ➲ 2,5 km

Ihr Weg führt Sie nun aus dem Tal hinaus. Sie gehen erst geradeaus und dann links auf der Rue d'Église bis zum Friedhof vor der Kirche. Hier biegen Sie links ein, gehen im Bogen um die Kirche herum zum Kirchplatz.

↳ Die noch vorm Erreichen der Kirche in der Kurve links abzweigende Straße Montée des Vignes führt zum B&B Maison d'hôtes l'Orangerie hinab.

Moroges, Vingnelles

B&B

B&B **Maison d'hôtes l'Orangerie**, 20 Rue des Lavoirs, 71390 Moroges, ☏ 03 85 47 91 94, info@orangerie-moroges.com, orangerie-moroges.com, 10 Betten in der Pension, ÜF EZ € 90-115, DZ € 95-125, A € 45-55, GB, D, Nov-Feb geschlossen, ➲ 400

Leserinnentipp: simple Pilgerunterkunft direkt an der Kirche, Kontakt: Noelle und Francois Dureault: ☏ 03 85 47 94 97, 2 Feldbetten, kostenlos mit Pilgerausweis, Waschbecken, WC in der Schule gegenüber, keine Dusche, Anmeldung notwendig

Moroges, Kirche – Montagny-les-Buxy 6,7 km

Gehen Sie am Kirchplatz links durch die Rue des Combennes. Sie kommen nach knapp 700 m in ein Zentrum von Moroges im Ortsteil **Fissey**. Hier befinden sich ein Parkplatz, eine überdachte Bushaltestelle, Pausenbänke, die Mairie und ein Ortsplan von Moroges, auf dem deutlich wird, dass es sich um einen administrativen Zusammenschluss kleiner Dörfer und Einzelhöfe handelt. Gegenüber der Mairie gibt es auch eine Bäckerei (Mi-So vormittags).

Gehen Sie an der Querstraße vor dem Parkplatz links an der Mairie vorbei zur D69 und dort rechts und gleich wieder links Richtung Sassangy und Germagny.

Hier folgen Sie nicht länger dem GR 7, sondern wechseln zum GR 76, dessen Wegweiser eine Reststrecke von 40 km nach Cluny ankündigt.

Sie erreichen eine Straße (Voie Romaine, kein Straßenschild), der Sie nach links folgen. Wenn der GR 76 nach etwa 100 m rechts in einen Feldweg abbiegt, ist für den Pilgerweg geradeaus und nach weiteren 650 m, an der T-Kreuzung rechts entlang der Straße markiert. (↳ Sie können aber auch dem GR folgen (etwas kürzer) und beim Eintreffen auf die Straße rechts (wieder mit dem Pilgerweg) Richtung Sassangy weitergehen.) Nach 1 km biegen Sie an einer Gabelung links in eine Nebenstraße, die Richtung Cruchaud führt.

↳ Würden Sie an dieser Stelle rechts auf der etwas breiteren Straße bleiben, kämen Sie nach Sassangy.

Sassangy B&B

B&B **La Grange des Murgers**, Anne Lavergne, Le Bourg, 71390 Sassangry, ☎ 03 85 91 50 03, 📱 06 74 26 33 58, ✉ flavergne01@gmail.com, 💻 lesmurgers.fr, 2 DZ, ÜF EZ € 75, DZ € 85, A € 35, Farmgebäude aus dem 18. Jh., ➲ 2,8 km

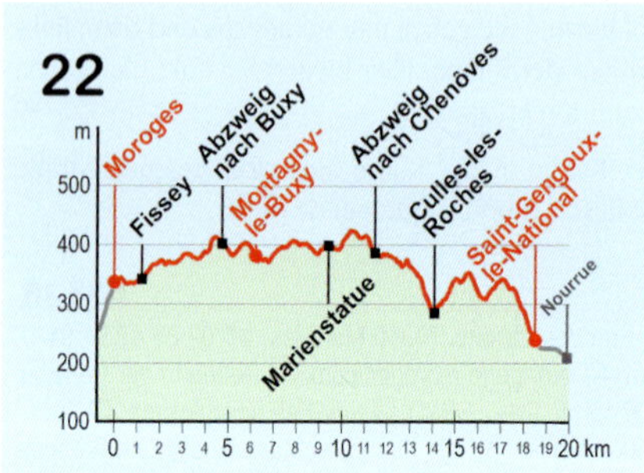

An einer Kreuzung mit Wegkreuz und Wertstoffcontainern, die Straße biegt hier im 90°-Bogen nach links, biegen Sie geradeaus in den Feldweg ab. An der nächsten Wegkreuzung gehen Sie nach links, bleiben also auf dem Schotterweg. Etwas weiter biegt Ihr Weg rechtsherum. Ein links abzweigender Weg bleibt außer Acht. 500 m weiter kommen Sie an einen Abzweig.

↳ Der Wegweiser weist links einen Abstecher nach Buxy.

Buxy ℹ 🛏 B&B ✕ ☕ 🛒 ⚕ BANK 📯 🚌 🚗

ℹ **Office de Tourisme**, Place de la Gare, 71390 Buxy, ☎ 03 85 92 00 16, ✉ tourisme@ccscc.fr, 💻 tourisme-sud-cote-chalonnaise.com, 🚪 Mitte April-Juni Mo 14:00-18:00, Di-Sa 9:30-12:30 u. 14:30-17:30, Fei 9:30-12:30, Juli-Sep zusätzlich Mo u. So vormittags, Okt-Dez Mo 9:30-12:30, Di-Fr 9:30-12:30 u. 14:00-17:30, ➲ 3,2 km

🛏 ✕ **Hotel Restaurant Les Songes de Buxy**, 12 Route de Châlon, 71390 Buxy, ☎ 03 85 94 94 94, ✉ lessongesdebuxy@gmail.com, 💻 www.hotel-restaurant-lessonges.fr, Ü EZ € 61-71, DZ € 65-78 (je nach Zimmer und Saison), F € 9, Fahrradgarage € 5, 🏊, 🐕 € 5, ➲ 3,5 km

B&B **Le Mont Laurent**, Christine Davanture, 5A Route de Davenay, ☎ 03 85 92 01 29, ✉ dav_christine@hotmail.com, 💻 davenay.free.fr, 3 Zimmer, 8 Betten, ÜF EZ € 82, DZ € 84, DBZ € 110, VBZ € 130, A € 40, ➲ 1,9 km

♦ **La Graineterie**, Christine Sarrazin, 77 Grande Rue, ☎ 03 85 92 08 42, 📱 06 89 07 53 97, ✉ graineterie.sarrazin@gmail.com, 💻 www.lagraineterie.fr, 4 Zimmer, 13 Betten, ÜF EZ ab € 60, DZ ab € 80, DBZ € 130, VBZ € 160, A € 40, 🐕 🧺, GB, ➲ 2,8 km

♦ **La Billebaude**, Jean-Marc Dalleray, 6 Chemin des Guyons, ✉ jean-marc.dallerey@orange.fr, 💻 la.billebaude.pagesperso-orange.fr, 2 Zimmer, 8 Betten, ÜF EZ € 90, DZ € 105, DBZ € 130, VBZ € 150, ➲ 3,2 km

🚌 Der Bus 701 fährt tägl. 6 x pro Richtung zwischen Chalon-sur-Saône und Macôn über Buxy, Taizé, Cluny, ☞ Cluny.

🚗 **Taxi Sas Antoine**, 📱 06 85 05 00 48

Sie gehen weiter geradeaus. Kurz darauf erreichen Sie die Straße, die ebenfalls ⇘ links nach Buxy führt. Sie gehen geradeaus darüber hinweg. Bei Ihrem folgenden Weg geradeaus haben Sie zunächst nach links einen Blick auf einen Steinbruch, dann auf das Saônetal. Schon bald ist Montagny-les-Buxy an der D983 erreicht. Gehen Sie am Ortseingangsschild rechts die D983 hinauf, auf der Höhe queren Sie die Straße und gehen links wieder auf Montagny zu. Aber schon an der Stromleitung an einer alten Esskastanie geht der weitere Weg rechts die Rue de Moulin hinauf.

⇘ Wenn Sie hier geradeaus gehen, sind es noch 230 m zum B&B.

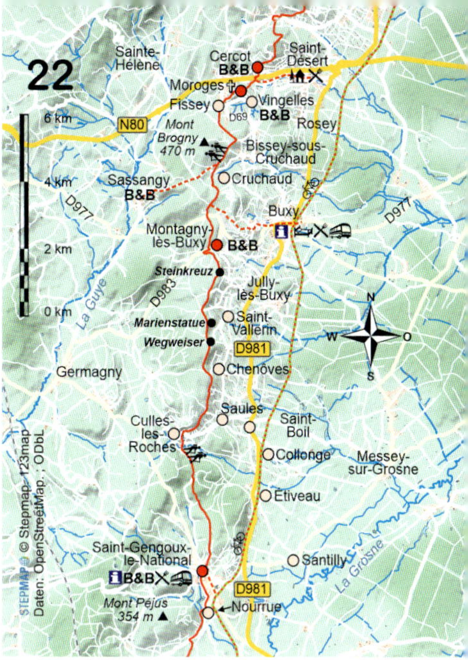

Montagny-les-Buxy **B&B**

B&B **Villa Figue Blanche**, 5 Rue du Bourg, 71390 Montagny-les-Buxy, 06 38 05 06 43, welcome@villafigueblanche.com, www.villafigueblanche.com, 2 Zimmer, 4 Plätze, ÜF EZ/DZ ab € 150, GB, Mitte März -Mitte Dez, 2021/2022 aufwendig restauriertes Anwesen im Zentrum des Dorfes, ➲ 230 m

Montagny-les-Buxy – Saint-Gengoux-le-National 11,8 km

Folgen Sie dem Teerweg links der Wertstoffcontainer. Mit einem Schwenk nach rechts sind Sie zurück auf der Hochebene mit den schönen Fernblicken (nicht in die Weinberge absteigen).

Sie erreichen ein liebevoll gestaltetes Steinkreuz mit Picknicktisch (Croix de Saint-Morille). Gehen Sie hier rechtsherum. An einer Wegkreuzung (La Roche) führen GR und Pilgerweg weiter geradeaus. Neben dem Haus La Roche gehen Sie um 10 m nach links versetzt, also quasi geradeaus, weiter und erreichen kurz darauf eine Wiese mit Picknicktisch, Marienstatue und weitem Blick ins Land.

Auch am Wegweiser „Lacassine" gehen Sie geradeaus. Sie treffen auf einen breiten, steinigen Weg und gehen links deutlich bergab bis zum Abzweig nach Chenôves. Gehen Sie rechts im Hang und wandern Richtung **Culles-les-Roches** weiter. Sie müssen nicht in den Ort hineingehen, laufen Sie einfach geradeaus und ignorieren Sie alle

Seitenstraßen. Sie wandern zunächst bergab, dann wieder bergauf. Dann teilt sich die Straße. Ihr Weg führt rechts weiter durch die Route de la Forêt. Nach links führt ein Radweg in die Talebene, der unbeachtet bleibt.

An einer Einmündung gehen Sie noch geradeaus, aber hinter einer Kuppe nehmen Sie den Weg links durch den schattigen Wald. Bleiben Sie auf dem Hauptweg, bis dieser den Wald verlässt. Hier nehmen Sie den Schotterweg geradeaus und passieren ein einzelnes Haus. Am Ortseingang ist rechts ein Turm der mittelalterlichen Stadtmauer zu sehen. Der Weg führt links weiter und über eine Treppe ins Ortszentrum, eine breite, abwärtsgerichtete Promenade mit Gastronomie und Geschäften.

Saint-Gengoux-le-National

i B&B

i **Office de Tourisme**, 4 Avenue de la Promenade, 71460 Saint-Gengoux-le-National, ☏ 03 85 92 52 05, ✉ tourisme@ccscc.fr, 💻 tourisme-sud-cote-chalonnaise.com, Mitte April-Juni Mo 14:00-18:00, Di-Sa 9:30-12:30 u. 14:30-17:30, Fei 9:30-12:30, Juli-Sep zusätzlich Mo u. So vormittags, Okt-Dez Mo 9:30-12:30, Di-Fr 9:30-12:30 u. 14:00-17:30, (öffentliches WC unterhalb der Touristinfo), ➲ am Weg

B&B **Les Tilleuls**, Claude et Luc Remaux, 11 Rue de la Tuilerie, 71460 Saint-Gengoux-le-National, ☏ 03 85 92 55 76, ✉ reumauxmc@gmail.com, 4 Zimmer, 11 Betten, ÜF EZ € 50, DZ € 60, DBZ € 80, VBZ € 90, A € 22, 🐕, etwas GB, ➲ 300 m

♦ **Étape Robinson**, Rue Pavée d'Andouilles, 71460 Saint-Gengoux-le-National, ☏ 03 85 94 73 38, ✉ contact@etaperobinson.com, 💻 www.etaperobinson.com, 2 Zimmer, ÜF EZ € 45, DZ € 60, DBZ € 75, GB, ➲ 200 m

♦ **Chambres d'hôtes Les Lierres**, Claude Moreau, 7 Rue des Chapeliers, 71460 Saint-Gengoux-le-National, 📱 06 09 51 00 11, ✉ moreauclaude@yahoo.fr, 💻 www.les-lierres.fr, 2 Zimmer, 4 Betten, Ü EZ € 50, DZ € 65, DBZ € 80, VBZ € 85, Kochnische, GB, ➲ 50 m

La Coquille, Cécile u. Thierry Terrier, 14 Rue des Tanneries, 71460 Saint-Gengoux-le-National, 📱 06 56 83 75 15 u. 06 34 65 15 67, ✉ lacoquilledejouvence@gmail.com, 💻 coquilledejouvence.wixsite.com/gite, Ortsausgang, Küche, Wohnraum und Schlafraum für 1-8 Pers. auf drei Etagen, Ü € 18 p. P. mit Pilgerausweis, sonst € 23, ➲ am Weg

♦ **L'Etape Jouvencelle**, 4 Rue des Bouchers, 71460 Saint-Gengoux-le-National, 📱 06 75 48 53 03, ✉ reumauxjl@orange.fr, 1 Zimmer mit 2 Doppelstockbetten, für Reisende zu Fuß oder mit dem Rad, € 18 p. P., Dusche, leichter Leinen- oder Seidenschlafsack erforderlich, ➲ 120 m, unterhalb der Kirche

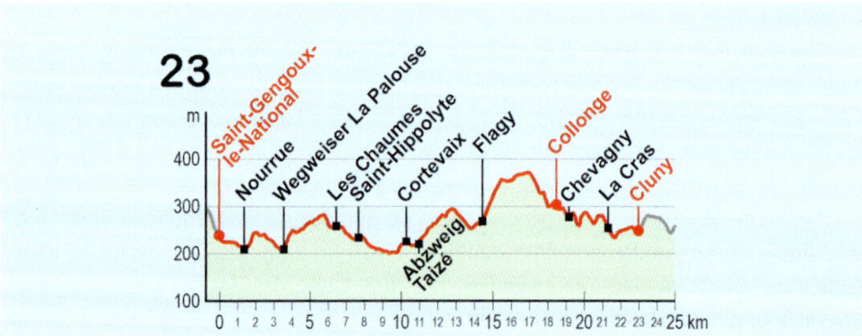

Der Bus 701 hält auf seiner Fahrt zwischen Chalon-sur-Saône und Macôn an der Bushaltestelle „Saint-Gengoux-le-National, Cimetière“, ➲ 350 m, oberhalb der Promenade links in die Grande Rue (D67). ☞ Cluny

Saint-Gengoux-le-National – Lournand, Collonges 18,5 km

Sie gehen die Promenade abwärts, am Kreisverkehr links in die Rue des Tanneries (D84) und aus dem Ort heraus. Nach 1,2 km, nach dem kleinen Ortsschild der Ansiedlung **Nourrue**, biegen Sie rechts in den Chemin du Moulin de Foulot. Sie überqueren den Bach und laufen über eine Hofstelle. Gleich dahinter biegt der Weg links in den Hang. Der Weg trifft wieder auf die Straße. Hier gehen Sie rechts bis zum Wegweiser „Les Pierres Folles“ und biegen links wieder von der Straße ab. An einem gleichnamigen Wegweiser bleiben Sie auf dem breiten Weg, der rechts abbiegt.

Am Wegweiser „La Palouse“ überqueren Sie geradeaus ein Sträßchen, ignorieren einen rechts und einen links abzweigenden Weg und wandern durch die herrliche Heckenlandschaft über eine Höhe hinweg zu einem weiteren Sträßchen an einem Weinfeld (D207). Auch hier gehen Sie geradeaus darüber hinweg.

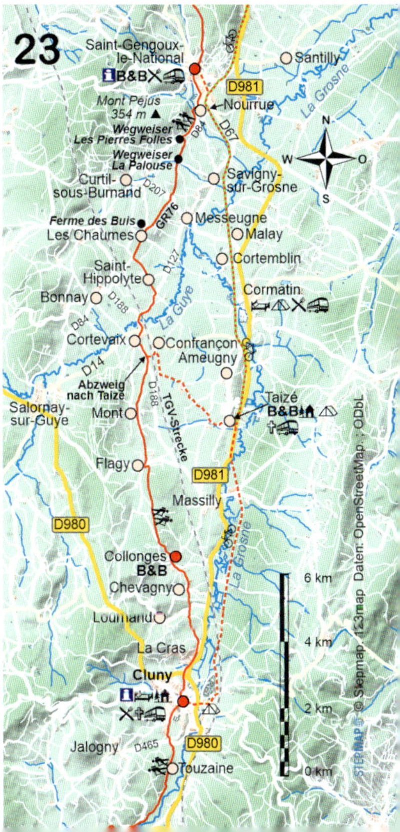

Bocage

Mit dem französischen Wort werden Landschaftsräume in Frankreich, aber auch in Belgien bezeichnet, die durch Hecken reich gegliedert sind. Ihre Anlage geht lt. Wikipedia auf keltische Bauern zurück, welche sie vor rund 2.000 Jahren als natürliche Flurgrenzen anlegten. Sie haben sich besonders in den Gebieten als natürliche Einfriedung erhalten, in denen Viehzucht bis heute eine bedeutende Rolle spielt. Seit dem 20. Jh. erkannte man aber auch den hohen ökologischen Wert dieser Landschaftstypen, was für den Wiederaufbau und für die Erhaltung förderlich war. Auf Ihrem weiteren Weg nach Le Puy werden Sie ausreichend Gelegenheit haben, auch den ästhetischen Wert sowie den praktischen Nutzen auch für Pilgerinnen und Pilger (Wind- und Sonnenschutz) festzustellen.

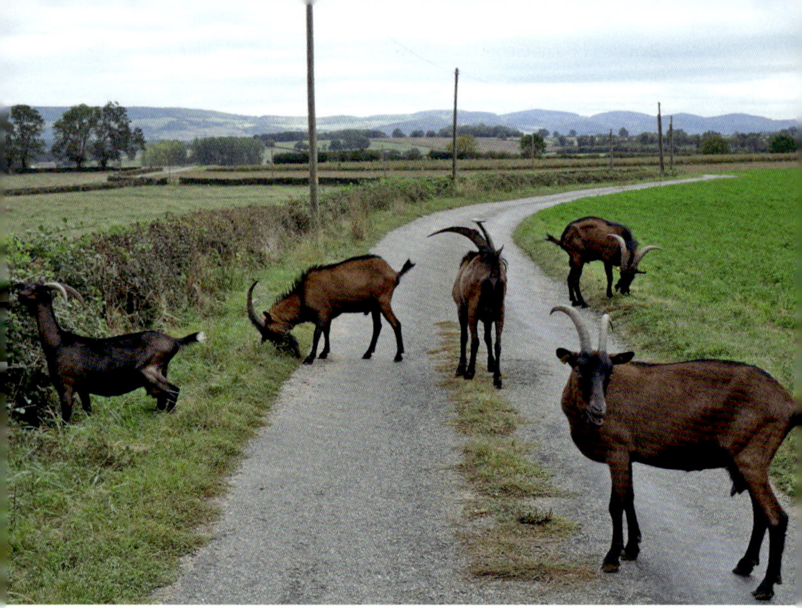

Bocage-Landschaft vor Taizé

100 m hinter der D207 nehmen Sie an der Gabelung den rechten Weg und folgen ihm 1,2 km bis zu einem Wegweiser an der **Ferme des Buis**. Hier gehen Sie rechts und nach 30 m an der Wegkreuzung links auf dem Teerweg Richtung Bonnay.

Sie laufen dabei durch eine Siedlung namens **Les Chaumes**. Hinter dem Ort biegen Sie links ab. Ausgeschildert ist nach **Saint-Hippolyte**. Gehen Sie hinter dem ersten Haus rechts und folgen Sie der Straße in einem Linksbogen.

✝ **Saint Hippolyte** war eine im 12. Jh. festungsgleich gebaute dreischiffige Kirche, von der heute noch der rechteckige Turm und einige Säulen erhalten sind. Sie wurde von der Abtei Cluny als Ersatz für das Kloster Saint Gengoux gebaut, das 1180 an den französischen König fiel.

An der Kirchenruine biegen Sie rechts ein. Im Tal gehen Sie rechts auf die D127, die Straße macht einen Rechtsbogen und unterquert die TGV-Strecke. Gehen Sie dahinter halb links Richtung **Cortevaix** auf einer Brücke an einem Pappelwäldchen über den Bach La Guye. Sie queren die D14 und gehen auf der D188 in den Ort herein.

In der Ortsmitte folgen Sie der D188 (Rue de la Cortille) links Richtung Massilly. Kurz nach dem Ortsschild ignorieren Sie einen rechts abzweigenden Weg, knapp 300 m weiter kommen Sie an einen Abzweig nach links. Der markierte Weg führt hier geradeaus.

↳ Wer aber seinen Weg über Taizé wählen will, biegt hier nach links ab.

Der Wegweiser steht erst 200 m weiter, an der Stelle, an der der Pilgerweg rechts von der Straße abbiegt; ↳ auch hier könnten Sie verspätet links Richtung Taizé abbiegen.

Der Weg nach Taizé (➲ 4,2 km) ist nicht mit dem Muschelsymbol markiert. Sicher haben Sie aber schon ein anderes Zeichen wahrgenommen. Ein schwarzes Tau auf rotem Grund, das einen nach Assisi führenden Pilgerweg markiert, kann hier wegweisend sein. Die kleine weiße Taube am Querbalken des griechischen Buchstabens zeigt die jeweilige Richtung an.

Sie überqueren die TGV-Strecke und biegen danach rechts in einen Feldweg ein. Nach 800 m ist der Abzweig links deutlich markiert. Der Weg führt über eine Höhe hinweg zu einer Hofstelle (**Le Grange Sercy**) mit frei laufenden Tieren (Hühner, Gänse, Puten, Ziegen, Hunde), die zwar einen riesen Lärm veranstalten, in den sich auch noch ein Esel einmischt, aber durchwandernde Menschen gewohnt zu sein scheinen. Den Hunden musste ich mich deutlich entgegenstellen, dann verschwanden sie, ohne Hartnäckigkeit zu zeigen. Die Ziegenherde ist eine Weile mitgelaufen, bis ein Kleefeld am Weg interessanter war. Für die vielen Besucher Taizés ist die Hofstelle eine wichtige Einkaufsmöglichkeit.

Gehen Sie geradeaus am Hof vorbei bis zu einem Teersträßchen und dort links.

Sie treffen auf die D414. Ihr folgen Sie nach links. Dabei können Sie auf den parallelen Fußweg wechseln. Der führt Sie zur Communauté Taizé hinauf.

Taizé

B&B

B&B **La Source de Taizé**, 3 Rue du Pré Guérin, 71250 Taizé, 06 71 88 24 81, contact@lasourcedetaize.fr, www.lasourcedetaize.fr, 3 Zimmer, 8 Betten, ÜF EZ/DZ € 75 oder € 90, je nach Zimmergröße, 3. Pers. € 15, ➲ am Weg zur D981 an der D414

♦ **Maison d'hôtes Les Glycines de Taizé**, Michèle et Joël Darnand, Le Bourg, 71250 Taizé, 03 85 50 19 83, 06 58 26 41 96, gite.lesglycines@wanadoo.fr, gitelesglycines.wixsite.com/taize, 3 Zimmer, ÜF EZ/DZ € 75-83, ➲ am Weg zur D981 an der D414

Communauté de Taizé, 71250 Taizé, 03 85 50 30 02, community@taize.fr, www.taize.fr, gerade in den Sommermonaten ist eine Reservierung sehr wichtig, auch wenn man mir versicherte, dass für Pilgerinnen und Pilger immer ein Raum freigehalten wird. Hunde werden keinesfalls aufgenommen. Die freiwilligen Helfer sprechen fast alle europäischen Sprachen, am häufigsten ist aber Deutsch zu hören. Die Übernachtungspreise beruhen auf dem Solidaritätsprinzip, d. h., von Besuchern aus deutschsprachigen Ländern werden pro Tag € 12-20 im eigenen Zelt und € 18-26 in der Gemeinschaftsunterkunft erwartet (Verpflegung inbegriffen). Für Bettwäsche (Leinen-/Seidenschlafsack) müssen Sie selbst sorgen. Decken gibt es auf Anfrage. Die meisten bringen einen warmen Schlafsack mit. Abendessen und Teilnahme am Abendgebet ist hier auch möglich, wenn Sie nicht dort übernachten. Fragen Sie im Welcome-Zentrum.

☞ Cluny

✝ romanische Dorfkirche und moderne Versöhnungskirche

Die Gemeinschaft von Taizé

Drei gemeinsame Gebete am Tag, Bibeleinführungen, Gesang und Gespräche über Glaubensfragen locken seit vielen Jahren Gläubige in die Communauté von Taizé. Sie geht zurück auf Frère Roger, der sich 1940 in dem fast ausgestorbenen Dorf Taizé niederließ, um die Christen untereinander und mit anderen Religionen zu versöhnen. Im und nach dem Krieg kümmerte er sich um jüdische Flüchtlinge und deutsche Kriegsgefangene. Immer mehr Brüder schlossen sich ihm an, 1949 wurde die Communauté gegründet. Seit 1957 erlebt die Gemeinschaft ein wachsendes Interesse vor allem junger Leute, die hier Tage oder sogar Wochen verbringen. Mitunter sind über 70 Nationen vertreten. Die vor über 750 Jahren gegründete Schwesternschaft Saint André im Nachbarort unterstützt die Brüder von Taizé seit 1966 bei der Durchführung der Treffen. Nachdem Frère Roger 2005 während eines Abendgebetes getötet wurde, wird die Communauté von Frère Alois geleitet.

☺ Von Taizé brauchen Sie nicht zwingend zurück zum markierten Weg laufen. Wenn Sie an der Dorfkirche abwärtsgehen, treffen Sie auf die D414, die links zum Radweg an der D981 führt. Dem Radweg folgen Sie rechts nach Cluny, ➲ 10,5 km. Alternativ verpassen Sie nichts, wenn Sie hier den Bus nehmen, der unten an der Schnellstraße häufiger hält als im Dorf Taizé, ☞ Cluny.

Am Wegweiser „Les Buis de la Croix" folgen Sie halb rechts dem Schotterweg, dort bleiben Sie 50 m später auf dem linken Wegarm. Sie kommen zu einer Weggabelung mit Trockensteinmauern. Hier biegen Sie rechts ab. Der Weg führt stetig bergauf nach **Mont**.

Sie brauchen nicht in den Ort hineinzugehen. An der Gîte folgen Sie geradeaus dem Teerweg durch weitere Häusergruppen, auch am Ortsausgang gehen Sie geradeaus Richtung **Flagy**. Dort nehmen Sie die zweite Straße links. Im Ort gehen Sie bergauf und folgen am Ende des geteerten Weges dem Wegweiser rechts nach Collonges. Der Aufstieg bis ganz oben bleibt Ihnen erspart, der Pilgerweg zweigt als Pfad nach rechts ab und führt durch ein Buchsbaumdickicht weiter, dann geht es rechts den engen Hohlweg weiter. Er mündet in einen Feldweg, dem Sie geradeaus folgen.

An einer Wegkreuzung biegen Sie links in den Feldweg, ändern also die Gehrichtung nicht, und verlassen diesen in dessen nächster Linksbiegung geradeaus auf einen schmalen Pfad. Dieser mausert sich zu einem angenehm zu laufenden Grasweg und mündet in einen Teerweg nach Collonges. GR-Wanderinnen und -Wanderer gehen hier noch geradeaus einen Umweg am Ortsrand, Pilgerinnen und Pilger dürfen schon links hinab zum Dorf laufen. Sie queren eine Straße und laufen auf einem Grasweg zur Ortsmitte von Collonges.

In einem kleinen Schlenker wandern Sie um die Kirche herum und rechts von einem mit Efeu bewachsenen Haus weiter bergab. Am Ortsende werden die GR-Wanderinnen und -Wanderer nach rechts bergauf geschickt, der Pilgerweg verläuft weiter auf der Straße Richtung Chevagny.

↳ Die zweite Straße links führt zum B&B.

Lournand, Collonges **B&B**

B&B **La Ronzière**, Brigitte et Bernard Blanc, 71250 Lournand, ☏ 03 85 59 14 80, blanc.brigitte@hotmail.fr, www.laronziere.fr, 5 Zimmer, ÜF EZ € 50, DZ € 66, DBZ € 84, VBZ € 100, GB, D, I, April-Mitte Nov, ➲ 180 m

Lournand, Collonges – Cluny 4,5 km

In Chevagny machen Sie nicht den Bogen der Hauptstraße mit, sondern folgen bergab einer kleineren Straße.

An der T-Kreuzung gehen Sie links und am Ende der Trockenmauer rechts. Sie passieren ein Metallkreuz und umrunden ein Gelände, das wie ein Versuchsgarten erscheint. Auf einem Grasweg in südlicher Richtung kreuzen Sie einen Querweg und laufen einen verwunschen wirkenden Buchsbaumweg bergab. Queren Sie eine Straße und folgen Sie dem Pfad bergauf. Oben gehen Sie rechts und nach wenigen Metern links.

Sie passieren ein einzelnes Haus. Der Weg führt befestigt an weiteren Häusern vorbei. Am Ende des nun wieder bergauf führenden Fahrwegs durch das edle Wohngebiet von **La Cras** gilt es, die stark befahrene D980 zu queren. Haben Sie dies heil überstanden, folgen Sie geradeaus der Rue de la Chanaise, die in die Rue de la République mündet. Hier gehen Sie links ins Ortszentrum. Die Rue Mercière bringt Sie nach links zum Office de Tourisme von Cluny.

Cluny B&B BANK

Office de Tourisme, 6 Rue Mercière, 71250 Cluny, ☏ 03 85 59 05 34, contact@cluny-tourisme.com, www.cluny-tourisme.com, Nov-Anf. April Mo-Sa 9:30-12:30 u. 14:30-17:00, April tägl. 9:30-12:30 u. 14:30-18:30, Mai-Sep 9:30-18:30, Okt 9:30-12:45 u. 14:00-17:15, ➲ am Weg

☺ Sie können in der Touristinfo die Wegbeschreibung inklusive Unterkunftsverzeichnis „Chemin de Saint-Jacques de Cluny au Puy-en-Velay" der zuständigen Jakobusgesellschaft für den weiteren Weg nach Le Puy erwerben, ☞ Reise-Infos von A bis Z, Informationen.

✕ **Hôtel de l'abbaye**, 14 ter Avenue Charles de Gaulle, 71250 Cluny, ☏ 03 85 59 11 14, contact@hotelrestaurantabbaye-cluny.fr, hotelrestaurantabbaye-cluny.fr, 10 Zimmer für 1-6 Pers., Ü EZ/DZ ab € 75, VBZ ab € 125, F € 10,50, € 10, GB, Hotel u. Restaurant Di u. Mi mittags geschlossen, ➲ 700 m

♦ **Hostellerie d'Heloise**, 7 Rue de Mâcon, 71250 Cluny, ☏ 03 85 59 05 65, contact@hostelleriedheloise.com, www.hostelleriedheloise.com, 13 Zimmer, Ü EZ/DZ € 82, F € 11, im Januar geschlossen, Mi u. So nur mit vorheriger Reservierung geöffnet, ➲ 1,2 km

Hôtel de Bourgogne, Place de l'Abbaye, 71250 Cluny, ☏ 03 85 59 00 58, contact@hotel-cluny.com, www.hotel-cluny.com, 16 Zimmer, Ü EZ € 102, DZ ab € 113, F € 13,50, € 12, GB, D, E, Dez-Jan geschlossen, ➲ am Weg

♦ **Hôtel Saint-Odilon**, Belle Croix, 71250 Cluny, ☏ 03 85 59 25 00, hotel.saint.odilon@wanadoo.fr, www.hotelsaintodilon.com, 36 Zimmer, Ü EZ/DZ € 70-95, F € 9, € 10, GB, ➲ 500 m

Hôtel du Commerce, 8 Place du Commerce, 71250 Cluny, ☏ 03 85 59 03 09, hotelducommerce71@orange.fr, www.hotelducommercecluny.com, Ü EZ/DZ ab € 60, F € 8,50, 260 m

B&B **La Maison des Gardes**, Philippe und Helene Beaulieu, 18 Avenue Charles de Gaulle, 71250 Cluny, ☏ 03 85 59 19 46, 06 80 24 37 02, contact@lamaisondesgardes.com, www.lamaisondesgardes.com, 14 Betten, ÜF EZ/DZ ab € 85, € 8-10, GB, 700 m

Cluny Séjour, 22 Rue Porte de Paris, 71250 Cluny, ☏ 03 85 59 08 83, reservation@cluny-sejours.fr, clunysejour71@gmail.com, www.cluny-sejours.fr, 2- bis 5-Bett-Zimmer mit Gemeinschaftsbad, 71 Betten, ÜF € 29, Zimmer mit Bad EZ/DZ ab € 56, F € 7,50, € 10, 200 m

Camping municipal Saint-Vital, 30 Rue des Griottons, 71250 Cluny, ☏ 03 85 59 08 34, camping.st.vital@orange.fr, www.campingsaintvital.fr, Zelt € 3,80-4,80, Erw. € 4,70-5,20, 15. April-13.Okt, 800 m

in der Touristeninformation

Das Freibad auf dem Campingplatz ist auch für Nichtcamper zugänglich.

Der Bus 701 pendelt Mo-Fr 13 x, Sa u. So 5 x zwischen Mâcon Ville Gare Sncf und Chalon-sur-Saône Gare Routière auch über Cluny. In Mâcon hält der Bus sowohl am Innenstadtbahnhof (Endhaltestelle) als auch am TGV-Bahnhof Mâcon Loche. Weitere Bushaltestellen dieser Linie direkt am oder nahe am Pilgerweg sind „Taisé“, „Saint-Gengoux-le-National, Cimetière“ und „Buxy“. Somit haben Sie von genannten Orten eine komfortable Möglichkeit, die Pilgerreise zu unterbrechen bzw. an- oder abzureisen. Auf der Seite des Transportunternehmens der Region Bourgogne-Franche-Comté, www.viamobigo.fr, lassen sich die Fahrpläne der gesamten Region über schedules ➔ stop, station oder ➔ routes list finden.

✞ **Abbaye de Cluny**. Die Benediktinerabtei von Cluny ist ein Meisterwerk der Romanik, sie war einst die größte Kirche der Christenheit und eines der wichtigsten geistlichen Zentren Europas. Sie wurde 910 von Wilhelm dem Frommen, Herzog von Aquitanien, gegründet. Besonders stark entwickelte sich die Abtei im 12. Jh., als sie Mutterhaus für über 1.000 Klöster war. Während der Französischen Revolution wurde der Mönchsorden aufgelöst und die Gebäude verkauft, zum Teil sogar abgetragen. Auf eigene Faust oder mit Führern können die Abteikirche, die Türme und das Konventgebäude besichtigt werden.

♦ www.cluny-abbaye.fr, Okt-März 9:30-17:00, April/Sep 9:30-18:00, Juli/Aug 9:30-19:00, letzter Einlass 45 Min. vor Schließung

⌘ **Musée d’Art et d’Archéologie**, über 4.000 Ausstellungsstücke zur Geschichte und zur Kirchenkunst des stark religiös geprägten Cluny

♦ Palais Jean de Bourbon, ☏ 03 85 59 12 79, www.cluny-abbaye.fr ➔ Aktualité ➔ Musée d’Art et d’Archéologie, wie Abtei

Cluny ist eine für hiesige Verhältnisse größere Gemeinde mit rund 5.000 Einwohnern. Es liegt im Talhang des Baches Grosne. Früher wie heute war und ist Cluny wichtige Zwischenstation für Pilgerinnen und Pilger auf ihrem Weg nach Santiago de Compostela. Historisch gesehen war das Kloster für Pilgerinnen und Pilger bedeutsam, gab es doch ein ungeschriebenes Gesetz, dass sie in Klöstern für eine Nacht unterkommen konnten. Heute bietet die gute, städtisch wirkende Infrastruktur Pilgern und anderen Gästen alle Annehmlichkeiten für ihren Aufenthalt.

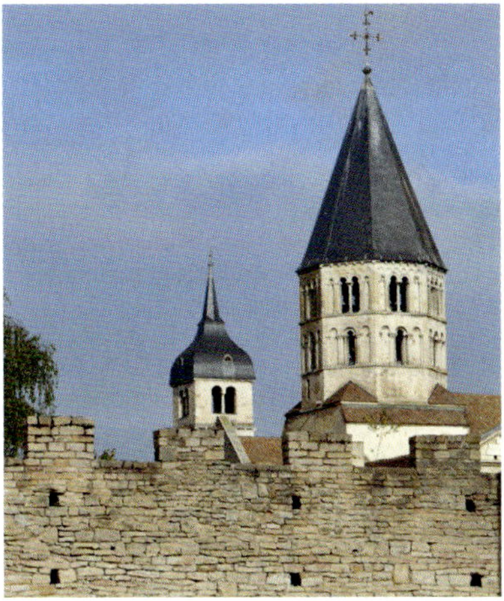

Die Benediktinerabtei von Cluny ist ein Meisterwerk der Romanik

✋ In Cluny endet die Zuständigkeit der Jakobusgesellschaft des Burgunds für Wegführung und Markierung. Diese Aufgabe übernehmen nun die Jakobusfreunde der Region Auvergne-Rhône-Alpes, ☞ Reise-Infos von A bis Z, Informationen. Änderungen ergeben sich dadurch aber nicht. Insbesondere bleiben die Muschelsymbole richtungsweisend eingesetzt, ☞ Reise-Infos von A bis Z, Markierung.

Cluny – Sainte-Cécile 7,3 km

Von der ℹ Touristinfo gegenüber der Kirche Saint Benoit gehen Sie 40 m weiter zum unscheinbaren Place Petit Marché und biegen dort rechts ab. Die weiterführende Straße führt an der Kirche ✝ Saint-Odile vorbei bergauf aus Cluny heraus. An den beiden folgenden Kreuzungen gehen Sie geradeaus Richtung Jalogny. An einer Gabelung verlassen Sie den weiß-rot markierten GR und gehen links entlang des Chemin de Coignys. Sie ignorieren den Abzweig der Rue de Bel Air und gehen auch an der nachfolgenden Kreuzung geradeaus (Chemin de Touzaine).

Am Ende des Sträßchens stehen Sie vor einer Gabelung. Nehmen Sie hier den rechten Weg, der höhengleich im Talhang des Baches Grosne weiterführt.

Der Weg führt an die D165. Sie überqueren sie und laufen geradeaus in einen Abzweig Richtung **Vaux**.

↳ Würden Sie auf dem Sträßchen bleiben, kämen Sie zum B&B.

Jalogny, Vaux **B&B**

B&B **Domaine de la Saule**, Michel et Nathalie Potdevin, 3 Chemin de la Saule, 71250 Jalogny, Vaux, ☏ 03 85 59 19 75, ✉ natetmi.potdevin@orange.fr, ÜF EZ/DZ € 59, DBZ € 76, A € 15, 🐕, ➲ 1,2 km

Bereits nach 70 m biegen Sie halb links wieder in den Talhang und von der Straße ab. Schon bald ist die nächste Straße erreicht (↳ sie führt übrigens auch rechts nach Vaux), ihr folgen Sie nach links. Wenn sie zu einem Gehöft hin ansteigt, biegen Sie halb links in einen Feldweg ab. Weg und Straße treffen sich wieder, hier gehen Sie links bis zu einer Kreuzung an der D17. Gleich rechts an der Ecke steht das B&B Maison Mazille direkt am Weg. Der D17 folgen Sie links nach Sainte-Cécile, d. h., Sie wechseln auf die andere Seite der Grosne.

Sainte-Cécile

B&B

In Sainte-Cécile gibt es mehrere private **Unterkünfte auf Spendenbasis** (*accueils jacquaires*), Wegweiser führen zu einem *accueil pèlerins*, ☞ Reise-Infos von A bis Z, Unterkunft.

B&B **Maison Mazille**, Avital u. Christopher Engel, 911 Route de Cluny, 06 24 79 29 14, mazille71@hotmail.com, www.maisonmazille.com, ☞ Wegbeschreibung, ÜF DZ ab € 125, ➲ am Weg

Restaurant L'Embellie, 245 Route de Pont Sur Grosne, 71250 Mazille, ☏ 03 85 50 81 81, mazoyerceline@yahoo.fr, www.restaurant-lembellie.net, bezahlbare Haute Cuisine, ➲ 170 m

Sainte-Cécile – Tramayes 12,1 km

☺ Der Weg ist nun wieder gleichauf mit dem GR 76 und zusätzlich weiß-rot markiert.

An der Kirche gehen Sie rechts gegen die Einbahnstraße (Radpilger fahren an der Bäckerei links und dahinter rechts). Wandern Sie nun geradeaus weiter (Richtung Les Brosses und Le Rompay). Die N79 queren Sie auf einer Brücke, dahinter gehen Sie links. Der Weg steigt zum Wegweiser **„Les Molards"** an einer Wegkreuzung an. Hier biegen Sie rechts ab, erreichen eine Gabelung im Wald, an der Sie links weitergehen. Bleiben Sie im Wald immer auf dem breiteren Weg, er führt Sie vorbei an mehreren Wegweisern beständig aufwärts.

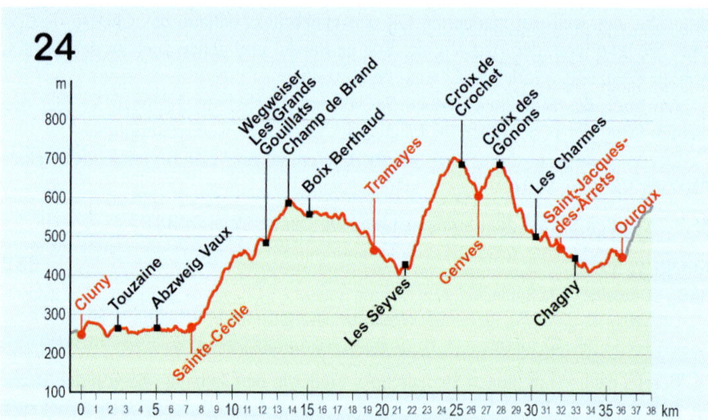

An einer Hofstelle treffen Sie wieder an ein Sträßchen und gehen links zum Wegweiser „Les Grands Gouillats“. Hier biegen Sie wieder rechts ab.

Auch dies ist ein Teerweg, er führt weiter bergauf. Auf der Höhe erhalten Sie Bestätigung für die richtige Wegwahl durch eine Infotafel zum Pilgerweg. Der Weg hat den Kamm erreicht, biegt rechts und fällt wieder etwas, bevor er am Kamm noch einmal leicht ansteigt. Nach links haben Sie einen Blick auf den See von Saint-Point.

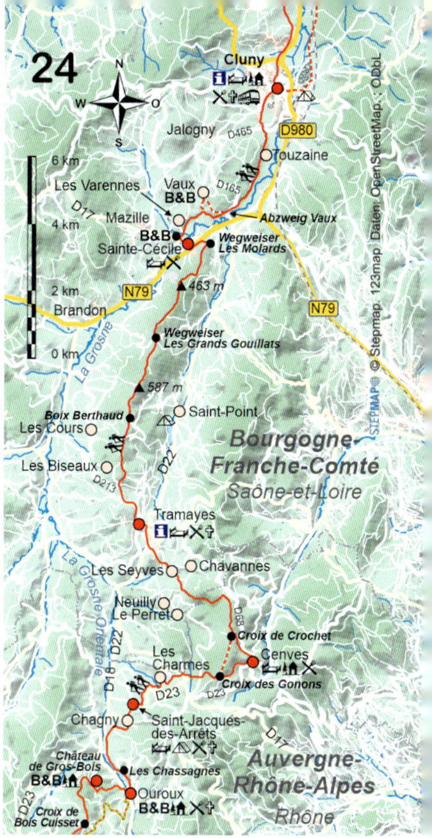

An einem einzeln stehenden Haus (Wegweiser „Fontaine Verdine“) gehen Sie geradeaus. Am nachfolgenden Wegkreuz Boix Berthaud nehmen Sie den rechten Weg in den Wald hinein. Von der Kreuzung mit dem Wegweiser „Croix Berthier“ sind es noch 4,5 km nach Tramayes. Gehen Sie hier mit dem GR geradeaus, auch am Wegweiser „les Tâches“.

Gut 1 km laufen Sie geradeaus, dann rechts einen Schotterweg zunächst bergauf, später bergab. Er führt auf eine Kreuzung mit der Straße nach Biseaux. Hier gehen Sie links durch offenes Weideland weiter. An der nächsten Straße gehen Sie wiederum links und folgen ihr auch geradeaus, wenn der GR 76 nach 200 m rechts abzweigt. Die GR-76-Route verläuft in einer großen Schleife um Tramayes und ist etwa 1 km länger als der markierte Pilgerweg. In Tramayes folgen Sie hinter dem Ortseingangsschild der Straße rechts am Friedhof entlang. Am Ende der Straße gehen Sie links Richtung Kirche, von rechts kommt hier der GR 76. Gehen Sie rechts um die Kirche herum und unterhalb entlang der Rue de l'Église zum Ortszentrum. Kurz vor dem Erreichen der D213 biegen Sie rechts zum Place de la Poste hin ab. Linker Hand sehen Sie nun das Office de Tourisme neben der Post.

Tramayes

B&B BANK

Office de Tourisme, Place de la Poste, 71520 Tramayes, 03 85 50 57 04, ot.tramayes@wanadoo.fr, April-Sep Mo-Fr 9:30-12:30 u. 15:00-18:30, Sa 9:30-12:30 u. 15:30-18:30, So 10:00-12:30, am Weg

Hôtel/Restaurant le Marronnier, 3 Place du Souvenir, 71520 Tramayes, ☏ 03 85 50 59 30, lemarronnier.hotel@orange.fr, hotellemarronnier.e-monsite.com, 8 Zimmer, Ü EZ € 49, DZ € 60-66, DBZ € 72-82, VBZ € 86-92, F € 7-10, am Weg (D22)

B&B **La Grange Fleurie**, Christine et Grahame Taylor, 10 Route des Pierres Blanches, 71520 Tramayes, ☏ 03 85 50 59 36, grangefleurie@wanadoo.fr, www.lagrangefleurie.fr, 5 Zimmer, ÜF Preise auf Anfrage, A möglich, GB, D, 140 m

Camping du Lac, Saint-Point Lamartine, 71520 Tramayes, ☏ 03 85 40 54 93, contact@campingsaintpoint.com, www.campingsaintpoint.com, Preise nur auf Anfrage, Mobilheime, € 2, April-Okt, 3,6 km

in der Touristinfo

Taxi, Ambulance, ☏ 03 85 50 51 80

Tramayes – Cenves 7 km

Folgen Sie geradeaus der D45 Richtung Cluny. Nach 140 m biegen Sie am Place du Champ du Foire rechts in die D22 Richtung Monsols. Bleiben Sie nach 70 m rechts auf der D22. Sie passieren das Krankenhaus, gehen an einer schütteren Eiche noch geradeaus, biegen dann aber an einer Gabelung links Richtung Les Seyves in ein Siedlungsgebiet ab.

An einer Kreuzung gehen Sie geradeaus, können 80 m weiter aber etwas Teer einsparen und 130 m abkürzen, wenn Sie am Wegweiser „Les Belououzes" mit dem GR und dem Tau rechts abbiegen, statt geradeaus der Siedlungsstraße mit der Pilgermarkierung zu folgen. Der leicht abwärtsführende Grasweg gabelt sich. Hier gehen Sie abweichend von den Markierungen links auf dem deutlicheren Weg abwärts zur Straße, über die der Pilgerweg kommt. Gehen Sie nun geradeaus, wenn Sie auf dem Pilgerweg geblieben sind aber links zur Siedlung **Les Seyves** hinauf.

Im Weiler biegen Sie zweimal rechts ab, kommen an einem historischen Backofen vorbei, dann laufen Sie auf grasigem Weg in ein Tal hinunter. Ein schmaler, etwas schwierig zu gehender Weg führt zu einem Sattel hinauf.

Der Pilgerweg führt von der Kreuzung am Sattel links weiter aufwärts in den Wald. Abzweigende Wege ignorieren Sie.

Oberhalb des Waldstücks steht ein Wegweiser. Hier biegen Sie rechts in einen herrlichen Höhenweg und überqueren dabei unbemerkt die Département-Grenze von Saône-et-Loire nach Rhône und damit auch die Grenze zur Region **Auvergne-Rhône-Alpes**.

An einer versetzten Kreuzung geht es geradeaus wieder in den Wald. Wieder in offenem Gelände treffen Sie an die Wegkreuzung **Croix de Crochet**. Eine Informationstafel und die schöne Aussicht halten die Schritte auf.

☺ Wer keinen Grund hat, nach Cenves hinabzusteigen (Essen oder Schlafen), kann an dieser Kreuzung geradeaus über die Höhe laufen und 1 km Weg sowie 80 Höhenmeter An- und Abstieg einsparen. Am Croix des Gonons treffen Sie wieder auf den Pilgerweg und biegen rechts ein.

Der Pilgerweg führt am Croix de Crochet nach links zu einer Hofstelle hinunter. Von der geteerten Zufahrt biegen Sie in der Linkskurve der Straße geradeaus in einen schmalen Hangweg ein, der an die D68 hinableitet. Hier biegt der markierte Weg rechts ein.

Wollen Sie in das Zentrum des Dorfes, folgen Sie dem gegenüber der Einmündung des Hangwegs beginnenden Teerweg.

Cenves

Gîte communaux, Joëlle Bourdaudhhui, Mairie de Cenves, 69840 Cenves, ☏ 04 74 04 67 15 u. (nur vormittags) 04 74 04 61 61, gitesdesejour@cenves.org (Gîtes), cenves.fr/tourisme/hebergements, Ü € 17,70, ➲ 200 m

Bar Restaurant Dargaud, Chez Josy et Georges, Le Bourg, 69840 Cenves, ☏ 04 74 69 45 90, dargaud3.0@gmail.com, restaurant-dargaud.fr, Mi-So, ➲ 120 m

La Laison du Fromage, Le Bourg, 69840 Cenves, März-Dez Fr-So und Fei 9:00-19:00, regionale Produkte, Gemüse, Obst, Käse, Wein, aber auch Keramik-, Korb- u. Lederwaren

Cenves – Saint-Jacques-des-Arrêts 5,5 km

Bevor die einmündende D23 erreicht ist, biegen Sie rechts in einen geteerten Nebenweg ab. Dieser führt Sie wieder zur eben verlassenen Höhe zurück. Am Hof Gonon (Gîte de France, Ferienhaus) nehmen Sie an der Gabelung den Weg nach rechts und erreichen bald das weiße Wegkreuz Croix des Gonons. Sie gehen geradeaus, nun höhengleich, auf dem breiten Weg weiter.

Achtung! Nach 200 m biegt Ihr Weg rechts vom breiten Weg ab. Es geht steiler abwärts durch den Wald.

Ein Forststräßchen wird geradeaus überschritten und etwas weiter der Talgrund an einer Teichanlage erreicht. Geradeaus führt ein schöner Feldweg zu einer Straße hinauf. Sie gehen fünf Schritte nach rechts und biegen sofort links wieder von der Straße in einen Feldweg. Der führt weiter abwärts, erreicht an einem Weiler ein Sträßchen, in das Sie links einbiegen. 500 m weiter ist der Weiler **Les Charmes** erreicht. Hier fällt ein mittelalterlicher Turm aus Bruchstein direkt am Weg auf.

Nach weiteren 200 m biegt Ihr Weg rechts von dem Sträßchen in einen Feldweg ab. Sie überqueren geradeaus ein weiteres, kleines Sträßchen an einer Schutzhütte mit Informationstafel (Croix de Meule), erreichen schließlich die D23 in Saint-Jacques-des-Arrêts und gehen rechts zum Chor der Kirche.

Saint-Jacques-des-Arrêts

Les chalets de l'oreille du pelerin, Nicolas Rivier, 124 Chemin des Crots, 69860 Saint-Jacques-des-Arrêts, 06 23 12 17 10, riviernicolas@yahoo.fr. Es handelt sich um zwei kleine Hütten für insgesamt 10-12 Pers., die sowohl als Ferienwohnung, aber auch als Gite d'etape vermietet werden. Es gibt jeweils eine kleine Küche und die Möglichkeit der Versorgung mit Frühstück und Abendessen. Das Restaurant ist nur 80 m entfernt. Für Wandernde und Pilgernde gelten „erschwingliche" Sonderpreise (zur Einführung 2023 Ü € 18, F € 6). Es gibt die Möglichkeit, am Haus zu zelten. ➲ 80 m

⛺ **Camping municipal Les Crots**, 69860 Saint-Jacques-des-Arrêts, 📱 06 99 91 44 88, ✉ ocations@saintjacquesdesarrets.fr, 6 Plätze, Preise auf Anfrage, 🚪 Mai-Okt, ➲ 80 m

✕ **Auberge des Arrêts**, 40 Rue des Lavandières, 69860 Saint-Jacques-des-Arrêts, ☎ 04 74 04 64 39, 💻 www.aubergedesarrets.fr, 🚪 Mi, Do, So 9:00-18:00, Fr, Sa 9:00-21:00, ➲ am Weg

⊙ Stempel in der Auberge

Aus dem Nebel taucht Saint-Jacques-des-Arrêts auf

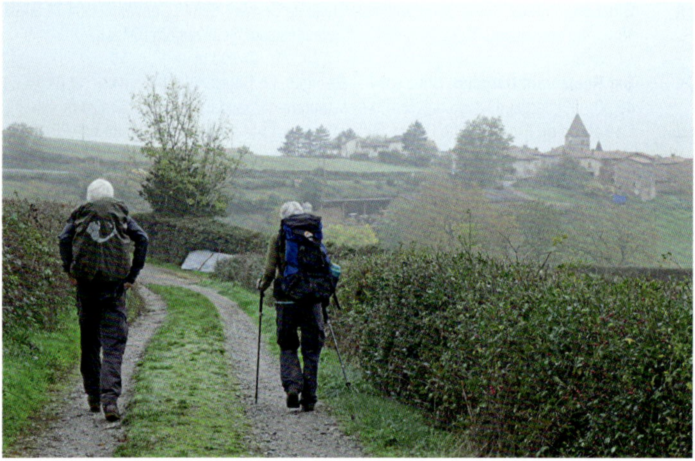

✝ **Saint Jacques**. Die Kirche ist einheitlich mit aquarellartigen Fresken von Jean Fusaro, einem Maler aus Lyon mit internationalem Ruf, geschmückt. Im Fokus der Pilgerinnen und Pilger steht natürlich das im Chor befindliche Bild des Jakobspilgers auf seinem Weg durch Saint-Jacques-des-Arrêts (frz. Titel: *„Saint Jacques à Saint Jacques"*).

Wie es zu dem Ortsnamen kam, können Historiker nicht eindeutig ermitteln. Man geht beim ersten Namensteil aber davon aus, dass er sich von den Jakobspilgern ableitet, die hier schon im Mittelalter durchzogen, beim zweiten Teil ist man noch auf der Suche.

Saint-Jacques-des-Arrêts – Ouroux 4,1 km

Nach einer Besichtigung wandern Sie geradeaus weiter zu einem Parkplatz, der auch geradeaus überquert wird. Ein Treppengang führt hinunter zur Auberge. Sie gehen davor rechts und wieder links zur D23, der Sie nun geradeaus bis Chagny (450 m) folgen. Hier biegen Sie links in die Rue des Pèlerins ab und steigen zum kleinen Weiler

Chagny hoch. Bleiben Sie noch 800 m auf dem Sträßchen, das bei wunderbarem Blick in die Tallandschaft eines der Quellbäche der bereits aus Cluny bekannten Grosne im Hang sanft abwärts führt. Bevor der Bach erreicht ist, biegen Sie links in den Chemin des Acacias, der oberhalb des Baches dem Talhang folgt.

An einem Straßendreieck gehen Sie geradeaus und an einer Querstraße links zu einer Hofstelle (Les Chassagnes) hoch. Hier biegen Sie rechts in einen Feldweg. Vor der nächsten Hofstelle treffen Sie wieder auf ein Sträßchen, dem Sie rechts zu einer Kreuzung folgen. Hier gehen Sie geradeaus auf einer Steinbrücke über die Grosne und am Portal der Kirche vorbei hoch zur D18.

Ouroux

B&B ✝ ⊙

B&B **Chambres d'Hôtes La Fuzerie**, 69860 Ouroux, ☏ 04 74 04 62 02, 07 81 35 68 23, lafuzerie@gmail.com, www.chambrehotes-lafuzerie.com, 3 Betten, ÜF EZ € 45, DZ € 55, DBZ € 65, A € 15, kleiner Hund erlaubt, 100 m (noch oberhalb und vor der Bachbrücke links)

♦ **La Ferme du Planet**, Valérie Degabriel, Planay, 69860 Ouroux, ☏ 04 74 04 64 89, 06 79 88 30 04, degabrielvalerie7@gmail.com, www.ferme-du-planet.com, 5 DZ, ÜF EZ € 71, DZ € 82, zusätzliche Pers. € 30, A ab € 23, € 3, € 5; 1,3 km, gehen Sie an der D18 nach links und biegen nach 120 m rechts in die D32 ab. Direkt vor dem Ortsschild steigen Sie rechts den geteerten Feldweg bergan. Am Ende folgen Sie rechts dem Schotterweg und biegen am Waldrand noch einmal links ab.

⊙ in der Mairie, ☏ 04 74 04 61 87

✝ **Saint Antoine** ist eine Kirche aus dem 12. Jh. mit Fresken u. Glasfenstern von Luc Barbier. Auf dem Dach des Glockenturms sind eine Monstranz und ein Davidstern abgebildet, ☞ unten.

Weniger als 10 km Luftlinie von Ouroux entfernt liegt Beaujeu. Das Örtchen war namensgebend für das sich südlich an die Côte-d'Or anschließende Weinbaugebiet des Beaujolais. Auch Saint-Jacques-des-Arrêts und Ouroux werden bereits zum Beaujolais gezählt, doch die Weinstöcke sucht man hier vergebens. Diese befinden sich weiter östlich an den zum Saônetal abfallenden Hängen. Die Bergwelt westlich des Weinbaus wird zur Verdeutlichung deshalb Haute Beaujolais (dt. „Hohes Beaujolais") genannt.

Was macht der Davidstern auf dem Kirchturmdach?

Ein jüdisches Glaubenssymbol auf einer christlichen Kirche? Dieses Zeichen wird Hexagramm genannt und ist auch in anderen Kulturen verbreitet. Als Brauerstern ist es heute noch in Süddeutschland als Zunftzeichen der Brauer und Mälzer zu finden, im Hinduismus und Buddhismus ist es zentrales Symbol der Tantras, im Mittelalter war es in ganz Europa Schutzsymbol gegen Feuer und Dämonen.

Die Interpretationen der einzelnen Dreiecke, des zentralen Sechsecks und des Sterns sind vielfältig. Im Juden- und Christentum steht das Dreieck mit der Spitze nach unten für das von Gott erhaltene Leben und das nach oben weisende Dreieck für die

Rückkehr des Menschen nach seinem Tode zu Gott. Die sechs äußeren Dreiecke symbolisieren nach dem Volksglauben die sechs Schöpfungstage, das daraus gebildete Sechseck in der Mitte ist der siebte Tag, der Ruhetag.

Kirche vom Ouroux

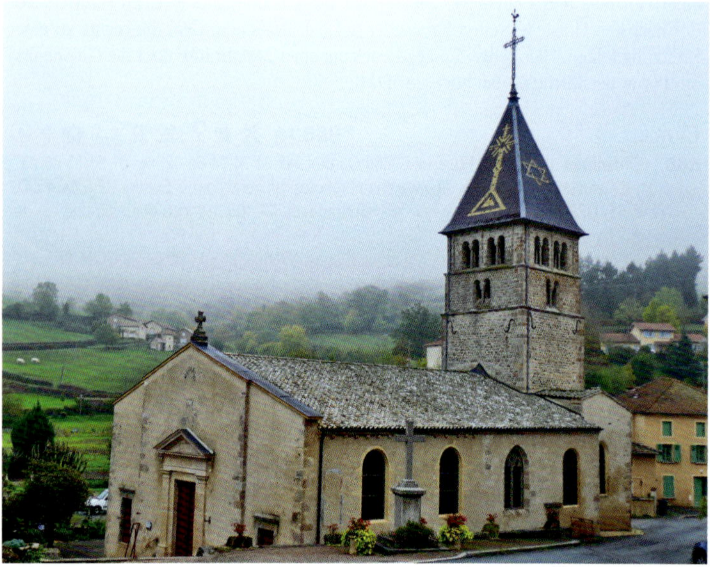

Ouroux – Gîte d'étape du château de Gros Bois 1,2 km

🚲 Der Weg zwischen Ouroux und Col de Crie ist zwar mit dem Fahrrad machbar, aber mitunter recht holperig. Auf dem Gefällestück zum Col de Crie (nächste Etappe) sind einige Querrinnen zu beachten. Alternativ könnten Sie auf der D32 fahren.

Folgen Sie der D18 120 m nach rechts und biegen Sie hinter Schule und Rathaus links in den abgehenden Stichweg. Am Containerplatz folgen Sie dem weiterführenden Schotterweg. Nach 1,3 km erreichen Sie den Abzweig zum B&B Chambres d'hôtes und Gîte d'étape du château de **Gros Bois** (Wegweiser).

B&B Chambres d'hôtes, Gîte d'étape du château de Gros Bois, Jean-Robert Mavet, 69869 Ouroux, ☎ 04 74 04 63 96, 📱 06 08 10 64 97, jeanrobert.mavet@free.fr, grosbois.free.fr, 12 Zimmer mit 2-4 Betten, Ü € 18, ÜHP mit Bettwäsche € 47, ohne Bettwäsche € 40, an Wochenenden und in den Schulferien häufig von Gruppen belegt, 150 m

Gîte d'étape du château de Gros Bois – Propières (über Col de Crie) 18,2 km

Sie folgen dem Waldweg über eine Kreuzung hinweg weiter geradeaus. 500 m weiter gibt es wieder eine Kreuzung (**Trou du Loup**). Hier biegen Sie scharf links aus der Richtung und steigen jetzt steiler bergauf. An einem Wegdreieck halten Sie sich rechts. Danach kommen Sie in offenes Gelände und durch eine Siedlung (Bois Levent). Hier ist der Weg bis an eine Querstraße am **Croix de Bois Cuisset** geteert.

Wenn Sie am **Croix de Bois Cuisset** links dem Sträßchen zur D32 folgen und dort rechts gehen, erreichen Sie nach 2,8 km ein B&B. Sie können aber auch zunächst auf dem Pilgerweg bis zum Scheitelpunkt gehen und an der dortigen Kreuzung links zur D32 gelangen. Hier biegen Sie dann links ein. Der Gesamtweg verlängert sich dadurch um 1 km (vom Weg 1,6 km). Dafür haben Sie dann nur 150 m auf der Straße zu laufen. Die Hofeinfahrt ist an der Straße ausgeschildert.

B&B **Chambres d'hôtes et roulottes des Folies de la Serve**, Pascaline et Pascal Patin, La Serve, 06 95 99 68 55, lesfolies.delaserve@gmail.com, www.lesroulottes.com, 4 DZ und Wohnwagen, ÜF EZ/DZ € 73-99, A € 23 p. P., Heizungszuschlag € 5, nach Voranmeldung € 5, April-Okt

Sie marschieren geradeaus auf dem breiten Schotterweg über eine letzte Höhe hinweg (Scheitelpunkt und Kreuzung) zu einem Straßendreieck. Gehen Sie links auf der D23 weiter zum Pass **Col de Crie**.

Vier Straßen treffen hier an einem ziemlich großen Kreisverkehr, den ein aufrecht stehender, mit reichlich Schnitzereien versehener Baumstamm ziert, zusammen. Gehen Sie rechtsherum in den Kreisverkehr und überqueren Sie als Erstes die D43.

Dieser folgen Sie, wenn Sie in Monsols übernachten wollen, auf einem parallelen Fußweg, 2,5 km. Auch ein Office de Tourisme steht an dieser Straße noch auf dem Pass, 125 m.

Monsols

B&B BANK

Maison de la Randonnée et du Trail, Syndicat d'Initiative Haut-Beaujolais, Col de Crie, 1620 Route de Beaujeu, 69860 Monsols, Deux Grosnes, 04 74 04 70 85, contact@maisondelarandonnee.fr, www.maisondelarandonnee.fr, April-Okt tägl. 9:30-12:30 u. 13:30-17:00,

B&B **La Tanière des Louveteaux**, Rue des Jardins, 69860 Monsols, 04 74 04 74 90, 06 66 42 40 10, www.chambre-hotes-haut-beaujolais.com, 2 Zimmer, 5 Pers., ÜF EZ € 40, DZ € 60, A € 15, 2,5 km entlang der D43

Einen Stempel gibt es in der Information.

Taxi B. Lebreton, 04 74 04 83 21, 06 08 85 68 88

Dann gehen Sie rechts zu den Pausenbänken und links in eine Parallele zur nächsten vom Kreisverkehr abzweigenden Straße, der D23. Sie erreichen die D23 dann und folgen ihr nach rechts weitere 200 m. Dann biegen Sie rechts in einen Waldweg ab.

Wenn Sie der Straße weitere 1,1 km folgen, kommen Sie am Ortsschild von Les Ardillats an ein abzweigendes Sträßchen, das rechts in eine Siedlung führt. Nach 150 m biegen Sie noch einmal rechts ein, um zu einem B&B zu gelangen. Es ist ausgeschildert.

B&B **Chambres d'hôtes de La Verrière**, Christine Gesse & Grégoire Lamy, La Verrière, 69430 Les Ardillats, ☏ 04 74 04 71 46, bienvenue@alaverriere.com, www.alaverriere.com, 5 Zimmer, ÜF EZ € 76, DZ € 93, DBZ € 110, VBZ € 129, Aufbettung € 18, A € 32, € 5 (nur nach Absprache), herrliche Lage, gutes Essen, ➲ 1,1 km

Zurück zum Weg gehen Sie von der Einfahrt der Hofstelle rechts bergauf und treffen nach 500 m auf den markierten Pilgerweg, in den Sie links einbiegen.

Folgen Sie dem Waldweg bergauf und gehen Sie an der ersten und zweiten Gabelung jeweils geradeaus. Sie treffen am **Col de la Croix de Oncins** auf eine Waldstraße, auf der es links weiter aufwärts geht. Nach knapp 400 m steilem Anstieg biegen Sie an einer einzelnen Sitzbank rechts in einen breiten Waldweg ab. Der führt nun recht bequem in Bögen und nur leichtem Auf und Ab um den Mont Saint-Rigaud herum.

Nach 2,4 km müssen Sie achtgeben. Dann biegt Ihr Weg an einer Solitärbuche links vom breiten Weg ab und steigt wieder an. Sie kommen wieder an eine Waldstraße. Hier gehen Sie links weiter zu einem Parkplatz.

Gipfelstürmer könnten hier links zum Gipfel des **Mont Saint-Rigaud** gelangen (hölzerner Aussichtsturm, ➲ 600 m). Mit einer Höhe von 1.009 m ist es der höchste Berg dieser Region. Das Bergmassiv bildet die Wasserscheide zwischen den Flusssystemen der Saône und der Loire und damit auch zwischen Atlantik und Mittel-

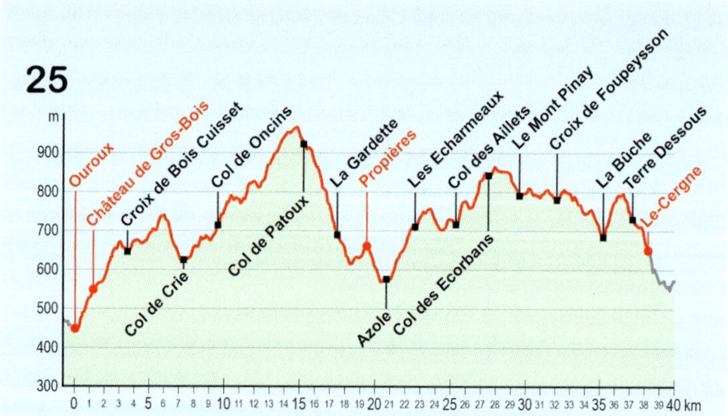

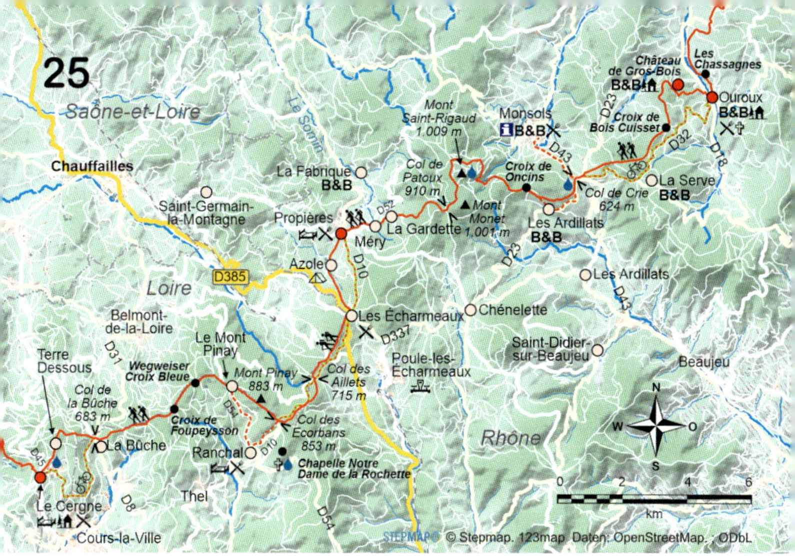

meer. Bereits im 7. Jh. bauten Einsiedlermönche hier oben eine Kapelle. Im 10. Jh. siedelten Mönche aus Cluny und noch bis 1420/30 wohnten Mönche auf dem Berg. Das Wasser der gefassten 💧 Quelle (➲ 250 m) gilt als heilkräftig.

Pilgerinnen und Pilger gehen weiter auf der Straße, passieren einen weiteren Parkplatz mit ⛩ Schutzhütte (Abri de la Croix D'amanzé) und erreichen nach 1,5 km den **Col de Patoux**.

Hier folgen Sie dem Teerweg geradeaus und biegen nach 150 m rechts in einen Waldweg ab. Der Weg führt kontinuierlich abwärts zum Weiler La Gardette. Dort beginnt ein Sträßchen, dem Sie weiter abwärts folgen. Unterhalb der kleinen Siedlung biegen Sie links in den Chemin du Méry.

↳ Wenn Sie hier dem schmalen Heckenweg rechts folgen würden, dann die D52 geradeaus überqueren und weiter in das Tal des Baches Sornin hinabwandern, wo Sie an der Kreuzung rechts im Talhang entlanglaufen, erreichen Sie nach insgesamt 2 km das B&B La Musardière.

B&B **La Musardière**, Christine Fonnesu und Séverine Vernet, La Fabrique, 69790 Saint-Igny de Vers, ☎ 04 74 03 68 25, ✉ lamusardiere69790@gmail.com, 4 Zimmer, 15 Betten, ÜF EZ € 30, DZ € 56, DBZ € 84, VBZ € 112, A € 20, 🐕, 🧺, ➲ 2 km

In **Méry** biegen Sie links von der Straße in einen Grasweg ab, der wieder steiler abwärts in ein Bachtal führt.

Sie treffen auf eine Straße, gehen geradeaus darüber hinweg in die Route Sornin in der Ortschaft Le Mort, überqueren zweimal den Bach Sornin und steigen dann auf einem Grasweg wieder an. Kurz bevor Sie die Häuser von Propières erreichen, biegen

Sie geradeaus von dem Wiesenpfad ab und steigen die letzten Meter zu einem Lagerplatz hoch. Geradeaus gehen Sie bis vor die Kirche Saint-Georges (Informationstafel, Pausenbank, Toiletten, etwas unterhalb).

Gehen Sie rechts an der Kirche vorbei zur Hauptstraße D10 hinunter. Der Pilgerweg biegt links ab.

Nach rechts hätten Sie 80 m bis zum Gasthof und 360 m zum Lebensmittelladen zu gehen.

Propières

Hotel/Restaurant Rod et Sève, Le Bourg, 69790 Propières, 04 74 03 74 42, 06 03 56 71 95, rsrestauration@gmail.com, www.rodetseve.com, Ü EZ € 80, DZ € 90, F € 10, € 15, Ü tägl., sonntags am Abend aber keine Bewirtung und montags kein Frühstück

Gîte d'étape communal du plan d'eau, OT Azole, Anmeldung erforderlich, 06 84 79 20 67, 28 Betten, Ü € 17, Ankunft April-Mitte Juni 18:00-19:00, Mitte Juni-Sep 19:00-20:00, übrige Zeit geschlossen, 70 Stellplätze, Stellplatzpauschale für 2 Pers. € 9,50, 15. Juni-15. Sep, 1 km hinter Propières am Weg

Proxi, le Bourg, Di nachmittags geschlossen

Stempel in der Épicerie (Proxi)

Propières – Le Cergne 18,8 km

Radpilger folgen der D10 über den Pass Les Écharmeaux bis zum Col des Ecorbans und wechseln dort wieder auf den Pilgerweg.

Nach 50 m gehen Sie halb rechts Richtung Vermorel, Azole und Camping. Das Sträßchen führt bergab, an den Häusern von Vermorel vorbei, zum Campingplatz. Wenig weiter erreichen Sie die Häuser des Weilers Azole. 200 m weiter, gegenüber vom letzten Haus, nehmen Sie den Feldweg nach links. Diesen Weg gehen Sie stur geradeaus bergauf, bis Sie an die Einmündung der D10 in die D385 kommen. Gehen Sie ohne Richtungswechsel auf der D385 in Richtung des Kreisverkehrs am Pass **Les Écharmeaux**. Noch vor dem Kreisverkehr biegt Ihr Weg rechts von der Straße ab und verläuft hinter den Häusern zur vom Kreisverkehr kommenden D10E.

Sie gehen dort nach rechts, biegen nach 150 m aber links in den Chemin de Mont-Joli (Waldweg). Es folgt ein aussichtsreicher Höhenweg mit Blick auf Poule-les-Écharmeaux. Nach 1,5 km überqueren Sie eine Straße geradeaus und folgen dem breiten Waldweg. Am Waldrand biegen Sie links ein und 50 m weiter wieder links in den Hangweg. An einem Querweg gehen Sie links und erreichen den Pass Col des Aillets.

Sie werden nun auch auf andere gelb-blaue Zeichen treffen, die den Pilgerwegmarkierungen bei oberflächlichem Hinsehen zum Verwechseln ähnlich sehen. Geben Sie also acht!

Folgen Sie der D10 etwa 70 m nach rechts und nehmen Sie dann einen Weg nach links. Es geht über einen Buckel hinweg zurück zur D10. Sie folgen ihr 200 m nach links und nehmen dort den dritten von drei links abzweigenden Wegen. Sie steigen noch einmal etwas bergan und gehen dann von der Höhe (breiter Querweg) rechts wieder zur Straße am **Col des Ecorbans** hinunter.

☺ Wenn Sie am breiten Querweg zunächst geradeaus gehen würden, kämen Sie zur **Chapelle Notre Dame de la Rochette,** ➲ 880 m. Dort gibt es Trinkwasser und eine Toilette.

Kreuzen Sie hier die Straße.

↳ Wenn Sie zur Übernachtung nach Ranchal hinunterwollen, folgen Sie der Straße 100 m nach links und biegen am Wegweiser „Pradon" rechts Richtung Ranchal wieder von ihr ab. In der Linkskurve der Nebenstraße folgen Sie geradeaus dem Wiesenweg, der an die D10 hinabführt. Sie gehen rechts in das Zentrum und an der Kirche vorbei. Rechts würden Sie zur Fortsetzung, um zum Weg zurückzukommen, in die D54 abbiegen. Links erreichen Sie nach ein paar Schritten das Hotel.

Ranchal

Auberge des genêts d'or, 69470 Ranchal, 1799 Le Bourg, ☎ 09 85 12 88 63, aubergedesgenetsdor@gmail.com, www.aubergedesgenetsdor.fr, Ü EZ/DZ € 49-59 (saisonabhängig), DBZ € 55-65, F € 6,50, ➲ 1,4 km

Sie folgen dem Weg über den Höhenrücken des Mont Pinay. Nach 1,8 km biegen Sie nach links und gehen auf ein einzelnes rotes Haus zu. Es gehört zum Dorf **Le Mont Pinay** auf 792 m Höhe. Hier folgen Sie der D54 nach rechts für 50 m, biegen danach links in den Teerweg Richtung La Tuilière. Der anfangs geteerte Weg wird bald zum Forstweg. Am Wegweiser „Croix Bleue" gehen Sie geradeaus. Hier verlief vom 14. bis 17. Jh. die Salzstraße von Digoin (an der Loire) nach Thizy (10 km südlich von Le Cergne).

Sie kommen an eine Wegkreuzung mit überdachtem Rastplatz (Croix de Foupeysson). Dort folgen Sie geradeaus dem Teerweg. Wenn das Sträßchen nach links biegt, gehen Sie geradeaus in den Chemin de la Raye.

Es folgt das Wegekreuz Les Quatre Chemins. Hier gehen Sie geradeaus bis zum Waldrand und folgen dort (Wasserwerk) dem beginnenden Sträßchen rechts abwärts nach **La Bûche**. Queren Sie die D8 schräg nach links und biegen Sie rechts in die D108, gehen Sie aber gleich wieder links davon ab in einen Schotterweg.

Radfahrerinnen und Radfahrer queren ebenfalls die D8 schräg nach links und fahren geradeaus auf dem kleinen Sträßchen nach Le Cergne.

An einer ersten Anhöhe gehen Sie geradeaus entlang einer Rodung (demnächst Schonung) über die letzte Kuppe hinüber. Dahinter treffen Sie auf eine Waldwegkreuzung (Font Charbonieres) und gehen links. An einem Sendemast gehen Sie weiter abwärts. Die Markierung zeigt noch einmal rechts, ist aber nur falsch geklebt. Sie gehen geradeaus zu den ersten Häusern von **Terre Dessous** in eine Senke und dort links.

↳ Würden Sie hier rechts abbiegen, kämen Sie im Bogen zu einer Fatima-Kapelle.

Sie biegen aber nach 100 m erst rechts und an der nachfolgenden Gabelung links ab.

In den Feldern biegen Sie an einer Gabelung noch einmal links ab. Das Sträßchen führt dann durch Wald in eine Siedlungsstraße und am Ende als Treppenweg weiter in eine neue Siedlung 💧 und schließlich an die Dorfstraße (D45). Hier biegen Sie links ein, passieren eine überdachte Bushaltestelle (im Keller der Bushaltestelle befindet sich ein Toilettenhäuschen 💧) und die ✞ Kirche und finden wenig weiter eine ✕ Bar/Restaurant und das 🛏 ✕ Hôtel Le Bel'Vue gegenüber. Das Gemeindebüro befindet sich ein paar Schritte weiter an der Straßenkreuzung. In Le Cergne haben Sie das Département Loire erreicht.

Le Cergne

🛏 B&B ✕ ☕ 🍷 💧 ✞

🛏 **Hôtel Le Bel'Vue**, Le Bourg, 42460 Le Cergne, ☏ 04 74 89 87 73, ✉ lebelvue@wanadoo.fr, 💻 lebelvue.com, 15 Zimmer, 32 Betten, Ü DZ € 70-120, 🐕, GB, ➲ am Weg, Ortszentrum

B&B **Philippe und Martine Danière**, 145 Chemin du Poizat, 42460 Le Cergne, ☏ 04 74 89 90 51, ✉ philippe.daniere@neuf.fr, 3 Zimmer mit je einem 1,4 m breitem Bett, ein Zimmer hat ein eigenes Bad, ÜF EZ € 40, DZ € 70 (mit eigenem Bad € 5 p. P. mehr, der Preis gilt nur für Pilgerinnen und Pilger mit Pilgerausweis, Wanderinnen und Wanderer zahlen € 10 p. P. mehr), 🐕, , , GB, Philippe und Martine haben eigene Pilgererfahrung. Sie freuen sich über den Kontakt zu anderen Pilgern. ➲ 1 km, am Abzweig zur Fatima-Kapelle gehen Sie links, dann aber geradeaus und ca. 1 km weiter bergab. Es sind gelbe Pfeile auf blauem Grund angebracht.

Mairie, Place de Verdun, ☏ 04 74 89 77 54, 💻 www.lecergne.fr, die Gemeinde vermietet Chalets auch für eine Nacht, Pilgertarif € 20 p. P., Mo u. Di 14:00-17:00, Mi 9:00-11:30, Do 9:00-12:00 u. 14:00-17:30, Fr 9:00-12:00 u. 14:00-16:00, wenn das Rathaus geschlossen ist, nehmen Sie Kontakt zu Mme Maryse Combier auf, 📱 06 87 04 01 93.

Le Cergne – Mars 8,8 km

Direkt nach der Bar (gegenüber dem Hotel) biegen Sie rechts in den Chemin de Puillet. Es geht erst auf Teer, dann auf dem sich anschließenden Feldweg bergab. Vor einer Hofstelle gehen Sie rechts in den Hang bis an eine Gabelung und dort links in den Chemin de Calvaire. An einem einzelnen Haus biegt der Weg nach rechts ab.

Links abzweigende Wege bleiben außer Acht, bis wieder eine kleine Siedlung (Les Pins) erreicht ist. Kurz nachdem der Weg eine Teerdecke erhalten hat, verlassen Sie diesen nach links, gehen mit einem leichten Linksbogen in den Wald hinein und erreichen eine Kapelle am Kalvarienberg ⛼.

Der Kalvarienberg

Die Hinrichtungsstätte Jesu Christi vor den Toren Jerusalems ist Patin für den Namen dieses Berges. Als Kalvarienberg wird allgemein eine große Nachbildung der Kreuzigungsgruppe bezeichnet, die meist auf einem Hügel am Ende eines Kreuzwegs errichtet wird. Weltweit finden von Palmsonntag bis Karfreitag Kreuzwegprozessionen zu den vielen Kalvarienbergen statt.

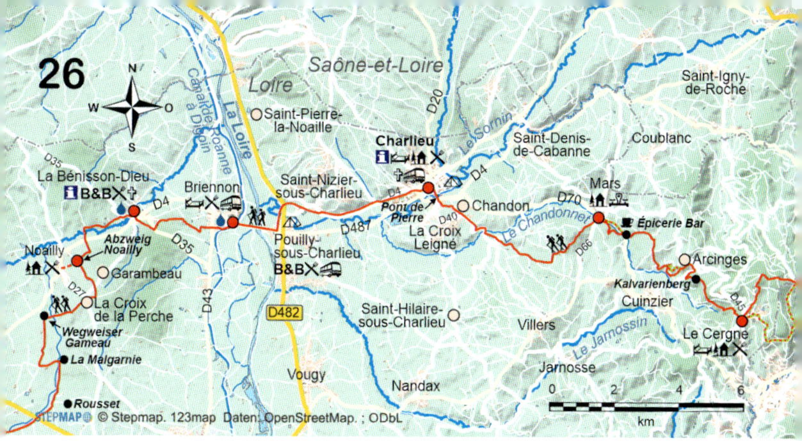

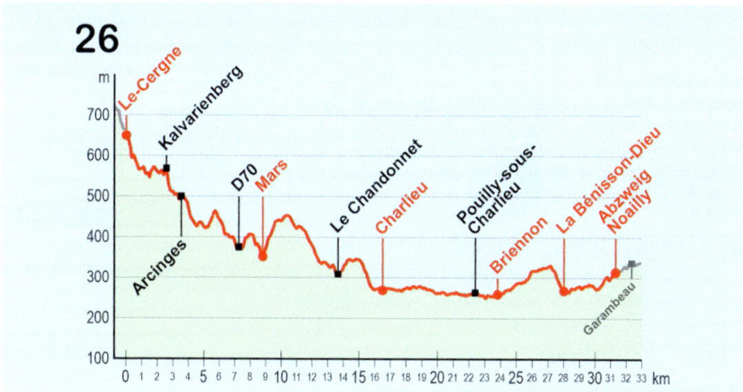

Sie gehen geradeaus an der Kapelle vorbei und dann steiler abwärts. Nach einer Rechtskurve führt der Weg im Hang nur noch sanft bergab. Links ist durch die Bäume manch ein Blick auf die Kirche von Arcinges zu erhaschen, bevor Sie eine Straße erreichen. Dieser folgen Sie 100 m nach rechts und verlassen sie nach der Kurve auf einem Grasweg nach links. Sie werden nun im Bogen auf die andere Talseite und nach Arcinges geführt. Dort folgen Sie der Straße nach links (Route des Vignes) und wandern unterhalb des Zentrums leicht bergab bis zu einem Wegkreuz vor einem Wohnhaus.

Hier biegen Sie links in den Chemin des Pélonièlles.

🚲 Radpilger folgen geradeaus dem Sträßchen und treffen automatisch wieder auf den Pilgerweg.

Der Grasweg führt in das Bachtal zu einem Altersträßchen ⊼. Sie gehen hier geradeaus auf einem Pfad am Bach entlang zu dem vorher oben verlassenen Sträßchen, in das Sie links einbiegen. Nach etwa 500 m, in einer scharfen Linkskurve der

Straße, biegen Sie rechts in einen aufwärtsführenden Schotterweg ab. Auf der Höhe überqueren Sie eine Straße geradeaus zu einem Wohnhaus hin. Davor gehen Sie halb rechts abwärts.

Nach 350 m biegen Sie links von dem Weg ab und gehen weiter talwärts zu einem Sträßchen, in das Sie links einbiegen, und pilgern durch die reich strukturierte Wiesen- und Heckenlandschaft.

An einer (⛺) ☕ Épicerie Bar Tabac in Pont de Mars, dessen Außengelände Ähnlichkeit mit einem Schrottplatz hat, treffen Sie an die D70. Die abgestellten Caravans werden für € 2 p. P. zur Übernachtung angeboten.

🚲 Radfahrerinnen und Radfahrer fahren auf der D70 nach rechts, bis sie nach 1,2 km auf die querende D66 treffen. Diese führt rechts nach Mars und links wieder an den Pilgerweg.

Fußpilger überqueren die D70, gehen nach links und biegen nach 60 m rechts in einen Schotterweg ab. Der Weg steigt noch einmal kräftig an und wird dann eben. Bevor der Weg wieder zu steigen beginnt, biegen Sie rechts in den Pfad ab. Dieser führt durch dichten Wald mit riesenhaften Bäumen bis an ein Teersträßchen. Hier gehen Sie rechts zu einer Bachbrücke vor der D70.

↳ Nur wenn Sie nach Mars hinaufwollen, überqueren Sie den Bach und die Straße und folgen der hier die D70 kreuzenden D66 in den Ort, ➲ 600 m.

Mars

In Mars gibt es für Pilgerinnen und Pilger Unterkünfte auf Spendenbasis. Einmal ein sehr schönes Privatquartier und am Kirchplatz Quartier bei der Schwesternschaft Fraternité Compassion, ☞ Reise-Infos von A bis Z, Unterkunft.

Mars – Charlieu 7,7 km

Der Pilgerweg folgt vor der Bachbrücke links der Straße (D66) aufwärts. Nach 150 m biegen Sie aber rechts in einen steil aufwärtsführenden Teerweg ab. Auf der aussichtsreichen Höhe biegen Sie in einen Querweg links ein und ebenso beim nächsten Querweg. Jetzt blicken Sie zum ersten Mal weit in das Loiretal hinein.

Folgen Sie dem Sträßchen bis an einen weiteren geteerten Querweg. Hier folgen Sie geradeaus dem Feldweg, der links biegt und eine Gabelung erreicht. Hier geht es rechts weiter zu einem Sträßchen und dort rechts.

✋ Wieder besteht eine Verwechslungsgefahr der Pilgerwegmarkierung mit den ebenfalls gelb-blauen Zeichen eines regionalen Wanderwegs.

In einer Senke biegt der Teerweg, der hier mit Chemin des Oliviers bezeichnet wird, links. Sie biegen aber geradeaus in einen Feldweg und ✋ schon nach 100 m ebenfalls geradeaus vom rechts abbiegenden guten Weg in einen Heckenweg ab.

An einem Bachlauf entlang führt der Weg zu einer Straße. Sie gehen rechts zum Waldrand und dort wieder links in den Chemin de la Rivière. Wieder erreichen Sie eine

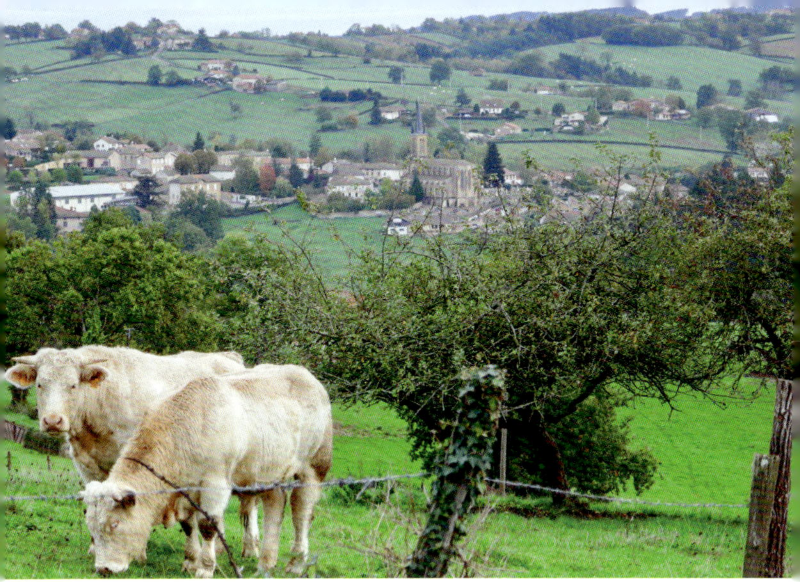

Rückblick nach Mars

Fahrstraße (D40), mit der Sie nach rechts das Flüsschen Le Chandonnet überqueren und dann zur Höhe steigen. Noch nicht ganz auf der Höhe biegen Sie rechts, eine Serpentine abkürzend, in einen Schotterweg ab. Zurück an der Straße geht es geradeaus Richtung Croix Leigné.

Nach knapp 500 m biegen Sie geradeaus von der links biegenden Straße ab. An der nachfolgenden Kreuzung gehen Sie geradeaus.

Am Ende der Siedlungsstraße führt ein schmaler Teerweg weiter, biegt rechts und gleich danach biegen Sie links davon ab. Es geht steiler abwärts zu einer Siedlungsstraße, der Sie rechts bis an die D40 (Ortsrand Chandon) folgen, und auch dort biegen Sie rechts ein. An der Ampelkreuzung überqueren Sie geradeaus die D4 und den Fluss Sornin auf der **Pont de Pierre**.

Sie gehen geradeaus und erreichen den **Place Bouverie** mit der Post und einer Bushaltestelle am Rande der Altstadt. Gehen Sie links durch die Rue Chanteloup weiter. Die vierte Straße rechts führt Sie zur Église Saint Philibert. Sie gehen hier links vorher zum gleichnamigen Kirchplatz, an dem sich auch das Office de Tourisme befindet.

Charlieu

B&B BANK

Office de Tourisme du Pays de Charlieu-Belmont, Place Saint Philibert, 42190 Charlieu, 04 77 60 12 42, contact@charlieubelmont-tourisme.com, www.charlieubelmont.com → Tourisme → Office de Tourisme, April-Okt Di-Sa 9:30-12:15 u. 14:30-18:00 (im Winter nachmittags nur bis 17:30), am Weg

Relais de l'Abbaye, 415 Route du Beaujolais, Le Pont de Pierre, 42190 Charlieu, 04 77 60 00 88, contact@relais-abbaye.com, www.relais-abbaye.com, 30 Zimmer, Ü EZ/DZ ab € 98, F € 18, € 9,50, GB, 250 m, an der D4, noch vor der Pont de Pierre, gehen Sie links.

♦ **Restaurant et Les loges de L'Atelier gîte**, 22 Rue Jean Jaurès, 42190 Charlieu, 04 77 60 01 57, Ü EZ/DZ € 73, F € 10, 500 m, nordöstlicher Stadtrand

Studio Saint Philibert, Place Saint Philibert, 06 66 73 70 36, joellegueguen@orange.fr, Studio für bis zu 3 Pers., Ü 1-3 Pers. € 60, Pilgerpreis € 50, am Weg

♦ **Gite le Cocon** (Meublé), M. Jean-Marc Troncy, 14 Rue Charles de Gaulle, 2eme étage, 42190 Charlieu, 06 18 13 27 47, le.clos.charliendin@gmail.com, 1 geräumiges Appartement mit Doppelbett (1,40 m), Sofa, Bad und Küche, Ü € 70, 100 m

B&B **Clos de Charlieu**, Dominique Fulchiron, 100 Route de St Denis, 42190 Chandon, 04 77 60 34 70, 06 64 98 53 78, domful@hotmail.com, www.closdecharlieu.com, 2 Zimmer, ÜF EZ/DZ € 65-75, Pilgerinnen und Pilger sind willkommen, GB, D, E, 150 m, an der D4, noch vor der Pont de Pierre, gehen Sie rechts.

Gîte d'étape Lou Graou Chepre, 1068 Chemin de la Goutte Thessonnière, 42190 Charlieu-Chandon, 06 08 75 75 36, mfayet.pro@gmail.com, Kapazität für 12 Pers. in 3 Zimmern, Ü € 18 (mit eigener Bettwäsche), Verleih von Bettwäsche und Handtüchern, A und F (Halbpension) € 45, 600 m vom Weg, 1,8 km vor dem Zentrum

Camping de Charlieu, Rue du Camping, 04 77 69 89 72, 06 65 34 77 39, contact@campingcharlieu.com, campingcharlieu.com, Ü € 13,50-16,50 (2 Pers.), € 1,50, April-Okt, 600 m

Morgens und abends etwa stündlich und über Tag alle zwei Stunden gibt es Busverbindungen von Charlieu nach Roanne, der nächstgelegenen Stadt mit Bahnanschluss. Aber Achtung: einige der Verbindungen müssen vorher telefonisch angemeldet sein. Einen Überblick liefert die folgende Webseite, die übrigens für die gesamte Region Auvergne-Rhône-Alpes brauchbar ist: www.oura.com.

Ambulance Car, 04 77 69 06 06, **Ambulance Charliendine**, 04 77 60 13 93

✞ **Benediktinerabtei Charlieu**. Die Abtei wurde 875 gegründet und ab etwa 930 von Cluny geführt. Sehenswert sind insbesondere die Kirche aus dem 11. Jh. mit der um etwa 100 Jahre jüngeren Kirchentür sowie die Kapelle aus dem 15./16. Jh.

♦ 04 77 60 09 97, www.amisdesartscharlieu.com, Feb-Mai u. Sep/Okt tägl. außer Di 10:00-13:00 u. 14:00-18:00, Juni-Aug durchgehend auch Di, Nov-Jan nur am Wochenende

✞ **Philibertskirche**, Die Pfarrkirche Saint Philibert wurde im frühen 13. Jh. von den Bürgern Charlieus erbaut und in allen folgenden Jahrhunderten erweitert und renoviert. Das auf das 15. Jh. zurückgehende Chorgestühl aus geschnitztem und bemaltem Holz zeigt Apostel und Heilige, aus derselben Zeit stammen einige Figuren und die Kanzel aus zum Teil sogar mehrfarbigem Stein.

⌘ **Musée Hospitalier (Hôtel-Dieux)**, altes Hospiz mit Krankensälen, Operationsräumen, Medikamentenschränken und Krankenhauskapelle. Die mittelalterlichen Hospize, die es in ganz Europa gab, waren nicht in erster Linie Krankenhäuser, wie wir sie heute kennen, sondern viel mehr auch Sozialstationen, die armen Menschen zu essen gaben, Kranke pflegten, Fremde beherbergten und Gefangene besuchten. Auch Pilgerinnen und Pilger fanden dort selbst für eine Nacht Aufnahme oder konnten sich im Krankheitsfalle helfen lassen. In aller Regel wurden diese Einrichtungen über Stiftungen aus den Nachlässen der Adelsfamilien finanziert. Das Vorhandensein eines **Hôtel-Dieux** in einer Ortschaft ist auch immer ein Indiz dafür, dass Pilgernde diesen Ort angesteuert haben, da sie hier, wie auch in den allermeisten Klöstern, Unterkunft und Verpflegung bekamen.

♦ 9 Boulevard Géneral Leclerc, 42190 Charlieu-Chandon, ☎ 04 77 60 28 84, ✉ accueil@musee-charlieu.fr, 💻 musees-de-charlieu.webnode.fr, 🚪 April-Okt Di-So 10:00-12:30 u. 14:00-18:00

⌘ **Musée de la Soirerie**, Museum zur Seidenverarbeitung und Weberei
♦ Anschrift, Telefonnummer, Öffnungszeiten etc. wie Musée Hospitalier

In Charlieu haben Sie die französische Region Auvergne-Rhône-Alpes erreicht. Der kaum 4.000 Menschen zählende, schmucke und geschäftige Ort am Zusammenfluss von Sornin und Bézo, die, vereint, nur 6 km weiter westlich in die Loire münden, entwickelte sich am Kreuzungspunkt zweier Handelsstraßen. In der jüngeren Vergangenheit war Charlieu bekannt für seine Seidenspinnerei.

Charlieu – Briennon 7,3 km

☺ Sie durchqueren zunächst die breite, etwas eintönige Talebene der Loire, erreichen aber hinter Briennon wieder eine schöne Hecken-, Wiesen- und Waldlandschaft. Die Steilheit des Geländes der letzten Tage ist einer sanften Hügellandschaft gewichen, wodurch ein schnelleres Vorankommen ermöglicht wird.

Links der ℹ Touristeninformation folgen Sie der Rue Grenette zur Abtei. Geradeaus geht es weiter auf der Rue Rouiller, dabei kreuzen Sie den Boulevard de la République und folgen geradeaus der D4 Richtung ✚ Krankenhaus und biegen dann an der Gärtnerei halb links in den Radweg Richtung Pouilly (ehemalige Bahntrasse, gekennzeichnet als GR 765 und Pilgerweg).

☺ ↳ Wenn Sie hier nur 250 m weiter der Straße folgen, erreichen Sie das sehenswerte Franziskanerkloster, das bereits außerhalb der Grenzen von Charlieu in Saint-Nizier-sous-Charlieu auf Ihren Besuch wartet.

✝ **Couvent des Cordeliers (Franziskanerkloster)**. Dieser Konvent wurde etwa 1280 gegründet, 1360 zerstört und danach wieder aufgebaut. Weitere Zerstörungen folgten während der Französischen Revolution, erhalten sind der Kreuzgang, die Bibliothek und die Kirche.

♦ ☎ 04 77 60 07 42, 💻 www.amisdesartscharlieu.com, 🚪 Feb-Mai u. Sep/Okt tägl. außer Di 10:00-13:00 u. 14:00-18:00, Juni-Aug durchgehend und auch Di, Nov-Jan nur am Wochenende

Der Radweg folgt dem Verlauf der D4, die immer mal wieder zu sehen oder zu hören ist, überquert die Straße dreimal, um dann in einem großen Linksbogen unter der D482 hindurch den Fluss Sornin zu überqueren. Auf der alten Eisenbahnbrücke sind Entspannungsliegen aufgestellt. Pouilly erreichen Sie an der zum vierten Mal querenden D4 (Pizzeria) nach 5,9 km.

Pouilly-sous-Charlieu

B&B

B&B **Aux Ronzières**, Monique Bruhat, 251 Haut de Rajasse, 42720 Pouilly-sous-Charlieu, 04 27 62 29 21, 06 19 67 04 19, auxronzieres@gmail.com, auxronzieres.com, 4 Zimmer, max. 12 Pers., ÜF EZ € 78, DZ € 85, Aufbettung € 25, A € 13-18, keine Aufnahme/Vermietung von So auf Mo, 2,4 km, ganz im Süden von Pouilly

Camping les Ilôts, Route de Marcigny, 42720 Pouilly-sous-Charlieu, 04 77 60 80 67, campinglesilots42@orange.fr, www.pouillysouscharlieu.fr/tourisme-culture/camping, 50 Stellplätze, Zelt € 4, € 3 p. P., April-Sep, 200 m

Charlieu

Taxi Magnet Marcel, 04 77 69 94 12

Hier verlassen Sie den Radweg (der führt nach Roanne) und setzen Ihren Weg entlang der D4 nach rechts fort. Nach 600 m überqueren Sie die Loire und dann den **Canal de Roanne à Digoin** am Ortseingang von Briennon. Sie gehen nicht nach Briennon hinein, sondern gleich nach dem Überqueren des Kanals links an den Uferweg.

Briennon

BANK

Le Relais de Canal, Bar-Tabac-Hotel, 33 Avenue de Verdun, 42720 Briennon, 04 77 69 39 32, hotel-lerelaisducanal@orange.fr, lerelaisducanal.free.fr, 5 Zimmer, Ü EZ/DZ € 30, DBZ/VBZ € 38, F € 5, € 5, 220 m

Taxi Valentin Travard, 06 09 30 37 59

Briennon – La Bénisson-Dieu 4,2 km

Der Uferweg führt am Jacht- und Museumshafen entlang (Toiletten,). Noch im Hafenbereich gehen Sie rechts zur Mairie und dort links entlang der Siedlungsstraße. An der Gabelung folgen Sie rechts der Rue Saint-André. Kreuzen Sie eine Straße und laufen Sie geradeaus weiter. Der Weg macht zwischen Feldern eine Linkskurve, biegt wieder rechts und verliert bald die Teerschicht.

Biegen Sie vor einer Hofstelle im Wald links vom weiter geradeaus führenden Weg ab und laufen Sie auf dem Waldrandweg bis zur D35. Sie kreuzen diese und wandern bis an einen Handymast. Davor biegen Sie nach rechts ab. Das hübsche Örtchen La Bénisson-Dieu erreichen Sie an der D35. Sie biegen links ab und gehen gleich wieder rechts durch den Ort, kreuzen die D4 am B&B, passieren die Mairie und kommen zur Abtei, die wenige Meter rechts der Straße steht.

La Bénisson-Dieu

B&B

Bureau d'accueil de La Bénisson-Dieu, Parvis Albéric, 42720 La Bénisson-Dieu, neben der Abtei, Mai-Sep Mi-So 14:30-18:30, am Weg (Kirche)

B&B **La Ferme Des Anges**, Rue des Comtes du Forez, 42720 La Bénisson-Dieu, 04 77 66 65 02, 06 89 33 93 38, lafermedesanges@yahoo.fr, lafermedesanges.wifeo.com, 3 Zimmer, ÜF EZ € 70, DZ € 80, Zustellbett € 15, am Weg

L'Abbaye de La Bénisson-Dieu. Die Abteikirche ist im typischen farbenfrohen Stil der Region eingedeckt. Eine erste einfache Kirche entstand hier im 12. Jh., der große Ausbau mit dem 51 m hohen Kirchturm erfolgte im 15. Jh. Die ehemalige Zisterzienserabtei wurde durch den Mönch Alberic, einen Schüler des berühmten Bernhard von Clairvaux, gegründet. Die Anwesenheit gleich dreier Ordensgemeinschaften (Benediktiner, Franziskaner und Zisterzienser) in der Region – die Klöster lagen im Umkreis von 10 km am Rande der Loireebne – unterstreicht die einstige Bedeutung der heute provinziell wirkenden Ortschaften.

tagsüber geöffnet

La Bénisson-Dieu – Abzweig Noailly 3,3 km

Gegenüber dem Eingang zur Kirche (Toiletten,) gehen Sie links in den Park und folgen dem breiten, roten Parkweg zur D35. Biegen Sie rechts ein, überqueren Sie den Bach **La Teyssonne** und folgen Sie der Straße Richtung Montcorbier und La Marande. Nach 300 m biegen Sie in einer Rechtskurve links in den Impasse de la Chassagne Richtung Racot von der Straße ab. Der Weg führt zu einer Hofstelle. Vorher biegen Sie aber links in den Chemin de Racot und bleiben damit im Tal des Baches Teyssonne. Auch dieses Sträßchen führt zu einer Hofstelle. Wenn es aber rechts dorthin biegt, folgen Sie geradeaus dem Grasweg im Talhang.

Der endet an einem Querweg mit dem Wegweiser **„La Motte"**. Sie gehen links zum Bach hinunter. Noch vor der Furt führt ein Pfad in die Böschung zu einer etwas weiter links errichteten Brücke. Geradeaus steigen Sie auf dem Feldweg wieder leicht an, überqueren geradeaus die D4 und erreichen ein eisernes Wegkreuz auf Sandsteinsockel. Von hier haben Sie einen schönen Rückblick zur Abtei in Bénisson-Dieu.

Sie gehen rechts durch eine Senke (Teichanlage) wieder zur Höhe und an einem Querweg links zum Wegweiser **„Roberjot"**.

Er weist rechts den Abstecher nach Noailly, 700 m.

Noailly

Gîte commuaux, 33 Rue des Varennes, 42640 Noailly, Didier Montguillon, 06 07 04 64 85, 15 Betten in 2 Zimmern, Sanitär, Küche und Gemeinschaftsraum, Ü € 11,60 (Sommer), € 13,60 (Winter), 700 m, gegenüber der Mairie

Abzweig Noailly – Saint-Romain-la-Motte 9,7 km

Lassen Sie Noailly rechts liegen und folgen Sie dem Weg, der bald zur Teerstraße wird, geradeaus, biegen links um eine Hofstelle herum und kommen an eine Querstraße in **Garambeau**.

Der Pilgerweg überquert die Straße geradeaus und folgt dem beginnenden Grasweg. Der führt wieder an ein Sträßchen. Hier gehen Sie rechts bis zur querenden D27. Überqueren Sie die Straße zur Bushaltestelle und dem Wegweiser **„La Croix de la Perche"** hin und biegen Sie dort in den schön zu laufenden Nebenweg ab.

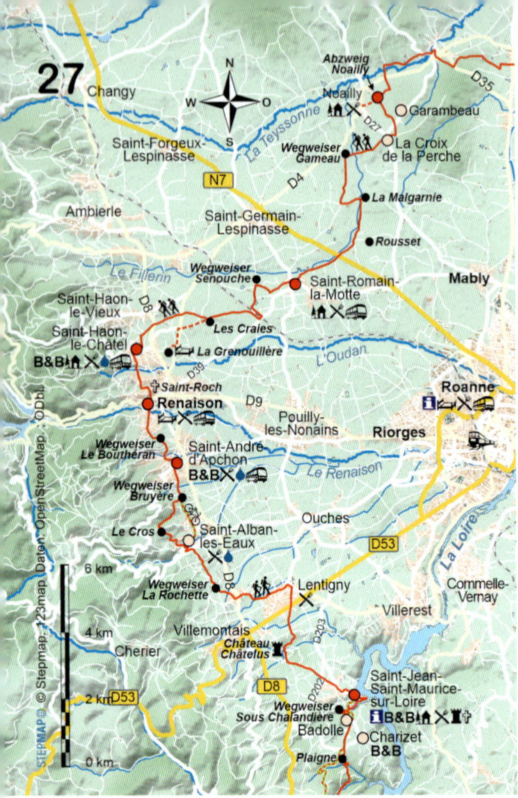

Sie landen nach 1,6 km an einer Querstraße mit dem Wegweiser **„Gameau"**. Hier gehen Sie links weitere 1,6 km zu einer Kreuzung und biegen dort links in den Chemin de la Malgarnie ab. Durch eine Senke gehen Sie bis vor eine Hofstelle und biegen dort rechts in den Chemin des Pèlerins ab. Der bekommt eine Teerdecke, wenn von links der Chemin de la Tuilerie einmündet. Gehen Sie auch bei einem weiteren von links hinzukommenden Weg geradeaus (Rousset). Danach kommen Sie an eine Gabelung. Hier folgen Sie rechts dem Chemin des Pèlerins bis zur N7, einer wichtigen Verbindungsstraße zwischen Paris und Lyon.

↳ Wer etwas städtische Abwechslung braucht, könnte die Straße nutzen, um das nur 9 km entfernte Roanne zu besuchen (links). Die Busverbindung an der Straße ist unbrauchbar. Für eine Anbindung per Bus müssten Sie noch weiter nach Saint-Romain-la-Motte wandern, ☞ Saint-Romain-la-Motte. Nach meinen Erfahrungen klappt der Autostopp an großen Straßen in Frankreich aber immer recht komfortabel. Zurück fahren Sie mit dem Taxi oder planen den Bus ein. Roanne eignet sich somit auch für Zwischenübernachtungen. Das ist aber nur ein Vorschlag.

Roanne

BANK

Office du Tourisme du Grand Roanne, 8 Place Maréchal de Lattre de Tassigny, 42300 Roanne, ☎ 04 77 71 51 77, info@roannais-tourisme.com, www.roannais-tourisme.com/de/, 17. April-15. Okt Mo-Sa 9:30-12:30 u. 13:30-18:00. Hier gibt es auch Infos zu den zahlreichen Hotels in der Stadt.

Über die Stadtbusse, die zum Teil auch in das nähere Umland fahren, informiert die unter Charlieu genannte Webseite. Der Busbahnhof befindet sich hinter dem Bahnhof für schienengebundene Fahrzeuge.

Von Roanne fahren Nahverkehrszüge nach Lyon.
Allo Taxi Roanne, ☏ 04 77 70 70 70, **Radio Taxis Roannais**, ☏ 04 77 70 30 30, **Taxi Service**, ☏ 04 77 72 03 03

Übernachten können Sie auch in Saint-Romain-la-Motte, dass Sie nach weiteren 1,9 km über den Pilgerweg erreichen.

Sie überqueren die N7 und folgen dem beginnenden Chemin du Moulin bis in das Zentrum (Bäckerei, Lebensmittel). An der Hauptstraße gehen Sie rechts weiter.

Die nächste Straße rechts führt zur Kirche.

Saint-Romain-la-Motte

Gîte communal, 42640 Saint-Romain-la-Motte, seit 2014 steht Pilgerinnen und Pilgern sowie Wanderinnen und Wanderern ein kleines Ferienhaus in einem Seitenflügel der Dorfkirche zur Verfügung, 3 Plätze für maximal 2 Nächte, Anmeldung bei Ankunft bei: Michel: ☏ 04 77 64 51 89 u. 06 76 31 65 30, Marie-Claude: 06 40 23 81 84, Isabelle: 06 83 12 09 96, Alain: 06 10 25 32 40, Sabine: 06 09 15 20 68, www.st-romain-la-motte.fr, Ü € 12, Anreise bis 19:00, Abreise bis 10:00, am Weg.

Im Zentrum von Saint-Romain-la-Motte befindet sich die Bushaltestelle **„Saint Romain Bourg"**. Mo-Fr fahren 5 x am Tag Busse nach Roanne, Sa 2 x. Fahrpläne gibt es vor Ort oder auf www.oura.com.

Saint-Romain-la-Motte – Saint-Haon-le-Châtel 7,7 km

An der Bar gehen Sie noch geradeaus. Danach biegen Sie halb rechts von der Durchgangsstraße in den Chemin du four à Chaux ab und erreichen den Wegweiser „Saint-Romain-la-Motte". Folgen Sie dem Sträßchen bis zu einem Grillplatz mit Schutzdach und biegen dort nach rechts in den Chemin de Senouche ab. Am Wegweiser **„Senouche"** wenden Sie sich wieder nach links in den Chemin de la Roche und gehen, wenn dieser rechts biegt, weiter geradeaus in den Chemin de la Saligny.

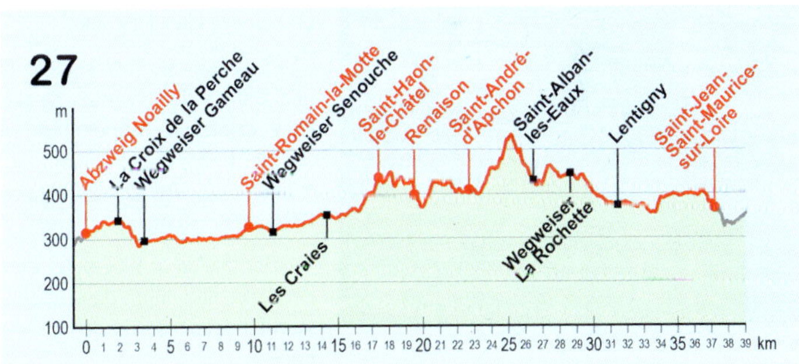

Der Weg stößt an eine Bahnlinie. Sie gehen etwa 400 m daran entlang bis zur D39, überqueren mit ihr die Bahngleise und biegen gleich wieder rechts ab. Entlang der Schienen geht es wieder zurück an eine Gabelung und dort links.

Sie folgen dem Sträßchen bis zum Wegweiser **„Les Craies“** und biegen hier rechts in den Feldweg Chemin des Quarts.

↳ Wer hier in Abwandlung des Weges geradeaus bis an eine Straßenkreuzung weitergeht (970 m) und dort links Richtung Renaison in die D47 einbiegt, erreicht nach weiteren 950 m den mit einem Hinweis versehenen Abzweig zur Hofstelle **Grenouillère**.

La Grenouillère, 307 Route de St-Germain, 42370 Renaison, Wandernden, Radfahrerinnen und Radfahrern sowie Pilgernden stehen zwei Zimmer (max. 4 Pers.) zur Verfügung. Für Pilgerinnen und Pilger mit Ausweis gibt es Sonderpreise, die F und A beinhalten. ÜHP EZ € 35, DZ € 50, 3 Pers. € 70, , April-Sep, weitere Informationen über die Gemeindeseite www.renaison.fr → tourisme → hébergement.

Sie überqueren eine kleinere und eine größere Straße. Dann beginnt der Weg zu steigen, erreicht eine Hauszufahrt und wenig weiter die querende D8. Gehen Sie geradeaus darüber hinweg, jetzt steiler bergan.

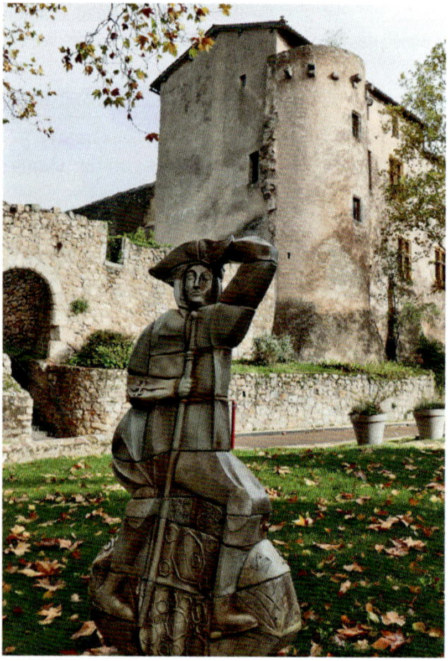

Saint-Jacques in St.-Haon-le-Châtel

An einer Kreuzung gehen Sie noch geradeaus. Etwas oberhalb steht der Wegweiser **„Pont Gibaud“**. Hier biegen Sie links in einen Schotterweg, der unterhalb der Häuser von Saint-Haon-le-Châtel entlangführt. Wenn der Weg rechts auf ein Privatgrundstück führt, biegen Sie geradeaus in den Grasweg ab. Danach biegt der Weg rechts zwischen die Häuser, an der Querstraße rechts und an der Gabelung links.

☺ ↳ Wenn Sie hier geradeaus und erst an der nächsten Straße links einbiegen würden, hätten Sie gleich den interessanten mittelalterlichen Teil des attraktiven Bergdorfes erforscht.

Der markierte Weg biegt wieder links und führt dann rechts zum Dorfplatz (Place de Verdun) hoch.

Saint-Haon-le-Châtel

B&B

☺ (i) In der öffentlichen Bücherei arbeitet eine Dame, die fließend Deutsch spricht.

B&B **Chambre d'hôtes de charme Relais St Jacques**, 123 Rue Châteaumorand, 42370 Saint-Haon-le-Châtel, 06 68 60 73 00, www.relaissaintjacques-roanne.com, 3 Zimmer, Ü 1-2 Pers. € 99-110, F € 12, A € 27, , 80 m

Gîte Saint Eustache, Pilgerherberge, direkt neben der Kirche, 42370 Saint-Haon-le-Châtel, 06 80 66 82 25, gite.shlc@gmail.com, drei Schlafplätze, Preis auf Anfrage, 140 m

L'Estaminet, Montée Charles VII, 42370 Saint-Haon-le-Châtel, ☎ 04 77 64 82 11, Teestube, Brötchenservice, Mo Ruhetag, am Weg im Zentrum

Stempel im Rathaus (Mo, Fr, Sa 8:00-12:00, Di, Do 14:00-17:00), in der ☞ Gîte und in der Teestube

An Wochentagen 5 x, Sa 2 x besteht eine Busanbindung nach Roanne, Busbahnhof (frz. *gare routière*), www.oura.com.

Saint-Haon-le-Châtel ist ein attraktives Bergdorf, das sich auch als Etappenort anbietet. Es besticht die aussichtsreiche Lage im Randgebirge des Loiretals. Das historische Straßenbild lädt zum Flanieren ein. Vom antiken Bergfried der Grafen von Forez bis zum modernen städtischen Zentrum befindet sich hier die gesamte Geschichte des Mittelalters, der Renaissance und der Moderne in Stein geschrieben. So malt die Webseite der Gemeinde das Bild vom Dorf.

Saint-Haon-le-Châtel – Renaison 2,1 km

Folgen Sie am Place de Verdun der Straße nach links. Sie kommen an der Burg der Grafen von Forez vorbei, linker Hand gibt es eine Toilettenanlage und ein Pilgerdenkmal. Laufen Sie hier rechts einige Stufen zum Wegweiser hinab und gehen Sie dort geradeaus Richtung Renaison zu einem Straßendreieck. Weiter geht es geradeaus auf der D39, nach 50 m aber halb links einen geteerten Nebenweg bergauf.

Am Ende des Sträßchens steht wieder ein Wegweiser (Lorisses). Sie gehen geradeaus an einem Weinberg steil bergab. Aus der Senke geht es wieder bergan zum Wegweiser **„Chazelles“**.

Geradeaus folgen Sie erst der Siedlungsstraße, dann dem Wiesenweg zu einem Bach, gehen links daran entlang und dann rechts zur Höhe und geradeaus über eine Straße hinweg zur Saint-Rochus-Kapelle.

Rochus von Montpellier

Die Chapelle Saint Roch, wie sie im Französischen heißt, wurde das erste Mal nach einer verheerenden Pestepedemie im Jahr 1634 an dieser Stelle errichtet. Der heilige Rochus von Montpellier gilt als Schutzheiliger der katholischen Kirche gegen die Pest und ist einer der beliebtesten Heiligen in Frankreich. Als junger Mann verschenkte er sein Vermögen und trat in den Orden des Franziskus von Assisi ein. Wie dieser ein Jahrhundert zuvor pflegte Rochus Pestkranke. Auf seiner Pilgerschaft nach Rom wurde er selbst von der Pest betroffen. Er zog sich in eine Hütte zurück und der Legende nach wurde er von einem Engel gepflegt. Ein Hund brachte ihm sein tägliches Brot, bis er wieder gesund war. In Darstellungen ist er als Pilger mit dem Muschelsymbol gekennzeichnet. Sein entblößtes Knie zeigt eine Pestbeule und ein Hund liegt ihm mit dem Brot im Maul zu Füßen.

Ein geländerter Betonweg führt wieder abwärts vor einem Parkplatz in Renaison. Nach rechts setzen Sie den Weg fort, ↳ links kämen Sie in den Ort.

Renaison

B&B BANK

Hôtel Central, 10 Rue du 10 Août 1944, 42370 Renaison, ☎ 04 77 64 25 39, hotelcentral.renaison@orange.fr, www.hotel-restaurant-central.fr, 9 Zimmer, Ü EZ/DZ € 65-85, F € 9, GB, 450 m

☞ Saint-Haon-le-Châtel

Taxi Gare Roanne, ☎ 04 77 72 95 95

Renaison – Saint-André-d'Apchon 3,2 km

Sie kreuzen eine Fahrstraße und wandern zwischen Mauern den Chemin de Chaudignot abwärts zu einem Sträßchen. Dort laufen Sie nach rechts bis zum Wegweiser **„Frairie"**.

Sie gehen links, passieren die Sportplätze und erreichen wieder eine Straße. Gehen Sie rechts an der alten Mühle über den Bach und danach links in den Chemin des Bachelards. Sie kommen zwischen zwei Gebäuden hindurch und wandern sofort danach rechts in den Monté de la Ruette. Steil geht es aufwärts zu einer Höhenstraße. Sie biegen rechts ein, erreichen eine Querstraße, auf der es links weitergeht (Chemin de Perdrizière). An der Kreuzung zwischen den Weinbergen gehen Sie noch geradeaus. An der nächsten Gabelung biegen Sie dann rechts in den Chemin de Rases ein. Bei weiter Sicht bis zu den Hochhäusern von Roanne erreichen Sie den Wegweiser **„Le Bouthéran"** und folgen der abwärtsführenden Straße. In der Senke gehen Sie über einen Wohnmobilstellplatz zur Straße und dort links an der Kirche (Toiletten) vorbei bis an eine Gabelung.

Saint-André-d'Apchon

B&B

B&B **Domaine Delabaude**, 69 Route de la Baude, 42370 Saint-André-d'Apchon, 06 16 41 21 47 u. 06 16 41 21 48, postmaster@domaine-delabaude.fr, www.domaine-delabaude.fr, ÜF EZ € 93, DZ € 100, DBZ € 135, VBZ € 170, FBZ € 205, 70 m

☞ Saint-Alban-les-Eaux

Saint-André-d'Apchon – Saint-Jean-Saint-Maurice-sur-Loire 14,5 km

Biegen Sie nun rechts in die Rue Jean-Baptiste Chambonnier ein. Am Place de la Mairie werfen Sie vielleicht einen Blick auf den rechteckigen Burgteich und in die Ferne und gehen geradeaus weiter entlang der bequemen Höhenstraße, bis Sie an den Wegweiser **„Bruyère"** stoßen.

Radfahrerinnen und Radfahrer folgen hier geradeaus der Straße nach Saint-Alban-les-Eaux.

Sie gehen hier rechts bergauf. Nach einer Linkskurve folgen Sie weiter dem unbefestigten Weg durch ein Waldstück zu einem Bachlauf und im Bogen darüber hinweg hinauf zum Hof Le Cros. Dort überqueren Sie eine Straße und folgen einem geteerten Weg (Route du Cros) knapp 1 km bis zur wieder beginnenden Besiedlung. Vor dem aussichtsreich gelegenen Friedhof gehen Sie rechts den Chemin de la Bateille hinab und am gleichnamigen Wegweiser links hinter der Mauer eines Hofes vom Weg ab in einen Gartenweg zu einer Siedlungsstraße. Dort gehen Sie links in die Ortsmitte von **Saint-Alban-les-Eaux**. Rechts setzt sich der Pilgerweg fort, links führt die Grande Rue zur Bar.

Nach 50 m, am Rande des Parkplatzes, biegen Sie links von der Straße ab. Der Weg führt in den **Parc des Eaux Minérales** hinab und biegt vor den Gebäuden rechts (Toiletten,) zum Wegweiser ab. Gehen Sie links zur Straße hoch, überqueren Sie sie und biegen geradeaus in den Chemin de Bugny ein. Der endet auf einer Querstraße. Gehen Sie 50 m nach links und dann wieder rechts in die Route de Château de Chazelles.

Das aussichtsreiche Sträßchen führt Sie bis zum Wegweiser **„La Rochette"** an einem Weingut. Biegen Sie hier halb links in den schönen Feldweg ab.

Wieder wird eine Siedlung erreicht. Gehen Sie am Ende links und 150 m weiter über die D8 hinweg in die Rue des Cyprès. Folgen Sie ihr (an einer Gabelung rechts) bis zu einem Kreisverkehr und dort halb links zum Kirchplatz von **Lentigny**.

Sie gehen vor der Kirche rechts zum Wegweiser „Lentigny" und dort wieder rechts in die Rue des Vernes (Nebenstraße). Diese führt zur viel befahrenen Hauptstraße D53.

Links erreicht die schnurgerade Piste nach nur 9 km die Kreisstadt Roanne, S. 208. Sie könnten die Stadt von hier auch per Taxi oder Autostopp erreichen. In nur 250 m Entfernung befinden sich ein Supermarkt, Bäckerei, eine Apotheke, BANK Geldautomat und ein Gasthof sowie eine Pizzeria an der Straße.

Der Pilgerweg führt geradeaus über die Straße hinweg. Der Teer verliert sich bald und Sie erreichen eine Burg namens Châtelus. Bei eindeutiger Markierung führt der Weg Sie nach links und auch durch den Wald. Am anderen Ende des Wäldchens steht der Wegweiser **„Châtelus"**. Ein paar Schritte weiter halten Sie sich an der Gabelung links. Sie passieren die D202 und erreichen den Ortsrand von Saint-Jean-le-Puy, das zusammen mit dem östlich angrenzenden Saint-Maurice-sur-Loire den Doppelort Saint-Jean-Saint-Maurice-sur-Loire bildet. Sie kommen auf dem Chemin des Grandes Terres nach Saint-Jean herein, er heißt nach einer Einmündung von hinten links nun Route des Bruyères.

Biegen Sie am Kirchplatz (Toiletten) vor der Kirche links in die Rue de Chassort ein und folgen Sie ihr bis zum Ende, gehen Sie dann links und sofort rechts in einen Pfad zwischen einem Haus und einem Garten hinein. Der schmale Weg bietet

Ihnen die ersten schönen Ausblicke in das Tal der Loire. Sie passieren einen Turm und gehen dahinter eine Fahrstraße links abwärts. Nach 60 m zeigt die Markierung rechts in die Rue de la Fraternité und wieder links. Sie überqueren die wieder erreichte Straße und gehen ein paar Stufen abwärts zum Office de Tourisme und der Pilgerherberge **La Cure** gegenüber.

Saint-Jean-Saint-Maurice-sur-Loire

B&B

La Cure, 799 Rue de l'Union, 42155 Saint-Jean-Saint-Maurice-sur-Loire, 04 77 62 96 84, www.lacure.fr, April-Juni, Sep tägl. 14:30-18:00 u. Fr-So auch 10:00-12:30, Juli, Aug tägl. 10:00-12:30 u. 14:30-19:00, Okt Mo-Do 14:30-18:00 u. Fr-So 14:30-17:00, Nov Fr-So 14:30-17:00, März Fr-So 14:30-17:00, Dez-Feb geschlossen. Neben der Informationsarbeit werden das ganze Jahr über Kunstaustellungen, Workshops und Shows organisiert. Es gibt einen Kunsthandwerkerladen. Am Weg

B&B **Les Rêveries de l'Escargot**, Rue de la Fraternité, 42155 Saint-Jean-Saint-Maurice-sur-Loire, 06 41 81 44 50, lesreveriesdelescargot@gmail.com, www.les-reveries-de-lescargot.fr, 1 Zimmer, ÜF EZ € 80, DZ € 95, Aufbettung € 25, € 7, GB, 20 m

Gîte d'étape Saint Jacques, Anmeldung über das Touristenbüro, Pilgerherberge mit 4 Betten, Ü € 17 p. P., warmer Schlafsack erforderlich, nur für Pilgerinnen und Pilger mit Ausweis, März-Okt, Ankunft zu den Öffnungszeiten der Touristinformation, am Weg, direkt gegenüber der Information

Saint-Jean-Saint-Maurice-sur-Loire

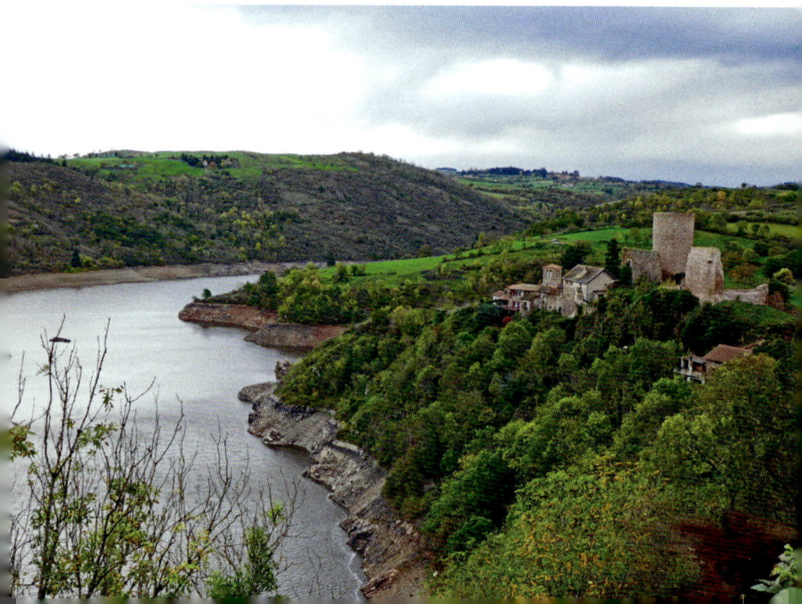

Beachten Sie bitte, dass es keine Einkaufsmöglichkeit vor Ort gibt. Selbstversorgerinnen und Selbstversorger decken sich bereits in Lentigny mit Lebensmitteln ein.

Saint-Maurice-sur-Loire, schlichte, rechteckige Kirche mit romanischem Chor (12. Jh.) und Fresken aus dem 13. Jh. Ein Fresko zeigt den heiligen Jakobus als Pilger und gilt als Beweis dafür, dass Saint-Maurice-sur-Loire schon im Mittelalter an der Pilgerstrecke von Cluny nach Le Puy lag. In der Kirche liegt ein deutschsprachiges Faltblatt mit Detailinfos zur Architektur und zu den Fresken aus.

Die **Burg** stammt aus dem Jahr 1020. Ihre Bewohnerinnen und Bewohner wurden 1626 von den Truppen Richelieus und 1694 von der Pest und der folgenden Hungersnot heimgesucht. Von der Ruine aus haben Sie einen schönen Blick auf das Dorf und das Loiretal.

Saint-Jean-Saint-Maurice-sur-Loire – Amions 12,9 km

Radfahrerinnen und Radfahrer können sich einige Mühe sparen, wenn Sie der D203 bis Dancé folgen und dort wieder auf den Weg wechseln.

Unterhalb der Herberge bzw. der Tourist Info folgen Sie der Straße links abwärts in den Ortsteil unterhalb der Burg mit der alten Kirche. Dort gibt es noch einmal ein Toilettenhäuschen am Weg. Sie folgen hier rechts der Rue de L'Echauguette. An der nächsten Gabelung könnten Sie den Weg links zur Burg hinauf wählen oder gleich halb rechts zur Kirche und davor abwärtslaufen. Die Straße wird zum Gartenweg und führt im Bogen rechts in ein Nebental der hier angestauten Loire.

Bald laufen Sie am einmündenden Bach talaufwärts, überqueren eine Straße und erreichen den Wegweiser **„Sous Chalandière"**.

Sie gehen links über den Bach bergauf zu den Häusern von Bandolle. Kurz bevor der Weg auf die D203 führt, nehmen Sie rechts den Impasse des Pèlerins.

Wenn Sie auf der D203 nach rechts gehen und in der Siedlung **Charizet** links Richtung Odenet einbiegen, erreichen Sie das B&B L'eau du puits.

B&B L'eau du puits, Nathalie et Dominique Brette, 42155 Saint-Jean-Saint-Maurice-sur-Loire, OT Odenet, 04 77 65 33 64, 06 25 72 08 17, eau-du-puits.nd-brette@wanadoo.fr, www.leaudupuits.fr, 5 Zimmer, 15 Betten, ÜF € 20 für Pilgernde, Wandernde, Radfahrerinnen und Radfahrer im kleinen Schlafsaal, ÜF EZ/DZ je nach Zimmer € 64-82, A € 25, etwas GB, 1,2 km

Nach etwa 1 km überqueren Sie die D203. Weiter führt der Chemin des Pèlerins in eine Talschlucht, steigt wieder an und fällt in ein zweites Tal. Steil geht es auf den voraus sichtbaren Ort zu. Ab der ersten Hofstelle stellt sich Teerbelag ein.

An einer Gabelung gehen Sie rechts und am ersten Dorfplatz von **Bully** links in die Rue de Fournil. An der Kirche geht es wieder rechts, es sei denn, Sie wollen zum Gasthof, der mit Laden, Bar und Post ein beliebter Dorftreffpunkt ist, dann gehen Sie geradeaus und links zum Aussichtsbalkon (Toiletten, 💧, 🏠 ein *accueil pèlerin* ist ausgeschildert).

Oberhalb von Kirche und Mairie gehen Sie rechts und an dem zweiten riesigen Kruzifix dieses Ortes nach links zu einer Gabelung und dort wieder links in den Chemin de Saint Jacques. Dieser führt am Friedhof vorbei mal wieder zur D203. Während die rote Markierung hier den straßenparallelen Waldweg weist, bleibt die Pilgermarkierung unverständlicherweise an der Straße. Nach 200 m einen sich die Wege auf dem Feldweg. Sie erreichen eine Gabelung und gehen geradeaus weiter. Sie laufen geradeaus bei nun herrlicher Fernsicht mit 300°-Panorama.

Langsam sinkt der Weg nach Dancé. Zwei Straßen werden geradeaus überquert. An einer Gabelung nehmen Sie den Grasweg rechts bergab über einen Bach zur D8 und geradeaus darüber hinweg auf geteertem Weg wieder bergan. An der Hofstelle gehen Sie links am Teich vorbei in die Weite bis zum nächsten Hof und dort rechts. An der nächsten Einmündung laufen Sie rechts auf eine Häusergruppe zu, die sich als Ortsrand von Amions entpuppt. Nun passieren Sie den Friedhof und gehen zur Kirche.

Amions

☺ Im Führer der Jakobusfreunde Auvergne-Rhône-Alpes (☞ Reis-Infos von A bis Z, Informationen) sind einige Unterkünfte, u. a. auch eine Gîte Communal der Gemeinde (📱 06 21 66 29 93 u. 06 18 36 15 92), beschrieben.

⊙ Ein Pilgerstempel liegt in der Kirche Notre-Dame-de-l'Assomption aus.

Amions – Pommiers-en-Forez 7,4 km

An der Kirche gehen Sie links in die Montée du Bourg und am Brunnen rechts. Das Sträßchen führt hinab zur D8, die gekreuzt wird. In den Wiesen gabelt sich der Weg. Sie folgen rechts dem schönen, von Eichen gesäumten Landweg, der zunächst als Zufahrt zu einem Haus geteert ist, dann aber als Feldweg weiterführt. Er endet vor der

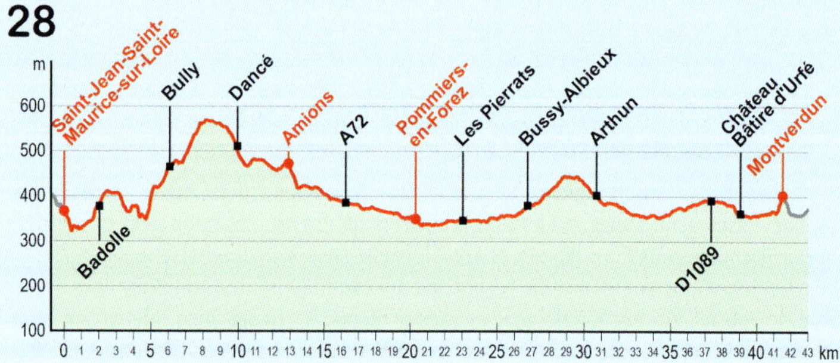

A72. Sie gehen links rund 800 m auf einem Damm an der Autobahn entlang und dann drunter durch. Danach teilt sich der Weg. Sie biegen hier entsprechend der Markierung nach links ab.

☺ ↳ Falls Sie in **Saint-Germain-Laval** eine Übernachtung planen bzw. den Ort als Ausweichquartier aufsuchen (☞ Etappenende), biegen Sie am Abzweig nach der Autobahn nicht links ab, sondern folgen dem breiten Weg geradeaus bis an die D38 und gehen dort rechts, ➲ 4,4 km. Eine weitere Möglichkeit, um nach Saint-Germain-Laval zu kommen, ist am Etappenende erwähnt.

Der Weg schlängelt sich nun wunderschön durch Eichenwald und als Heckenweg durch Wiesen zu einem breiten Querweg. Hier biegen Sie links ein. Ab einer Hofstelle ist wieder geteert. Sie marschieren geradeaus und erreichen ein Schlösschen an einer Wegkreuzung. Sie biegen hier nach rechts ab, überqueren bald die D38 und folgen weiter dem Chemin de Merdan durch eine Bachsenke wieder aufwärts zu einem Querweg und dort rechts.

Sie treffen auf die D94, gehen rechts aufwärts und am Ende der hohen Mauer links die Treppe hinauf, oben links durch ein Stadttor zum **Place de l'Église** und weiter zum Place du Château.

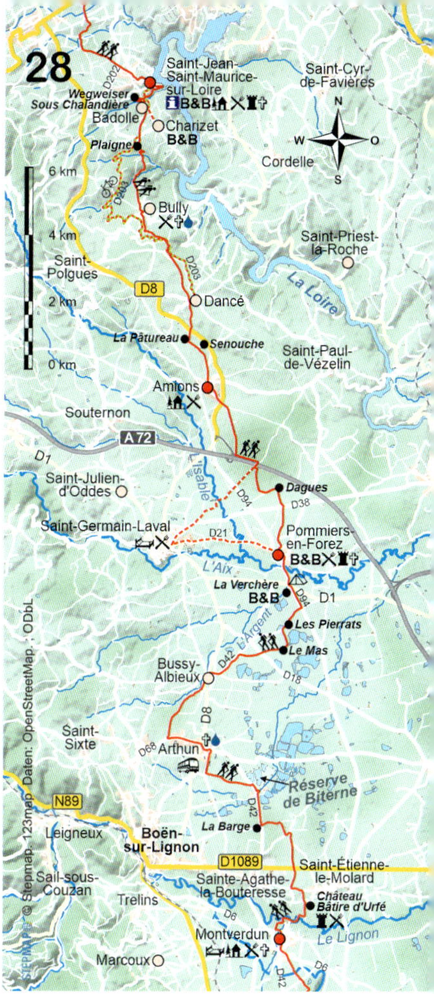

Pommiers-en-Forez

B&B ⛺ ✕ 🍷 🚌 ✝ ♜ 🚗

B&B **Chambres d'hôtes Domaine de La Verchère**, Jean Claude, Lieu dit La Verchère, 42260 Pommiers-en-Forez, 📱 06 43 72 41 66, ✉ laverchere@laposte.net, 5 Zimmer, ÜF Preise auf Anfrage, ➲ 1,2 km südl. des Dorfes am Weg

⛺ **Camping L'Aix**, Le Pont d'Argent, 42260 Pommiers-en-Forez, ☎ 04 77 65 43 54, 📱 06 49 00 97 00, ✉ camping.depommiers@orange.fr, 💻 www.camping-pommiers.fr, p. P. € 5, Zelt € 3,50, Ü im Caravan, Mobilheim mit Kochgelegenheit, Kühlschrank, wird speziell auch für Pilgerinnen und Pilger angeboten, Saisonpreise, Pilgerinnen und Pilger bekommen Rabatt, ✕ ⚖ 🐕, ❒ April-Okt, ➲ am Weg.

🚕 **Taxi de la Côte Roannaise**, 📱 06 85 55 00 61

♜ **Prieuré de Pommiers-en-Forez**. Um 834 wurde hier ein Benediktinerkloster gegründet, das 960 der Abtei von Cluny unterstellt wurde. In späteren Jahrhunderten wurde das Gebäude mehrfach erweitert und umgebaut, sodass es heute in seinem Aussehen mehr Burg als Kloster ist. Der Rundgang beginnt im mittelalterlichen Teil des Gebäudes, der wie eine Katakombe wirkt. In den später errichteten und weiter oben liegenden Gebäudeteilen wird es prunkvoller.

♦ ☎ 04 77 65 46 22, ✉ prieure-pommiers@loire.fr, 💻 www.prieuredepommiers.fr, ❒ Mai-Sep tägl. 10:00-13:00 u. 14:00-18:00, Feb-April tägl. außer Di 10:00-13:00 u. 14:00-17:00, Okt/Nov nur an Wochenenden

☺ ↳ 🛏 Ausweichquartiere gibt es in Saint-Germain-Laval (💻 booking.com und 💻 airbnb.de), ➲ 4 km über die D21, abkürzende, direkte Wege gibt es vorher schon ab der Autobahnüberquerung.

Pommiers-en-Forez – Montverdun 21,2 km

Durch die Porte Fortifiée verlassen Sie die Burg und wandern entlang der Siedlungsstraße in das Zentrum mit einem kleinen Dorfplatz und der Pizzeria/Restaurant/Bar Savigny. Folgen Sie der D94 Richtung Bussy-Albieux. Es geht über die Flussbrücke (L'Aix) – eine historische Brücke aus der Römerzeit steht noch gut sichtbar in der Wiese – und am Campingplatz vorbei bis an die D1. Hier gehen Sie 60 m links und biegen wieder rechts in die D94 ab. Rechter Hand sehen Sie nun das B&B Laverchère auf einer Bio-Farm.

Nach 750 m und dem Haus mit den grünen Fensterläden biegen Sie rechts in den Nebenweg Chemin de Pierrats ein, der zur Farm Les Pierrats führt. Sie gehen bis zur Mitte einer Teichanlage und biegen dann links ab, erreichen eine weitere Hofstelle und biegen rechts ab. Die erreichte D18 überqueren Sie geradeaus. An der nachfolgenden Querstraße (D42) gehen Sie links nach **Bussy-Albieux.**

An der Straßenkreuzung gehen Sie nach links, passieren die Kirche Saint Martin und etwas weiter den Friedhof mit einer Friedhofskapelle aus dem 11. Jh. 250 m weiter, kurz vor dem Ortsausgang, biegen Sie nach rechts in den Chemin de Compostelle.

Hinter den letzten Häusern von Bussy-Albieux endet die Teerdecke. Auf recht gut zu laufendem Boden wandern Sie durch Felder und ein Wäldchen bis zur D68. Dieser folgen Sie am Straßenrand links bis nach **Arthun** 🚌 (Mo-Fr 4 x am Tag nach Roanne).

Sie überqueren hier die D8 schräg nach rechts und gehen in die Rue de Biterne. Nach 80 m vollzieht der Weg einen Schlenker zur Kirche. Gehen Sie dafür rechts in die Rue de la Prebende, an der Kirche vorbei (Toiletten, 💧) und wieder links zurück zur Rue de Biterne. Der folgen Sie noch 100 m nach rechts und biegen dann rechts in die Rue Jean de Neufbourg.

Am Ortsrand steht der Wegweiser „Chemin de Biterne". Er zeigt links in den Chemin des Varennes Richtung Montverdun. Dieser führt zum Vogelschutzgebiet **Biterne**, das sich hinter der querenden D42 versteckt. Sie überqueren die D42 schräg nach links und gehen dann hinter die Hecke zum Zaun des nun sichtbaren Besucherzentrums.

Folgen Sie dem Pfad rechts am Zaun entlang an eine Gabelung. Hier ist links ein Abstecher zu einer Aussichtsplattform ⛼ möglich, ➲ 30 m, rechts gehen Sie zurück an die Straße. Auf dieser laufen Sie 1 km weiter nach Süden (links) zu einer Kreuzung und biegen dort links in den Chemin de Boix Marceaux ab.

Nach schönem Waldweg kommen Sie vor einer Hofstelle an eine Gabelung, biegen rechts und an der T-Kreuzung wieder links ab. Nach knapp 200 m geht es wieder nach rechts und an einer ⛼ Pausenbank an der Gabelung wieder rechts.

Nun gehen Sie 1,5 km geradeaus, überqueren dabei die D1089 und erreichen eine Kreuzung, an der die weiß-rote Markierung links und geradeaus zeigt. Beide Wege sind möglich und führen zum selben Ziel. Die Pilgerwegmarkierung zeigt nach links und nach knapp 400 m wieder rechts in die Route de la Bâtire d'Urfé.

Sie kommen über einen Bach ⛼ und an den Wegweiser **„La Bâtire d'Urfé"**.

Geradeaus ginge es zum **Schlosseingang**.

Château Bâtire d'Urfé. Das Schloss, vor dem Sie hier stehen, zählt zu den berühmten Renaissanceschlössern an der Loire. Der große Garten kann jederzeit besichtigt werden, das Schloss selbst im Rahmen einer Führung.

Feb/März u. Sep/Okt tägl. außer Di 10:00-13:00 u. 14:00-17:00, April-Mai tägl. außer Di 10:00-13:00 u. 14:00-18:00, Juni-Aug tägl. 10:00-13:00 u. 14:00-18:30, Nov-Jan Sa u. So 10:00-13:00 u. 14:00-17:00

Restaurant L'Essentiel, www.lessentiel-labatie.fr, Mittagsmenü und abends à la carte, ➲ am Weg

Nach rechts geht es Richtung Montverdun. An der Schlossmauer entlang laufen Sie um die angrenzenden Gemüsefelder herum zum Fluss Le Lignon, überqueren ihn, folgen dem Weg im Tal an einer Kläranlage vorbei, Gebäudekomplexe werden umgangen und dann biegen Sie rechts ab.

Sie überqueren nach einem weiteren Wegweiser einen Bach und laufen weiter auf einem Sträßchen an einigen Häusern entlang. Danach biegen Sie links in einen Schotterweg, der nun auf den Burgberg zustrebt. Nach 230 m biegt Ihr Weg rechts in den Hang des Bergkegels und führt steil zur Burg hinauf.

Wenn Sie hier nicht zur Burg hochsteigen, sondern geradeaus dem Schotterweg folgen und auch in Folge immer geradeaus gehen, erreichen Sie das B&B Domaine de la Loge.

An der Burg steht noch ein Wegweiser, der zeigt rechts wieder abwärts zu einer Gabelung, an der es rechts in das Dorf Montverdun hinabgeht.

Montverdun

Hostellerie du Matin Calme, 744 Route de Chalain, 42130 Montverdun, ☏ 04 77 97 71 60, hotel@grouperochette.com, Ü EZ/DZ € 100, F € 8, 500 m, südlich des Ortszentrum an der D42

B&B **Domaine de la Loge**, Dominique et Juliette Thiollier, Route de Poncins, ☏ 04 77 97 56 96, domainedelaloge@free.fr, domainedelaloge.jimdofree.com, 12 Betten, ÜF EZ € 65, DZ € 77-92, DBZ € 102-122, VBZ € 132-142, Zustellbett € 25, Fr u. Sa erhöhen sich die Kosten um € 10, A ab € 19, Inhaber sind ökologisch orientiert, D, GB, ES, April-Mitte Nov, 4 km Wegbeschreibung

Le Prieuré Monteverdun, Association „Les Amis du Pic", ☏ 04 77 97 53 33, 06 73 68 62 58, amisdupic@orange.fr, www.giteduprieuredemontverdun.fr, 25 Betten in 2 Schlafsälen, 2 Zimmer à 2-4 Betten, Ü EZ € 43, DZ € 70-75, DBZ € 95-105, VBZ € 125, Ü im MBZ mit eigener Bettwäsche € 22, F € 7,50, A € 14, urige Pilgerherberge im alten Kloster am Gipfel des Burgbergs, mit Selbstversorgerküche, , ⊙ für Übernachtungsgäste gibt es einen Pilgerstempel, die Herberge muss mindestens 48 Stunden im Voraus gebucht werden, am Weg

Die Gîte Le Prieuré Monteverdun

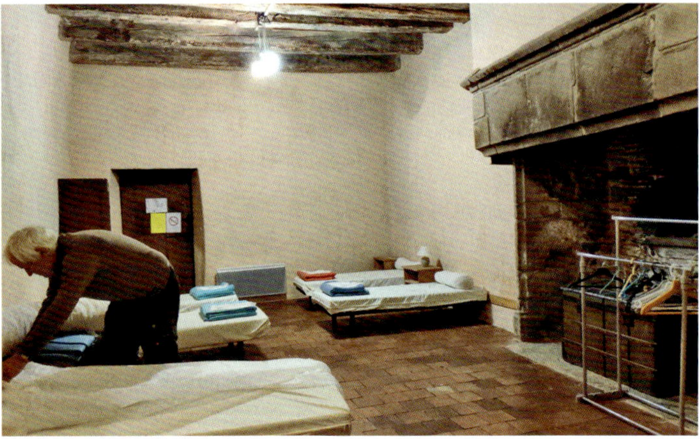

Montverdun – Champdieu 10,5 km

An der Straßenkreuzung im Zentrum von Montverdun gehen Sie links auf der D6 aus dem Dorf hinaus und biegen nach 300 m rechts in die Route des Cabolines. Diese führt Sie immer geradeaus in den Wald. Am Querweg dort gehen Sie rechts auf einem ausgewaschenen Sandweg bergauf. Schon ziemlich weit oben gehen Sie an einer Gabelung links. Sie überqueren eine Skipiste und folgen dem sich anschließenden schönen Hangweg. Der Waldweg wird an einem Haus zum Schotterweg und später zum Teerweg und passiert einige Wohnhäuser.

Am Wegweiser **„Chalain-d'Uzore"** gehen Sie geradeaus zur Dorfstraße und dort links. An der Mairie folgen Sie rechts der Route de Pralong (D110). Nach 1,1 km biegen Sie links von der Straße in den Chemin de Champdieu ab. Der Weg durchläuft eine Ansiedlung und erreicht nach 1 km wieder einige Häuser. Hier biegen Sie vom Sträßchen halb links in einen Feldweg ein. Kurz darauf überqueren Sie den **Canal de Forez** an einer alten Steinbogenbrücke.

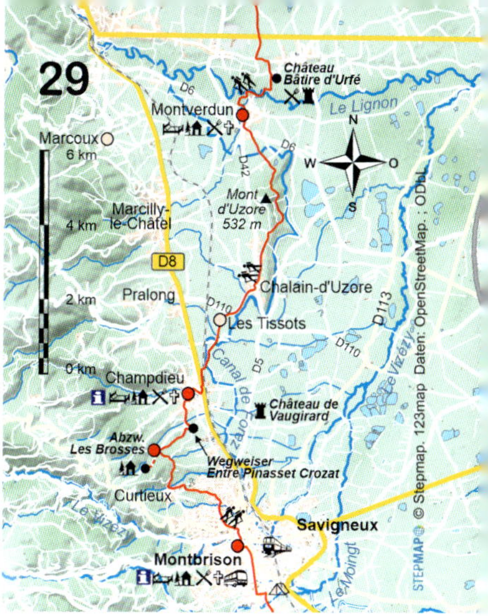

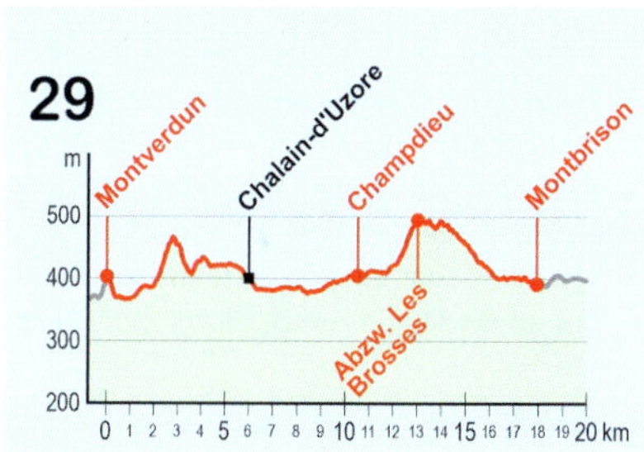

Der Weg trifft ein zweites Mal an den Kanal, führt daran entlang und an der nächsten Brücke hinüber. Der Weg erreicht eine weitere Brücke. Sie bleiben diesseits und gehen an der nächsten Gabelung rechts, unter der Eisenbahnbrücke hindurch und dann links an den Schienen entlang bis an eine Blechhütte. Hier unterqueren Sie die Schnellstraße (D8), gehen links, lassen die erste Straße rechts nach Champdieu liegen und gehen an der Apotheke vorbei auf der Nebenstraße weiter.

Bei der ersten Möglichkeit biegen Sie rechts, passieren einen Regionalwarenladen mit Café, gehen an der Bäckerei links und dahinter wieder links auf die Kirchenburg zu. Schließlich überqueren Sie den Stadtgraben, gehen an dem Kiosk rechts und die nächste Möglichkeit links durch die **Porte de Bise** in die alte Stadt hinein.

Champdieu

B&B

Point information Porte de Bise, 26 Rue Bégonnet Biron, 42600 Champdieu, ☏ 04 77 97 02 68, Mai/Juni, Sep Di-Fr u. So 14:00-18:00, Juli/Aug tägl. 10:00-12:00 u. 14:00-18:00, Okt und April telefonisch erreichbar unter ☏ 04 77 97 71 83, die Touristinfo sitzt im sehenswerten Stadttor Porte de Bise, am Weg

☺ Wenn Sie auf der Homepage der Gemeinde www.mairie-champdieu.com im Suchfeld „Pelerin" eingegeben, erhalten Sie eine Auswahl. Unter dem Punkt „Sur le chemin de Saint

Jacques" finden Sie Informationen zum Weg, unter anderem auch eine aktuelle Liste der privaten Pilgerunterkünfte, die ich hier aber auch aufführe.

B&B **La Champdiolate**, Mme Martine Garon, 47 Rue de l'Arzalier, 42600 Champdieu, 09 70 91 39 54 u. 06 32 22 76 97, martine.garon@free.fr, 2 Zimmer, 4 Betten, im Zentrum, ÜF Preise auf Anfrage, , fragen Sie nach Pilgerpreisen, 40 m

Gîte communal, 42600 Champdieu, 04 77 97 17 29, mairie@champdieu.fr, www.champdieu.eu, 6 Schlafplätze, Ü € 15, die Gîte (voll eingerichtete FeWo, Meublé de tourisme, La Maison Vigneronne) wird nur, wenn sie nicht touristisch (als Ferienwohnung im Ganzen) vermietet wurde, auch Pilgern mit Ausweis für eine Nacht zur Verfügung gestellt. Sie liegt im Zentrum.

Einen Pilgerstempel gibt es in der Information.

Église et Prieuré de Champdieu: romanische Kirche und das ehemalige Benediktinerkloster sind etwa 1.000 Jahre alt, die Fresken stammen aus dem 15. Jh.

Château de Vaugirard, typischer Landsitz aus dem frühen 17. Jh. mit Louis-XIV.-Architektur

5 Route Départementale, 04 77 58 33 88, coyne.elevageduforez@wanadoo.fr, www.champdieu.eu → Côte Tourisme → decouvrir → Château de Vaugirard, Juni-Sep tägl. außer Fr u. Sa 14:00-18:00, 2 km, südöstlich von Champdieu

Champdieu – Abzweig Les Brosses 2,6 km

Passieren Sie die Kirche und gehen Sie vor dem Altenheim links (Rue des Caves/Rue de l'Hospice), dann rechts in die Rue du Château, rechts in den Chemin du Pizet und nach einer Kreuzung links in den Chemin des Brosses, der sehr schön aussichtsreich im Hang des Randgebirges verläuft. Es geht noch einmal links in einen Feldweg ab. Der führt zum Wegweiser „Entre Pinasset Crozat". Hier gehen Sie wieder rechts bis fast an die Straße zurück. Bevor sie ganz erreicht ist, biegen Sie links in den Feldweg ab.

Der Weg steigt kräftig an, bis der Chemin des Brosses wieder erreicht ist. Sie folgen ihm 150 m nach links.

Wenn Sie hier dem Chemin des Brosses weitere 700 m folgen, kommen Sie in den Weiler, frz. *Hameau*, Les Brosses mit der Pilgerunterkunft.

Pilgerunterkunft bei Herrn Viallard, Hameau des Brosses, 42600 Champdieu, 04 77 58 19 94, 06 95 93 13 43, 6 Betten, auf Spendenbasis, F/A möglich, , 700 m

Abzweig Les Brosses – Montbrison 4,8 km

Biegen Sie links wieder von dem Chemin des Brosses in den Chemin de Curtieux ab. Der Weg führt an eine Siedlungsstraße, an der Sie sich links halten. Wenn die Straße rechts zum Waldrand biegt, gehen Sie links weiter in eine andere Siedlungsstraße und dort geradeaus. An einer Querstraße gehen Sie rechts weiter abwärts. Es folgt eine Kreuzung, an der Sie wieder rechts abbiegen. Im Kreisverkehr mit den Buntstiften gehen Sie geradeaus weiter und dann bald halb links in eine belebte

Geschäftsstraße. Sie führt auf einen Kuppelbau mit der Aufschrift Palais de Justice zu. Davor biegen Sie rechts in die Rue Saint Pierre und Richtung Centre Ville. Am Place Saint-André biegen Sie halb rechts in die Rue du Marché und laufen nun auf die Collégiale **Notre-Dame-de-L'Espérance** zu, die Sie wenig später erreichen. Der Weg ist gut markiert.

Montbrison

Maison de Tourisme de Montbrison, 1 Place Eugène Baune, 42600 Montbrison, ☏ 04 77 96 08 69, contact@loireforez.com, www.ville-montbrison.fr, loireforez.com, ganzjährig Mo, Mi-Sa 9:30-12:30 u. 13:30-17:30, Juli/Aug auch Di, April/Mai u. Sep/Okt auch Di vormittags, 270 m

Le Pass'Plat, 2 Place de la Gare, 42600 Montbrison, ☏ 04 77 58 30 33, 06 59 31 47 86, lepassplat.fr, 7 Zimmer, Preise auf Anfrage, 750 m, am Bf.

B&B **Une odeur de Tilleul,** maison d'hôtes de charme, 2 Ter Quai des Eaux Minérales, 42600 Montbrison, ☏ 04 81 17 05 10, contact@une-odeur-de-tilleul.fr, www.une-odeur-de-tilleul.fr, ÜF EZ € 110, DZ € 115, DBZ € 140, VBZ € 160, 400 m, am Westrand der Altstadt

♦ **Les Parfums de Madeleine**, 1 Rue Victor de Laprade, 42600 Montbrison, ☏ 04 77 24 56 16, ÜF DZ € 84, DBZ € 114, VBZ € 134, 140 m, Altstadt

Framagerie de Montbrison, 11 Rue Tupinerie, 42600 Montbrison, www.mons-fromages.com, Käsespezialitäten, Wein, Altstadt, Ecke Rue Grenette

Über das Bussystem im Département Loire informiert folgende Webseite: www.oura.com. Der nächstgelegene Bf. ist Saint-Étienne. Von dort besteht Anschluss nach Lyon. Es gibt regelmäßige Busanbindung nach Saint-Étienne.

Taxi 42, 06 98 17 64 69, **Taxi Marc Laffay**, ☏ 04 77 58 79 73, **Taxi Bafisi**, ☏ 04 77 58 80 59, **Taxi Pierre Guillaume**, ☏ 04 77 58 15 65

✝ **Collégiale Notre-Dame-d'Espérance de Montbrison (1 Rue Notre Dame)**. Mit dem Bau wurde 1226 begonnen, die Fertigstellung ließ etwa 250 Jahre auf sich warten. Dennoch wirkt die Gestaltung dieser größten gotischen Kirche des Département sehr einheitlich. Unter „collégiale" versteht man in Frankreich eine Stiftskirche (selten auch Kollegiatstift), die also von Größe und Bedeutung zwischen gewöhnlichen Kirchen und Kathedralen steht und der kein (wie bei Kathedralen oder Domen) Bischof vorsteht. ☞ Grancey-le-Château und Beaune

⌘ **Musée Jean Baptiste d'Allard**, ein dreigeteiltes Museum: schöne Künste, Naturwissenschaften und Spielzeug

♦ 13 Boulevard de la Préfecture, ☏ 04 77 96 39 15, museeallard@ville-montbrison.fr, 400 m westlich der Altstadt im Jardin d'Allard, tägl. außer Di 14:00-18:00

⌘ **Salle Héraldique de la Diana**, Wappenhalle aus dem 13. Jh. mit einer fein gearbeiteten Holzdecke von 1728

♦ Rue Florimond Robertet, ☏ 04 77 96 01 10, secretariat@ladiana.com, www.ladiana.com, Di, Mi, Fr, Sa 14:00-17:00, Mi, Sa zusätzlich 9:00-12:00

Montbrison war im Mittelalter der Hauptort der Grafen von Forez und ist auch heute noch ein bedeutendes Zentrum der Region. Es liegt am Rande der Forez-Ebene,

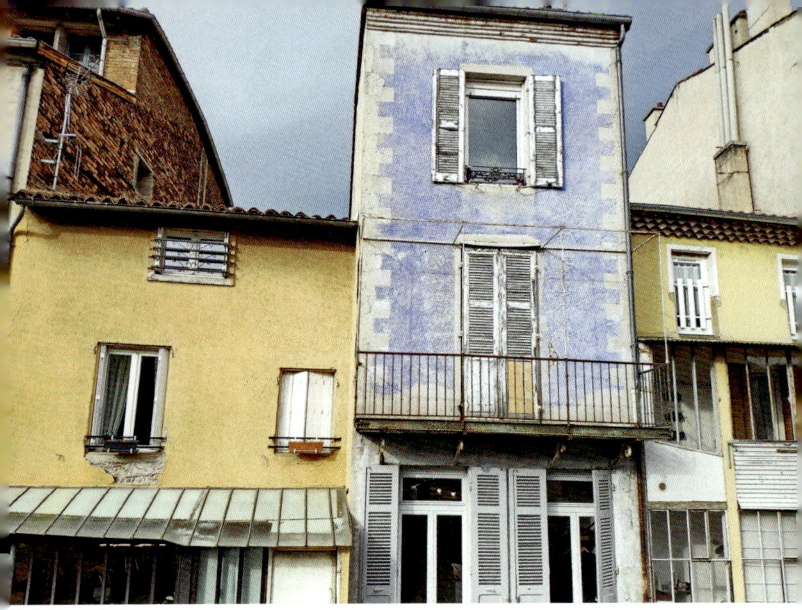

Häuserzeile in Montbrison

westlich des Loiretals, in den aufsteigenden Höhen des Zentralmassivs. Die Altstadt scharrt sich um einen Basaltkegel vulkanischen Ursprungs, dessen Spitze heute Kalvarienberg ist und interessante Aussichten bietet, früher aber einmal die Burg der Grafen trug. Die herausragende Bedeutung des Marktfleckens wird unterstrichen durch das hier an jedem Samstagvormittag stattfindende Marktgeschehen, das nicht nur das umfangreichste Angebot der Region zu bieten hat, sondern auch zum schönsten Markt Frankreichs gekürt wurde (2019). Probieren sollten Sie unbedingt auch den speziellen, in und um Montbrison hergestellten Käse aus Kuhmilch. Der Fourme de Montbrison ist ein milder Blauschimmelkäse mit einer über 2.000-jährigen Tradition. Angeboten wird er in unterschiedlichen Altersstufen außer auf dem Markt auch in den örtlichen Geschäften, ☞ oben.

Montbrison – Montbrison, Moingt 2,6 km

Sie gehen an der Collégiale Notre-Dame-d'Espérance vorbei zum gleichnamigen Wegweiser am Boulevard Lachèze. Überqueren Sie die Straße und gehen Sie links bis zum Kreisverkehr mit dem Eisentor. Ab hier folgen Sie rechts der Ausfallstraße auf dem breiten Fuß- und Radweg (Avenue de la Libération). Nach 500 m biegen Sie am Kreisverkehr (Gabelung) rechts in die Straße nach Moingt.

Gegenüber dem Rathaus von Moingt weist der Wegweiser Ihnen den Weg links durch die Rue de la Placette Richtung Saint-Georges-Haute-Ville durch die Altstadt von Moingt. Sie passieren einen Turm, der Teil der mittelalterlichen Stadtbefestigung war, und kommen zum Place de l'Église Saint-Julien. Rechts an der Kirche vorbei setzen Sie Ihren Weg fort und folgen dann der nächsten Straße nach rechts ⛤. Wo es ↳ links zum ⛺ Campingplatz geht, kreuzen Sie eine Straße und folgen der Rue de la Planche. Am Ende der für Pkw zugelassenen Straße folgen Sie geradeaus dem Teerweg (↳ links kämen Sie zum B&B Nadine Muller am äußersten Stadtrand).

Moingt

B&B ⛺

B&B **Nadine Muller,** 13 Chemin des Préviers, 42600 Montbrison, OT Moingt, ☏ 04 77 76 28 85, 📱 06 77 68 47 52, ✉ nadine.muller@cnp.fr, 7 Betten, Ü im DZ € 20 p. P., im MBZ € 15, F € 5, ⛺ € 10, 🧺 🏊, GB, E, ➲ 30 m

⛺ 🛏 **Camping Municipal du Surizet**, Cyrille Godet, 31 Rue du Surizet, 42600 Montbrison, OT Moingt, ☏ 04 77 58 08 30, ✉ campingdusurizet@ville-montbrison.fr, 💻 www.campingdusurizet.fr, Ü Zelt + 1 Pers. € 9,90, Unterbringung kleiner Gruppen ab 4 Pers. auch in Hütten und Großzelten möglich, Preise auf Anfrage, 🏊 🐕, ➲ 400 m

Montbrison, Moingt – Saint-Thomas-la-Garde 2,9 km

Nun müssen Sie (vorsichtig!) die Schnellstraße kreuzen und weiter geradeaus der Rue de la Planche folgen, bis diese vor einer kleinen Siedlung eine Rechtskurve vollzieht. Danach biegen Sie an der Gabelung rechts ab und gehen auf die D5 zu, überqueren sie und nehmen hinter dem Stromhäuschen den Weg links bergauf. Er führt hinter den Villen auf ein Wäldchen zu und schwenkt dann nach rechts in Richtung der Siedlung Les Mondons. An der Siedlungsstraße gehen Sie rechts und nach 60 m links von der Straße in einen Feldweg ab. Noch einmal biegen Sie geradeaus vom rechts aus der Richtung führenden Weg ab und gehen durch die Felder nach Saint-Thomas-la-Garde. In die Straße vor der Kirche biegen Sie links ein.

Saint-Thomas-la-Garde

B&B ✝

B&B **Les Nonnains**, Dominique und Jacques Belin, Place de l'Église, 42600 Saint-Thomas-la-Garde, ☏ 04 77 58 03 94, 📱 06 79 83 55 80, ✉ belin.lesnonnains@gmail.com, 💻 sites.google.com/site/lesnonnains, 10 Betten, ÜF EZ/DZ € 80, € 90 im Familienzimmer, Aufbettung hier € 25, 🧺 ⛤, etwas GB, ➲ am Weg

♦ **Chambre d'hôtes Pré du Barno,** Sylviane et Gilbert, 81 Rue du Chambatet, 42600 Saint-Thomas-la-Garde, ☏ 04 77 58 58 31, ✉ contact@predubarno.com, 💻 www.predubarno.com, 1 Zimmer, ÜF EZ/DZ € 75, A € 20, Gilbert ist gelernter Koch und verwöhnt Sie gerne mit leckerem Abendessen, ➲ 830 m.

✝ Die ehemalige Prioratskirche in Saint-Thomas-la-Garde ist ein Juwel der Romanik. Sie stammt aus dem Anfang des 13. Jh. und ist tagsüber geöffnet.

Saint-Thomas-la-Garde – Saint-Georges-Haute-Ville 3,4 km

Nach 60 m biegen Sie rechts in den Impasse de la Pont. Der endet in einer Sackgasse, aus der Fußgängerinnen und Fußgänger halb links über einen steilen Wiesenpfad hinausfinden. An der erreichten Querstraße gehen Sie rechts und nach 60 m links in den Schotterweg Chemin du Petit Bos. Dieser führt nun geradeaus aufwärts zum See Étang de Vidrieux. An der T-Kreuzung am Ufer biegen Sie links ein, gehen zunächst parallel zum Ufer, dann links zu einer Straße. Rechts von Ihnen liegt das Dörfchen Vidrieux. Der Weg quert die Straße und führt Sie entlang der Häuser von La Provéra zu einer weiteren Straße. Dieser folgen Sie 200 m nach links, dann biegen Sie rechts in einen Weg ein, der an den Häusern von Puy Money entlangführt. Kurz vor dem Waldrand gehen Sie links und queren einen Bach und steigen zur D5 hinauf.

Überqueren Sie die Straße schräg nach links und gehen Sie durch die Büsche an den dahinter verlaufenden Chemin de la Croix Verte. Rechts führt Sie dieser nach Saint-Georges-Haute-Ville herein, wo Sie rechts auf der Hauptstraße Rue Centrale durch das Ortszentrum wandern.

Saint-Georges-Haute-Ville

Gîte communal Jacquaire, 19 Rue Centrale, 42610 Saint-Georges-Haute-Ville, ☏ 04 77 76 03 67 (Mairie), 📱 06 72 65 19 96 (Frédéric Millet), 📱 06 60 66 64 36 (Hérve Duquesne), 📱 06 74 47 81 21 u. ☏ 04 77 24 29 66 (Valerié Guillaume), 📱 06 41 50 42 23 (Marie-Claire Jasserand), weitere Betreuer sind auf der Seite der Gemeinde aufgeführt, 💻 saintgeorgeshauteville.fr ➔ tourisme ➔ hébergement en gîtes. Pilgerherberge mit 5 Betten im Gemeindesaal neben der Kirche, Ankunftszeit vor 20:00, Anmeldung erforderlich, Pilgerausweis ist Bedingung, Aufenthalt max. 2 Tage, gegen Spende, ➲ am Weg

☺ Auf der oben erwähnten Internetseite werden weitere, private Übernachtungsangebote auf Spendenbasis aufgeführt.

⊙ Der Pilgerstempel befindet sich in der Herberge.

Saint-Georges-Haute-Ville – Marols 12,5 km

Wer sein Rad nicht so gerne auf einem sehr steinigen Abschnitt und durch manchmal matschige Passage schieben will, sollte in Saint-Georges-Haute-Ville noch bis zur D5 fahren und ihr links bis Saint-Jean-Soleymieux folgen. Dort bringt Sie die D96 nach Joanziecq, wo Sie auf die D44 nach La Chapelle-en-Lafaye wechseln. Dort können Sie bis Egarande auf der D44 bleiben oder auf der weniger befahrenen D14 unterhalb von Montarcher nach Les Granges fahren. Dort wechseln Sie wieder auf den Weg.

Nach der Kirche und den Toilettenhäuschen folgen Sie an einer Gabelung rechts weiter der Rue Centrale (D107). Nach gut 1 km queren Sie die D5 und gehen auf dem geradeaus weiterführenden Sträßchen bergauf. Sie kommen an einen Querweg, gehen links und nach 20 m wieder rechts in den Chemin des Clos. Der stößt wieder an eine Querstraße. Dort geht es rechts steiler aufwärts auf dem Chemin de L'Abreuvoir zum **Montsupt** hinauf. Sie biegen aber noch vor der letzten Spitze rechts in den Hang in einen Feldweg ein, der um den Berg herumführt.

Am Wegweiser **„Montsupt"** gehen Sie geradeaus und biegen nicht!!! mit der weiß-roten Markierung rechts ab. „Ultreia!" – der Ruf der Jakobspilgerinnen und Pilger leitet Sie an der nächsten Gabelung links zunächst zum Gipfel des Basaltkegels und dann zur Kapelle **Sainte Marie Madeleine** hinab.

☺ Um das Fresko (18. Jh.) in der leider verschlossenen romanischen Kapelle betrachten zu können, drücken Sie den Knopf „Lumière" rechts oben an der Tür und öffnen die Sichtklappe. Für etwa 30 Sekunden wird das Fresko angestrahlt.

Setzen Sie danach Ihren Weg rechts der Kapelle sechs Stufen hinab fort. Sie gelangen zurück auf den Hauptweg. Diesem folgen Sie nach links und hinter dem ersten Haus nach rechts. Nach 150 m lau-

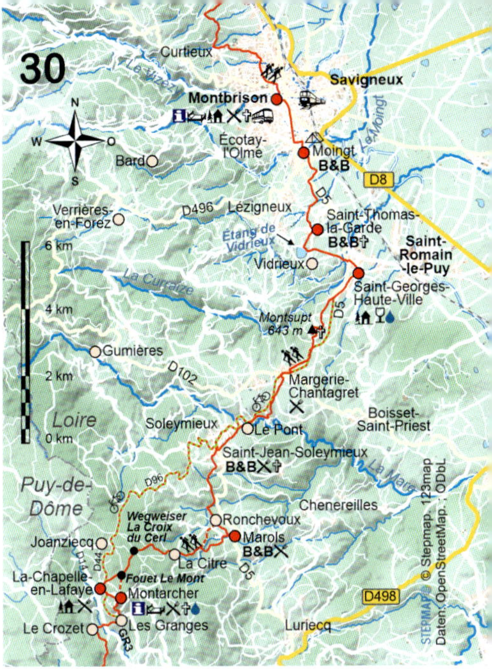

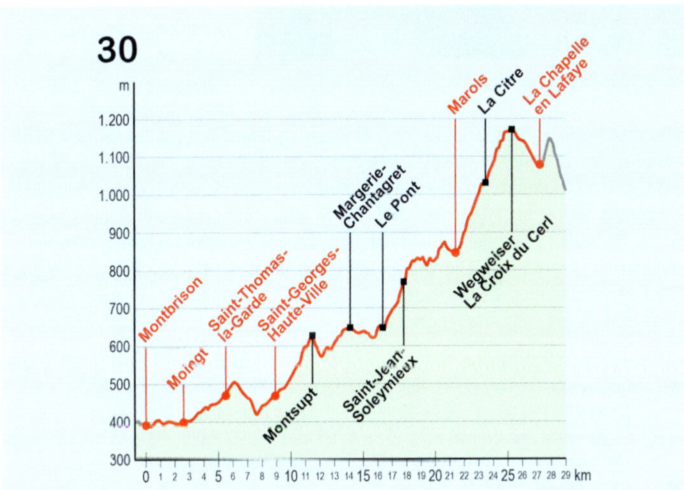

fen Sie links den Chemin de Montsupt hinab, gehen an der nachfolgenden Kreuzung rechts zur D5 und überqueren sie geradeaus. Durch Gebüsch und nach einem Eichenwäldchen halb rechts wird die Straße wieder erreicht und noch einmal geradeaus überquert. Sie laufen nun auf den voraus sichtbaren Ort zu, erreichen eine Siedlungsstraße und biegen an der nächsten Querstraße links ab. Sie erreichen die D5 wieder und gehen rechts durch das Dorf **Margerie-Chantagret**.

Vor der Kirche gehen Sie links und gleich bei der ersten Möglichkeit rechts in den Chemin du Casson. Am Ende der Siedlung biegt der Teerweg rechts. 20 m weiter biegen Sie links in einen Trampelpfad ab, erreichen wieder einen geteerten Weg, gehen rechts und 10 m weiter wieder links davon ab. Die D5 verlieren Sie dabei nicht aus dem Blick.

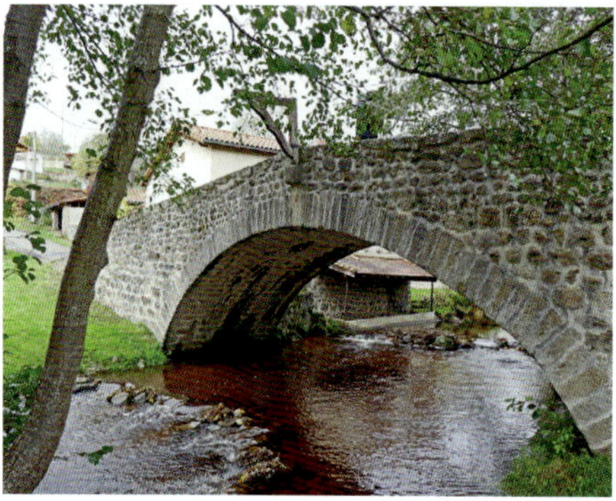

Römerbrücke über den Bach Mare

An einer Siedlungsstraße biegen Sie nach links, aber nach 100 m schon wieder rechts davon ab in den Chemin du Clos. Sie erreichen die D5, biegen aber sofort halb links in die Rue du Pont Romain. Die führt in den Ortsteil Le Pont hinab. Auf der alten **Römerbrücke** überqueren Sie den Bach Mare.

Wenn die Straße eine Rechtskurve macht, folgen Sie geradeaus einem steilen Schotterweg, er führt auf eine Straße. Wenn auch diese eine Rechtskurve macht, laufen Sie geradeaus hinter den Gärten auf dem Schotterweg weiter. Er endet an einem Teerweg, hier gehen Sie nach links, dann aber schon in der ersten Linkskurve geradeaus den Schotterweg hinauf zur Kirche von **Saint-Jean-Soleymieux**. Sie ist bei Pilgerinnen und Pilgern wegen ihrer ungewöhnlichen Architektur (sie ist in den Hang gebaut und hat verschiedene Ebenen) und ihrer alten Krypta aus dem 11. Jh. bekannt. Die Quelle, die heute unter der Kirche entspringt und vor vielen Jahrhunderten mit einer Kapelle überbaut wurde, woraus die heutige Krypta entstand, galt als ein Heilmittel gegen Fieber.

Saint-Jean-Soleymieux

B&B BANK

B&B **La Bastide**, OT Thinereilles, Rue de la Bastide, 42560 Saint-Jean-Soleymieux, 04 77 24 54 98, 06 74 98 06 66, labastidethinereilles@outlook.fr, www.labastide-thinereilles.fr, 18 Pers., ÜF EZ € 43, DZ € 65, DBZ € 85, A € 20, Pilgerrabatt bei Vorlage des Ausweises, 1,2 km, vom Ortszentrum 2 km

Denis Royett, 04 77 76 55 63

Queren Sie an der Kirche die Straße und steigen Sie die D96 40 m hinauf. Nun nehmen Sie die erste Straße links (Chemin de la Cure) und folgen ihr bis an eine Kreuzung mit dem Chemin Montchovet. Sie gehen links nicht mehr so steil bis zur Kreuzung mit dem Wegweiser „Chemin de Plaisance". Weiter geht es geradeaus bergan auf das vorausliegende Waldgebiet zu. Das Sträßchen durchläuft eine schwach ausgeprägte Senke, steigt dann zu einer Hofstelle auf der Höhe und biegt rechts. Hier gehen Sie geradeaus den Feldweg abwärts.

An der Weggabelung gehen Sie rechts, überqueren zwei Bachläufe und steigen danach zu einer Aussichtsplattform und zu einer Höfesiedlung und dem Wegweiser **„Ronchevoux"** an.

Der Pilgerweg führt hier links nach Marols hinunter.

Wenn Sie dort nicht hinwollen, können Sie aber auch geradeaus der alten Wegführung folgen und dadurch 1,2 km und einen Zwischenabstieg von 50 Höhenmetern einsparen. Sie kommen dann an eine Querstraße. Hier gehen Sie ungefähr 30 m nach rechts und biegen unterhalb des Wohnhauses links in den Grasweg, der in den Wald führt. An der Gabelung gehen Sie rechts und folgen dem steinigen Pfad bergauf bis an einen breiten Forstweg. Hier trifft auch der markierte Weg aus Marols ein.

Wenn Sie allerdings genügend Zeit haben, ist ein Besuch dieses schön restaurierten mittelalterlichen Bergdorfes unbedingt empfehlenswert und übernachten können Sie hier schließlich auch.

Marols

B&B

B&B Auberge de Marols, 6 Rue des Pèlerins, 42560 Marols, 09 83 06 40 96, info@aubergedemarols.fr, www.aubergedemarols.fr, 4 Zimmer, 10 Pers., Ü EZ/DZ € 32, F € 8, am Weg

Marols – La-Chapelle-en-Lafaye 5,8 km

Am Ortseingang zeigt die Markierung gleich wieder rechts und führt Sie am Friedhof vorbei zu einer Gabelung. Hier biegen Sie in den ganz links weiterführenden Weg, steigen mit ihm durch den Wald etwa 650 m bergan, biegen dann rechts in einen weiter aufwärtsführenden Pfad und erreichen einen breiten, querenden Forstweg.

Gehen Sie geradeaus über den breiten Weg hinweg auf einem schmalen Waldweg weiter. Sie treffen auf eine Häuseransammlung mit dem Namen **La Citre**. Folgen Sie dem dort erreichten Forstweg nach links und wieder rechts zwischen den Häusern hindurch zu einer Gabelung. Links geht es weiter aufwärts. Oberhalb im Wald ist noch einmal eine Gabelung. Hier gehen Sie rechts, auf wieder sehr steinigem Weg weiter zu einer Höhe im Fichtenwald. Nach links geht es noch sanft bergan zum Wegweiser **„La Croix du Cerl"**. Mit 1.165 m ist dies der höchste Punkt der gesamten Pilgerwanderung. Sie gehen hier rechts zu einem weiteren Wegweiser mit dem Namen **Fontanelle**. Hier stoßen von rechts der GR 3 und der Europäische Fernwanderweg E3 hinzu.

Sie gehen links weiter. Der Weg ist bald befestigt und erreicht das Wegkreuz **Fouet Le Mont**. Hier weist die Pilgerwegmarkierung den Weg rechts nach La Chapelle-en-Lafaye.

↳ Als „lokale Variante" wird ein Weg geradeaus bezeichnet und ausgeschildert. Er führt nicht über Chapelle-en-Lafaye, sondern direkt nach Montarcher.

In La Chapelle-en-Lafaye biegen Sie an der Kirche nach links zur Fortsetzung, aber auch um zur Mairie und zum Gasthof zu kommen. Die Gîte d'étape ist rechts im alten Pfarrhaus von 1847, das an die Kirche angebaut wurde, untergebracht. Die Bewohner des Dorfes bezeichneten das Pfarrhaus nicht mit dem gebräuchlichen französischen Wort *presbytère*, sondern nannten es ***la cure***, was ein altes Wort für „katholisches Pfarramt" ist, aber auch „Versorgung" oder „Heilung" bedeutet. Diesen Namen trägt nun die Pilgerherberge.

La Chapelle-en-Lafaye

Gîte d'étape la cure, 42380 La Chapelle-en-Lafaye, Mairie: ☎ 04 77 50 16 05, 06 42 62 32 97, lafayejolly@yahoo.fr, la-chapelle-en-lafaye.fr ➔ hebergement ➔ Gite d'étape, 20 Betten in 3 Wohnungen, Ü € 15, Selbstversorgerküche, Lebensmittel können bei Bedarf erworben werden, ⊙ Stempel in der Gîte für Übernachtungsgäste, ➲ am Weg

Auberge du Marais, Le Bourg, 42380 La Chapelle-en-Lafaye, ☎ 04 77 50 00 40, www.laubergedumarais.com, ➲ am Weg

La Chapelle-en-Lafaye – Montarcher 0,8 km

Hinter der Auberge de Morais gehen Sie die kleine Straße nach links hinauf zum Wegweiser **„La Madone"**. Hier biegen Sie geradeaus von der Straße ab und wandern zum Parkplatz mit Picknicktisch in Montarcher hinauf. Gehen Sie links zum Gasthof und dort rechts weiter bis zum Pilgerbrunnen (Plaque Jacquaire) vor dem Hof der Mairie. Gleich nach dem Brunnen führt halb links ein Grasweg bergab weiter, den Sie aber erst einmal ignorieren. Sie gehen vorher rechts an der Mairie vorbei zur Kirche hinauf. Auch dort finden Sie unterhalb einen Zugang (Treppen) zum wieder abwärtsführenden Weg.

Montarcher

Mairie de Montarcher, 42380 Montarcher, ☎ 04 77 50 16 89, mairiemontarcher@wanadoo.fr, montarcher.jimdofree.com, Mo, Mi, Fr 8:30-12:30, ➲ am Weg

Le Clos Perché, 51 Chemin de Ronde, 42380 Montarcher, ☎ 04 77 50 00 08, leclosperche.fr, 4 Zimmer, ÜF EZ/DZ ab € 85, Menü ab € 43, GB, ➲ am Weg

✞ wehrhafte romanische Kirche aus dem 12. Jh.

☺ Rechts hinter der Kirche führt ein Pfad hinauf zum höchsten Punkt des Ortes mit 1.162 m und einem 360°-Panoramablick über das Velay, Forez und Auvergne, an klaren Tagen bis zu den Alpen.

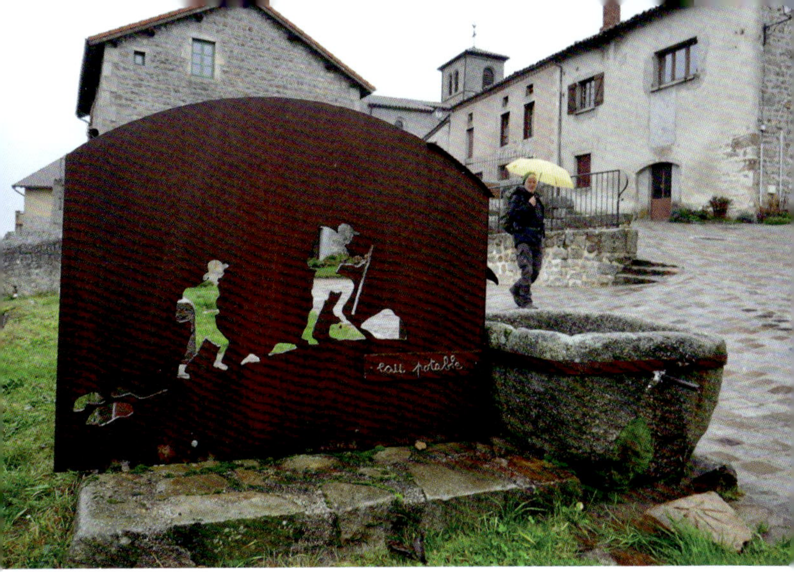

Denkmal für die Jakobspilger in Montarcher

Montarcher – Usson-en-Forez 11,2 km

An einer Mauer entlang wandern Sie abwärts. Rechter Hand ist eine Mariengrotte in die Mauer eingelassen. An der nächsten Verzweigung gehen Sie links zum Wegweiser „**Chemin de Carriere**". Der Grasweg wird zur geteerten Zufahrt und erreicht ein Sträßchen. Hier gehen Sie rechts und am nächsten Haus wieder links einen Grasweg abwärts zur Siedlung Les Granges. Hier folgen Sie geradeaus dem Teerweg, kreuzen eine Straße und erreichen das Wegkreuz **Les Granges**.

An dieser Stelle ist eine Tafel angebracht, die auf eine weitere Möglichkeit, nach Le Puy-en-Velay zu gelangen, hinweist. Außer dem hier mit weiteren 64 km angegebenen, mit den gelben Muscheln auf blauem Grund markierten und dem GR 765 entsprechenden Pilgerweg könnten Sie auch auf dem GR 3 weiterwandern. Während der Pilgerweg auf den Römerwegen, der gallo-römischen Bolene und dem Cäsarweg, dem vermutlich historischen Wegverlauf folgt, ist der GR 3 eine touristische Route, die einige Schluchten des Loirctals im Programm hat, mit 85 km Länge und zusätzlichen steilen Auf- und Abstiegen aber auch deutlich fordernder ist. Diese Beschreibung folgt dem klassischen Pilgerweg.

Sie wandern auf dem Sträßchen rechts weiter abwärts Richtung Le Crozet. In einem Weiler gehen Sie geradeaus über eine Straße hinweg zu einem Bach und dort geradeaus auf das im Gegenhang voraus sichtbare Dorf zu. In **Le Crozet** gehen Sie am

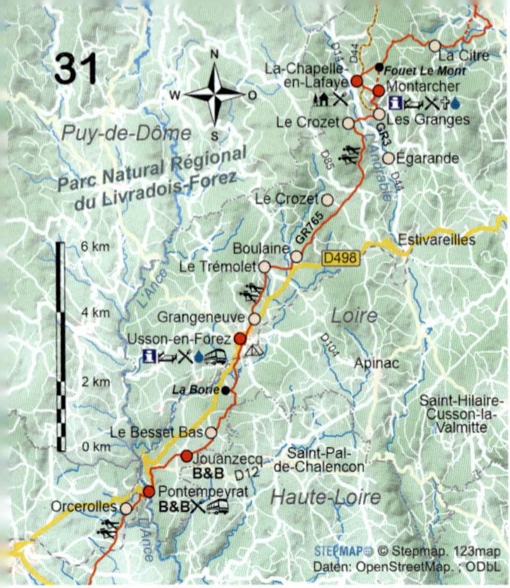

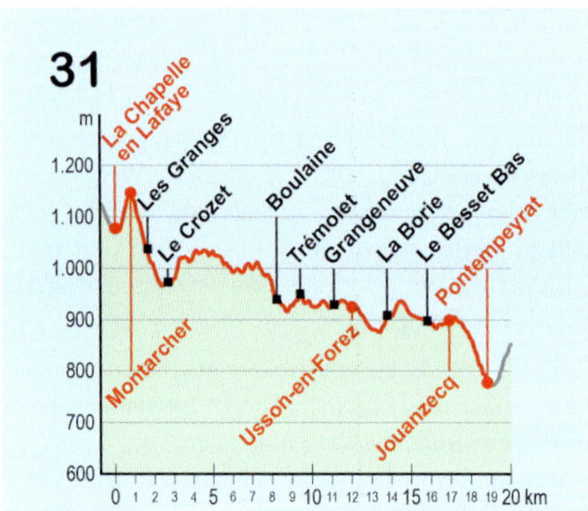

Brunnen π halb links in die Route de Bachat und auch am Ortsende bleiben Sie halb links auf diesem Sträßchen.

Sie führt leicht aufwärts zu einem Sträßchen, dem Sie rechts durch den Wald bis an eine Querstraße folgen. Hier wandern Sie geradeaus auf dem beginnenden Feldweg weiter. Nahe einem Weiler, der auf meiner OSM-Karte auch den Namen Le Crozet trägt, überqueren Sie geradeaus ein Sträßchen. An einem weiteren Querweg π finden Sie offenes Gelände vor. Sie gehen hier geradeaus in einen schmalen Waldweg, der als mittelalterlicher Voie Bolene vorgestellt wird.

Der schöne Waldweg führt in den Weiler **Boulaine**. Hier gehen Sie halb links zu einem Wegdreieck und dort rechts. 50 m weiter biegen Sie links in das Quersträßchen und nach weiteren 250 m rechts in ein anderes ab. Sie gehen noch bis vor die Hofstelle. Dort biegen Sie links in den aufwärtsführenden Feldweg.

In **Trémolet** kreuzen Sie eine Straße und gehen dort halb links zwischen den Häusern weiter (Chemin du Perraquet). Der Weg führt nach Grangeneuve hinab. Dort laufen Sie links zur Straße nach Usson (D498), der Sie nach rechts folgen. Schon nach 200 m können Sie diese stark befahrene Straße wieder verlassen und folgen halb rechts einer Nebenstraße. An einer Gabelung gehen Sie links, queren die Straße wieder und laufen geradeaus auf der Rue Poncetton am Museum vorbei zur Kirche.

Usson-en-Forez

Mairie d'Usson-en-Forez, 3 Place de l'Église, 42550 Usson-en-Forez, ☏ 04 77 50 61 25, www.usson-en-forez.fr, Mo-Sa 8:30-12:00, Di, Do, Fr zusätzlich 14:00-17:30, am Weg, gegenüber der Kirche. Die offizielle Webseite der Gemeinde hat einen hohen Informationsgehalt bezüglich der Geschäfte, Gaststätten und Unterkünfte in Usson, die im Detail aufgezählt und vorgestellt werden. Sie finden dort auch weitere, hier nicht aufgeführte Frühstückspensionen und eine private Pilgerunterkunft auf Spendenbasis (**Accueil Jacquaire**) mit Kontaktadresse, → Découvrir Usson → Hébergements touristiques und dann nach unten scrollen.

Hôtel Rival-Renaud, Rue Centrale, 42550 Usson-en-Forez, ☏ 04 77 50 63 65, nicolasrenaud73@yahoo.fr, www.hotel-restaurant-rival-renaud.fr, 7 Zimmer, ÜHP € 55 p. P., GB, 100 m

B&B **Mme Brigitte Bonnefoy**, Avenue de la Gare, 42550 Usson-en-Forez, ☏ 04 77 61 44 39, laganseblanche@yahoo.fr, www.laganseblanche.fr, ÜF EZ/DZ € 59-65, VBZ € 90-105, 150 m

Camping municipal Les Tilleuls, Le Stade, 42550 Usson-en-Forez, ☏ 04 77 50 90 71 (Betreuer im Tabac am Place de l'Église) oder Mairie: ☏ 04 77 50 61 25, mairie.ussonenforez@wanadoo.fr, 50 Stellplätze, Ü im eigenen Zelt für Wandernde sowie Radfahrerinnen und Radfahrer € 5, Ostern bis Allerheiligen, 350 m

⊙ Einen Stempel erhalten Sie in der Mairie oder im ☞ Info-Punkt, Place de l'Eglise.

Von Usson fahren 4 x am Tag (am So 2 x) Busse nach Saint-Étienne (), www.oura.com.

Taxi, ☏ 04 77 50 11 81

⌘ **Écomusée des Monts du Forez**, ansprechend gestaltetes Heimat- und Regionalmuseum mit Schwerpunkt auf dem täglichen Leben der Landbevölkerung

♦ Quartier Saint-Joseph, ☏ 04 77 50 67 97, musee.forez@wanadoo.fr, www.ecomusee-usson-en-forez.fr, tägl. 14:00-18:00

Das kleine, nur 1.700 Einwohnerinnen und Einwohner zählende Usson wurde bereits in der Römerzeit gegründet. Es fungiert als Marktort der landwirtschaftlich geprägten Umgebung. Aus diesem Grund besitzt der über 900 m hoch gelegene Ort eine gute Infrastruktur.

Usson-en-Forez – Jouanzecq 4,9 km

Vor der Kirche gehen Sie rechts und dahinter links zur Mairie und dem Gasthof. Sie laufen an der Touristinformation vorbei und am Mammutbaum links (WC, ♦) und dann geradeaus entlang der Schule abwärts. Sie wandern auf der Nebenstraße weiter nach Süden und stoßen auf einen Hinweis auf das **Dreiländereck** von Auvergne, Forez und Velay.

Gehen Sie über die Brücke und dahinter rechts auf dem Chemin de Chambriac weiter. Bevor die Fahrstraße erreicht ist, wandern Sie links zwischen den Gebäuden eines Sägewerks hindurch und gehen bis kurz vor eine Hofstelle namens **La Borie**. Von dort haben Sie einen schönen Blick zurück nach Usson.

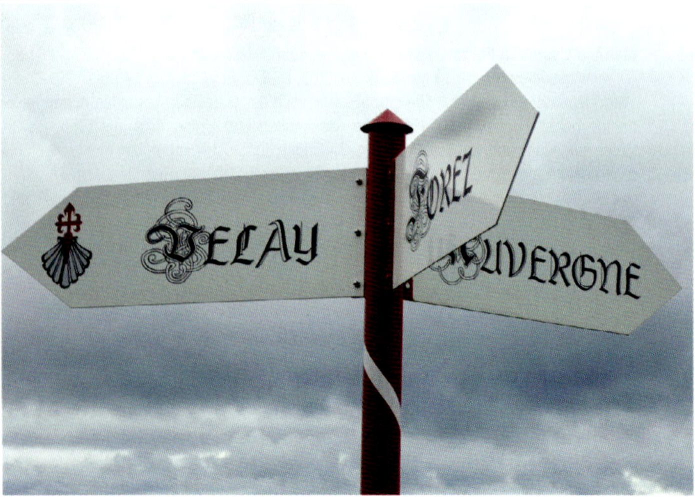

Am Dreiländereck von Auvergne, Forez und Velay

Biegen Sie hier links in den Hangweg, gehen Sie bis zu einem Wegdreieck und dort rechts in einen schmalen Weg bergauf. Auf der Höhe gibt es eine Verzweigung.

Hier biegt der Pilgerweg rechts vom GR 765 ab. Es geht wieder an ein Wegdreieck. Hier gehen Sie links. An einem querenden Schotterweg ist der GR dann wieder gleichauf.

Gehen Sie geradeaus weiter in das Dorf **Le Besset Bas**, geradeaus hindurch und dann links. Der sich anschließende Feldweg führt nach Jouanzecq. Gehen Sie geradeaus, dann kommen Sie an der Unterkunft vorbei.

Jouanzecq **B&B**

B&B **Gîtes Myrtilles**, 42550 Usson-en-Forez, ☏ 04 77 50 90 83, tisseur.pascale@aliceadsl.fr, chambre.myrtille.chez-alice.fr, 5 Zimmer, 14 Pers., ÜF Preise auf Anfrage, für Pilgerinnen und Pilger, Gruppen und längere Aufenthalte werden Sonderpreise angeboten, A € 18, ➲ am Weg.

Jouanzecq – Pontempeyrat 1,9 km

Am B&B beginnt ein mit Steinmauern gesäumter Weg durch das Wiesenland. Sie überqueren ein Sträßchen und gehen bei weiter Sicht zu einer Straße (D12) hinab und dort 100 m nach rechts. Dann biegen Sie links in den abgehenden Feldweg.

Passen Sie auf, dass Sie nicht die Wiesenzufahrt erwischen.

Der Weg führt in das Tal, erreicht an einem Wohnhaus die geteerte Zufahrt und kommt an die D498. Ihr folgen Sie links nach Pontempeyrat. Der Gasthof liegt noch vor der Brücke über die Ance am Weg, der Dorfladen dahinter.

Pontempeyrat

B&B

B&B Chambre d'hôtes Les Trois Terres, Michalon Christian, 42550 Pontempeyrat, 06 01 78 69 55, cm@troisterres.fr, www.troisterres.fr, Ortseingang, 6 Betten, Ü EZ € 53, DZ € 65, weitere Pers. € 18, F € 8, A € 18, € 15, € 5, GB, am Weg

Usson-en-Forez

Pontempeyrat – Abzweig Chomelix, Le Cros 11,3 km

Der Fluss Ance beschreibt in Pontempeyrat die Grenze zwischen den Départements Loire und Haute-Loire. Gehen Sie auf der Straße ganz durch das Dorf. Etwa 150 m nach dem Ortsschild (am Beginn/Ende der Leitplanken) biegen Sie links in einen steinigen, aufwärtsführenden Feldweg ab. Sie erreichen auf der Höhe die Siedlung **Orcerolles**. Hinter dem historischen Waschplatz biegen Sie links ab. Der anfänglich geteerte Weg wird zu einem Feldweg. In dem herrlich grünen Tal ist ein Bach zu überqueren. Beim nächsten Steigungsstück gehen Sie an einer Gabelung nach rechts und kreuzen eine Straße. Dahinter beginnt der Chemin de César, ein Teil der alten Römerstraße, als schmaler Pfad. Hinter der nächsten Straße (geradeaus!) ist er schon ein normaler Feldweg. Die Römerstraße ist hier – anders als im Norden – nicht überteert worden, sondern blieb als fußfreundliche Kombination aus Wald- und Feldwegen erhalten.

Nun müssen Sie die Schiene einer Museumsbahn überschreiten. Dahinter gehen Sie bergab, kreuzen eine Straße und gehen weiter bergab Richtung Grand. In einer Linkskurve folgen Sie dem Feldweg geradeaus. Ein Bach muss auf Trittsteinen gequert werden. Nun kreuzen Sie einen Schotterweg, bevor Sie den nächsten Bach per Brücke queren. Die Straße D9, die Sie nun erreichen, verbindet Saint-Georges-Lagricol (links, Kirche aus dem 12. Jh.) und Craponne-sur-Arzon (rechts).

Craponne-sur-Arzon

Camping municipal, Route du Stade, 43500 Craponne-sur-Arzon, 06 82 04 46 37, camping43500@gmail.com, 30 Stellplätze, Stellplatzpauschale € 3,50-6,50, , Mai-Okt, 3,3 km

Der Pilgerweg führt auf der alten Trasse der Römerstraße immer weiter geradeaus. Im Wald stoßen Sie 1,3 km später auf einen Teerweg, der links nach Saint-Georges-Lagricol führt.

Sie gehen geradeaus, ebenso an der nächsten Kreuzung (Richtung Mondouilloux). Nach 1,4 km biegt das Sträßchen rechtsherum, Sie gehen geradeaus auf einem Feldweg weiter und erreichen nach weiteren 2,4 km die D1. Sie würde links nach Chomelix und Le Cros führen. Wenn Sie dort übernachten wollen, gehen Sie aber besser noch weiter geradeaus auf dem Pilgerweg und nehmen den nächsten querenden Teerweg. Dann müssen Sie nicht auf der Hauptstraße laufen.

Chomelix

B&B

B&B **Les Epicéas**, Christophe Chalaye, 43500 Chomelix, OT Le Cros, ☎ 04 71 03 60 44, 06 01 76 31 50, les.epiceas@yahoo.fr, les-epiceas.com, 4 Zimmer, ÜF EZ € 50, DZ € 65-75, DBZ € 80, VBZ € 95, € 22, auf der Wiese hinter dem Haus, GB, 900 m

♦ **La Ferme de l'Arzon**, 43500 Chomelix, OT Le Cros, ☎ 04 71 03 94 31, lafermedelarzon.e-monsite.com, 2 Zimmer, ÜF auf Anfrage, A möglich, 900 m

Abzweig Chomelix, Le Cros – Abzweig Bellevue-la-Montagne

7,6 km

Sie überqueren drei weitere Sträßchen (das zweite 50 m nach links versetzt) sowie einen Bach und erreichen die D135. Diese überqueren Sie etwa 30 m nach rechts versetzt. Wieder einmal über einen Teerweg hinweg wandern Sie durch Wald, über einen Bach und wieder aufwärts an einer Hofstelle und weiteren landwirtschaftlichen Gebäuden vorbei in das Dorf **Le Brignon**. Biegen Sie zweimal halb links ab und nach knapp 600 m an einer Kreuzung wieder links. Der Wegweiser zeigt hier nach **Le Monthiol**.

Bevor Sie diese Höfesiedlung erreichen, biegen Sie rechts in einen Feldweg.

Der führt wieder an das am Abzweig nach Le Monthiol verlassene Sträßchen. Sie gehen links über die D906 hinweg und folgen dem Schotterweg in die nächste Höfesiedlung mit Namen **Themeys**.

Hier haben Sie die Möglichkeit, links (D21) Bellevue-la-Montagne zu erreichen.

Bellevue-la-Montagne

Hôtel des Voyageurs, 1 Imp. Forgeronsle Bourg 1, Impasse Du Forgeron, 43350 Bellevue-la-Montagne, ☎ 04 71 00 60 15, chapon43@wanadoo.fr, mmechristinechapon.site-solocal.com, 15 Zimmer, Ü EZ/DZ ab € 43, 650 m

Taxi Pubellier, ☎ 04 71 00 75 39

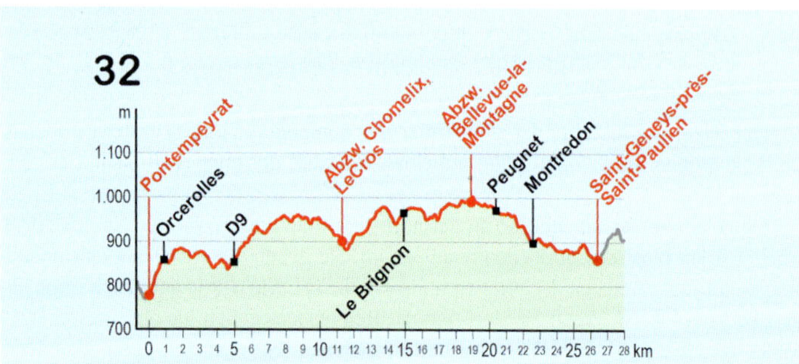

Abzweig Bellevue-la-Montagne – Saint-Geneys-près-Saint-Paulien 7,5 km

Queren Sie die D21 und folgen Sie weiter dem Schotterweg. An der nächsten Straße gehen Sie rechts und erst vor der ersten Halle links zum Wald. Sie kommen zur Ortschaft **Peugnet**, hier folgen Sie dem Teerweg nach links.

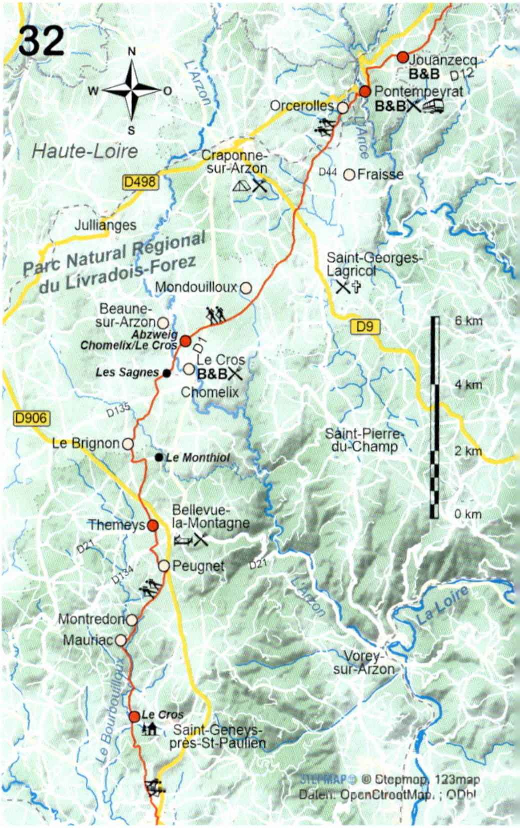

Unmittelbar vor der D906 folgen Sie rechts dem Teerweg nach **Montredon**. Das Landschaftsbild hat sich nun deutlich verändert. Die weite, nur leicht wellige Hochfläche, die hinter Ihnen liegt, bricht hier zum Loiretal hin deutlich ab. Am Horizont erscheinen die für das Velay und die Auvergne so typischen kegelförmigen Berge vulkanischen Ursprungs.

Hinter Montredon verliert sich der Teer. Sie wandern im schönen Bachtal (Bourbouilloux) weiter bergab. Nach 2,2 km kommen Sie an ein Wegdreieck hinter einem Nebenbach. Biegen Sie hier links über den Hauptbach und laufen Sie nun auf der anderen Talseite geradeaus weiter. Der Weg steigt im Hang zu einem Wegdreieck.

Folgen Sie dem Weg weitere 800 m geradeaus, dann ist die Schaffarm erreicht. Der Weg biegt vor dem großen Schafstall rechts ab.

↳ Zur Gîte gehen Sie hier noch geradeaus weiter.

Saint-Geneys-près-Saint-Paulien B&B

Gîte d'étape La Bergerie, Le Cros, 43350 Saint-Geneys-près-Saint-Paulien, OT Le Cros, Martine et Jean-Louis Vigouroux, ☏ 04 71 00 50 00, vigouroux.lecros@wanadoo.fr, Schlafsaal mit 11 Betten und 1 DZ, Ü € 15, ÜHP € 35, Wiese für und, etwas GB, ➲ 120 m

Saint-Geneys-près-Saint-Paulien, OT Le Cros – Saint-Paulien 4 km

Der Weg führt wieder an den Bach und am ehemaligen Mühlengebäude vorbei. An der Kreuzung gehen Sie geradeaus weiter, nun zum Kiefernwald hinauf. Dort angekommen biegen Sie an der Verzweigung links und an der nächsten Möglichkeit wieder rechts ab. Es geht über eine Höhe hinweg und dann bei weiter Sicht nach Saint-Paulien hinab.

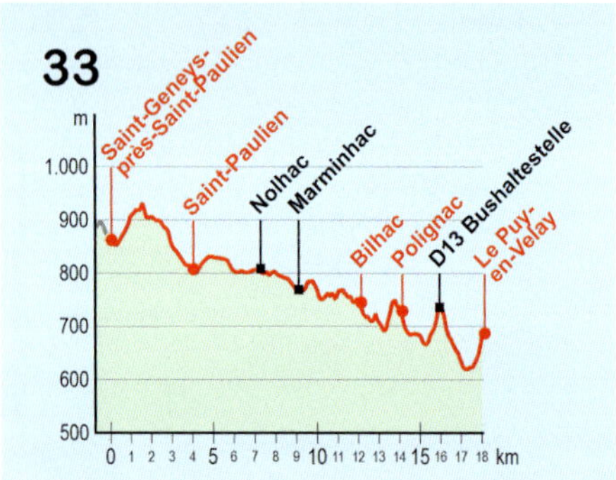

Sie kommen auf einer Wohnstraße in den Ort hinein, die im späteren Verlauf Rue Bolléne heißt. Das war der Name der regionalen Römerstraße, als Saint-Paulien noch Ruessium hieß. Am Denkmal für die Gefallenen gehen Sie nicht durch das Stadttor, sondern links zur Mairie und dort rechts entlang der Avenue de Ruessium zur Église Saint-Georges (12. Jh.) am Kreisverkehr.

Saint-Paulien

Mairie de Saint-Paulien, Rue des Remparts, 43350 Saint-Paulien, ☏ 04 71 00 40 88, www.saint-paulien.fr, Mo u. Fr 9:00-12:00 u. 14:00-18:00, Di u. Do 9:00-12:00 u. 16:30-18:00, Mi 9:00-12:00 u. 14:00-16:30, ➲ am Weg

Hôtel des Voyageurs, 9 Avenue de la Rochelambert, 43350 Saint-Paulien, ☏ 04 71 00 40 47, contact@hotelvoyageur.com, www.hotelvoyageur.com, Ü EZ/DZ ab € 55, F € 7,50, ➲ 100 m

Centre d'Accueil Le Ruessio, Rue des Écoles, 43350 Saint-Paulien, ☏ 04 71 00 40 88, 06 95 87 67 08, centrehebergementstpaulien@orange.fr, 15 Zimmer, 56 Betten, Ü € 17-20, ➲ 300 m, F € 3,50, für Einzelpersonen Ü nur außerhalb der Ferienzeit möglich

Camping de la Rochelambert, 3 Via Bolena, 43350 Saint-Paulien, ☏ 04 71 00 54 02, infos@camping-rochelambert.com, camping-rochelambert.com, Stellplatzpauschale ab € 11-17, € 2, Ü im Chalet bzw. Mietzelt für 2-6 Pers. € 34-120, (nicht im Juli/Aug) € 2, Sauna, GB, April-Sep, ➲ 3,4 km

🚗 **St-Paulien Taxi**, 📱 06 70 57 42 59

♜ **Château de la Rochelambert**, im 13. Jh. zur Kontrolle der Route der Jakobspilger gebauter Rittersitz mit spitzen Türmen, sehr gut erhalten
♦ 💻 www.chateau-de-la-rochelambert.com, ✉ contact@chateau-de-la-rochelambert.com, 📱 07 66 83 19 01, 🚪 Besichtigung im Rahmen einer Führung auf Anfrage, ➲ 3,2 km

Saint-Paulien – Bilhac 8,1 km

Geradeaus führt Sie die Rue du Lac weiter nach Süden. An der Kreuzung am Ortsrand gehen Sie geradeaus auf dem Montée du Lac in einen Siedlungsbereich hinauf. An der Gabelung gehen Sie links in die Rue des Sorbiers. Am Ende der Siedlung führt ein Schotterweg weiter, nun als Rue du Chabron. Er läuft bergab zu einem Querweg. Dort gehen Sie links und an einem Gewerbegebiet über die D906 hinweg nach **Nolhac**.

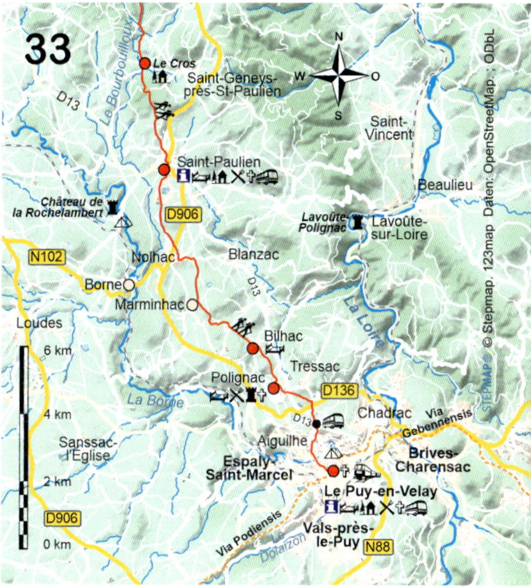

Im Ortskern nehmen Sie die erste Straße links; Sie heißt Bèla Charirà und in der Folge Peyrebiaire. Sie bleiben auf der linken der beiden parallel geführten Straßen. Erst am Ortsende gehen Sie rechts und an einer Gabelung erneut rechts. An der Zufahrt nach **Marminhac** gehen Sie geradeaus und folgen auch danach immer dem breiten Weg geradeaus bis zu einer Mauer mit einem uralten Tor. Hier biegen Sie scharf rechts ab und gehen weiter unten an einer Wegkreuzung links. Nun queren Sie zwei Bächlein auf Trittsteinen. Folgen Sie dem Zaun des Schuttplatzes und gehen Sie dahinter auf dem Schotterweg links. Hinter einem großen Tor gehen Sie links bergab nach Bilhac ⛼. Unterhalb des Dorfplatzes gehen Sie rechts in die Route de Flayac. Drehen Sie sich nach 50 m um, sehen Sie den Hinweis, ↳ der zur 🛏 Unterkunft führt.

Bilhac

Julien Audet, Bilhac, 43000 Polignac, 04 71 09 72 41, 06 72 01 84 88, reservation@gite-bilhac.com, www.gite-bilhac.com, 4 Zimmer, ÜF EZ/DZ € 55, DBZ € 65-70, VBZ € 75, , GB, 100 m

Bilhac – Polignac 2 km

Sie folgen der Straße bis in eine Linkskurve. Voraus ist schon das Château Polignac zu sehen. Dort gehen Sie geradeaus in einen Feldweg Richtung Polignac. Sobald dieser eine Linkskurve macht, gehen Sie auf dem Wanderweg geradeaus weiter.

Sie laufen nun bergauf und passieren den Friedhof. Der Weg führt unterhalb der Kirche nach rechts zum Kirchplatz und der Mairie.

Polignac

B&B

B&B **La Gourmantine**, Lydie und Freddy Saimour, 2 Chemin de Ridet, 43000 Polignac, 04 71 05 94 29, 06 23 54 23 71, contact@gourmantine.fr, www.gourmantine.fr, 13 Betten, ÜF EZ ab € 56, DZ ab € 66, DBZ ab € 94, VBZ € 107, , GB, am Weg

Die Kirche Saint Martin von Polignac glänzt durch ihre farbenprächtigen Fensterbilder, die mit klaren Formen die Motive sehr deutlich hervorbringen. Der Chor der Kirche geht auf das 10. Jh. zurück.

Fortresse de Polignac, wuchtiges Schloss aus dem 11. Jh. mit einem 32 m hohen Turm aus dem 14. Jh. Bei klarem Wetter sind die Aussichten traumhaft.

♦ www.forteressedepolignac.fr, 04 71 04 06 04, Feb, März 10:00-17:00, April-Juni 10:00-18:00, Juli, Aug 9:30-19:00, Sep-Okt 10:00-18:00 (Kasse 12:00-13:30 geschlossen, im Nov nur bis 17:00)

Polignac – Le Puy-en-Velay 4 km

Vom Place d'Église gehen Sie links in die Rue du Levant. Nach rechts haben Sie hier einen tollen Blick auf das Château. Weiter geht es geradeaus über den Place du Toria, der zur Rue de Toria wird. Sie passieren das B&B La Gourmantine und gehen gleich danach links die Treppen hinunter. Der weiterführende Mauerweg bringt Sie zu einer Straße. Sie gehen links, nach 80 m aber rechts in einen Fußweg.

Gehen Sie geradeaus über die D13 hinweg, im Tal sanft abwärts zu einer Kreuzung und dort rechts. Sie gehen über die D136 hinweg steiler und geradeaus den Hang hinauf. (an der Gasstation biegen Sie geradeaus vom breiteren Schotterweg ab.)

Sie erreichen oben die D13, gehen links (der Bus fährt nach Le Puy) und in der nachfolgenden Rechtskurve geradeaus in die rechte der beiden Nebenstraßen (Chemin de la Boriette). Nach etwa 80 m können Sie wahlweise auf dem Sträßchen bleiben oder der Markierung durch den Park folgen. (Sie gehen dort immer den geradeaus abwärtsführenden Weg entlang und unten rechts zu dem Sträßchen zurück und dann links.)

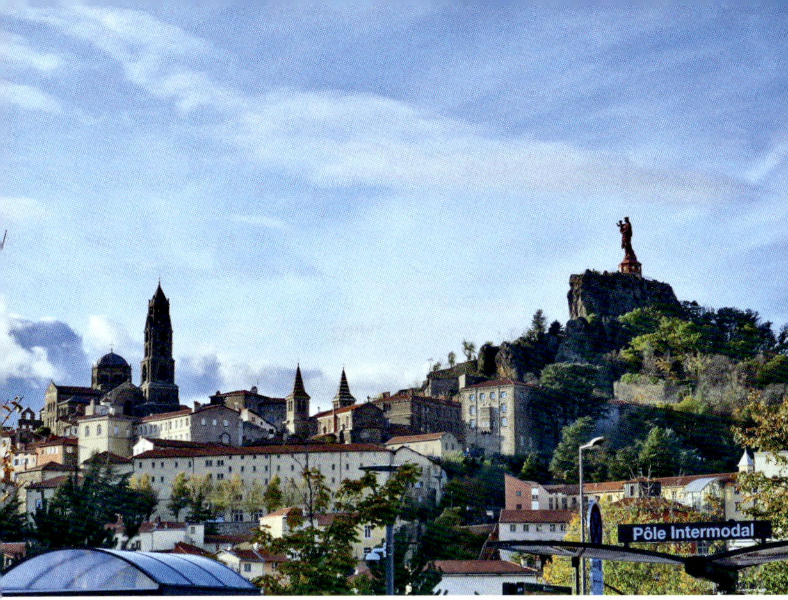

Le Puy-en-Velay vom Bahnhof aus gesehen

Von diesem Sträßchen haben Sie bald herrliche Aussichten auf die spitzen Kegelberge von Le Puy.

Achten Sie darauf, an einem Spielplatz linker Hand nicht linksherum in die Vorfahrtsstraße abzubiegen, sondern dort rechts und gleich wieder links auf dem Chemin de la Boriette zu bleiben, dann landen Sie zuletzt in Höhe des Krankenhauses auf dem Boulevard Chantemesse, in den Sie links einbiegen.

Sie überqueren den Fluss La Borne, an dessen Ufer in nur 250 m Entfernung der Campingplatz liegt. Dann gabelt sich die verkehrsreiche Straße. Sie gehen rechts und biegen sofort wieder links in die kleine Nebenstraße (Rue des Farges) ab. An der Gabelung bleiben Sie rechts auf der Rue des Farges. Sie stoßen am Scheitelpunkt an einen kleinen Platz, dem Kreuzungspunkt mehrerer Straßen. Einige Geschäfte und Restaurants, die mit Pilgermahlzeiten werben, sind hier angesiedelt.

Nach links führt die Rue des Tables noch weiter aufwärts zur bereits sichtbaren **Cathédrale Notre-Dame-du-Puy-en Velay**, dem großen Zwischenziel der langen Pilgerreise und dem Ziel dieses Wanderführers.

Zur Fortsetzung, aber auch zum wirtschaftlichen Zentrum, zum Office de Tourisme und zum Bahnhof folgen Sie geradeaus der Rue Raphaël wieder abwärts, bleiben an der Gabelung halb rechts auf dieser Straße und kommen zuletzt über die Rue Chènebouterie zum **Place du Plot**. Die dritte abgehende Straße rechts ist die Rue Saint-Jacques. Hier hängt der Wegweiser zum Saint-Jacques-de-Compostelle über den GR 65 bzw. die Via Podiensis nach Saint-Jean-Pied-de-Port, den wohl die meisten Pilgerinnen und Pilger zur Fortsetzung wählen werden. Verblieben ist eine Reststrecke von 1.522 km bis Santiago de Compostela. So steht es jedenfalls auf dem Wegweiser.

Le Puy-en-Velay

Office de Tourisme, 2 Place du Clauzel, 43000 Le Puy-en-Velay, ☏ 04 71 09 38 41, contact-tourisme@lepuyenvelay.fr, www.lepuyenvelay-tourisme.fr, April Mo-Fr 9:00-12:00 u. 13:30-18:00, Sa 9:00-12:30 u. 13:30-17:30, So u. Fei 10:00-12:30, Mai/Juni u. Sep zusätzlich So 14:00-17:00, Juli/Aug durchgehend alle Tage, Okt-März So geschlossen, Sa nur vormittags und Mo-Fr abends nur bis 17:30, ➲ 300 m

In Le Puy besteht eine riesige Auswahl an **Hotels und Pensionen**. Details über die Unterkünfte aller Kategorien erhalten Sie über die Touristinfo.

Relais du pèlerin St Jacques, 26 Rue Cardinal de Polignac, 43000 Le Puy-en-Velay, 06 37 08 65 83, ÜF gegen angemessene Spende, Betreuung durch Freiwillige aus ganz Europa, April-Mitte Okt nachmittags ab 15:00, ➲ 100 m

♦ **Appart'Hôtel des Capucins**, 29 Rue des Capucins, 43000 Le Puy-en-Velay, ☏ 04 71 04 28 74, 06 63 09 13 69, contact@lescapucins.net, www.lescapucins.net, 100 Betten, Ü in der Gîte (MBZ) € 18,50, im Hotel EZ ab € 62, DZ ab € 86, F € 9,50, € 5, D, GB, E, ➲ 600 m

♦ **Gîte Saint-François**, 6 Rue Saint-Mayol, 43000 Le Puy-en-Velay, ☏ 04 71 05 98 86, gite.stfrancois@wanadoo.fr, accueilsaintfrancoislepuy.jimdofree.com, 13 Zimmer, 19 Betten, ÜF € 25, A € 8, Bettwäsche (falls nötig) € 3-5, ➲ 100 m

♦ **Accueil Saint-Georges**, 4 Rue Saint-Georges, 43000 Le Puy-en-Velay, ☏ 04 71 09 93 10, grandseminaire43@live.fr, www.catholique-lepuy.fr/maison-daccueil/accueil-saint-georges-au-coeur-du-puy, 100 Zimmer mit 1-4 Betten, Ü € 23,30, F/A möglich, Bettwäsche/Handtuch kosten extra, , E 200 m

Camping Bouthezard, Chemin de Bouthezard, 43000 Le Puy-en-Velay, Ortsteil Aiguilhe, ☏ 04 71 09 55 09, camping.puyenvelay@aquadis-loisirs.com, www.aquadis-loisirs.com, 80 Stellplätze, ab € 14,20 p. P., , April-25. Okt, ➲ 250 m

Lentilles Vertes du Puy, Le Puy ist bei Feinschmeckern für seine grünen Linsen bekannt. In (fast) jedem Lokal in und um Le Puy werden die kleinen, aromatischen Linsen aus dem Velay serviert. Sie erfreuen sich auch europaweit einer wachsenden Beliebtheit. Informationen und Rezepte für zu Hause finden Sie auf www.lalentillevertedupuy.com.

⊙ Pilgerstempel an der Information in der ☞ La Cathédrale Notre-Dame-du-Puy-en-Velay

Informationen zu den innerstädtischen Buslinien erhalten Sie auf der Seite www.tudip.fr. Über die Buslinien im Département Haute-Loire informiert www.oura.fr.

Vom Nahverkehrsbahnhof Le Puy fahren alle ein bis zwei Stunden Züge durch das Loiretal nach Saint-Étienne. Von dort gibt es Anschluss an die TGV-Strecke im Saônetal.

Taxi Bel Horizon, 06 76 05 13 56, **Allons Y Taxi**, 06 75 03 04 16, **Arbib Taxi**, 06 18 30 62 43

✝ **La Cathédrale Notre-Dame-du-Puy-en-Velay**. Die Kathedrale ist schon seit über 1.000 Jahren ein Sammelpunkt für Jakobspilger – inzwischen jährlich um die

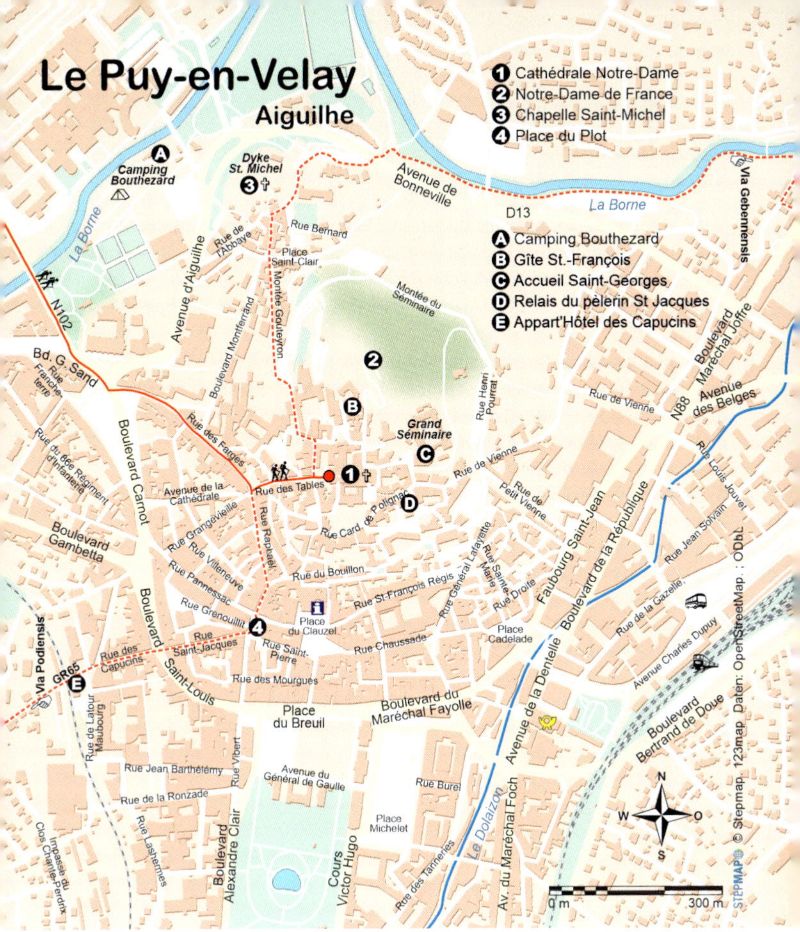

10.000 Pilgerinnen und Pilger aus über 30 Nationen. Die meisten Pilgerinnen und Pilger drängt es die 134 Stufen hinauf zum heiligen Jakobus, den sie mit Opferkerzen ehren und um Schutz bei der weiteren Pilgerfahrt bitten. Doch auch der Rest der bis 1999 restaurierten Kathedrale ist einen Besuch wert. Die Kathedrale gehört zum UNESCO-Weltkulturerbe. Versäumen Sie nicht, den Pierre des fiévres zu besuchen. Dieser „Fieberstein" ist keltischen Ursprungs und soll schon vor fast zwei Jahrtausenden den späteren Ort Le Puy zum Pilgerziel gemacht haben. Auch heute noch hat der Stein herrlich kühlende Wirkung bei erhitzten oder gar fiebrigen Pilgern.

♦ ☏ 04 71 09 79 77, cathedrale.lepuy@wanadoo.fr, www.cathedraledupuy.org

☺ **Pilgermesse** in der Kathedrale April-Okt tägl. 7:00 (im Winter 7:30), mit Segnung und anschließender Vorstellungsrunde aller anwesenden Pilgerinnen und Pilger. Hier lernen sich täglich Pilgerinnen und Pilger kennen, die aus derselben Stadt kommen oder schon eine Weile parallel gegangen sind.

✞ **Cloître de la Cathédrale du Puy-en-Velay**. Der Kreuzgang aus dem 11. Jh., die religiöse Spezialbibliothek und das Pechnasenhaus mit seiner Sammlung sakraler Kunst sind beliebte Ziele gläubiger Pilgerinnen und Pilger.

♦ ☏ 04 71 05 45 52, Mitte Mai-Mitte Sep tägl. 9:30-18:30, Winter tägl. 9:30-12:15 u. 14:00-17:00

✞ ⌘ **Rocher Corneille mit Statue Notre-Dame de France**. Nur wenige Minuten vom Stadtkern entfernt überragt die 16 m hohe Marienfigur auf dem Corneille-Felsen die Stadt. Sie wurde 1860 aufgestellt, nachdem der Krimkrieg beendet war. Für Statue und Sockel wurden 213 Kanonen aus der Kriegsbeute eingeschmolzen, sie sind 22,7 m hoch und wiegen 835 t.

♦ ☏ 04 71 04 11 33, rocher.corneille@orange.fr

📖 Für den weiteren Wegverlauf finden Sie die passende Literatur auf der Seite 35 und 36.

Kleiner Sprachführer

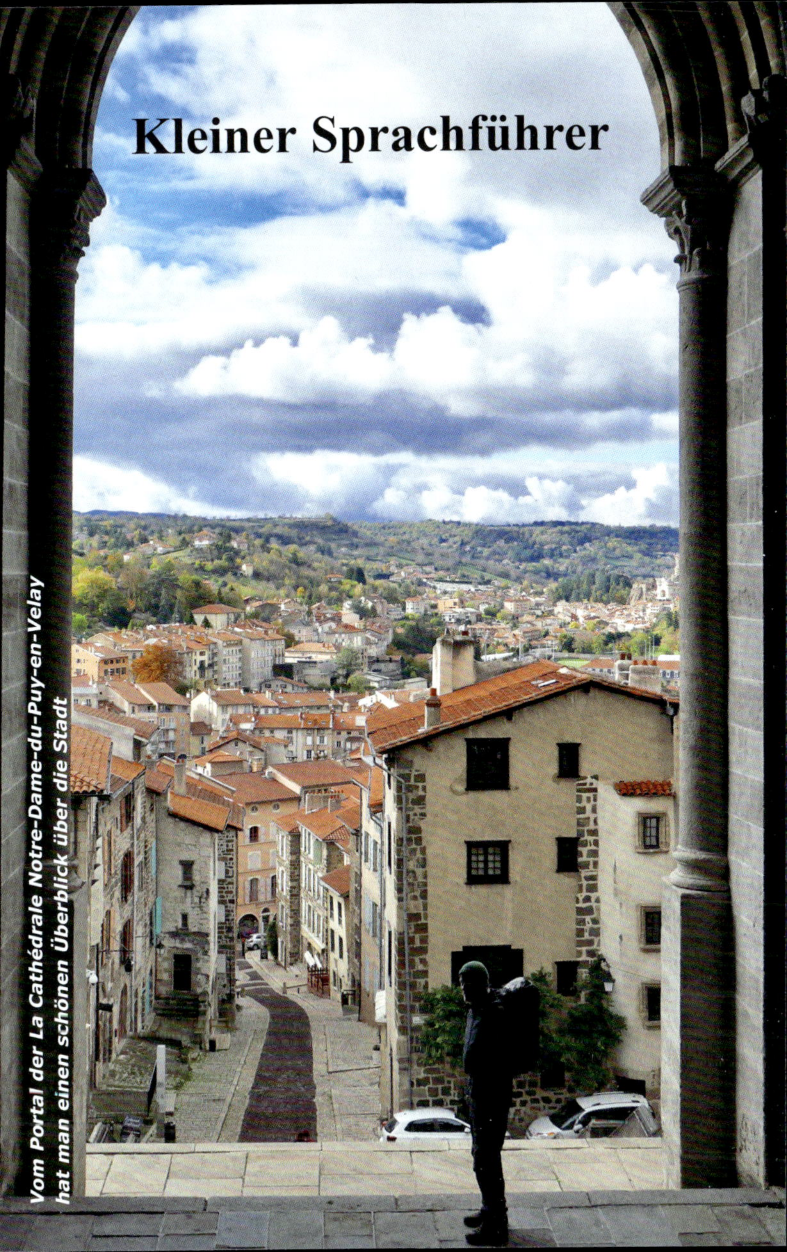

Vom Portal der La Cathédrale Notre-Dame-du-Puy-en-Velay hat man einen schönen Überblick über die Stadt

Viele Franzosen sprechen Englisch oder Deutsch, doch werden Sie in der Mehrzahl Menschen begegnen, die von Ihnen erwarten, dass Sie in Französisch kommunizieren. Ein kleines Grundvokabular ist daher unabdingbar:

Auf dem Weg

Jakobsweg	le chemin de Saint-Jacques
Pilger	le pèlerin
Pilgerin	la pèlerine
Pilgerfahrt	le pèlerinage
Pilgerausweis	la créanciale du pèlerin de Saint-Jacques de Compostelle
Stempel	le tampon
Priester	le prêtre
Muschel	le coquillage

Guten Weg!	Bonne route!
(Diesen Gruß werden Sie als Pilgerin oder Pilger oft hören.)	
Viel Erfolg/Toi, toi, toi!	Bon courage!
Was für ein Mut!	Quel courage!
(meist staunend ausgesprochen)	
Weiter!	Ultreia!
(der Ausruf der Pilgerinnen und Pilger)	

Gespräch allgemein

Guten Tag!	Bonjour!* (auch morgens)
Guten Abend!	Bonsoir!*
Auf Wiedersehen!	Au revoir!
ja/nein	oui/non
vielleicht	peut-être
bitte	s'il vous plaît
danke	merci
gern geschehen	de rien/avec plaîsir
Entschuldigen Sie!	Excusez-moi/Pardon!*
Ich verstehe nicht.	Je ne comprends pas.
Wie bitte?	Comment?
Sprechen Sie Deutsch?	Parlez-vous allemand?
Sprechen Sie Englisch?	Parlez-vous anglais?
Achtung!	Attention!
Hilfe!	Au secours!

* Hier wird üblicherweise „madame" (bei Frauen) oder „monsieur" (bei Männern) angefügt.

Suche nach dem Weg

Ich suche …	Je cherche …
Wo ist …	Où est …

… die Kirche	… l'église
… die Kapelle	… la chapelle
… ein Hotel	… un hôtel
… ein Gästezimmer	… un chambre d'hôtes
… eine Pilgerherberge	… une refuge
… eine Wanderherberge	… un gîte d'étape
… die Jugendherberge	… l'auberge de jeunesse
… die Touristeninformation	… l'office de tourisme
… der Weg	… le chemin
… eine Bäckerei	… une boulangerie
… der Lebensmittelladen	… l'épicerie oder l'alimentation
… das Krankenhaus	… l'hôpital
… das Rathaus	… la mairie
… der Marktplatz	… la marché
… die Polizei	… la police
… die XY-Straße	… la rue XY
… der Bahnhof	… la gare
… der Busbahnhof	… la gare routière
… eine Apotheke	… une pharmacie
… der Bauernhof	… la ferme
(nach) links	à gauche
(nach) rechts	à droite
geradeaus	tout droit
hier	ici
vor	avant
hinter	après/derrière
auf	sur
unter	sous
in	dans/en
zwischen	devant
gegenüber von	vis-à-vis de
neben	à côte de
mit	avec
ohne	sans

Landschaft/Karten/Wegweiser

Unterstand	l'abri
die Höhe	l'altitude
niedrig/hinab	bas
das Dorf	le bourg
(häufig bei Adressen in ganz kleinen Dörfern)	
der Wasserfall	la cascade

das Stadtzentrum	le centre ville
der Weg	le chemin
der Gebirgspass	le col
der Berghang	la côte
die Kreuzung	le croisement
die Gefahr	danger
der Abstieg	la descente
die Richtung	la direction
die Schleuse	l'écluse
der See/Teich/Weiher	l'étang
der Brunnen	la fontaine
die Schlucht	la gorge
verboten	interdit
der Berg	le mont/la montagne
der Aufstieg	la montée
kommunal/städtisch	municipal
die Brücke	le pont
der Fluss	la rivière
der Fels	la rocher
der Pfad	le sentier
die Sehenswürdigkeit	le site touristique
die Quelle	la source
das Tal	la valée
das Gleis, Weg	le voie
Trinkwasser	eau potable
kein Trinkwasser	eau non potable
Fernwanderweg	GR (grande randonnée)
örtlicher kurzer Wanderweg	PR (petite randonnée)

Übernachtung

Zimmer	la chambre
Einzelzimmer	chambre simple
Doppelzimmer	chambre double
Zweibettzimmer	chambre twin
Dreibettzimmer	chambre triple
Mehrbettzimmer/Schlafsaal	chambre partagée/dortoir
das Bett	le lit
die Bettwäsche	le draps
der Schlafsack	le sac de couchage
der Herbergsschlafsack/das Inlett	le sac à viande
das Waschbecken	le lavaboier
die Dusche	la douche

die Badewanne	la baignoire
Was kostet das?	Combien ça coûte?
Kurtaxe	taxe de séjour
der Proviant	le revitaillement oder les provisions de voyage
das Frühstück	le petit-déjeuner
die Mahlzeit (Abendbrot)	le repas

☺ Zahlen sollten Sie im Zweifel schreiben und schreiben lassen, wenn Sie die Sprache nicht gut sprechen.

Ansonsten nützlich:

Montag	lundi
Dienstag	mardi
Mittwoch	mercredi
Donnerstag	jeudi
Freitag	vendredi
Samstag	samedi
Sonntag	dimanche
heute	aujourd'hui
morgen	demain
gestern	hier
Morgen	matin
Nachmittag	après-midi
Mittag	midi
Abend	soir
Nacht	nuit
geöffnet	ouvert
geschlossen	fermé

Index

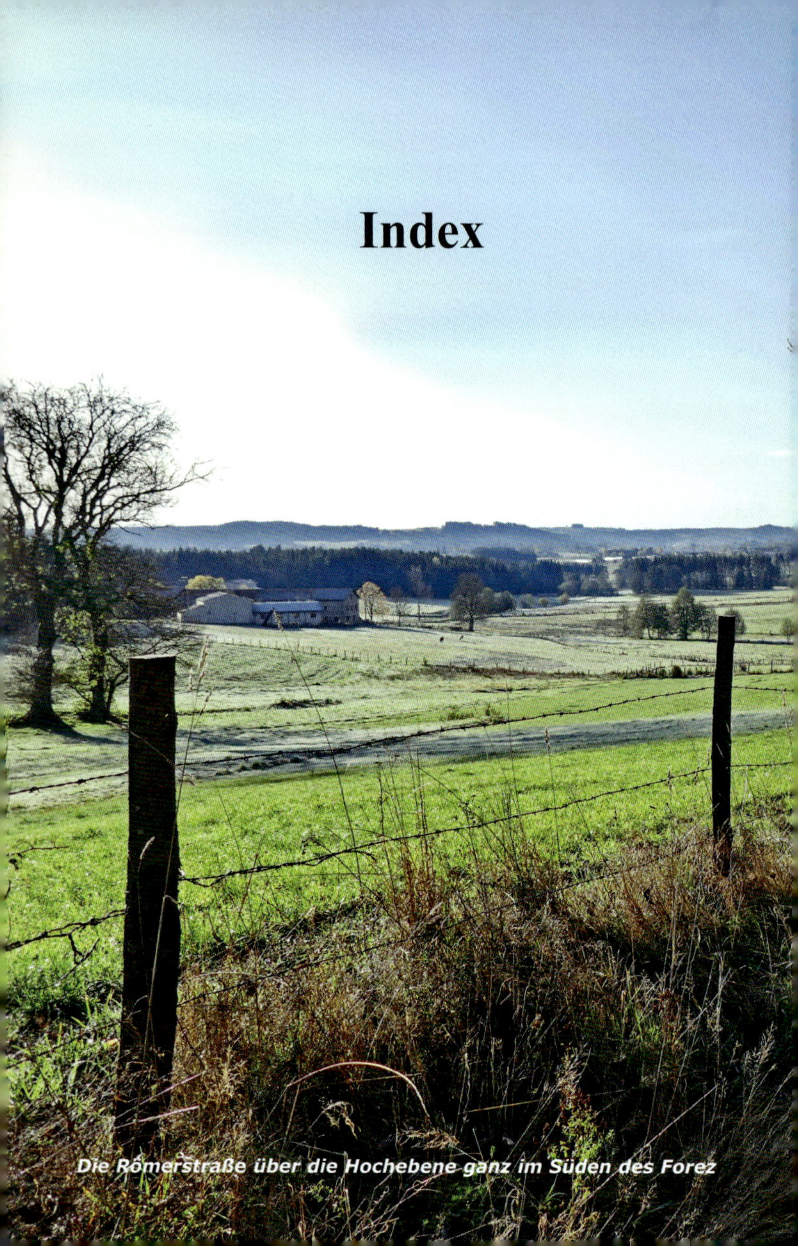

Die Römerstraße über die Hochebene ganz im Süden des Forez

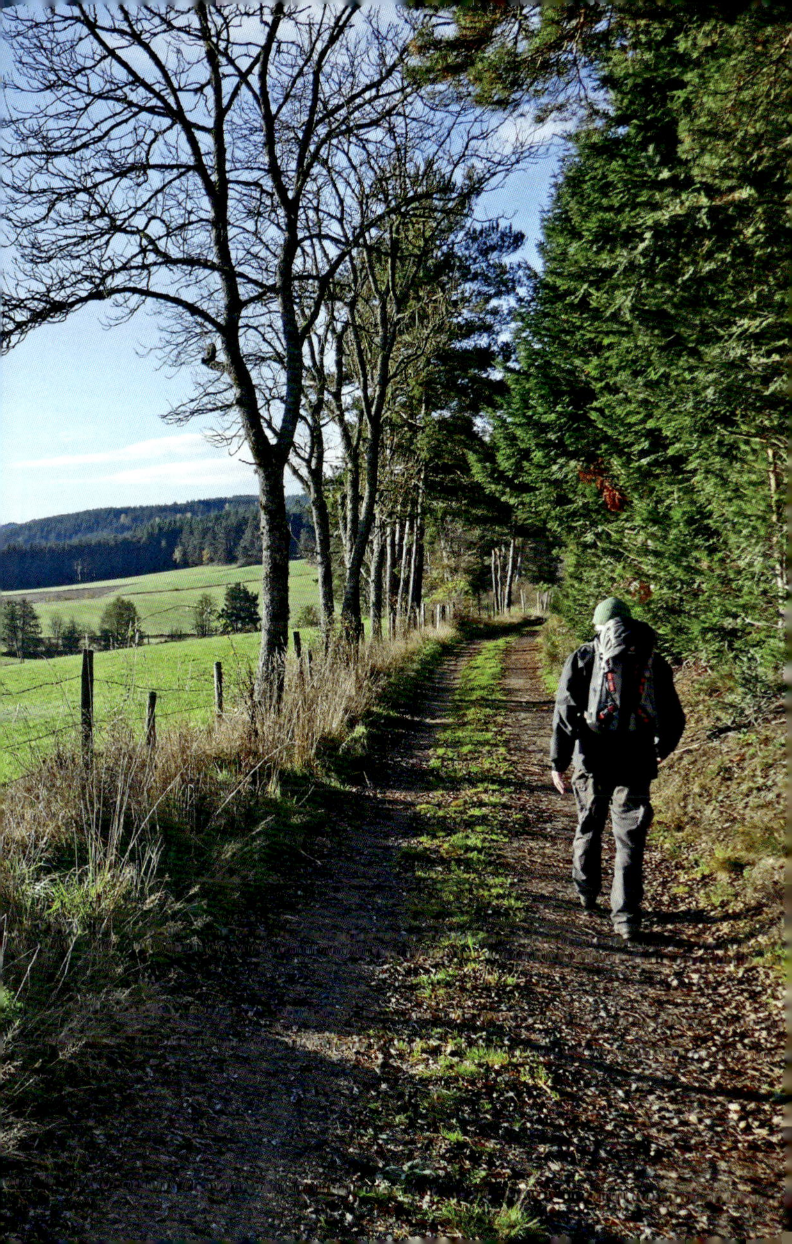

A

B

C

D